JN152811

The Swing For
300Yard Drives

300ヤードは可能です!

弥永貴尚
ドラコンプロ

Discover

はじめに

直径4㎝ちょっとのボールを、何百ｍも先にある10㎝ほどの穴に少ない打数で入れるだけのゲームに、大の大人が前夜眠れないほど興奮するというのは、他にはあまり例がないのではないでしょうか。

緑豊かな広大な自然の中で、まる1日遊べるのは心の健康にも良いことです。現在、カートなどの文明の利器に頼って楽にラウンド出来ますが、折角の自然です。ケガや病気がなければ、なるべく歩いてのラウンドで健康になりましょう。最近の研究で、ゴルフには認知症にも効果があると発表されました。

私のゴルフは、社会人デビューなので、ジュニアからの選手にアプローチやパターの精度ではかないません。ですが飛ばしの法則を発見した私は、飛距離という武器で戦えます。常に相手より短いクラブでグリーンを狙えるわけです。

あなたも飛ばしの法則を身に付ければ、今までよりグリーンを捉える確率が上がりますから、スコアも当然良くなるわけです。今まで避けていたハザードを軽く越えていくことも可能になり、コースの攻め方のバリエーションが増えます。

ティーショットのときに迷わずドライバーを握っていたあなたが、まずコース図でヤーデージを確認してから、クラブを選択するようになります。これは上級者や飛ばし屋が行なっていることですが、あなたもそうなります。

私のレッスンを受けている生徒さんの大半が、ＹｏｕＴｕｂｅの私の動画を見て、あんなに簡単に３００ヤードを打ってみたいと思われた方です。

さすがに３００ヤードとなるとレスポンスが必要になりますが、２５０ヤードくらいだと成人男性で打てないはずがないのです。

私の生徒さんたちは、60歳、70歳でも人生最大の飛距離を手に入れています。「先生、２打目の景色が変わりました」とか、「仲間内で誰にも負けなくなってしまい、仲間が喋ってくれません」などの苦情が出るくらいです。また、私のスイングは身体を酷使しないため、これまでゴルフでケガしがちだった方も、ケガしなくなります。

飛距離アップレッスンで、生徒さんが自己ベストのヘッドスピードを記録して喜ぶ顔を見るのは、私にとっても本当にうれしいことです。「これでホームコースのあの丘やバンカーを越えられる」と、鼻息の荒くなる生徒さんを見ているとこちらも楽しくなります。

本当に、幸せな仕事に巡り会えました。

弥永　貴尚

CONTENT

パート3　弥永式・ドラコン攻略法……153

TOP-FLITE
5

Prologue

パワーいらず！ゴルフ・スイング革命

飛ばしにはパワーや体力はいりません。
50歳を超えた方でも、250ヤードを飛ばせますし、
ちょっとコツをつかめば、300ヤードも可能です。

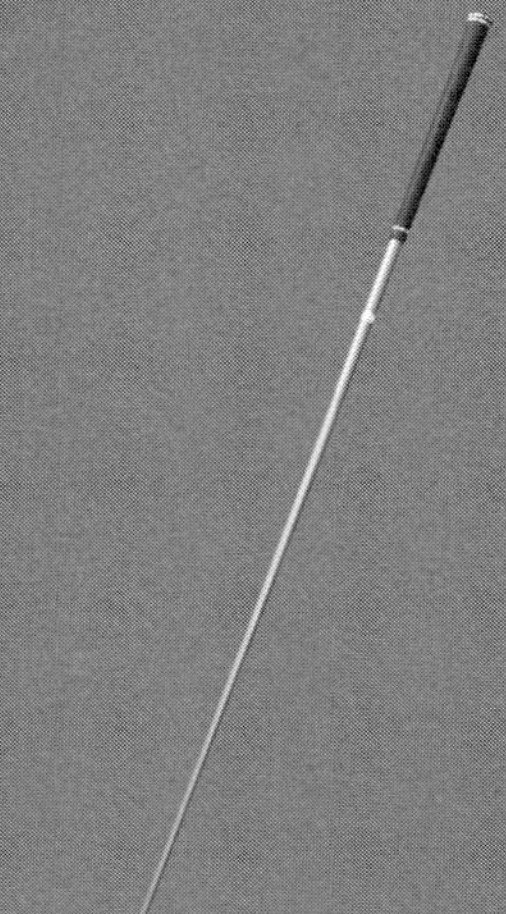

飛ばしに体力はいらない

ドライバーの飛距離が落ちると、「いやあ、歳だね〜」とか「パワーが落ちたな〜」などと、体力の低下のせいにする人がいます。こういった方は、パワー＝飛距離という考え方をしているわけです。でも、飛ばしに体力なんていりません。今、一般日本人男性ゴルファーの平均飛距離は、２１０〜２２０ヤードくらいといわれています。50歳を超えたアマチュアの方で、２５０ヤード飛ばす方は、「飛ばし屋」と呼ばれ、周りから羨望の眼差しを向けられます。

でも、２５０ヤードは、じつは誰でも飛ばせる距離です。特別な体力はいりません。私はＹｏｕＴｕｂｅに動画をあげていますが、スリッパを履いて３００ヤード飛ばしています。スリッパは足元が不安定なので、下半身に力をいれると打て

ません。

軽く打っているのに、なぜ３００ヤード飛ばせるのかといえば、力を入れないほうが、ヘッドスピードは上がるからです。

さらに、私は地球の引力による落下エネルギーも利用します。そのためには、クラブを横に振るのではなく、上から下へと落下させるように扱う必要があります。

スイングで大切なのは、筋肉のパワーではなく、クラブヘッドを引っ張る地球の引力をスイングのパワーに変えてやることです。そのためには手や腕、足は一切力んではいけません。

あなたも、本書のスイングを会得すると、「うわー、なんでそんなに軽く振っているのに飛ぶの？」と、周りからきっと驚かれることでしょう。

ゴルフの常識に振り回されるな

私は自分自身もドラコンプロとして活動しながら、ヘッドスピードトレーナーとして、ＰＧＡのプロやシニアプロに飛距離アップの指導をしています。そこで教えるのは、「ボールに最大限のエネルギーを伝えるためにはどうするか？」ということです。

まず、アドレスについてです。

レッスン書などにはよく「両足を踏ん張って重心を落とし、しっかりした土台を作りましょう」などと書かれています。しかし、下半身がガチガチに固まった状態で、ヘッドスピードを上げるスムーズなスイングなどできません。

また、「バックスイング」では、上半身と下半身との捻転差が大きくなるほどパワーが溜まり、ボールは飛びます」とも教えられます。

しかし、体をねじると体幹の筋肉は引き伸ばされて細くなります。そうして細くなった筋肉はパフォーマンス（能力）を発揮できません。筋肉は太い状態でこそ、最大のパワーを発揮します。

さらに、「トップでは、溜めが必要です。この溜めを作るには、切り返しで右腰を切る動作で始動しましょう」と、ゴルフの常識のように語られていますが、これは振り遅れの大きな原因です。

私にいわせると、ゴルフの常識とされる手法は、ことごとく間違っています。間違った方向の努力は報われません。頑張った末に、自分の体格や年齢、才能を理由に「もっと飛ばしたい」という気持ちを諦めることになる――これは本当に残念なことです。

ゴルフは物理学である

私は、ゴルフを考えるときは物理学的に考えるようにしています。それはなぜかといえば、結局のところ、ボールの飛距離とは、静止したボールにどれだけのエネルギーを与えられるのかという物理学的な要因で決まるからです。

「Xファクター」や「右足の蹴り」など、ゴルフ界には次々に新しい理論が登場しますが、どう考えても物理学的に間違った理論が少なくありません。これでは、結果が出るはずはないのです。

物理学で考えるといっても、難しいことではありません。ゴルフも円運動ですから、同じ円運動のブランコで考えてみるとよいのです。ブランコを押すときにどこで押しますか？　最上点で一瞬止まるポイントで押すはずです。ゴルフも同じで、人が力を加えるべきなのは、切り返しのスピード0の瞬間です。これを私は1次加速と呼んでいます。

その後にくる重力と遠心力、それに対するカウンターの動きが2次加速のエネルギーです。筋肉のパワーはむしろそれらを邪魔にすることになりかねません。

私は、この一連の動きを、2次加速理論と名付けました。本書でこれから紹介する方法のベースとなるのが、この理論です。

The Swing For 300 Yard Drives | Prologue

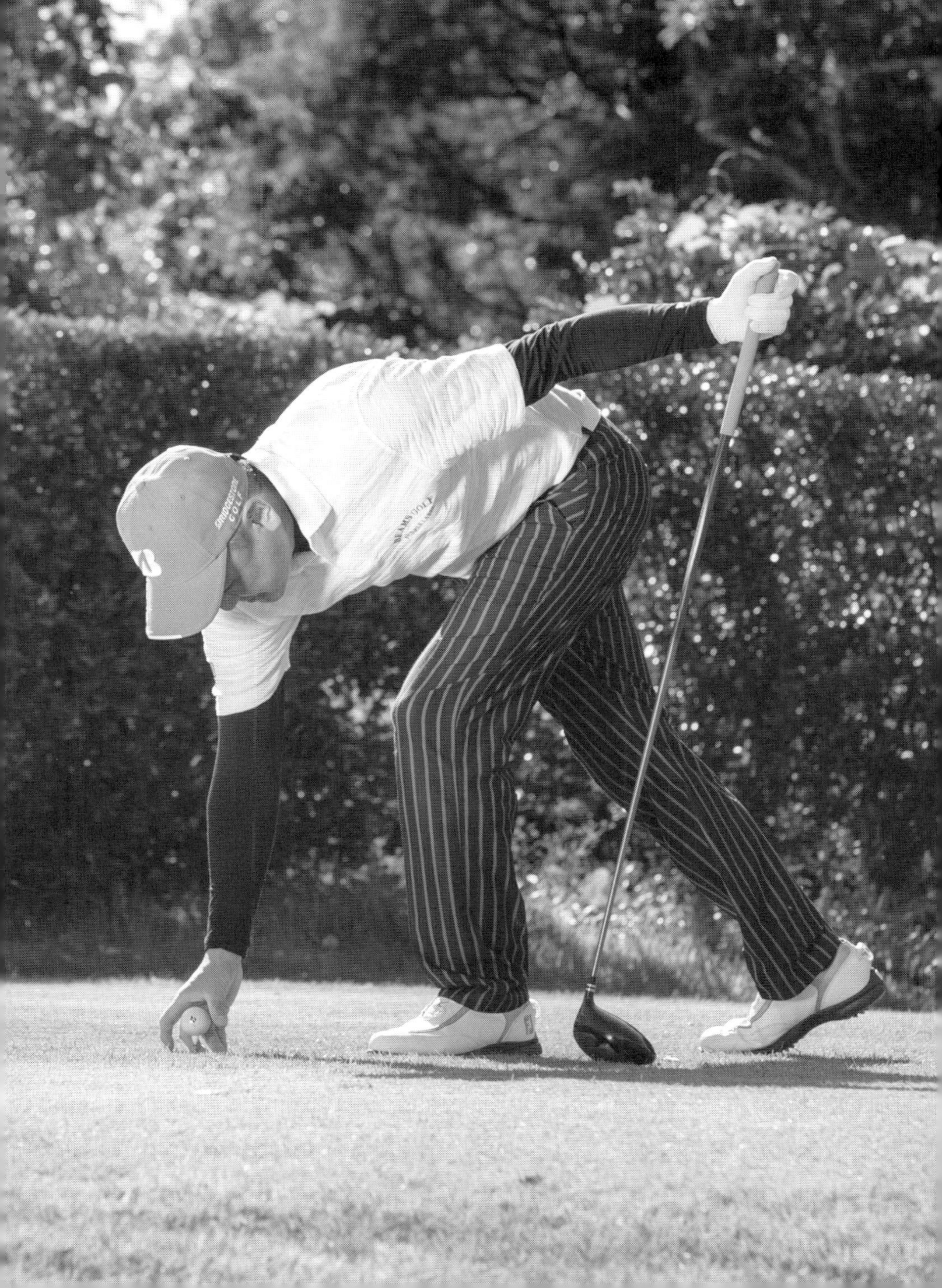

脳のリミッターを外せば飛距離は伸びる

スイングというのは、トップから約０・２秒で終わります。さらにインパクトの瞬間は０・００３秒の世界です。つまり、脳で考えながらコントロールできるスピードではなく、スイングとは条件反射の世界なのです。

ということは、いろいろなレッスン書を読んだり教わったりしても、スイング中は脳で考えて動きを変えることなどできません。ですから、スイングを変えることは難しいのです。

「火事場の馬鹿力」という言葉があるように、人間はいざとなるとすごいパワーを発揮することができます。しかし、それほど大きなパワーを普段から使うと、筋肉、骨、関節に負担がかかりすぎるので、脳がリミッター（制限）をかけています。

そこで私は、生徒にアイアンを持たせて、自分が出せる最大限の力で、思い切り球を打たせるレッスンを行います。

私が、「思い切り打っても、クラブは折れませんから」というと、それまで躊躇《ちゅうちょ》していた生徒も、安心して打ち始めます。これは脳が、「クラブを折らないように」とリミッターをかけていたのを外したからです。そうすることで、生徒は自分の持っている最大のヘッドスピードを知ることができます。

「おれは飛ばないから」「おれは歳だから」などといっていると、脳は「じゃあ、これくらいのパワーでおさえておこう」とリミッターをかけてしまいますので、ご注意ください。

もちろん、脳のリミッターを外すのは簡単ではありません。言葉で説明され、頭でわかった気になっても、脳は簡単に考え方を変えません。そのために行うのが、本書で初公開する14のドリルと3つのレッスンです。

シンプルな動作を繰り返すことで、身体を通じて、脳の回路を書き換えていくのです。

ゴルフの楽しさが変わる

「おれは飛距離じゃなくて方向性だ」という方がいます。それは、はっきりいって負け惜しみです。

プロはもちろん、アマチュアでもローハンデの人ほど飛距離の重要性を認識しています。それは、ドライバーの飛距離アップは、スコアアップに直結するからです。

私のレッスンを受けて、ドライバーの飛距離が30ヤード伸びたとします。2打目は、今まで見たことのない風景が楽しめます。今より短いクラブを持てますから、コースに対する攻め方の種類も一気に増えることになります。

今まで避けていた池やバンカーの上を通して狙えるようになるわけですから、俄然有利になります。攻め方が増えることは、スコアアップの近道にもなりますし、ゴルフが楽しくなります。

しかし、腕力のパワーで飛距離を求める人は、曲がるという危険も多くなり、スコアアップは望めません。

私のスイングは、「飛ぶ、そして曲がらない」というものです。これは、脳に快感と喜びを与えるスイングです。これこそ本当のゴルフの喜び、楽しみだと私は思います。

本書で飛距離アップとスコアアップの両方を実現していきましょう。

身長176cm、体重76kgの私がアジアレコードを出せた理由

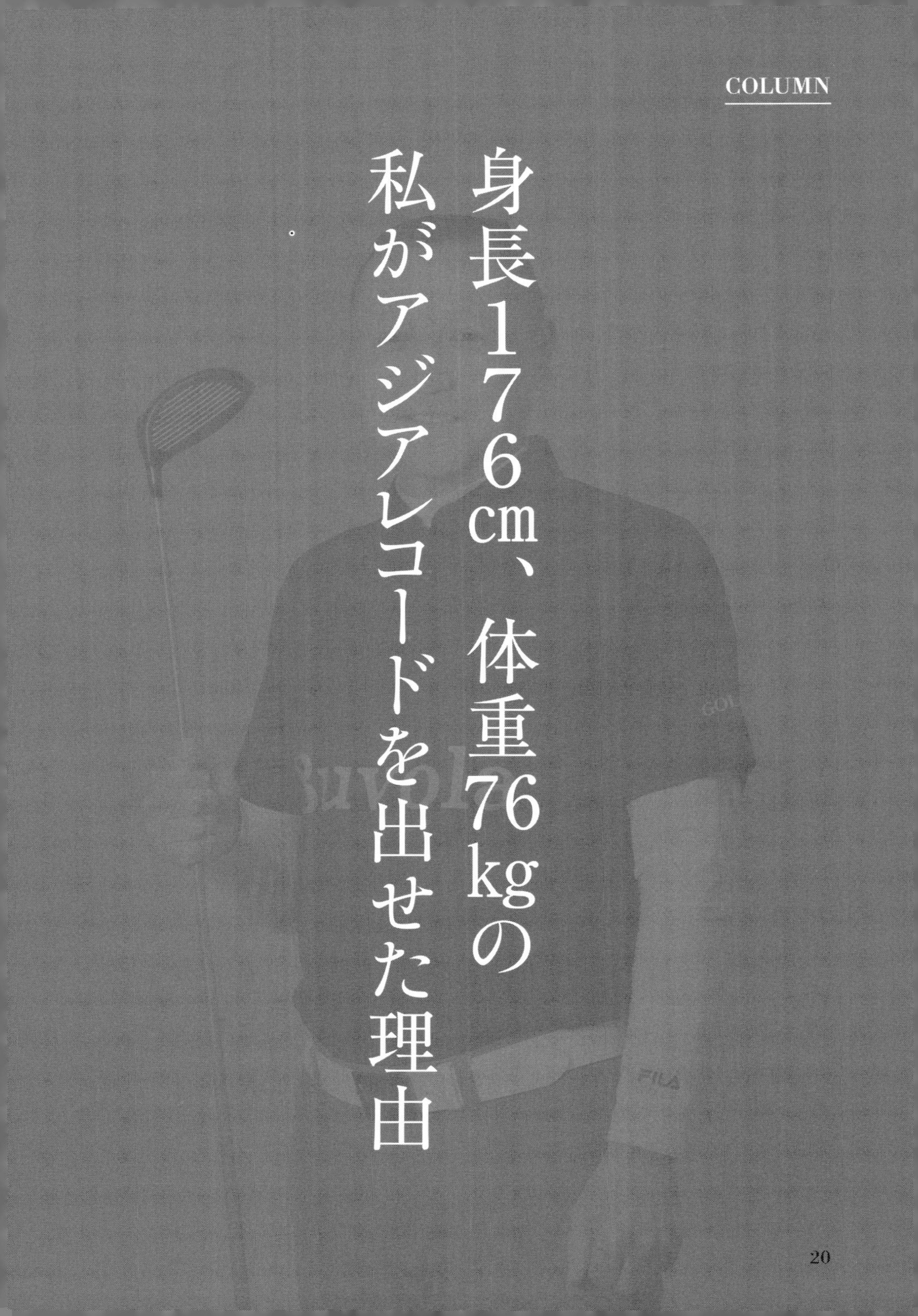

ドラコンプロの競技には、レギュラーとシニアの年齢別はありますが、柔道やボクシングのように体格別というクラス分けはありません。ですから、身長１８５㎝、体重90kg前後のヘビー級クラスの体格で、しかも元野球選手とか、柔道の国体上位選手とか、何らかのスポーツで頂点を極めたようなアスリートばかりです。

彼らと比べると、私の体力はドラコン界では最下位クラスです。腕相撲をしたら一番弱いかもしれませんね。

トップアスリート集団の中で、平均的なアマチュアスポーツ愛好家クラスの体力の私が、なぜＬＤＡＡで４０５ヤードの大会公認記録レコードを樹立できたのかといえば、「どうすれば、ヘッドスピードをいかに効率よく速くできるか」を追求したからです。

飛ばしで一番意識すべき筋肉は、背筋と左腕の上腕三頭筋ですが、古武術の考え方を取り入れることで、これらの筋肉を正しく連動させ、ヘッドスピードを速めることができることを私は発見しました。

筋肉で大切なのは重い物を持ち上げるようなパワーではなく、瞬発力と連動性です。古武術研究者の甲《こう》野《の》善《よし》紀《のり》さんは、「踏ん張らない」「ねじらない」「溜めない」という現代スポーツの常識とは反する動き方によって、常識を超えるスピードとパワーが得られることを実証されています。

こういったスポーツの一般常識に反するような動きの考え方と、重力や遠心力など物理学に適《かな》った考え方を取り入れることで、今まで体験したことがないヘッドスピードが生まれ、アスリート集団たちをもしのぐ、圧倒的な飛距離が実現できたのです。

抜きんでた体格と筋力、運動神経を持ち、フルパワーのスイングで飛距離を出すアスリートタイプのゴルファーは、私に言わせれば恵まれた自分の才能に頼りすぎです。ボディビルダーのような筋肉も、プロ野球選手のような立派な体格も、ゴルフには必要ありません。

2013年に開催された、アジアでNO.1の飛ばし屋を競うLDAA（ロング・ドライバーズ・アジア・アソシエーツ）、熊本ブロック1予選シニアの部では、大会レコードとなる405ヤードという驚異の記録で優勝！

Part 1

本当は違うゴルフの常識10

飛ばしを追求する私からみると、
飛距離アップのための「常識」や「基本」は
すべてが間違いに映ります。ここでは10のポイントに絞って解説していきます。

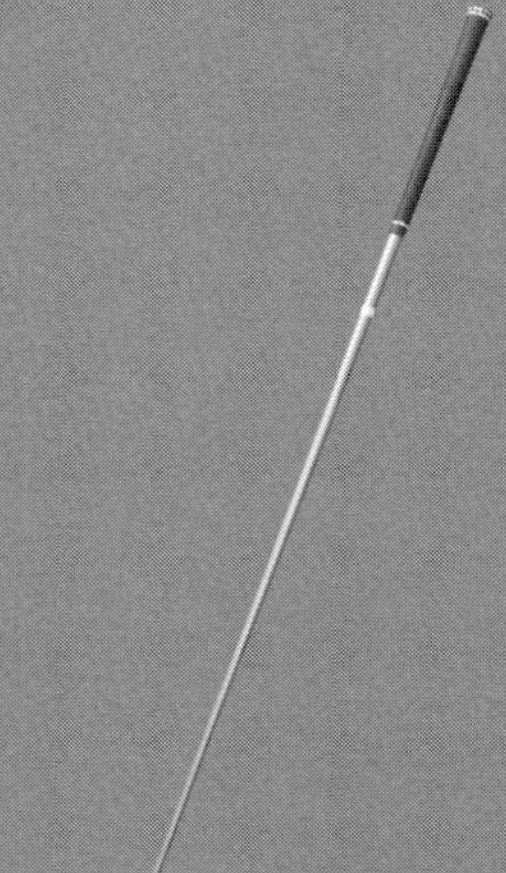

間違いだらけ！飛ばすためのゴルフの常識

飛距離アップの「常識」や「基本」といわれているものが様々にあります。あなたも本や雑誌、テレビ、レッスンで教えられた「常識」や「基本」がいくつかあるはずです。

これらの「常識」や「基本」通りにスイングして、ヘッドスピードが格段に上がった経験はありますか？　飛距離は30ヤード伸びたでしょうか？

私がスイングに求めるものはただひとつ。インパクトで最大限のエネルギーをボールに伝えることです。その観点から「常識」や「基本」を見ると、すべてが間違っているとしか考えられません。

「インパクトはボールを押し込むように打ちなさい」「インパクトを過ぎたあと、ヘッドスピードが最大になるようにスイングしなさい」などというのは、ヘッドスピードを上げたいと思う人を惑わす間違った常識です。

こうした常識通りにスイングすると、右肩が出てカット軌道になったり、腕力でヘッドスピードを上げようとして振り遅れたりと、問題が次々に出てくるばかりで、飛距離は出ません。

このパート1ではなぜ、これまでのゴルフの常識が間違っているのかを、ポイントを絞って解説していきます。まずは、正しい理論を学ぶことが第一歩です。

ココが間違い その❶

［アドレス］

えっ？ アドレスではスタンスを広く、足をしっかり踏ん張る？

ゴルフの基本はアドレスにあります。アドレスをきちんととることが、ゴルフ上達のカギを握っているといってもいいでしょう。

ほとんどのレッスンでは、「ドライバーのスタンスは、肩幅よりやや広めにとり、重心を下げるようにして、足を踏ん張りなさい。下半身を安定させるのです」と教えられます。

中には、「足の指で大地をギュッとつかむようにして固めなさい」という教え方もあります。

しかし、下半身を安定させたいのはなぜなのでしょうか？

これはスイングを横に振るという発想から生じる問題で、横に振ったときの反動で、身体が動いたりずれたりしないようにするためのものです。

ところが、**力いっぱい踏ん張って、重心を落として下半身がガチガチに固まっている状態からクラブを上げようとすると、当然上半身にも力が入りますからスムーズさを欠き、ヘッドスピードもあがらない**のです。

どんなスポーツでも、今から動くという前に踏ん張ったりしません。スピードに対してパフォーマンスダウンを招くからです。武術では「居つく」といわれ、すでに負けたことを意味する状態です。

NG

重心を落として両足で踏ん張ると、背中も曲がる。

広いスタンスで、足を踏ん張ると、上半身にも力みが出る。

重心を高くすると、安定した状態になる

私の教えるスイングは、クラブを横に振るものではありません。上から下、つまり縦に落とすスイングです。こうすると横振りの反動に対して、下半身を固める必要はなくなります。

まずドライバーのスタンスは肩幅の広さです。**不安定に感じるまでスタンスは狭くする必要があります。**そんな状態を作ると、脳が安定させようと働いて、スイングまで勝手に安定させてくれるのです。

膝は気持ち軽くゆるめる程度にして、重心は落としません。なぜなら重心は高いほうが安定するからです。平均台を渡るときや綱渡りで、両手を上げるのも同じ理由です。

どこにも力感がなく、いつでも動ける状態のアドレスを作りましょう。

膝をゆるめて重心を高くすると、背筋も伸びる。

弥永メソッド

固めない

スタンスは肩幅くらいに狭く、重心は腰より高い位置で保つ

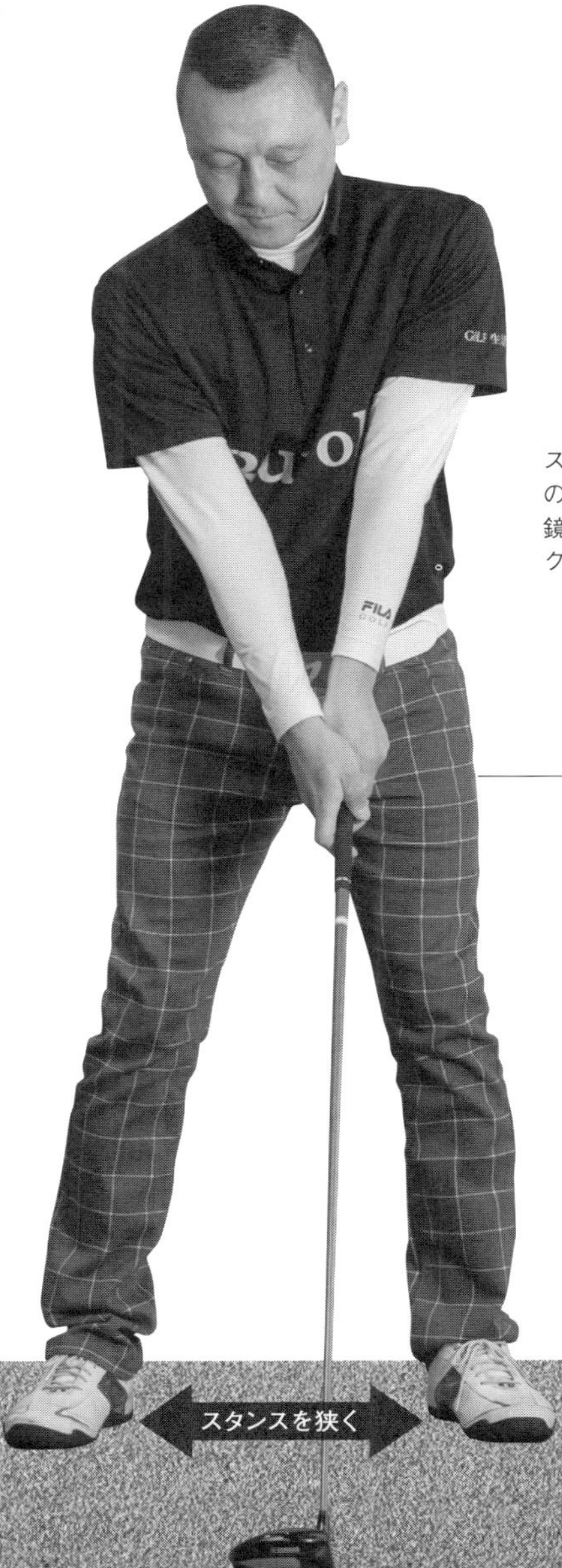

OK

スタンスは肩幅の広さにする。鏡などでチェックしよう。

ココが間違い その❷

［テークバック］

えっ？ テークバックは身体をねじってパワーを溜める？

「ボールを飛ばそうと思ったら、足腰を踏ん張って、上半身をねじってトップを作りましょう。すると、下半身と上半身に捻転差ができて、パワーが溜まるのです。この捻転差が大きければ大きいほどパワーも大きくなります。さあ、思い切り、ねじって、ねじって！」

ゴルフ雑誌の飛ばしの特集などには、こんなレッスンがよく登場します。

または、「テークバックでは、腰は45度回して、肩は90度回しましょう。このXファクターの状態による捻転差が、パワーの源ですよ〜！」

というような、レッスンもあります。

どちらも、身体を積極的にねじることで、パワーを溜めるというレッスンです。

飛距離を伸ばすためならと、歯を食いしばって、バネを絞るように、ギリギリギリと身体を絞ったことはありませんか。

果たして、これは正しいのでしょうか？

身体をねじると、当然筋肉は絞られることになって細くなります。解剖学的にいうと、筋肉は太い状態が一番力が出ますから、**細くなった筋肉はパフォーマンス、つまり能力が低下してしまう**のです。ということは、ねじることでは、パワーは決して生まれない！ のです。

NG
胴体がねじれて背中の
筋肉が細くなってしまう。
ベルトのバックル
が前を向いている
(腰が止まっている)。
腰を止めると膝が
前に出てしまう。

身体ごと右を向くと、大きい筋肉が使える状態を維持できる

体ごと右を向きましょう。つまり、**腰と背中の捻転差を作らないようにして、飛ばしに必要な背中の筋肉は太い状態のまま、維持しておく**のです。

アメリカ・メジャーリーグで活躍した、野茂英雄《のもひでお》投手を覚えていますか。独特の「トルネード投法」で三振の山を築き、「ドクターK（三振）」として野球史に名を残しました。

あの、背中を打者に向けて球を投げるという「トルネード投法」を思い出してみてください。トルネードの名の通り、身体全体を旋回させているイメージがありますが、実際はそうではありません。

右足で踏ん張り、股関節から下だけを回して、身体全体にパワーを溜めて、球を投げています。**身体は回転していますが、胴体をねじるという動作は見られません。**

ゴルフも同じです。

テークバックでは、野茂投手と同じように、ねじるのではなく、股関節から下だけを回転させて、身

おしりも背中も、球を飛ばす方向に向けよう。

弥永メソッド

テークバック

テークバックでは、ねじる意識を捨てて、身体ごと右を向こう！

OK
Buvola
胴体（腰と背中）はねじれていない。
ベルトのバックルが後ろを向くように、身体ごと回転。
膝頭ごと回す。

ココが間違いその❸

［切り返し］

えっ？ 切り返しでは、一気に腰を切れ？

NG
後ろ
左腰からに始動に意識が行くと、上半身が連動しない。

切り返しというのは、トップからクラブを下すときの最初の動きです。

そのタイミングでよくいわれるのが、「一気に腰を切れ」という教えです。「切り返しは、左腰から始動しなさい」ともいわれます。

この教えは、かつてイギリス生まれのティーチングプロである、デビッド・レッドベター氏が来日したときに、身体のターンについて様々な解説をした中のひとつのポイントだったようです。

ところが、日本ではなぜか腰だけを切ることがクローズアップして取り上げられてしまいました。

レッドベター氏は、おそらく何らかの全体的な文

NG

正面

インパクトで腰は開いているので、胸も前を向いてしまう。

脈の中で腰の話をしたはずですが、正しく伝わらなかったのでしょう。

日本人がレッドベター氏から伝えられたと思っている教えとは、「腰を切って、身体を回転させてスイングしましょう」というものです。

でもこれは、どう考えてもおかしな話です。**切り返しから一気に腰を切ると、必ず振り遅れの形になってしまう**からです。

振り遅れるとクラブのフェースは開きます。「フォローでフェースを返す」というゴルフの「基本」は、本来は不要な動きです。「腰を切る」ことで発生した問題に対応しているに過ぎないのです。「基本」や「常識」には、そんな帳尻合わせの教えが少なくありません。

テークバックから左半身をたたむイメージでトップを作る

「切り返しは、腰から」の教え以外にも、切り返しについては、左足からとか、左肩からとかいわれる場合もあります。

しかし、左足や左肩だけから切り返すと、使える筋肉量が少ないので、スピードは出せません。

つまり、一つの部分だけで切り返さないで、左半身全体で切り返す必要があるのです。

これは、下半身を固定させ、上半身をねじって作るトップではできません。前項(30〜33ページ)で説明した身体全体で右を向くテークバックだからこそできる切り返しなのです。

つまり**パタンとたたんだ左半身を、今度は開いて元に戻す要領で、無理のないトップから、左半身全体で切り返す**のです。

左の壁というい方をする人もいますが、あれは横振りのスイングのとき、右からの押す力に対して止めるという話です。

私のスイングは、自分の身体の正面でクラブを上から下に落とすだけなので、左に身体が突っ込むことはありません。結果的に、左の壁が出来るだけなのです(84、85ページ参照)。

バランスよく、身体の正面でインパクトを迎えられる。

弥永メソッド

切り返し

切り返しは、左半身全体で行う

OK
左の足、腰、肩が
連動するイメージ
で切り返す。
左半身をたたむイ
メージを持つと、
身体が回りやすい。
肩・腰・足を
同時に回して、
戻す。

ココが間違い その❹

［スイング］

えっ？ クラブは大きく回して振れ？

スイングに関してですが、レッスン書などでは、よく「手を伸ばして大きいアークを作りなさい」とか「クラブは大きく回して振りなさい」と書かれています。

これは、スイングアーク（クラブヘッドの軌道）を大きくすることで、より大きなパワーを生み出しましょうといっているのですが、これだと慣性モーメントが大きくなって、クラブは速く振れません。

腕を伸ばす大きなアークは、トップで上半身が伸びやすい。

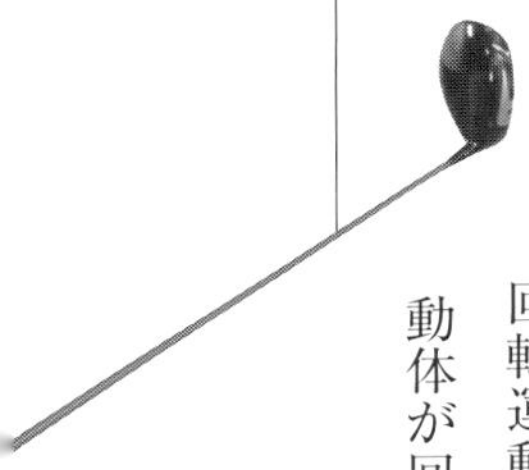

回転運動において、回転運動体が回転を始める、もしくは回転を止めるのに必要な力の量を示したものが慣性モーメントです。その大きさは、回転運動体の重さと、中心からの距離の2乗に比例します。

人間の力で速く回転させようとすれば、この慣性モーメントを小さくする必要があります。フィギュアスケートの選手が最後のスピンで、両手を胸の前にぎゅっとクロスするような動きも同じ原理です。

つまり、**スイングアークを大きくすることは、逆に慣性モーメントが大きくなって、スイングが遅くなる**のです。

NG
スイングの回転も
遅くなるのでクラ
ブが速く振れない。

クラブは大きく回すのではなく、上から下に落とす

例えば、餅つきや薪割りの動作を考えてみてください。杵や斧を高く振り上げますが、重いので腕を伸ばしたまま速く振ることはできません。

必ず、腕は軽く曲げて、手元も身体の近くを通して、上から下に振り下ろすはずです。

このとき、杵や斧の動きは、正面から見ると上から下への直線運動ですが、横から見ると円運動になっています。

ゴルフクラブのスイングも同じような動きです。

横から見ると、クラブを上から下に直線的に落とす動作ですが、正面から見るとコンパクトな円運動になり、速いヘッドスピードが出せるのです。

ところが、クラブを大きく回すと、横に振るという動きが入り、腕の力で振ることになります。しかも、慣性モーメントも大きくなるので、ヘッドスピードが上がらないのです。

いいかえれば、**グリップエンドが身体の近くを通るほど、速いヘッドスピードが生まれる**のです。

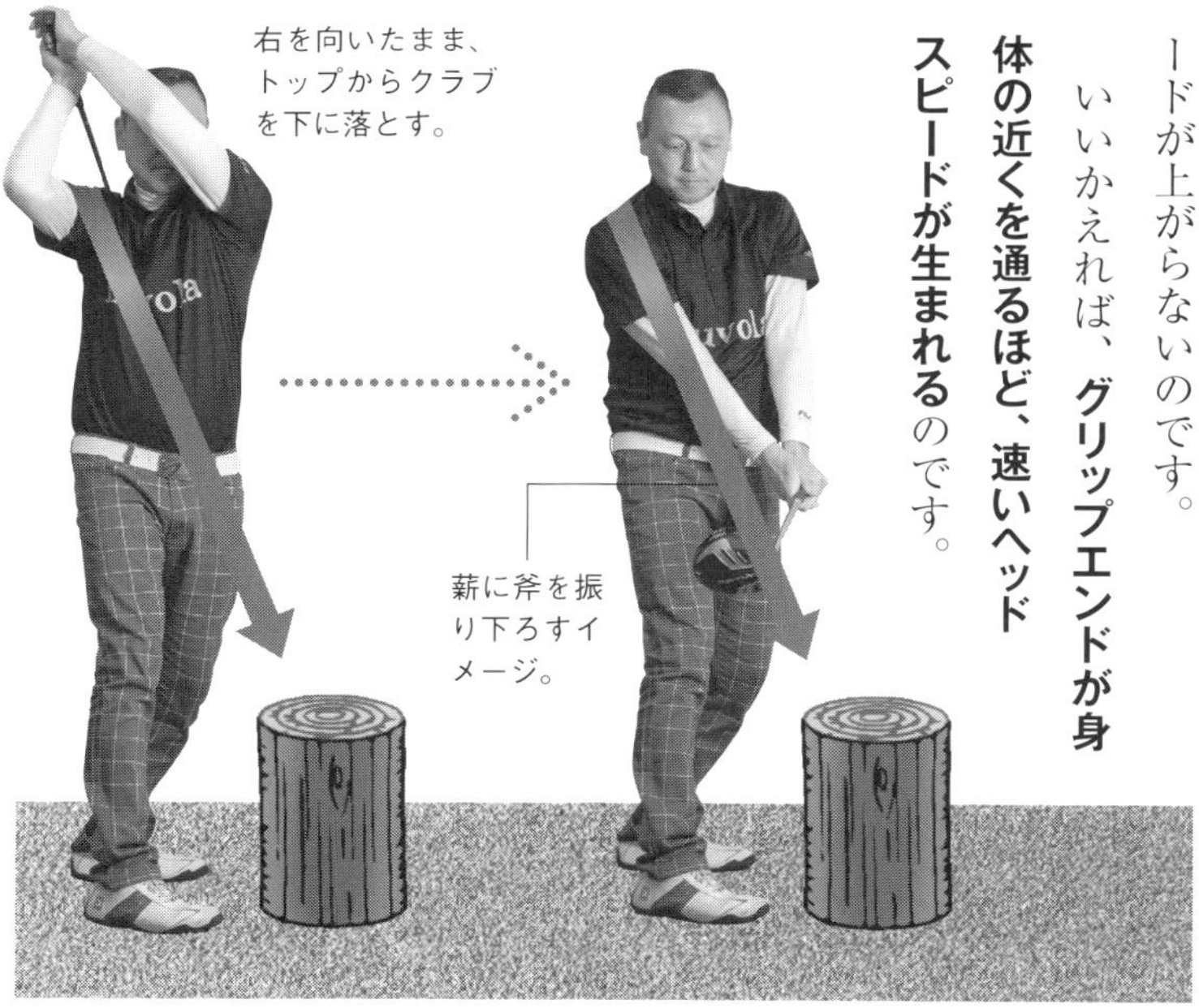
右を向いたまま、トップからクラブを下に落とす。
薪に斧を振り下ろすイメージ。

弥永メソッド

コンパクトな
回転

クラブは上から下に落とし グリップを身体に近づける

OK

スイングを横から見ると右ページの写真だが、これに身体の回転が加わることで、正面から見ればクラブは円運動の軌道を描くことになる。

ココが間違い その❺

体重移動

えっ？体重移動をしなさい？

ゴルフでは、「体重移動は、とても大切です。体重移動がうまくできないと、ボールは力強く飛びません」とよくいわれます。

レッスン書などにも、「まずは、テークバックからトップにかけて右足に体重を乗せていきます。そしてフォローにかけて、今度は左足に体重を乗せていきましょう。最後は左足1本で立つくらいのイメージで！」などとも書かれてあります。

ですから、**体重移動と聞くと、「まず、動かなくちゃ」と思い込んで、頭と身体を右左に動かしてしまう方が多い**のです。

ところがプロのスイングを見てください。テークバックからトップでの頭の位置は、ほとんど動きません。

（頭が動かない理由は44ページで解説しますが）頭や身体が動くのは、スウェーという現象です。頭と身体が右に左に流れたり、ずれたりしているのです。

つまり、ボールを打つために、まず右に体重移動して力を溜めます。そして、クラブを振る、または腕を振る動作のとき、今度は左に身体を振ったほうが、力が伝わるような勘違いをしているのです。

【ギッコンバッタン】

NG

トップで、左足に体重が残ったままスイングすると……。

今度は右足に体重が残り、ギッコンバッタンスイングに。

【体重移動】

NG

頭と身体を右に振り、トップで右足に体重を乗せる。

右肩が突っ込みやすいので、振り遅れのスイングになる。

身体を中心にクラブが回るイメージを持つ

スイング中は、身体も頭も左右に動いてはだめなのです。

反対からいえば、身体も頭も動かさず、足の角度も変わらないのに、果たして体重移動ができますか？　という話です。

つまり、体重移動はまったく必要ありません。

プロたちが行っているのは体重移動ではなく、力感といいますか、力の感覚の移動です。

テークバックでは、身体が右にスウェーしないように、流れないように、右足を踏ん張って右の壁を作ります。ダウンでは左にスウェーしないように、流れないように左足を踏ん張って左の壁を作ります。

つまり、この右の壁、左の壁を作ることが、体重移動したような感覚としてあるのです。

例えば、ハンマー投げを想像してみてください。

ハンマー投げは、身体を中心にして回る遠心力に対して、引っ張る力で対抗しますが、コマのように回転しているだけで、軸に対しての体重移動はありません。

ですから、クラブを横に振るというイメージではなく、身体を中心にクラブが回るというイメージに置き換えれば、体重移動は必要ないことがわかるはずです。

身体を中心にしてクラブが回ると、身体の軸も安定して、ヘッドに大きな遠心力がかかるので、ヘッドスピードが増し、ボールは飛びます。

しかし、体重移動があると身体の軸がぶれ、かえって加速を殺すことにもなります。ヘッドスピードも落ちてボールは飛ばなくなるのです。

弥永メソッド

体重移動

スウェーや流れのミスにつながる体重移動は、まったく必要なし

OK
ハンマー投げのように引く力で走らせる。
体重移動しないと遠心力がよく働いて、速く振れる。

ココが間違い その❻

［ターン］

えっ？・ボディターンで飛ばせ？

ボディターンという言葉はよく耳にすると思います。

このスイングを日本で流行らせたのが、先ほどの「切り返しでは、一気に腰を切れ？」のコーナー（34ページ参照）でも説明したレッスンプロ、デビッド・レッドベター氏です。

ボディターンというのは、クラブと身体が一緒に回ることです。つまりクラブを常に目の前でキープしてスイングすることです。それにはクラブを縦に振るスイングが必要です。

ところが、日本では「腰を回す」ことがボディターンだという風に、レッドベター氏の理論が間違って解釈されて、広まってしまったのです。

上半身をギリギリまでひねってトップまで持ってきて、腰を切るという動きで身体を回すと、肩も開いてしまいます。

振り遅れになった状態を先に作らされて、そこからフェースを閉じるという帳尻合わせのスイングになってしまうのです。これではカット軌道になり、強い球は打てません。

間違ったボディターンをいつまで続けても、大きな飛距離は生まれないのです。

間違ったボディターンで筋肉の連動性が失われている。

腰はインパクトの態勢だが、手が振り遅れの状態になる。

身体の正面にある腕をヘッドが走って追い越す

私が教えるボディターンは、ドアスイングと呼ばれているものです。

通常ドアスイングは飛ばない悪いスイングだといわれています。溜めがなくて、いつも自分の身体の前にクラブがあるので、ヘッドが走らないスイングと捉えられるのです。

でもこれは、腕の力で振ろうとしたときの話です。私のスイングには、腕の力はいりません。背中の大きい筋肉で振るスイングです。

先ほどいいましたように、**正しいボディターンは腕を常に胸の前でキープしてスイングすること**ですから、腕の力は使えません。

ですからグリップはゆるくゆるく握ってください。ゆるく握ることで、脳は不安定さを感じ取り、腕に頼らないで、背筋を使うように指示するのです。

そして、腰から身体全体でテークバックして、肘を高く上げてトップを作ります。

ここまで腕は胸の前からずれていませんから、完全なドアスイングです。そして切り返して、クラブを上から下に縦に振るときも、腕はずっと身体の前にあるのでドアスイングですが、グリップがゆるゆるのため、重たいヘッドは遅れてきます。

ヘッドスピードは、インパクトの瞬間のスピードですから、**遅れてきたヘッドが身体の正面を速く追い越すほどスピードも上がります。**ヘッドが走るというやつです。つまり腕は身体の正面にあるのに、ここでクラブヘッドが一瞬にして追い越すのです。腕を振るとヘッドは走りません。

腕ではなく、背筋を使うことで究極のボディターンともいえる、「飛ぶドアスイング」ができるのです。

弥永メソッド

ターン

腕を使わず、背筋を使ったドアスイングでスピードアップ

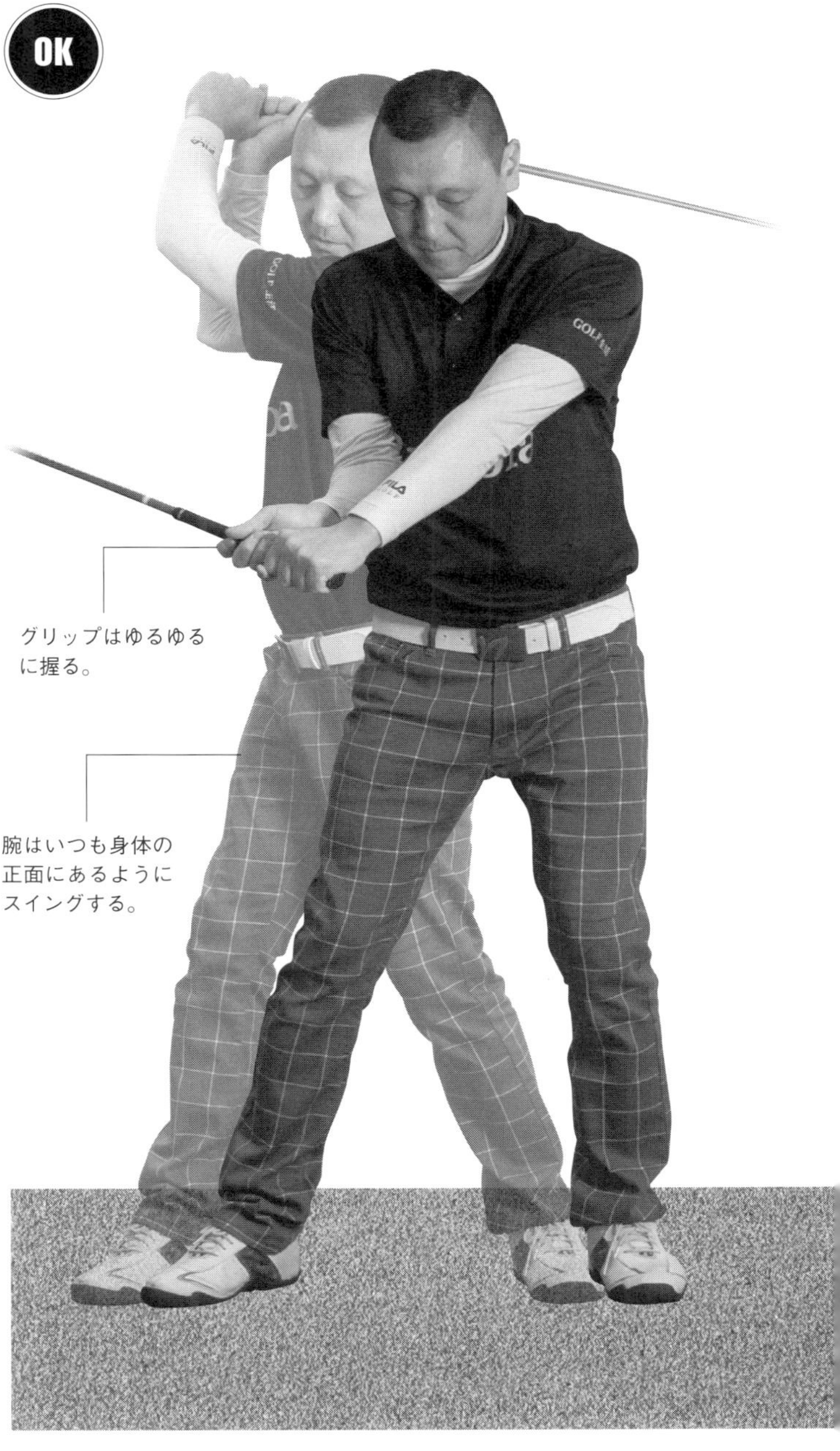

グリップはゆるゆるに握る。

腕はいつも身体の正面にあるようにスイングする。

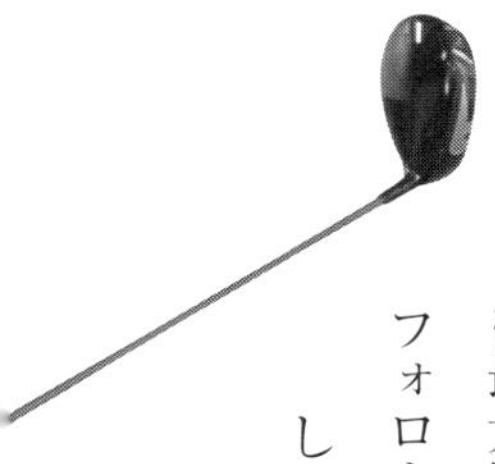

ココが間違い その❼

［ヘッドスピード］

えっ？ ヘッドスピードはインパクトを過ぎて最大に？

昔我々がゴルフを覚えたころは、「とにかくアドレスに戻りなさい」とよくいわれました。

だから昔のプロたちは、ものすごくインパクトが強かったんです。青木功《あおきいさお》プロやジャンボ尾崎《おざき》プロ、福嶋晃子《ふくしまあきこ》プロなどの師匠として知られた、林由郎《はやしよしろう》プロなどは特にそうでした。

ところが最近のレッスンでは、「とにかくフォローを振りなさい」とか、「フォローでヘッドスピードを最大限にしなさい」など、インパクトよりフォローを重要視します。

しかし、フォローが大事だというのは変な話です。

ボールにパワーが伝わるのはインパクトのときです。パワーはすなわちヘッドスピードですから、インパクトの瞬間にヘッドスピードが最大になると、最大のパワーがボールにも伝わるのです。

ですから、**インパクトを過ぎてスピードを最大限に振るというのは、パワーのロスでしかありません。**

ゴルフを始めたばかりのアマチュアが、ボールを意識しすぎてスイングを途中で止めるような場合には、フォローを振りなさいというレッスンはあるかも知れませんが、そのレベルの話です。

飛ばしのスイングは、フォローではなく、インパクトで最大のヘッドスピードになるのです。

NG
フォローで振るスイングは、飛距離をロスする。
遠心力のカウンター（引く力）が利用できない。

背筋と上腕三頭筋のパワーを最大限にして、引く力でスピードアップ

私のレッスンはすべて「インパクトの瞬間に最大のパワーをボールに伝えるためには、どうすればいいか」を、様々な角度から考えたものです。

これまでは、飛ばしの基本原理や、スイングの基本動作、クラブの効率的な扱い方でしたが、ここからが、私の飛ばしのスイングレッスンの核心です。

テーマは二つあります。

一つ目のテーマは、肘を高く上げたトップからの切り返しの瞬間に、最大のパワーを使うことです。初動負荷や1次加速といっています。

まず、この初速を最大限にあげることが飛距離に大きく影響するのです。

前にもいいましたが、ブランコを押すのは最上点で止まったときです。クラブでいうと切り返しのときです。このとき、押すパワーが強いほどブランコの振りも大きくなります。つまり、ボールも遠くへ飛ばすことができるのです。

この切り返しのときに、背筋と上腕三頭筋のパワーを最大限にして、下方向へクラブを引っぱり込むように加速するのです。これには重力もプラスに働きます。

二つ目のテーマは、1次加速で上げたスピードをさらに加速させる**2次加速**です。

インパクトを迎える瞬間に手を胸に引き寄せると、シャフトのしなりも手伝って、ヘッドのスピードはさらに加速します。そのとき、あなたの人生で最大の飛距離が誕生するのです。

ハンマー投げは強い遠心力を利用して、背筋を使って引く力で鉄球を遠くへ飛ばします。

クラブにも遠心力が掛かっていますから、これに引く力で対抗することでパワーを高めるのです。

弥永メソッド

ヘッド
スピード

切り返しで最大のパワーを使い、引く力で加速させよう

OK
切り返しで最大
のパワーを使う。
インパクトの
瞬間に手を止
めると、ヘッド
が走る。

ココが間違い その❽

［フォロースルー］

えっ? フォロースルーをしっかり取れ?

フォロースルーについての教えも様々あります。「フォロースルーをしっかり取りなさい」とか、「フォロースルーで振り抜きなさい」などといわれるものです。

ところが、スポーツでのフォロースルーとは、インパクト後に惰性で動く状態をいいます。ボールを打った勢いに乗って、そのまま自然にフィニッシュに向かいます。

この惰性で動く状態で、さらにしっかり振りなさいとは、いったいどういう意味でしょうか。

力が抜けた状態なのに、力を入れて振りなさいという、おかしなことをいっているわけです。

つまり、インパクトからフィニッシュに向かう過程のことを、フォロースルーというひとつの言葉だと勘違いしているのです。

多分、これはインパクトが弱いゴルファーが多いので、フォローをしっかり振ることで強いインパクトをさせる意図だと思うのですが、**私のスイングには、フォローはまったくいりません。インパクトで終了**です。

フィニッシュについてもあれこれ考える必要はありません。フォローやフォロースルーは、勘違い星人の話として忘れましょう。

NG

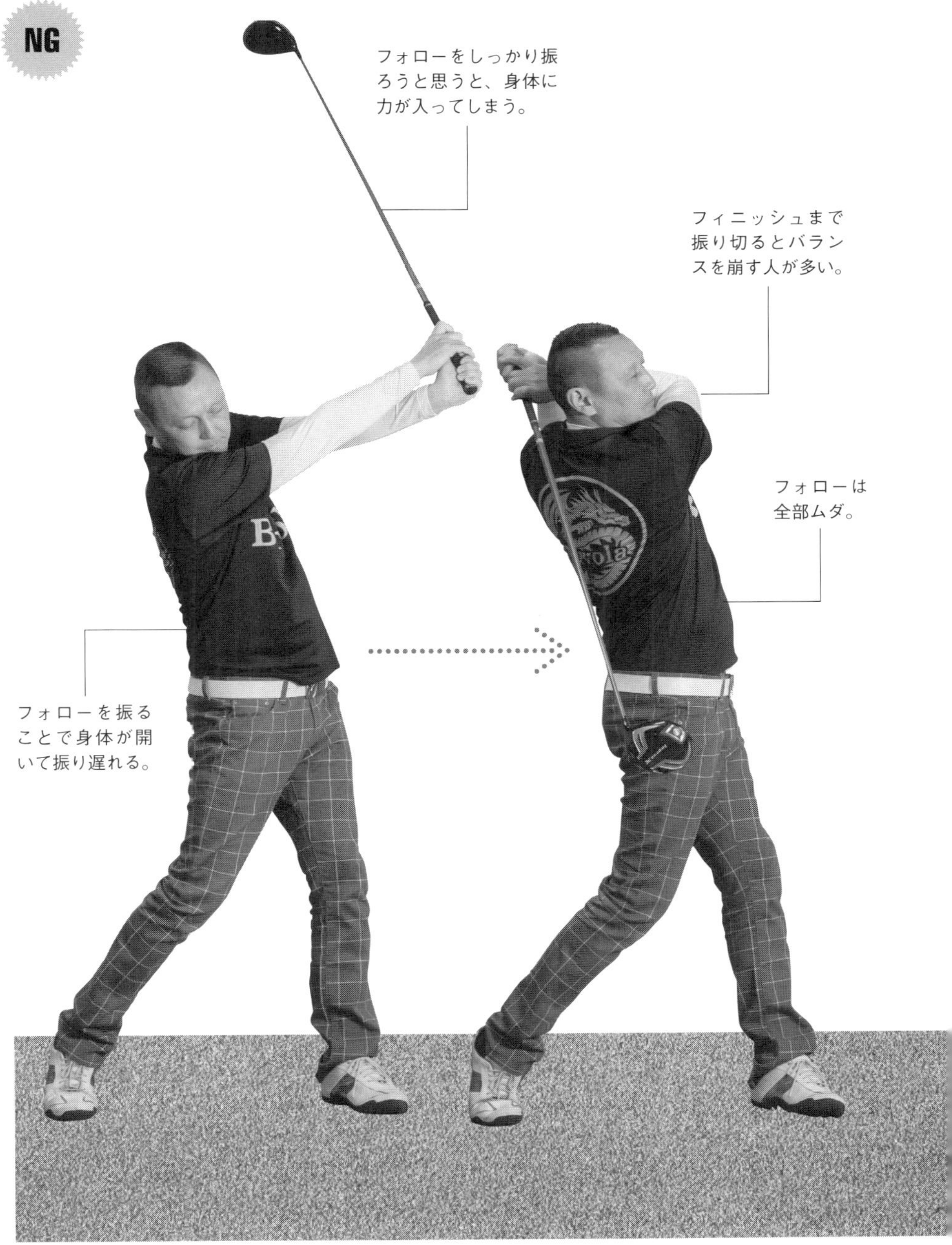
フォローをしっかり振ろうと思うと、身体に力が入ってしまう。
フィニッシュまで振り切るとバランスを崩す人が多い。
フォローは全部ムダ。
フォローを振ることで身体が開いて振り遅れる。

インパクト後のヘッドの回転に合わせて、イヤでも自然に左手首も返る

フォローを振りなさいと教えられた人のスイングを見ていると、皆さんインパクトが弱すぎます。フォロー、フォローといわれるものだから、インパクトのことを忘れてしまうのです。

私のスイングは、インパクトの瞬間にパワーを最大にしますから、フォローはおまけのようなものです。意識はしません。

インパクトでは、自分から右手首を返さないように注意してください。

右手で返そうとすると、右肩が出て、ボールに当てようとして押す動作が入り、手首がうまく返りません。右手で手首を返す動きは、実はグリップ全体を押す動きにしかならないのです。

クラブを横に振ると、右肩が出たり、落ちたりします。

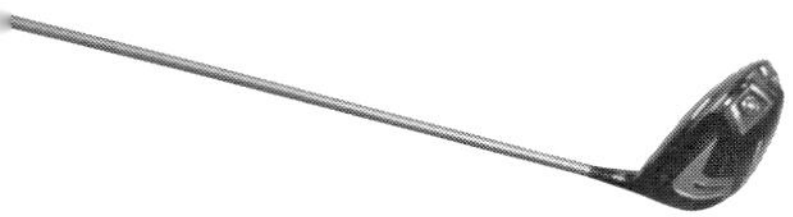

これまでレッスンしてきた、クラブを上から下に振るスイングだと、右肩が出ない、落ちないでインパクトが迎えられます。手が身体の正面で止まるインパクトです。

すると自分でフェースターンしなくても、インパクトのあと、ヘッドの重心の作用で勝手にグルンと回って移動しますから、結果、回転に合わせて左手首を返した状態になるのです。

インパクトは、0.003秒の世界です。自分でそのタイミングに合わせて手を返せるものではありません。

正しいスイングを身につけることが、結果につながるのです。

弥永メソッド

フェースターン

インパクト後のフェースターンは自分ではしない

OK

胸がボールに正対するインパクトならフェースが開くことはない。

上から下への正しいスイングだと、手首が自然に返る。

ココが間違い その❾

［パワー］

えっ？ 飛ばしのスイングは右手で押し込め？

右手でラケットを持つバドミントンや卓球などは当然、右手で押し込む動きが入ってきます。

ところがゴルフは両手を使うスポーツなので、右手だけを使うスポーツとは違います。

しかし、正面に向かって左に打つものですから、どうしても右手を使ってしまいます。右利きの方は、どうしても右手が強いから、力が出せるように思うのです。

実際、一般的には「右手で押し込め！」と教えられます。この右手で押し込むという動作は、グリップエンドを押すことになり、スピードを落とすことにつながります。

例えばブランコを漕ぐときに、同じ方向にブランコの支柱を動かされたらどうでしょう。ブランコをさらに加速することは難しくなりますね。

ゴルフも同じです。クラブの支点となるグリップエンドを押すとヘッドスピードは出なくなるのです。

問題はそれだけではありません。右手を押し込むと、先に右肩が前に出ます。右肩が出るとフェースが開き、ボールはスライスします。

右手のスイングは力のスイングです。力のスイングでは、大きな飛距離は出せません。

右手を使って打つ意識は、今日からきれいさっぱり捨て去りましょう。

NG
右肩が下がる。
右手で押し込むスイングは、グリップがずれる。
フェースが開く。

左リードのスイングが大きな飛距離を生む

私の飛ばしのゴルフのスイングは、すべて左リードで行います。

グリップも右手はただ添えるだけで十分です。つまり、右は一切使いません。

しかし、脳にはネガティブな言葉は入りませんので「右手を絶対使ってはいけません」といっても、脳には伝わりません。

ですから「左手を使ってください」「左手でスイングしましょう」「左肩から回しましょう」など、**脳の中を「左」という言葉でいっぱいにする**のです。

すると脳でも「左」だけを意識して、右手を使わないスイングができるようになるのです。

左リードのスイングにする理由は、まず力に頼らないスイングを作るためです。右だとどうしても力に頼るスイングになるからです。

そして、右で振ると、腕で振る、手で押すことになりますので、ヘッドスピードは遅くなります。

しかし、**左の背中の筋肉で強く引くとヘッドが走り、飛ばせるヘッドスピードが生まれる**のです。

自分が右で打ったのか、左で打ったのかを感じよう。

弥永メソッド

脳内
イメージ

脳を左でスイングするというイメージでいっぱいにさせる

OK
脳の中を「左」という単語でいっぱいにする。
左でスイングするというイメージで左背筋で引く。
一番不安定な左の小指を使うと体幹が発動する。

ココが間違い　その⑩

クラブスペック

えっ？ 飛ばしのクラブは重いヘッドに硬いシャフト？

あなたは、ドラコンチャンピオンとか、飛ばし屋といわれる人たちは、自分にはとても振れないような、重いヘッドに硬いシャフトを使っていると、当然のように思われていることでしょう。

実際に私がドラコンプロの世界に入ったときは、Ｘが５個付いた５Ｘという硬さのシャフトが当たり前で、中には７Ｘや９Ｘなどびっくりするような硬さのシャフトを使っている猛者《もさ》もいました。

ヘッドはあまり重たくすると今度は振れませんから、通常の市販クラブの平均は１９０～２１０ｇです。ドラコンプロでも２１０～２２０ｇほどです。

ところで、アマチュアの方の中には、Ｘなどのシャフトを使っている方もおられますし、「いやあ最近は歳で、Ｓは振れなくなったから、ＳＲにしたよ」などとおっしゃる方もおられます。

つまり、アマチュアの方は、硬いシャフトを使っている＝飛ぶ＝かっこいいという図式です。

でも、飛ばしにはそんな見栄はいりません。

実は、私はドラコンプロに参戦したときから、Ｒのシャフトを使っていました。しかもスピードを出すために１９０ｇを切る軽いヘッドを採用しています。そのスペックで、４０５ヤードのＬＤＡアジアレコードを出したのです。

「重いヘッドに硬いシャフト」は必要ないのです。

YAMAHA
inpres X

ドラコンプロの世界でも軽いヘッドに軟らかいシャフトが主流

私は、今はヘッド重量は181gと前よりもさらに軽く、シャフトもRよりも柔らかいものを使っています。

練習場で打っていると、顔見知りのおじいちゃんがちょっと打たせてといってきても、軽く打てるくらいの仕様です。

私が所属しているJPDAでは、ここ数年で周りの**プロもヘッドの軽い物を求める方が増えてきました。シャフトの硬さはRかSくらいが主流**になりましたから、7Xや9Xはいったい何だったのという話です。

つまり飛距離を出すのはヘッドスピードの速さですから、軽くてしなりの大きいシャフトが求められるのです。しかし力でしならせることではありません。力に頼らないスイングを身につけましょう。

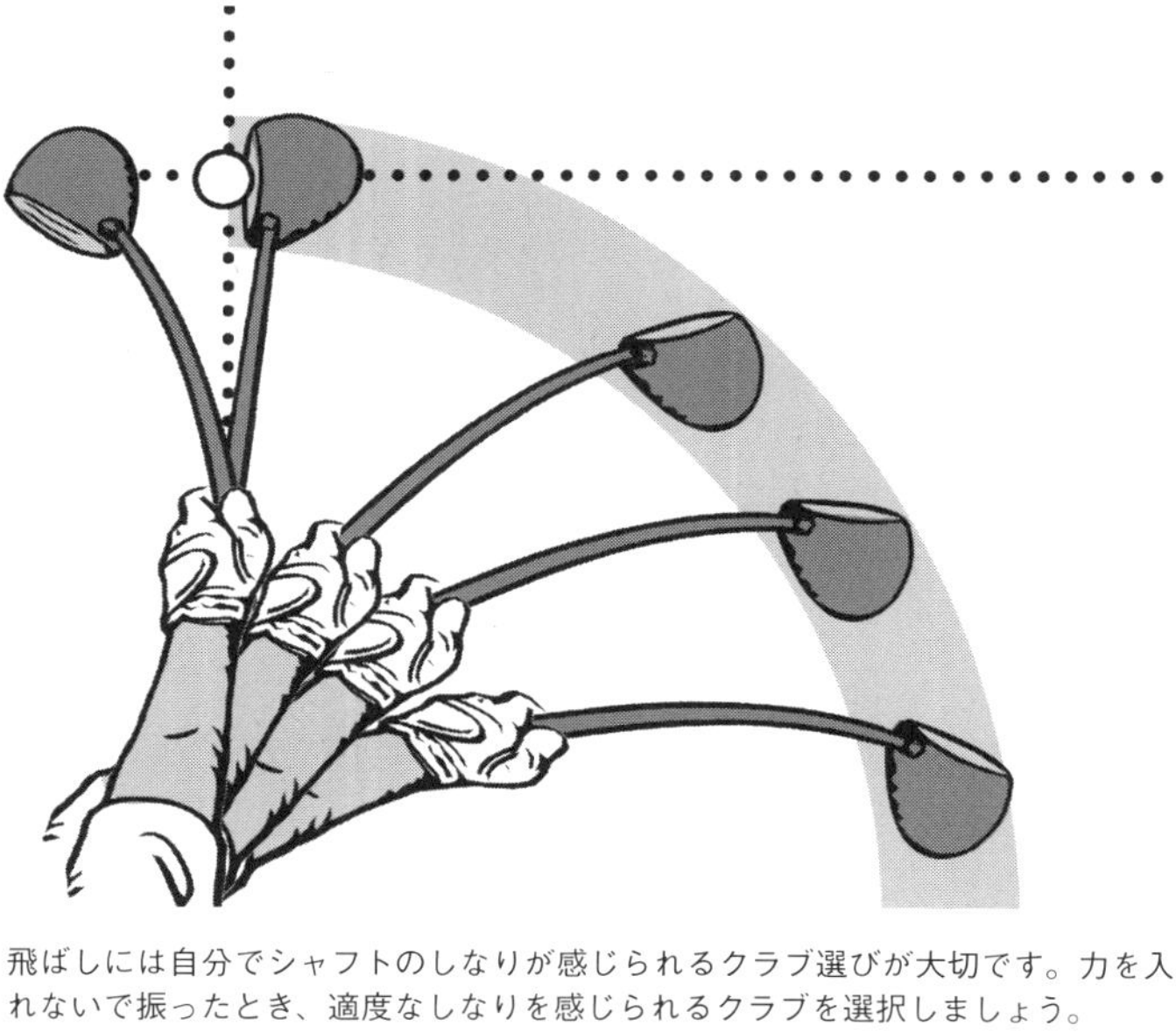

飛ばしには自分でシャフトのしなりが感じられるクラブ選びが大切です。力を入れないで振ったとき、適度なしなりを感じられるクラブを選択しましょう。

弥永メソッド

しなり

大きなしなりを飛距離に変える スイングを目指そう

2012年に開催されたLDAAアジア大会、山口ブロック
予選シニアの部では、369ヤードを飛ばして優勝！

Part 2

脳のリミッターを外せ！飛ばしのスイングドリル

間違った「常識」や「基本」で固まった脳をリセットしていきます。最初は変な動きだと感じてうまくできませんが、それでいいのです。新しい動きに脳が慣れたとき、異次元のヘッドスピードが手に入ります。

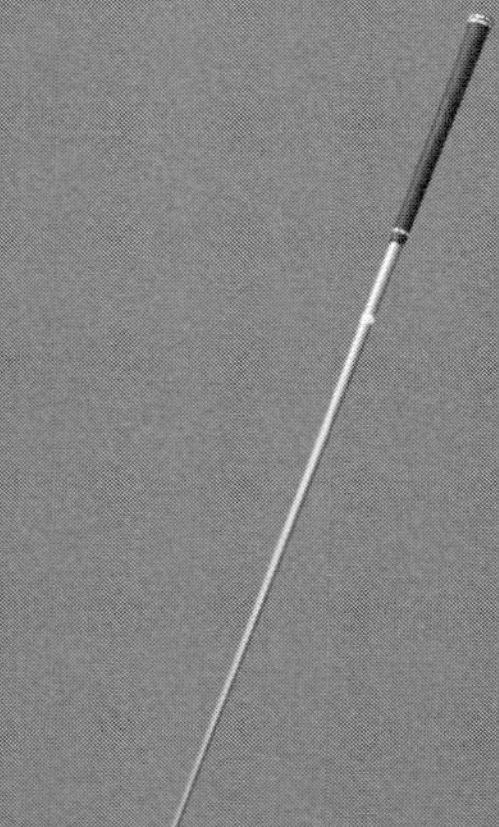

ドリル早見表

弥永プロが教える新ゴルフ理論

間違いを直していく

本当は間違っていた、ゴルフの10の常識

P26
ココが間違い その❶

アドレス

えっ? アドレスではスタンスを広く、足をしっかり踏ん張る?

P30
ココが間違い その❷

テークバック

えっ? テークバックは身体をねじってパワーを溜める?

P34
ココが間違い その❸

切り返し

えっ? 切り返しでは、一気に腰を切れ?

P38
ココが間違い その❹

スイング

えっ? クラブは大きく回して振れ?

P42
ココが間違い その❺

体重移動

えっ? 体重移動をしなさい?

P46
ココが間違い その❻

ターン

えっ? ボディターンで飛ばせ?

Drill 07

切り返しでパワー全開、
初速スピードを最大に！

P98へ

Drill 08

インパクトの瞬間に手を止めると
最大パワーが生まれる！

P104へ

Drill 09

ショットはインパクトで終了！
フォローは意識せず自然任せ

P110へ

Drill 10

スイングは左手で作る

P114へ

Drill 11

シャフトの軟らかさを利用して飛ばす

P118へ

Lesson 01~03

さらに！50ヤード伸ばすための
「飛ばさせ屋」アドバンスレッスン

P132～

P50
ココが間違い その7

ヘッドスピード

えっ？ ヘッドスピードはインパクトを過ぎて最大に？

P54
ココが間違い その8

フォロースルー

えっ？ フォロースルーをしっかり取れ？

P58
ココが間違い その9

パワー

えっ？ 飛ばしのスイングは右手で押し込め？

P62
ココが間違い その10

クラブスペック

えっ？ 飛ばしのクラブは重いヘッドに硬いシャフト？

Drill 12 **脳をだませばもっと飛ぶ** P120へ

Drill 13 **手首ゆるゆるの2重振り子スイングを習得** P124へ

Drill 14 **体幹の使い方を相撲に学ぶ** P128へ

Drill 01

踏ん張らないアドレス 背筋、下半身が使える構え

背中を意識しながらグリップの形を作る

ここでは背筋を使うアドレスのドリルを紹介します。

普通に立って、そのまま膝と身体を曲げてアドレスすると、アマチュアの方は腕を張り、背中を丸めて、胸と腕の筋肉を使う姿勢になります。すると背中の大きい筋肉が使えなくなるので、スイングが小さくなり、パワーも出ません。

ですから、まず**アドレスで背筋が使える姿勢を作る**ことから

【背筋を使う】

正面を向いたまま、耳の横の位置で、手を上に伸ばす。
両手を下ろすとき、背筋が縮まるのを意識しながら行う。
1
2

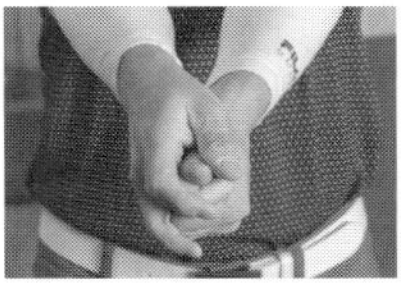

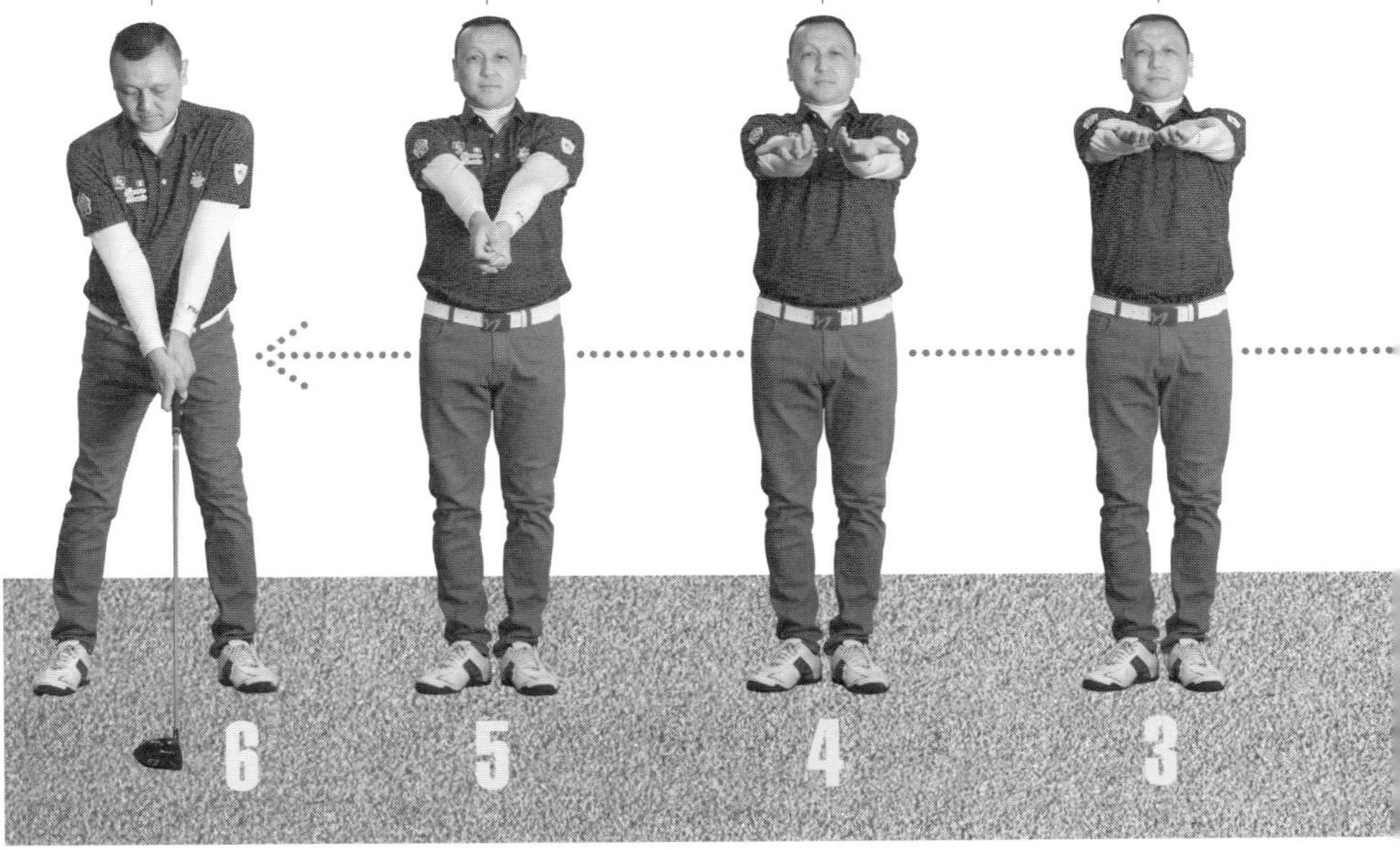
両手を前に持ってくると、背筋を使う準備ができる。
小指から手首だけを内側に回転させると左上腕三頭筋と背筋をロックさせやすくなる。
ゆるく握ると腕が使えないので、背筋が使えるようになる。
5の状態でクラブのグリップを握り、そのままアドレスする。
3
4
5
6

始めます。

まず両足を揃えて背筋を伸ばして立ちます。次に手のひらを内側に向けた状態で両手を上にあげます（1）。

両手を横に倒し、手のひらを上にして、肩甲骨を寄せた状態で肩の高さで止めます（2）。

手のひらを上にしたまま両手を前に伸ばします。上腕三頭筋の張りを感じながら小指を合わせます（3）。

小指から包み込むようにゆるくゆるく手を合わせ、グリップを握る形を作ります（4、5）。

足を少し広げ、クラブのグリップを握ると、背筋が使えるアドレスの完成です（6）。

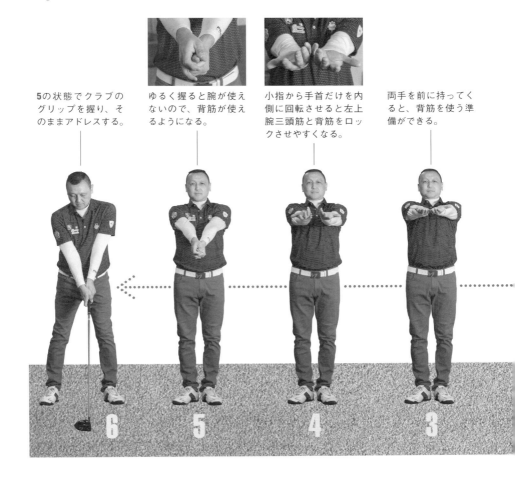

【　後ろ側の筋肉を使う　】

背筋が伸びて前
傾姿勢になる。
お尻を上へ
突き出す。
後ろの踵で
足踏み。
膝はゆるめる。

アドレスでは、背筋を使うのと同時に、下半身、つまり脚の後ろ側の筋肉も使えることが重要です。

まず、背筋を前のページのように伸ばしたまま、お尻を上に突き出すように前傾します。その際、膝は曲げるのではなく、ゆるめる程度にしてください。**イメージとしては横から見た、お尻が上を向いている、背筋が伸びて、ゴリラの立ち姿**です（膝を曲げると背中も曲がって、チンパンジーになるので注意）。

ハムストリングスとヒラメ筋も意識してアドレスすると、脚の後ろの筋肉が連動して正しい下半身のアドレスができます。

私がドライバーでのアドレスのときにイメージするのは、**空から降りてきた一本の糸で、首の後ろあたりとお尻を吊られているような感覚**です。

糸に吊られている感覚を持つと、重心位置も自然に高くなり、それに合わせてお尻も上を向くのです。

いい意味での緊張感はあるのですが、どこにも力は入っていないので、写真を見てもわかるように、いつでも動き出せる状態です。

【軸の位置を決める】

そのとき、軸はどこにあるかということを意識しましょう。

私は左足とセンターとの中間あたりに置いています。ボールのやや右です。

私の場合は風の影響が少ない、低い球を打ちたいので、ボールの位置はやや右寄りですが、この位置は打つ球筋によって違えてもかまいません。

軸の位置が決まれば、あとは軸を中心にクラブを動かすだけですが、では、どう動かせば、遠くに飛ばすことができるのでしょうか?

そのやり方を、次のドリルで説明しましょう。

Drill 02

テークバックは身体をねじらず、左半身をたたむ

少ない力で効率よくパワーを伝える

【 サンドウェッジですよ 】

右横の人にクラブを見せるような感覚で振り向く。

ドライバーでも、サンドウェッジを持っている気分で。

テークバックで身体全体を右に向けるには、まずクラブヘッドを腰の位置まで上げる、ハーフスイングからスタートしましょう。

このとき、力を入れず、**クラブの重さを感じながら回転する**ことが大切です。

例えば右横の人から、「今持っているクラブは何ですか」といわれたとします。

そのとき、グリップの先端がおへその位置を指したまま、回転しながら、ひょいとクラブを腰の位置まで持ち上げて、「サンドウェッジですよ」と、軽く答えられるくらいの気分です。

ここで、回転を意識しすぎると回りすぎることがあるので、右半身は動かさず、左半身だけをパタンと、たたむイメージを持ちましょう。

回転がコンパクトになるので、振り遅れも防げます。

［ブロック］

身体全体で右を向くと重いブロックもささえられる。

腕の力だけではブロックはささえられない。パワーも生まれない。

鏡で姿勢をチェック

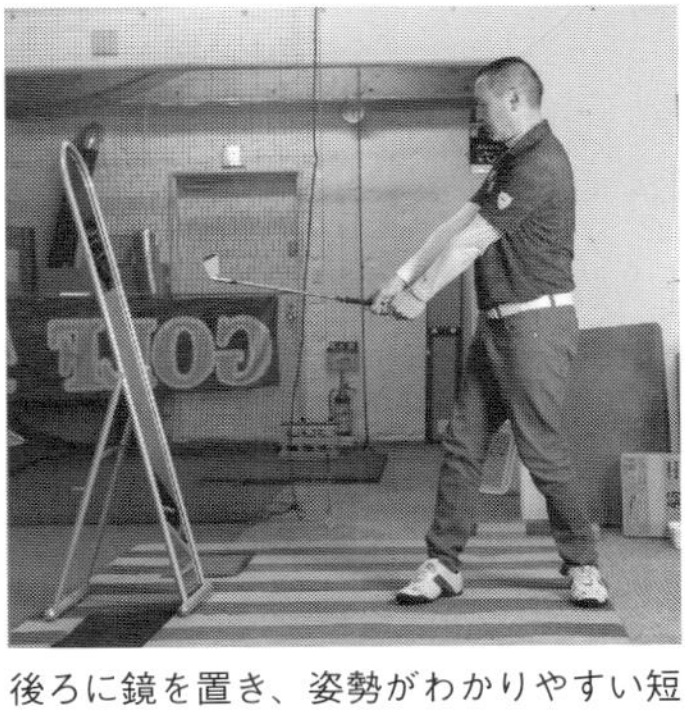

後ろに鏡を置き、姿勢がわかりやすい短めのクラブで、向きをチェックしよう。

【 胸を空に向ける 】

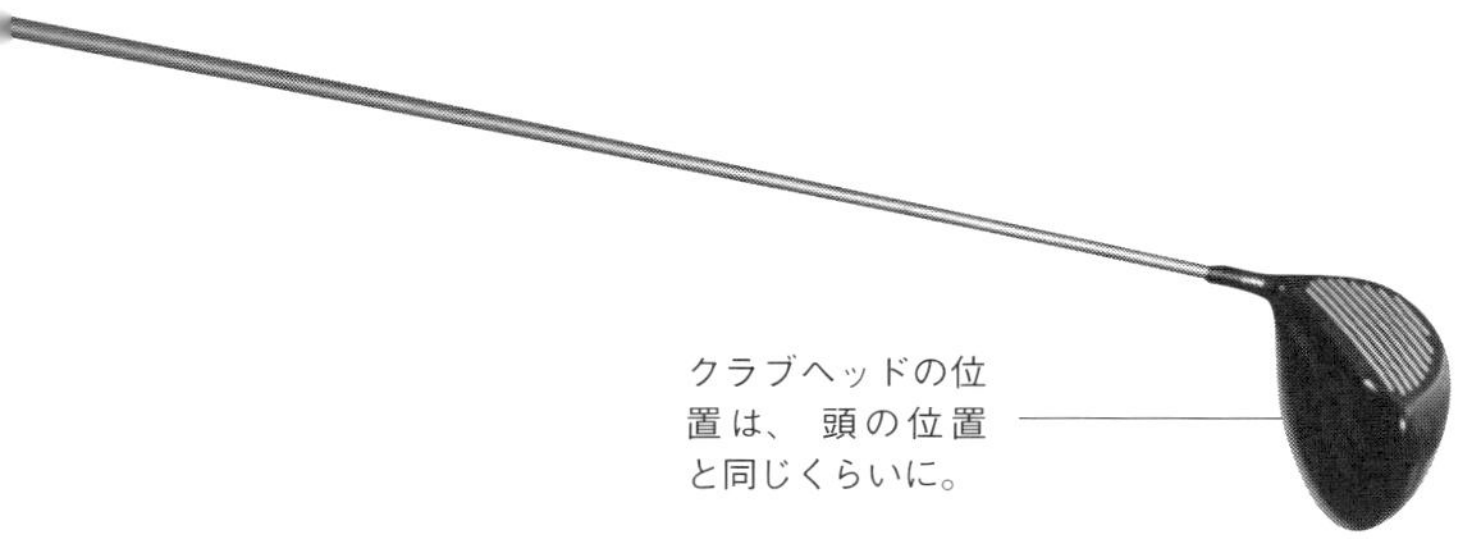
クラブヘッドの位置は、頭の位置と同じくらいに。

ハーフスイングで身体全体を右に向ける動作ができるようになりましたか？

では、身体全体が右を向いたあとは、そのまま胸を空に向けて高いトップを作りましょう。

トップが高いほど位置エネルギーが大きくなり、ヘッドスピードを速くできるからです。

高いトップを作るには、手ではなく、肘を上げることが大切です。肘は背中の筋肉で動かしているので、背中の大きな筋肉でスイングできるようになります。

あなたはトップで自分の手が、どの位置にあるかご存知ですか？

手が正しい位置にないと、クラブの軌道がずれ、ボールにパワーが伝わりません。

まずは、正しいトップの作り方をマスターしてください。

アドレスを取ったあと、身体全体を右に向けるとき、顔も一緒に回します。

さらに胸を空に向けてトップを作りますが、このとき手を見ながら顔も一緒に向けると、正しいトップの位置をとることができます。

さあ、確認してみましょう。

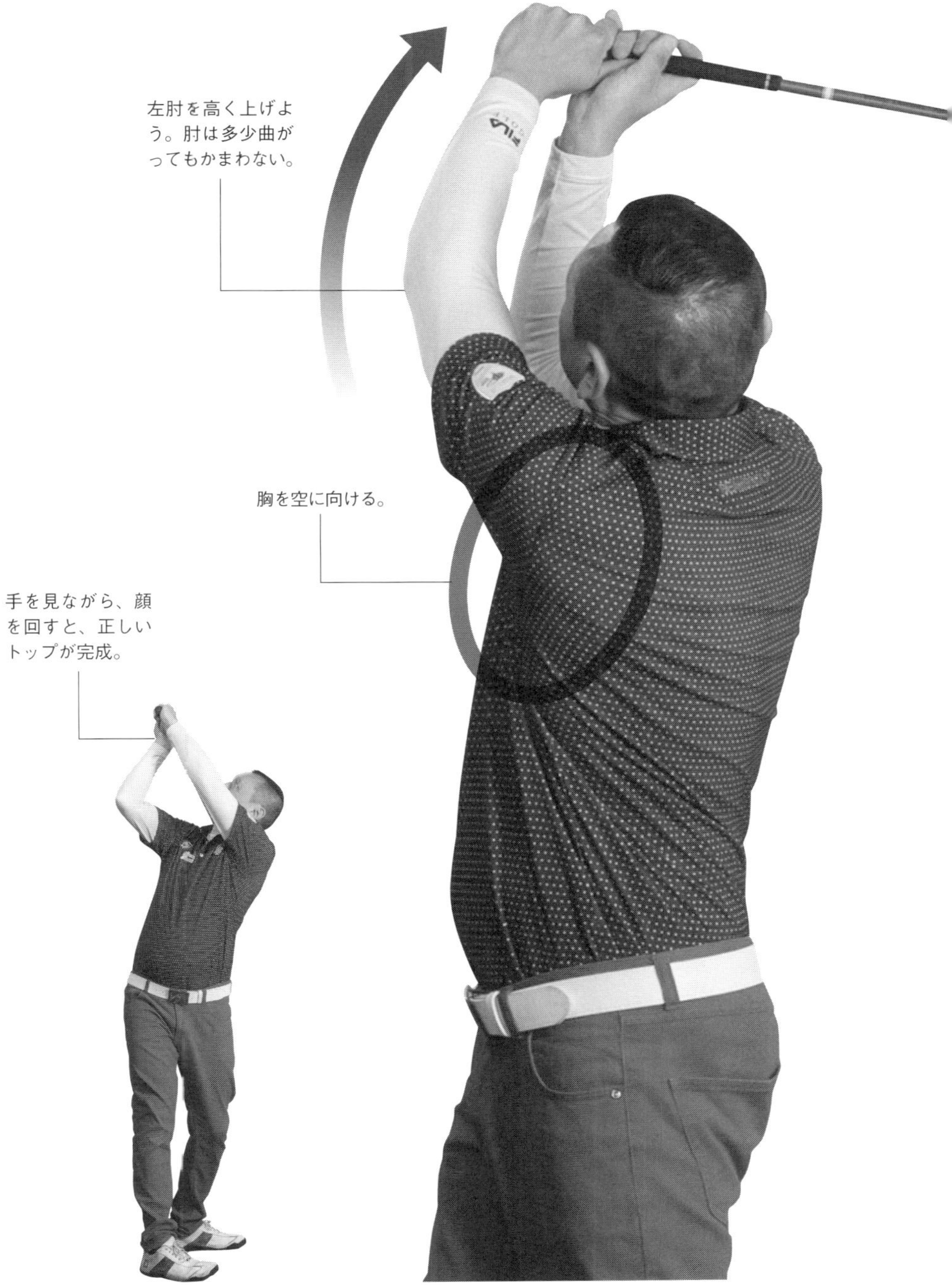
左肘を高く上げよう。肘は多少曲がってもかまわない。
胸を空に向ける。
手を見ながら、顔を回すと、正しいトップが完成。

Drill 03

右を使う、左を使う、の違いを体感する
右サイドで押すと遅れる 左サイドで引く

【 左サイドで引く 】

フィニッシュしたときの安定感も比べてみよう。

左半身の動かし方は、クラブを持つとわかりにくくなります。まずは、クラブを持たないで、スイングの練習をするとよくわかります。

最初に手を交差して肩の前に当ててアドレスを作ります（1）。次に腰から身体全体を右に向けてトップの形を作ります（2）。次にこの形から、右サイドで押すようにフィニッシュ（3）まで最速で回してみてください。

2
トップの位置から、
右サイドで押す。次
に左サイドで引く。
最速で試そう。
1
クラブを持たない
方が、身体の動き
がよくわかる。

今度はもう一度、**2**のトップの形を作ったあと、左の背筋で引くようにフィニッシュまで最速で回してください（**3**）。

いかがですか？

左サイドで引くと、左半身に軸が通ったように感じ、力を入れていないのにスピードも速くなるはずです。右半身で押すと、力が必要になり、スピードも出ずに軸もずれてしまいます。

この感覚が得られない方は、あきらめずに、このドリルを続けてみてください。徐々に感覚がつかめるはずです。

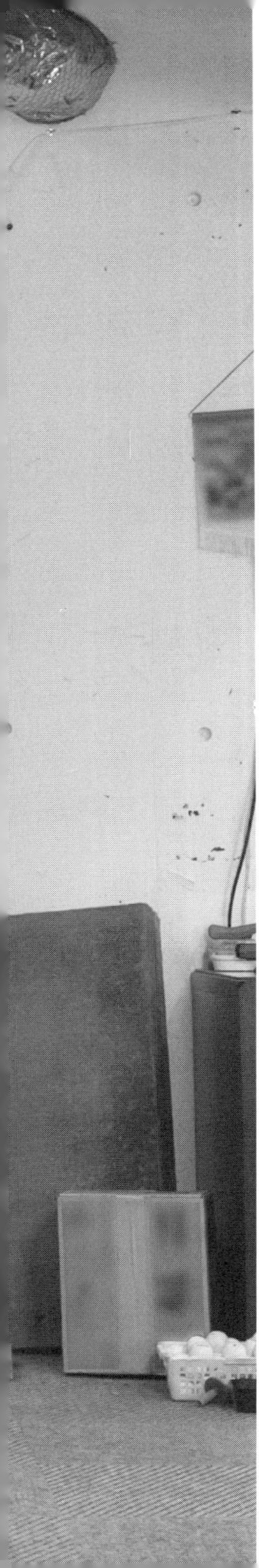

【　セルフチェック　】

パート1で、レッドベター氏のスイングの中で、左腰からの切り返しが強調されて取り上げられた話をしましたが、もう少し詳しく説明しましょう。

例えば、私は切り返しのとき、連動性のイメージの中心として、左肩を戻すことでスピードをアップさせています。

なかには、踵をイメージの中心にしているプロもいます。

ですからレッドベター氏の場合は、イメージの中心として左腰を使うタイプに効くレッスンです。

トッププロでもイメージの中心は、踵や腰、肩など様々です。**どこがイメージの中心でも、大切なのは全身の筋肉が連動すること**です。

左の肩、腰、踵の連動性について、鏡を見て確認しながら、あなたの身体のイメージの中心を探ってみてください。

鏡を使ってのセルフチェックでは、アドレスの形・トップの位置・身体の使い方なども同時にチェックするといいでしょう。

【　パタンパタン　】

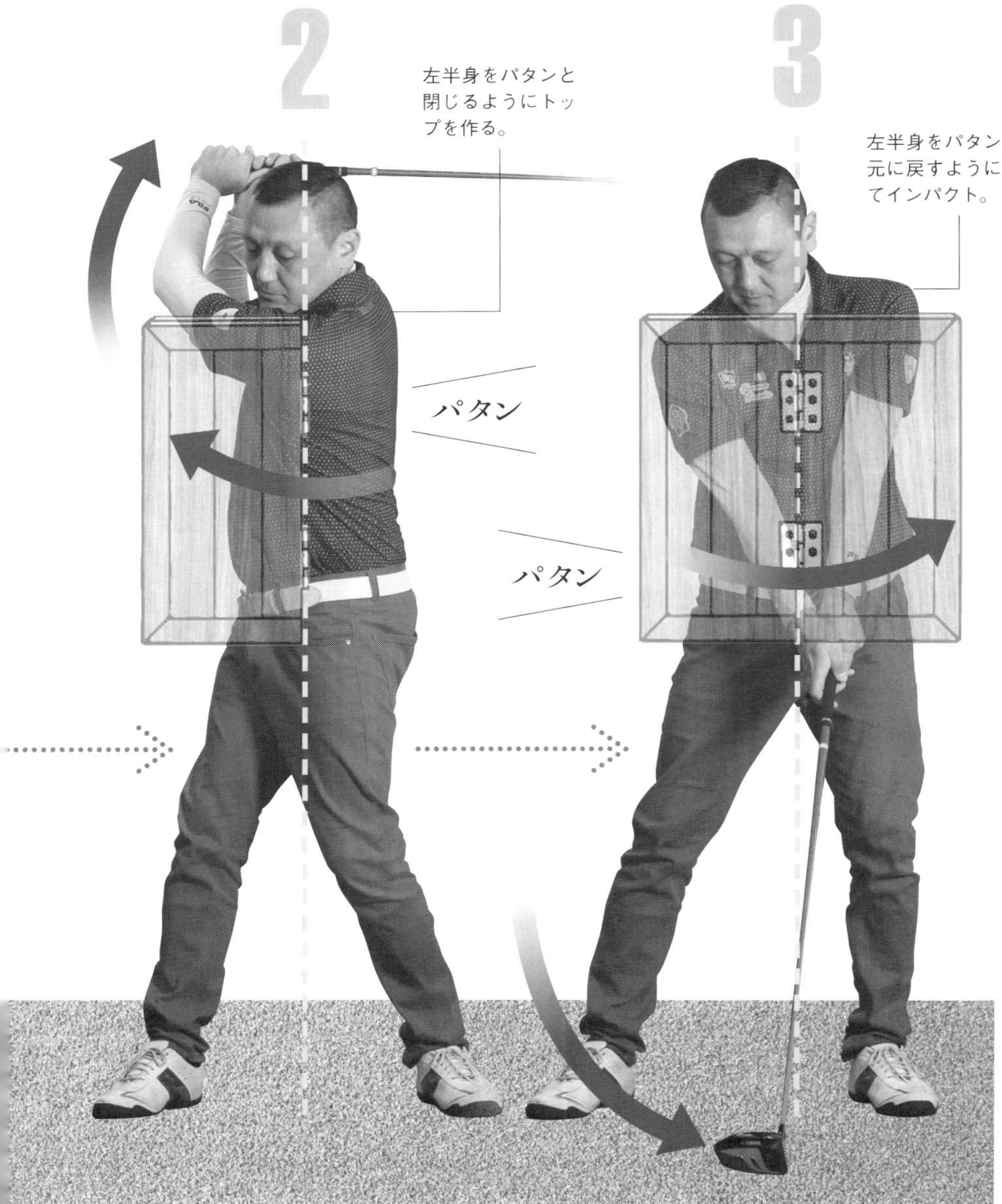
2
左半身をパタンと
閉じるようにトッ
プを作る。
パタン
パタン
3
左半身をパタンと
元に戻すようにし
てインパクト。

テークバックで、腰から身体全体を右に向けるとき、左半身をパタンとたたむイメージを持つと、身体の開きをおさえられます。

身体を1枚の板に見立てて、真ん中でパタンと閉じるイメージを持ちましょう。

まず、アドレスでは1枚の板のままです(1)。

テークバックで腰と身体全体が右を向きながら、トップでパタンと閉じて、半分の板の状態になります(2)。

そしてダウンスイングでは、左の肩、腰、足が連動した半分の板が戻り、パタンと板が開いた状態でインパクトを迎えるのです(3)。

この板をイメージしながら、パタンパタンとスイングを繰り返すと、左サイドの連動感を感じて**スピードを出しても、身体の開きをおさえられます。**

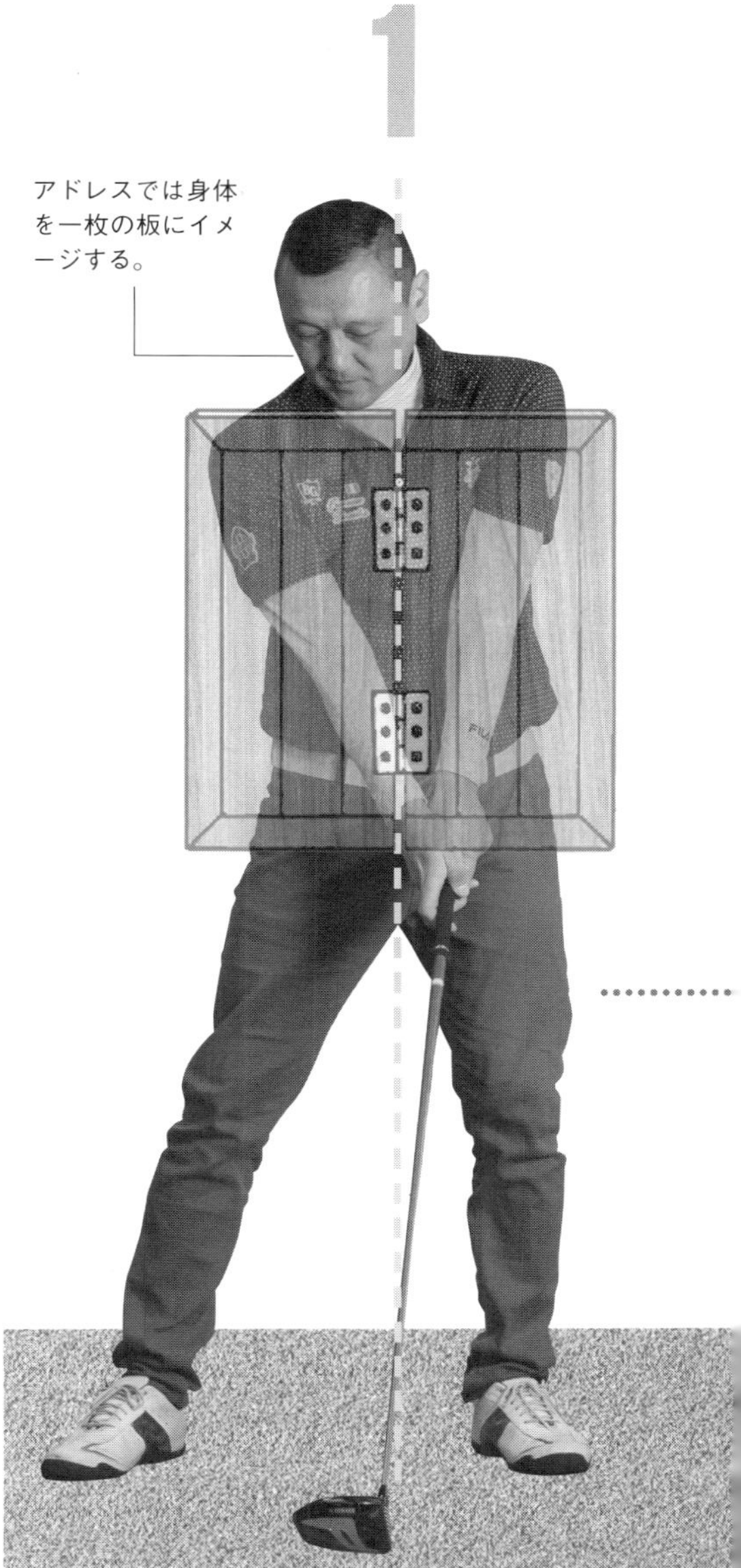

アドレスでは身体を一枚の板にイメージする。

Drill 04

エネルギー効率を最大限に使う

クラブはトップを高くして振り下ろすだけ

【ハイトップ】

「クラブは上から下に直線的に縦に振り下ろす」といいましたが、その際、私が重要視しているのはトップの位置です。

上から下へ振り下ろす位置エネルギーが大きいほど、ヘッドスピードは上がりますから、トップの位置はできるだけ高いほうがいい。

高いトップを作るときに、アマチュアの方は手を上げようとしますが、これではトップは高くなりません。

背中と連動している肘を高く上げることで、高いトップが作れるのです。

ここから**クラブを下に振り下ろすときには、大きくてパワーのある背筋を使います。**

背筋と上腕三頭筋は連動しているので、肘を上げるとスムーズに素早くクラブを引き下ろすことができます。

肘を曲げると上腕三頭筋もさらに使いやすくなりますので、軽く曲げてもかまいません。

高いトップから大きい筋肉を使い、上から下へ向かう位置エネルギーを全部使いきることで、自分が持つ最大限のヘッドスピードを誕生させましょう。

肘を上げる意識でトップを高くとる。肘は軽く曲げてもいい。

上腕三頭筋が使いやすくなる。

肘は左右同じように上げる。右脇は空いてもいい。

【クラブは半分の長さで使う】

高い位置のトップが出来上がったら、次はクラブをどう扱うのかについてです。

例えば、グリップエンドを支点に、ヘッドを振る意識を持つと、すごく重たく感じます。

ところが、グリップだけをストンと落とすと、クラブがとても軽く振れます。

クラブを半分の長さで使う意識で行なってみると、この感覚がつかみやすいでしょう。

これは、鞘から刀を抜くとき、鞘に支点を作って、テコの原理で鞘の中の刀を抜くのと同じです。上から下に抜くときは、刀の重みも加わるので、力がいりません。

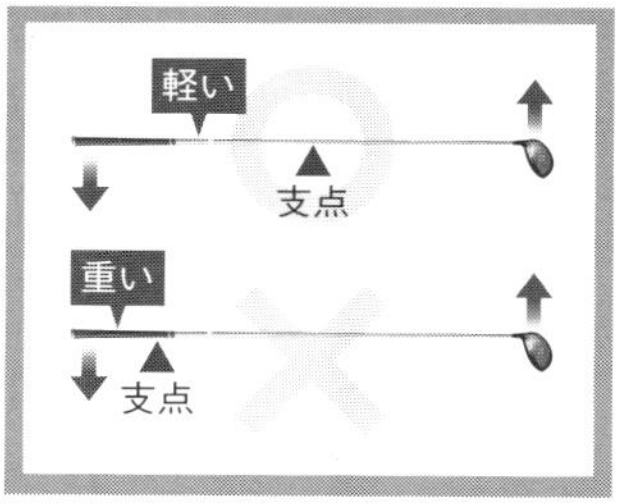

シャフト上の支点を中心に、てこの原理でグリップを落とすイメージ。

つまり、**クラブを半分の長さで使うことで、道具を軽くしてスピードに変える**のです。

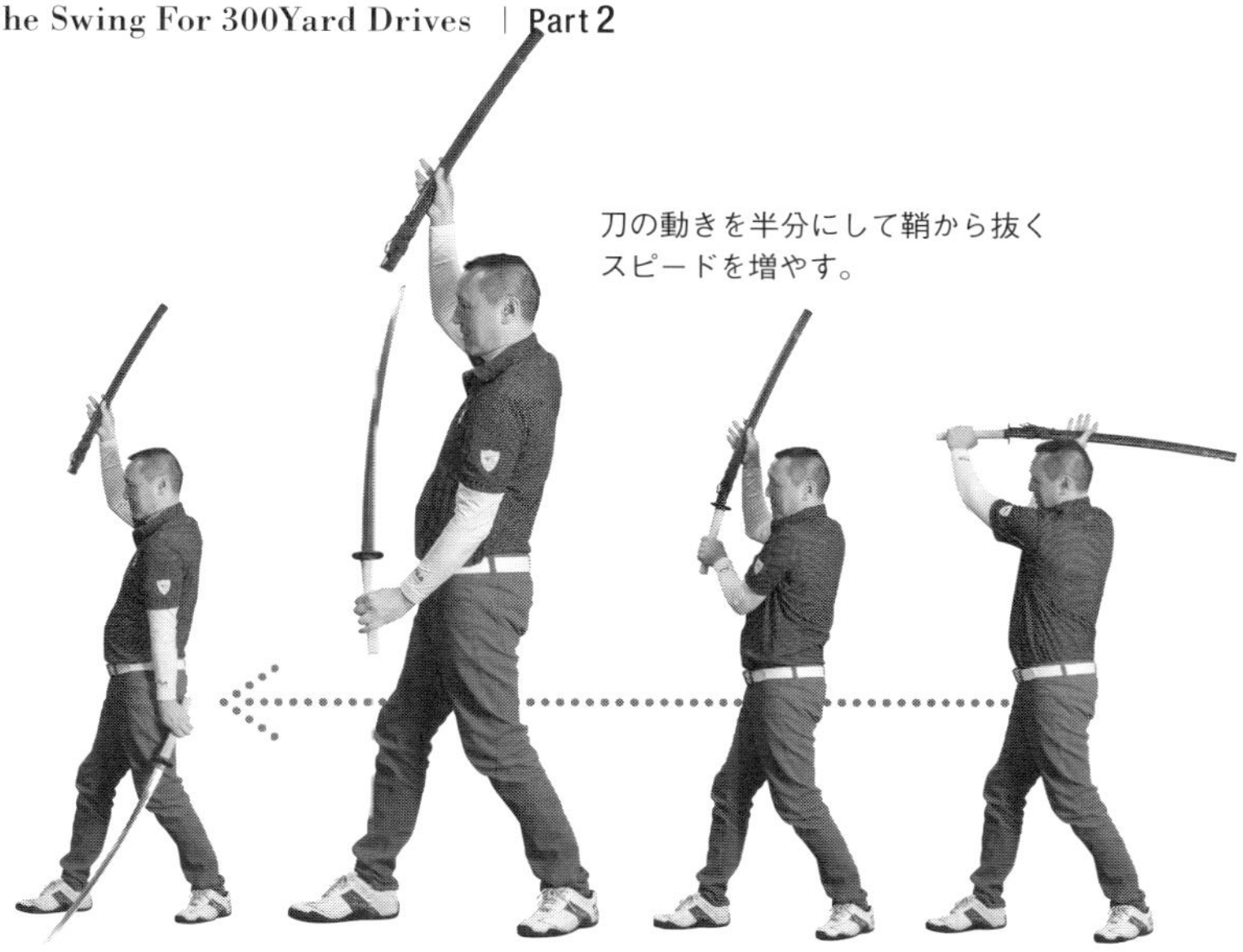

刀の動きを半分にして鞘から抜くスピードを増やす。

まずトップでは、シャフト上の支点を意識しよう。

Drill 05

体重移動は必要なし

体の軸を保つことだけに集中する

【 両足を揃えて打つ 】

当然のことですが、身体が左右に動くと、最初にボールを置いて構えた場所ではなく、ずれた位置でインパクトを迎えることが多くなります。

その結果、横方向のずれでスイートスポットから大きく外れたり、縦方向のずれでトップやダフリが出たりして、距離のロスにもつながるのです。

そこで、体重移動ができないように両足を揃えて構えてください。

このドリルは、私のゴルフ教室では、子どもたちに最初に学ばせています。それは、2次加速理論の基本をマスターするのに、最も適したドリルだからです。「スモール2次加速スイング」といってもいいでしょう。

両足を揃えると力が入らないので、大人でも、腕の力に頼らないスイングが体感できるはずです。

このドリルで、体重移動の必要のないスイングをマスターしましょう。

両足を揃えたまま身体全体を右に向けてトップを作る。

クラブヘッドの重さを感じながらゆっくり振り下ろす。

インパクトで終了。フォローは意識しなくていい。

【　ギッコンギッコン　】

アマチュアの方で多いのが、明治の大砲と呼ばれる、「ギッコンバッタン」のスイングです。これは、リバースピボットとも呼ばれ、トップで体重が左足に乗り、インパクトでは右足に体重が乗ってしまうので、弱々しいボールになります。

トップで体重が左足に乗ることは、決して悪いことではありません。実際トップからの切り返しでは左足体重でないとスイングスピードは上がらないのです。右足体重では力強い1次加速を作れません（98ページ参照）。「ギッコンギッコン」で力強い球筋になります。

3
最後まで左足体重のまま、インパクトしよう！

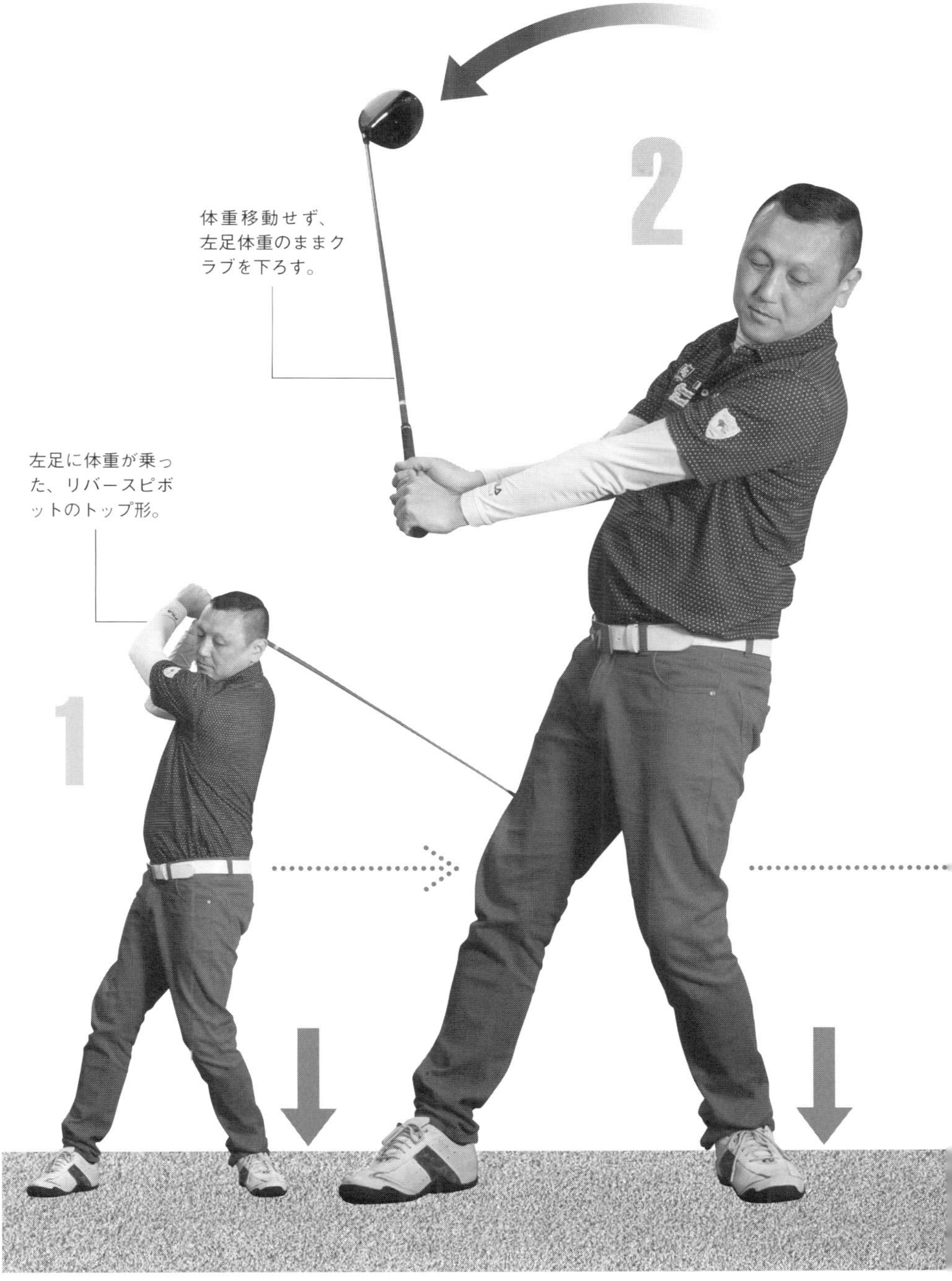
2
体重移動せず、
左足体重のままク
ラブを下ろす。
左足に体重が乗った、リバースピボットのトップ形。
1

Drill 06

振り幅をだんだん大きくして、身体と腕の一体感をつかむ

究極のドアスイングを目指そう

【胸と腕で3角形を作る】

ドアスイングのイメージは、腕を伸ばした状態でスイングするとよくわかります。

まず、クラブを持って腕を伸ばし、胸と腕で3角形を作ります。この状態では腕の力は使えません。

グリップをゆるく握り、背筋を使って3角形をキープしながら、ヘッドを左右の膝の高さまで上げ下げしてください。

例えば、メトロノームの拍子のようなイメージで振るといいでしょう。

このとき、身体も頭も一緒に回しながら、グリップが身体の正面からずれないように意識してください。

それを何度か繰り返していると、**身体と腕とが一体になったような感じ**が生まれてきます。その身体と腕との一体感を、最初にしっかりと頭に刻み込んでください。

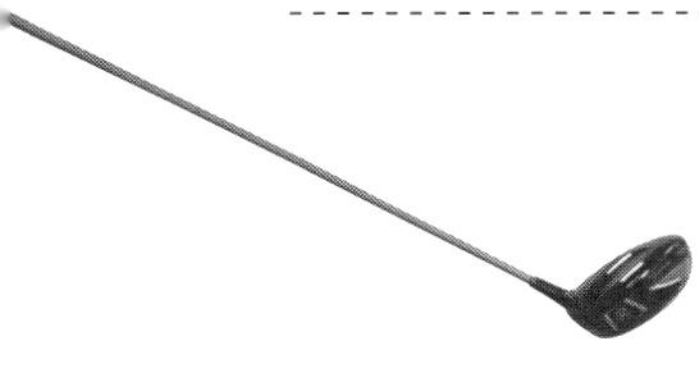

グリップが絶えず
身体の正面にある
ことを意識しよう。
腕を伸ばして、胸
と腕でしっかりと
3角形を作ろう。
メトロノームの「カ
チ、カチ」という
テンポで振ろう。

【 振り幅を大きくして、コックも入れる 】

胸と腕の3角形をキープしたまま、ヘッドを腰の位置へ。
身体がぶれないように、後ろの筋肉を意識しよう。

次は振り幅を大きくします。

胸と腕の3角形をキープしたまま、今度はヘッドが腰の高さまで来るように、左右にゆっくりスイングします。

写真を見ると簡単そうですが、振り幅が大きくなるほど遠心力も大きくなるので、身体が左右に引っ張られないように注意しましょう。

背筋、ハムストリングス、踵など、身体の後ろの筋肉や部位を使うことを意識すると、よりスムーズなスイングとなります。

最後に、胸と腕の3角形をキープしたまま、ヘッドが腰の高さくらいまで来たときに、コックを入れてください。コックを入れることによって、シャフトは腕と直角になります。ここから、先ほどと同じように、左右にゆっくりスイングします。

コックをほどく意識はいりません。自然にほどける感じにしてください。先ほどよりも振り幅が大きくなりますので、さらに大きな遠心力が掛かります。

後ろの筋肉や踵を意識しながら、クラブを引っ張り返すような意識でスイングをして、身体と腕との一体感を感じましょう。

コックを入れるとクラブの振り幅がさらに大きくなる。
コックを入れたぶん、ヘッドスピードも速くなる。

Drill 07

ヘッドスピードは、初速スピードで決まる
切り返しでパワー全開、初速スピードを最大に!

ゴムチューブは耳の高さで、壁や柱に結んで固定。

トップから切り返しでパワー全開にする動きを知ろう。

左足体重と右足体重でそれぞれ試してみよう。

ヘッドスピードは、切り返しからの初速スピードの速さで決まります。それには、切り返しでどんな動きが必要なのかを知ることが大切です。

まずは、ゴムチューブを使って初速スピードを上げるレッスンです。片方を、耳のあたりの高さに固定したゴムチューブを握り、トップの形を作ります。

そこから、**背筋と上腕三頭筋を使って、手首はコックしたまま思い切り引く**のです。すると、切り返しでのパワーの出し方がわかります。

この引く一瞬の動作のとき、自分の体重が左右どちらの足に乗っている方が、パワーが出るかも試してみてください。

右足ではなく、左足に体重が乗っていないと、ゴムチューブが強く引けないことがわかるはずです。

背筋と上腕三頭筋を意識してゴムチューブを引く。

【リボンでパチン！】

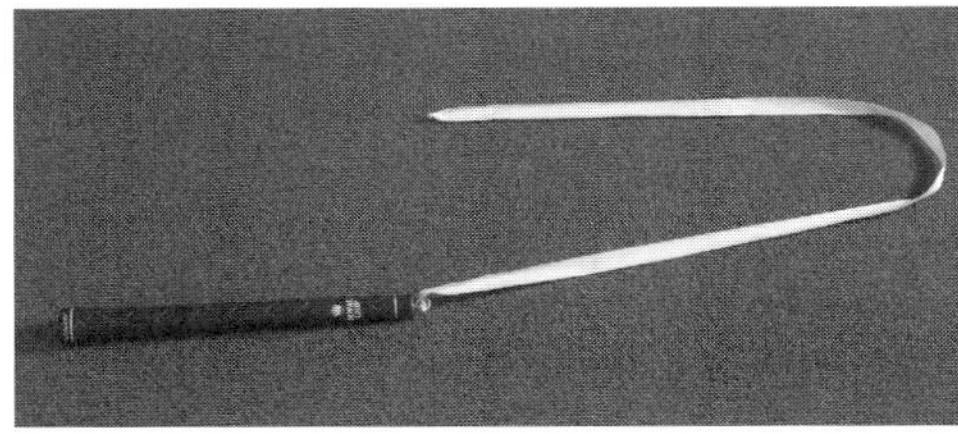

グリップにリボンを付けた弥永式初速アップグリップ

次は、写真のグリップにリボンを付けた道具を使い、初速スピードを上げるレッスンです。

このレッスンでは、左腕だけでリボンを振ります。

まず、左腕をトップの位置にしたあと、できるだけ速く、切

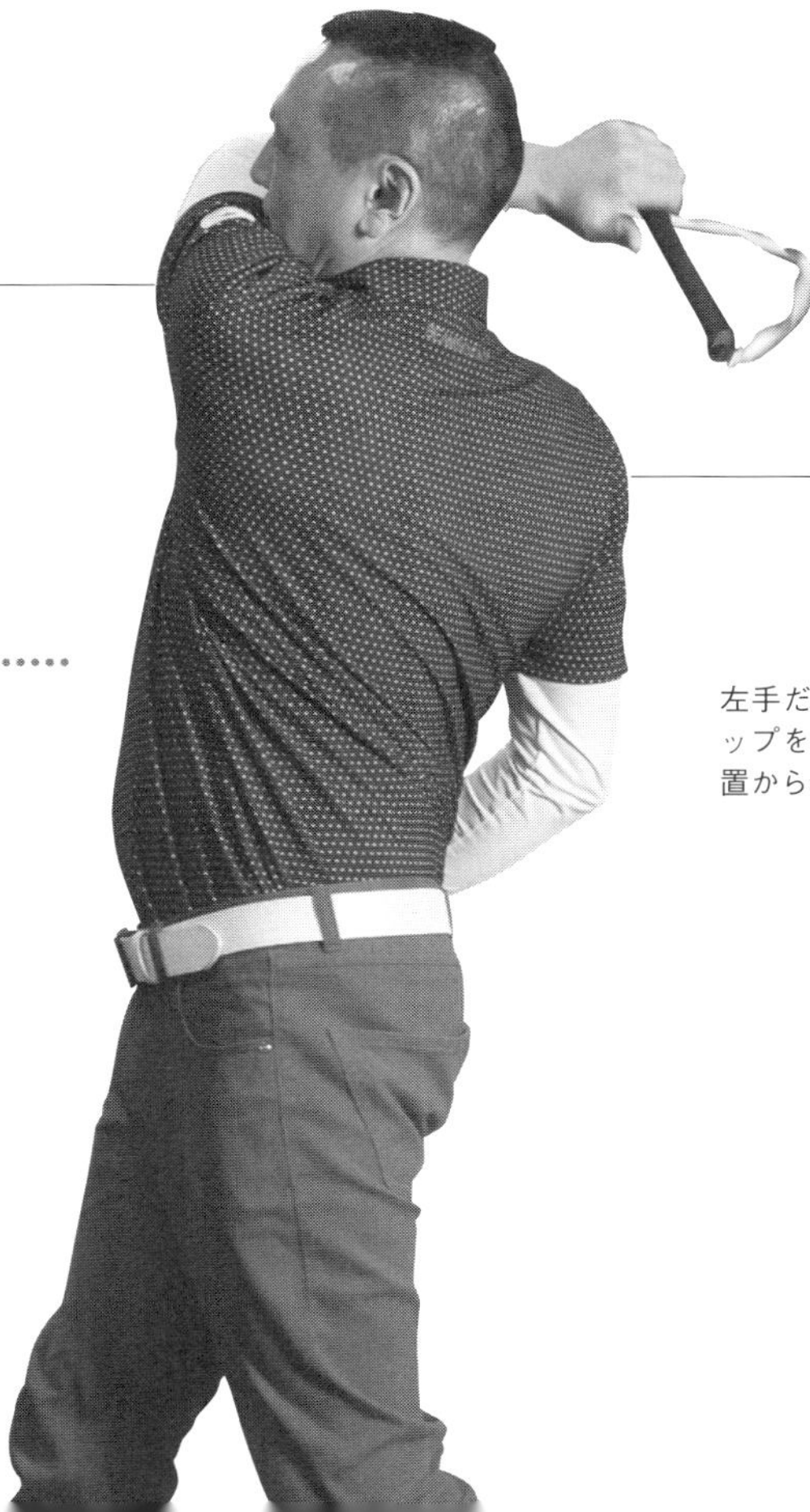
肩を入れて、
左手だけで、グリップをトップの位置から切り返す。

り返しの動作を行います。そして、肩の位置あたりでグリップを止めてください。

そのときのリボンの動きを観察してください。切り返しからのグリップの動きの速さで、リボンの動きも変わります。

リボンは水平に短く動かしてください。肩の高さで手を止めるのがコツです。

ポイントは動き出しの瞬間のスピードを上げることです。頭の後ろの方で、リボンがパチンと鳴れば、このドリルは成功です。

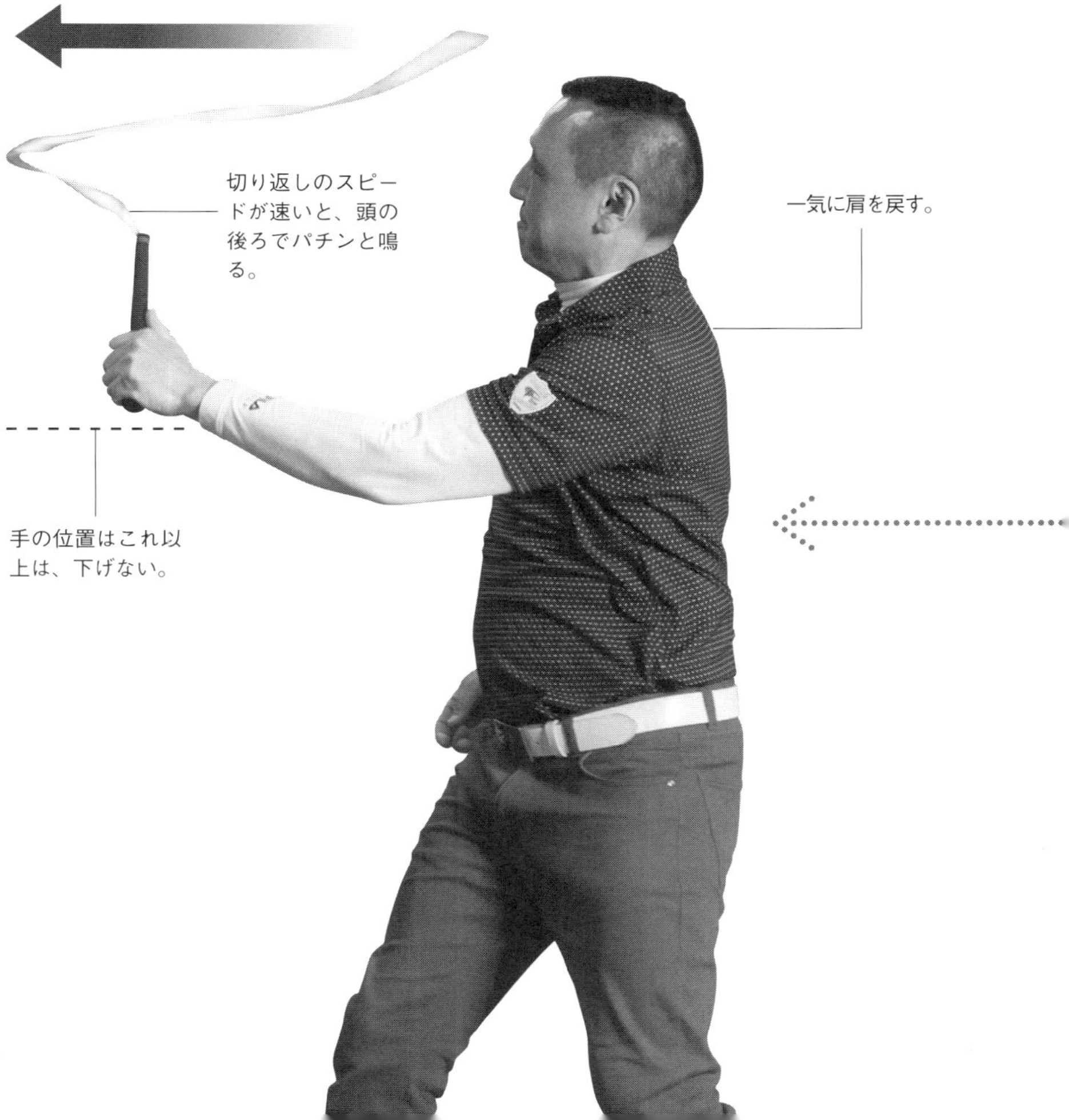
切り返しのスピードが速いと、頭の後ろでパチンと鳴る。
一気に肩を戻す。
手の位置はこれ以上は、下げない。

【1次加速】

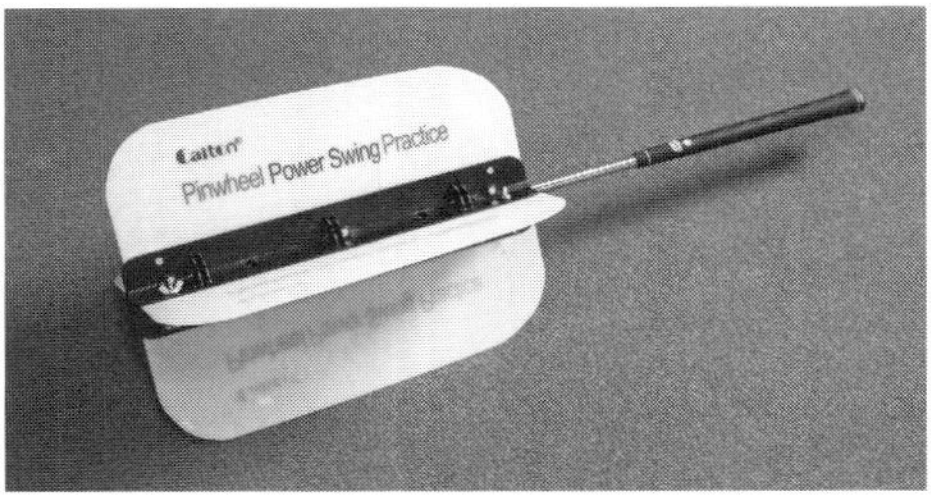
Pinwheel Power Swing Practice
初動負荷のトレーニングに役立つ4枚羽根

３つ目は、４枚羽根という道具で、ゴルフショップなどにも置いています。この道具を使って、トップから切り返しのスイングをすると、かなり空気抵抗を感じます。

これを思い切り振ることで、

手はゆるゆる。
トップの位置から、斧で薪を割るイメージで振り下ろす。
Pinwheel Power Swing Practice

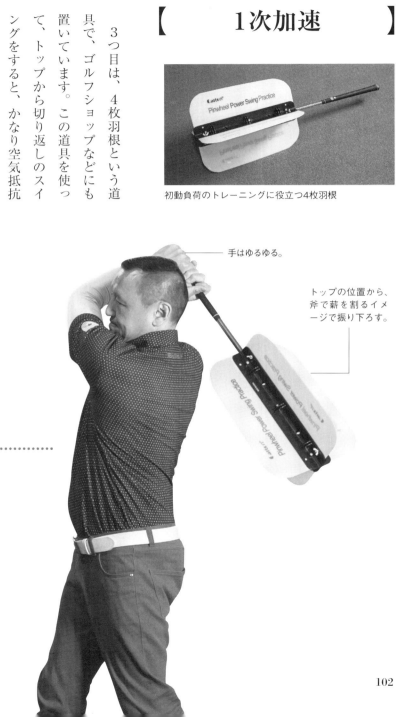

切り返しでの背筋の使い方や、どの位置で力を使っているのかが実感できますし、切り返しでの初速のスピードアップにも役立ちます。

何度も言いますが、ブランコを押すときと一緒です。ブランコが止まった一瞬で、大きい力で押すほど、ブランコは速く大きく振れます。途中で押そうとしても、もっと速い手のスピードが必要となります。力強く押すという動作にはなりません。

つまり、**ヘッドスピードを上げるには、初動のスピードをいかに速くするかに尽きる**のです。

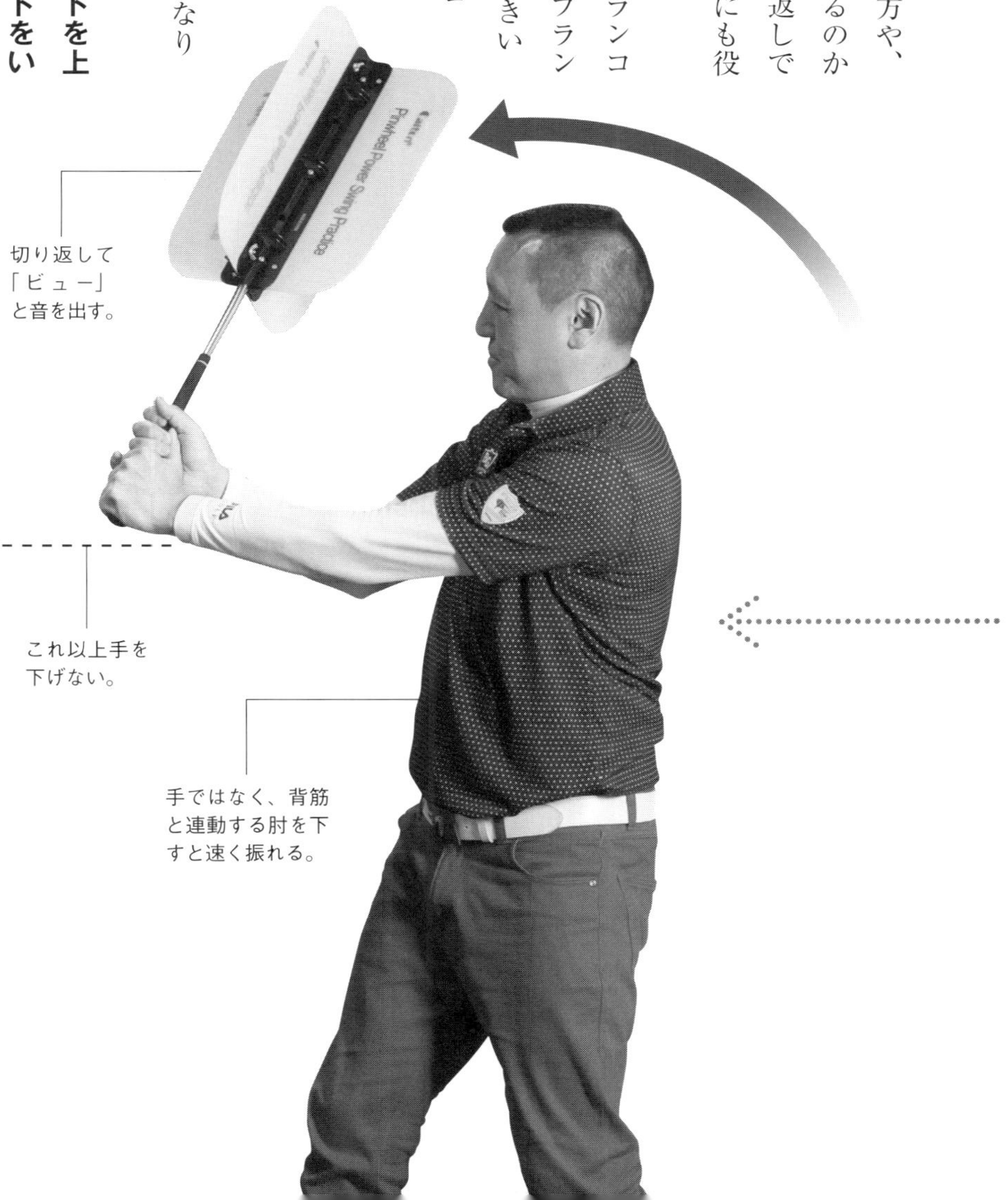
切り返して
「ビュー」
と音を出す。
これ以上手を
下げない。
手ではなく、背筋
と連動する肘を下
すと速く振れる。

Drill 08

インパクトの瞬間に手を止めると最大パワーが生まれる!

遠心力はカウンター(引く力)で加速させる

ゴルフのヘッド軌道は、トップからインパクトまで、ざっくりいって4mほどです。

私はヘッドスピードはドラコンプロとしては遅いほうですが、60m/sくらい出ますから、時速に直すと約200㎞になります。

このスピードをたった4mという距離で出すには、スイング中にどんどん加速させなければなりません。そのためには、2次加速が必要になります。

ここからは、**1次加速で高めた初速スピードを、遠心力を使ってさらに加速させる2次加速の方法**を学びましょう。

【 2次加速 】

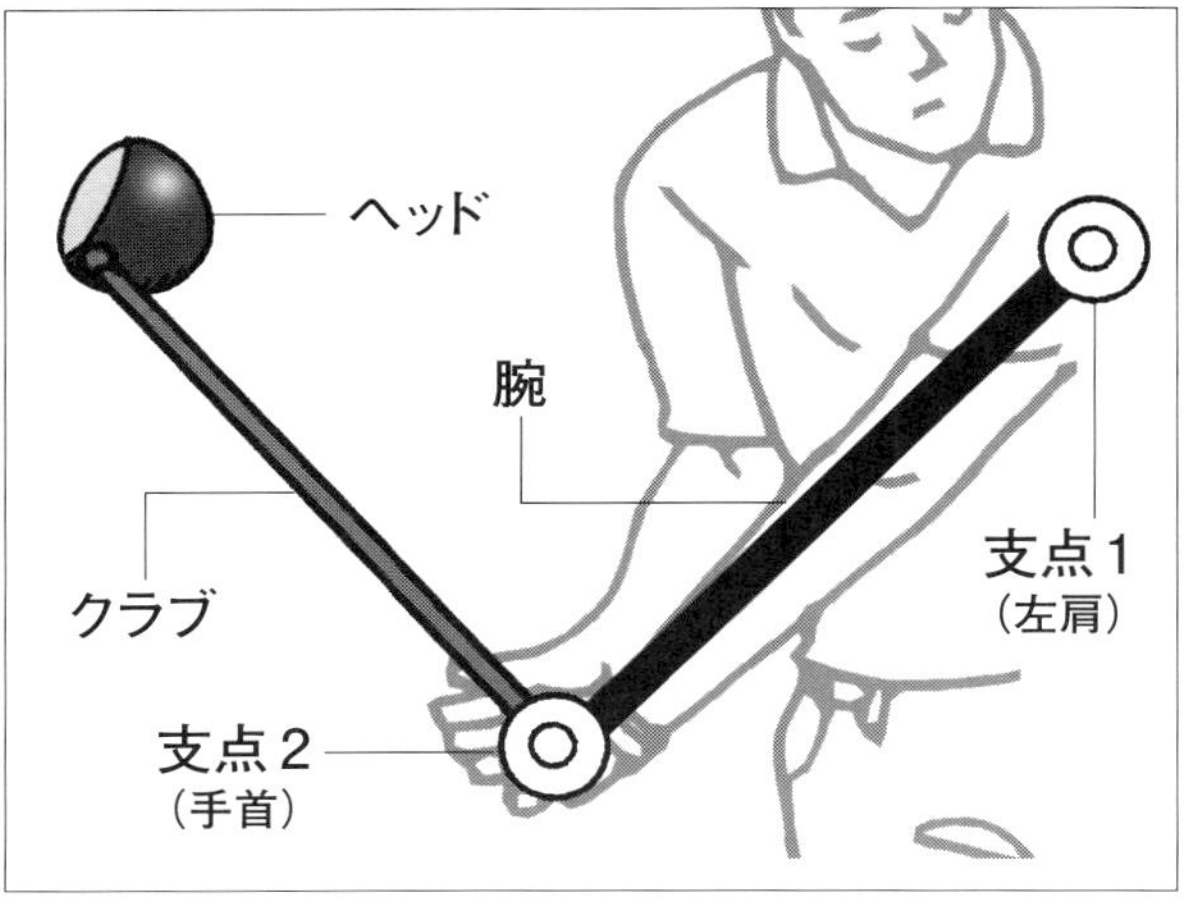

スイングは左肩と手首を支点にした2重振り子に例えられる。ヘッドスピードが、40m/sを超えると、手の力では、2重振り子の2次加速には勝てない。

グリップのプレッシャーを最大にゆるめることで、手首の抵抗を減らし、2次加速の効果を最大にできる。

【カウンター】

ゴルフスイングは縄跳びと同じです。

縄跳びでは、縄が上に行けば手元を下げ、縄が下がれば手元を上げます。常に遠心力にカウンター（引く力）を与えることで、縄のスピードを出すわけです。

ボクサーが縄跳びをしている姿を思い浮かべてみてください。

ボクサーはほとんど手を動かさずに、小さく鋭い動きで縄跳びをします。

次に、小学校等で、初めて縄跳びをしている子どもの姿を思い浮かべるとどうでしょう？　手を大きく回すような仕草で跳んでいませんか？

ゴルフスイングも同じです。**飛ばない人ほど手を大きく回している**のです。

つまり、飛ばないのは遠心力を利用できていないからです。

しょうがないですよね。スイングアークが大きいほうがよく飛ぶといわれていますから！

さらにインパクトで手を止めれば、２重振り子の原理で、ヘッドスピードが最大になり、ボールを小さい力で最大に飛ばすことが出来るのです。手を振る感覚がないので、今まで手を振ることでスイングしていた方にとっては、充実感が乏しいかもしれませんが……。

でも、最初は我慢が必要です。

この手を止めるという動作は、写真のように背中の筋肉を使って、身体に引き寄せるイメージを持つとうまくいくはずです。

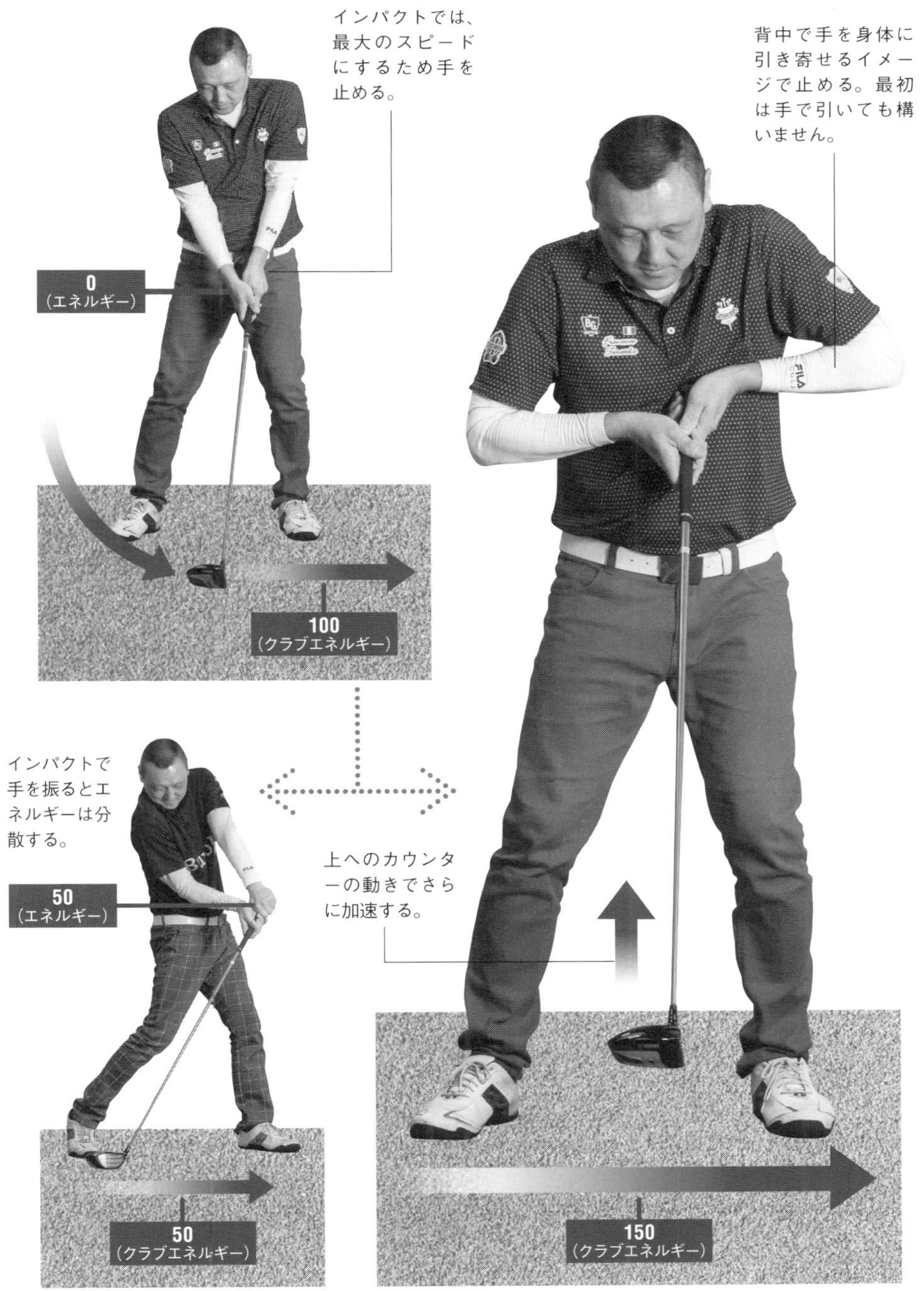
インパクトでは、最大のスピードにするため手を止める。
0 （エネルギー）
100 （クラブエネルギー）
背中で手を身体に引き寄せるイメージで止める。最初は手で引いても構いません。
インパクトで手を振るとエネルギーは分散する。
50 （エネルギー）
50 （クラブエネルギー）
上へのカウンターの動きでさらに加速する。
150 （クラブエネルギー）

【　2重振り子　】

3
4
身体の正面で手首を止めると、ヘッドがさらに走る。
左手首のコックがほどけ、ヘッドが走る。

あなたは、2重振り子をご存知ですか？　振り子の先に、もう一つの振り子を連結させた振り子です。インターネットで「2重振り子」で検索すると、いくつか動画が見られます。ただ落下させただけの力で、不規則ながら時々とてつもないスピードが出ることに驚かれるでしょう。

この**2重振り子の原理をスイングの加速に活かす**のです。

まず一つめの支点は左肩です。トップから、この肩を支点に切り返しが始まります。

そして腰のあたりで、二つめの支点である、左手首のコックがほどけます。ここで、スピー

1
まず左肩を支点に
感じながらクラブ
をおろす。
2
腰のあたりで、
今度は左手首の
支点を意識する。

ドがグンと増すのです。

このとき、**グリップはゆるゆるに握っているほどスピードはアップします。**

このように、スイングを2重振り子に見立て、左肩と左手首の支点をイメージしながら、左手一本でスイングしてみてください。そのとき右手は左手をおさえるようにすると、肩と手首のふたつの支点の動きがよくかります。

最後に身体の正面で止めると、ヘッドが素早く手首を追い越すことが体感できるはずです。

Drill
09

フォローが取れないのでインパクトの強さがわかる

ショットはインパクトで終了！フォローは意識せず自然任せ

私の飛ばしのスイングは、ボールを打ったらお終いです。

「フォロー」は「スルー」です。ですからレッスンでは、あえてフォローが取れないスイングで打ってもらいます。

まず写真のように、ボールに対して90度右に構え、左足の外側にボールがくるようにします。そして一度トップの形を作ります。背面打ちの要領です。このトップの形では、腰から

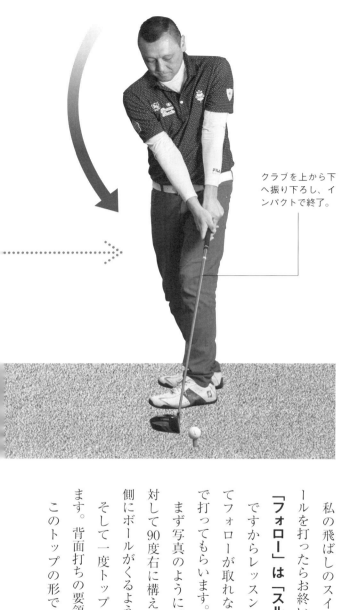

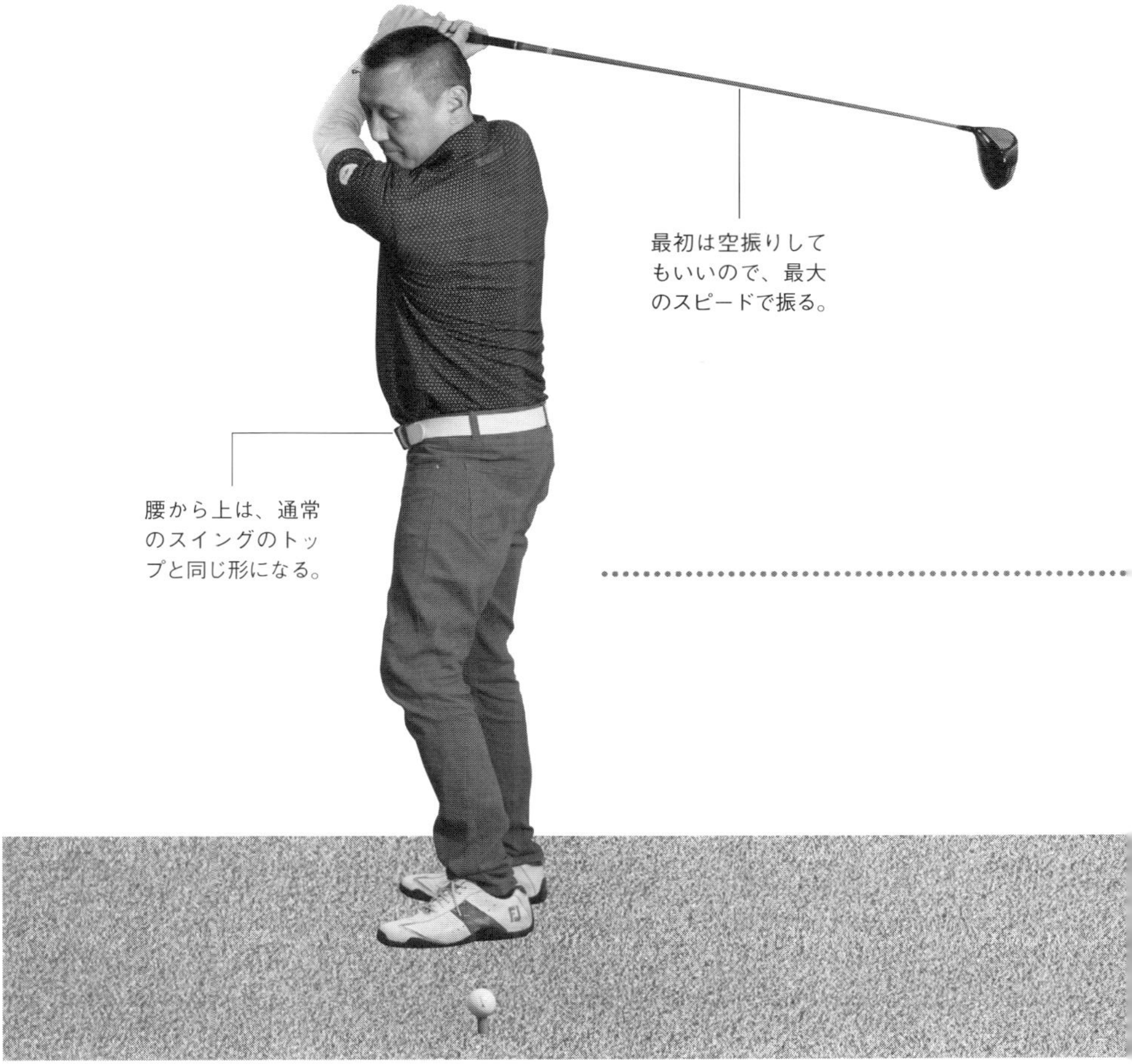
最初は空振りして
もいいので、最大
のスピードで振る。
腰から上は、通常
のスイングのトッ
プと同じ形になる。

上の身体全体はいつも通りなのにお気づきでしょうか。

ここから、これまでと同じように、上から下へのスイングでボールを打つのです。剣術でいうと、けさ斬りのイメージです。

通常のスイングとまったく同じなのですが、**フォローは取れませんので、ショットはインパクトで終了**です。

この背面打ちドリルは、フォローが取れないので、インパクトの強さがどれほど大きいものかも、はっきりとわかるドリルです。

通常のスイングでもフォローを意識する必要はないのです。

【力を抜く】

力を入れないスイングは、ヘッドがはじき返される。

通常のスイングは、トップからフィニッシュまで、体を180度回転させます。

わずか0・2秒のスイングの中で、身体を大きく動かす必要があるので、自分が何をやっているのかわからなくなるのも、仕方のないことです。

ところが、**私のスイングは、トップからインパクトまで体の回転は90度と半分**です。スイングが半分で済むのですから、コントロールがしやすくなります。また、考えることも少なくなりますから、気持ち的にも楽になります。

このスイングで、まず大切なのは、力を抜くことです。特に

力を入れたスイングと、入れないスイングと試そう。

インパクトの瞬間に、力を抜くとヘッドが走ります。

バランスボールを使ったドリルでインパクトの瞬間、力を抜くことを体感してみましょう。

バランスボールを打ったときに、自然とヘッドが跳ね返されると思います。このとき、自然と手は止めているはずです。

バランスボールが相手なら、誰でもヘッドのエネルギーを、最大限、効率的にぶつけるスイングができるのです。

ヘッドが当たってから押し込んでも意味のないこともわかるはずです。

Drill 10

腕と背筋をロックする
スイングは左手で作る

ダウンスイングで、
クラブに引っ張ら
れることがわかる。

左半身だけで打つ感覚を養うのは、左手一本で打つ練習が、一番わかりやすいと思います。

両手で打つと、どうしても右手がカバーするので、左手の感覚だけでは打てません。

ドライバーでやるのが難しければサンドウェッジからでも構いません。

まず**アドレスで、左の上腕三頭筋を締めて、背筋と腕をロックし、背中で振るイメージ**です。

身体とクラブを一体化させながらスイング。
上腕三頭筋と背中の筋肉を連動させてグリップする。

そして、グリップが腰の位置に来るくらいまで、軽く素振りをしてみましょう。

このとき、腕と背筋はロックされた状態ですから、**身体の正面にいつもクラブがあるように一体になって、左右にスイング**してください。

ここで意識してほしいのは、いつも左半身がスイングをリードしていることです。そして、ダウンスイングでは、遠心力に引っ張られる感じもはっきりとわかるはずです。振りを大きくすることで遠心力も増します。

このドリルがうまくなると、ドライバーでもハーフスイングが打てるようになります。

【　変なフィニッシュ　】

左の写真3は、変なフィニッシュですが、右手を使うと胸がアドレスに戻ってしまい、この形を取ることが出来ません。

このドリルはゆっくりした動作で行います。まずトップの形を作ります（1）。

そこから、両肩を動かさずゆっくりクラブを下ろします（2）。

そして最後にインパクトまでクラブを動かしてください（3）。

写真3は、右手を動かしていないので、正しい形がとれています。

ところが右手を使うと、右肩は動き、右肘も浮きますから、スローな動きでも胸がアドレスの位置に戻ります。

実際のスイングは速いですから、写真のようにはいきません。

でも、こんなゆっくりした動きでも右手を使うと、写真3のように胸が右を向いたままにはならないのです。

結構難しいドリルなので、鏡の前でぜひ試してみてください。

あと、プロは歯磨きも左手でしろといわれるくらいですから、あなたも**日常生活で左手を積極的に使うことで、感覚を養いましょう。**

掃除機を左手でかけることを休日の日課にすると、奥さんにも喜ばれ一石二鳥ですね。

掃除機は直線的な動きだけではなく、ローリングする動作も入るので、左手の感覚がより養われる。

1
トップの形を作り、両肩を動かさないでクラブをおろす。
2
腕を下げ、インパクトに向けてゆっくりした動作で行う。
3
通常は右肩が出る！
インパクトで胸が右を向いたままだと、正しい形だ。

Drill 11

究極の軟らかさは鞭のしなり
シャフトの軟らかさを利用して飛ばす

【　鞭のしなり　】

私がシャフトに求めるのは究極の軟らかさ。フィーリングとしては鞭です。

ただ軟らかいというだけではなく、**しなって戻ってくるときに、身が詰まったようなエネルギーを感じるもの**です。

そういうシャフトだとヘッドの位置がわかりやすくなり、コントロールがしやすくなるというメリットもありますが、最大の理由はヘッドスピードです。

イメージしやすくするために話を極端にします。トップからインパクトまでの時間は同じだとしたとき、手首が腰の位置でクラブヘッドも腰の高さの場合と、シャフトが鞭のようにしなってクラブヘッドが頭の高さにある場合を比べてみてください。

インパクトまでの時間は同じですから、頭の位置にあるほうが、インパクト時のスピードは速く、飛距離も大きくなるのです。話を極端にしましたが、求めているフィーリングは同じです。

あなたも、軟らかいシャフトを使って、しなりのパワーを感じ取ってください。

Buola

【 重いものを速く振る 】

Drill
12

脳をだませばもっと飛ぶ

重たいものや軽いものを振ることで、ヘッドスピードを高める

むちゃぶりすることで、脳のポテンシャルを上げよう。

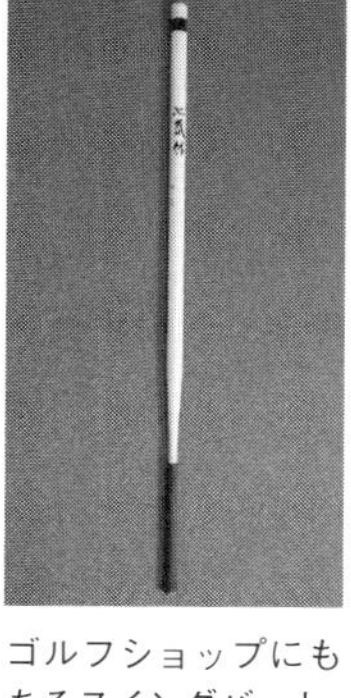

ゴルフショップにもあるスイングバット。

クラブを持つと、ボールにうまく当てようとする脳の働きで、スピードにリミッター（制限）が掛かります。

そこで、ドライバーよりも重いバットや102ページで使用した4枚羽根の道具を20回ほど

【軽いものを速く振る】

筋肉メモリーは消えやすいので、日々行うと再現性も高まる。

振る道具は、シャフトだけのような軽いものを使う。

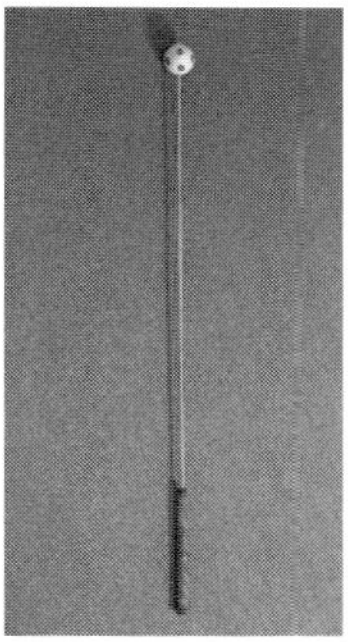

オリジナル仕様の軽いクラブ。

思い切り振ってください。

こうすると**重い物を振るつもりで脳がクラブを振るので、速く振れる**のです。これが「リミッター解除」です。

今度は反対に軽い道具（シャフトの先端にボールがついたような道具。シャフトだけでも可）を使って、速く振ってください。20回くらい振ったあと、すぐにドライバーを振ると、筋肉がその速さを再現しようとして、ヘッドスピードが上がります。

これが「筋肉メモリー」の効果です。

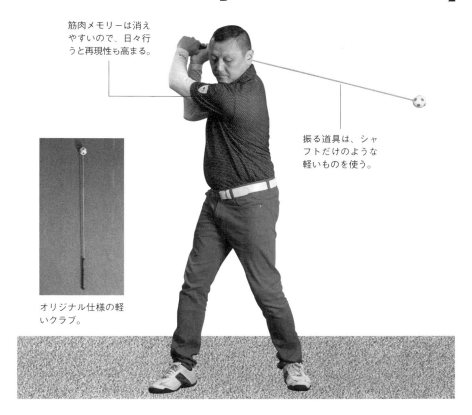

【あそこ】

次は、今まで限界だと思っていたトップの位置の深さを、さらに深めるレッスンです。

クラブを握ってアドレスの構えを取り、そこから両肘を曲げないで両腕を伸ばしたまま、後ろの天井に向かって、限界までクラブを振り上げます。

身体をねじるのではなく、これまでレッスンしてきたスイング通り、**腰も身体も一緒に右を向き、胸も上に向けてください。**

このとき、コックは使いません。

どうですか？　腕を伸ばしているので、かなり深い位置まで肩が回転しているはずです。

そのトップの先のクラブが指す位置を「あそこ」と覚えておいて、再度アドレスします。

そして一気に「あそこ」をクラブで指すイメージでトップを作りに行きます。

このレッスンを繰り返すことで、脳と筋肉に、これまで限界と思っていたよりも、深いトップの位置が取れることを覚えさせます。

このように、横ではなくいきなり真後ろを指すようにテークバックすると、肩も想像以上に入りやすくなるのも体感できるはずです。

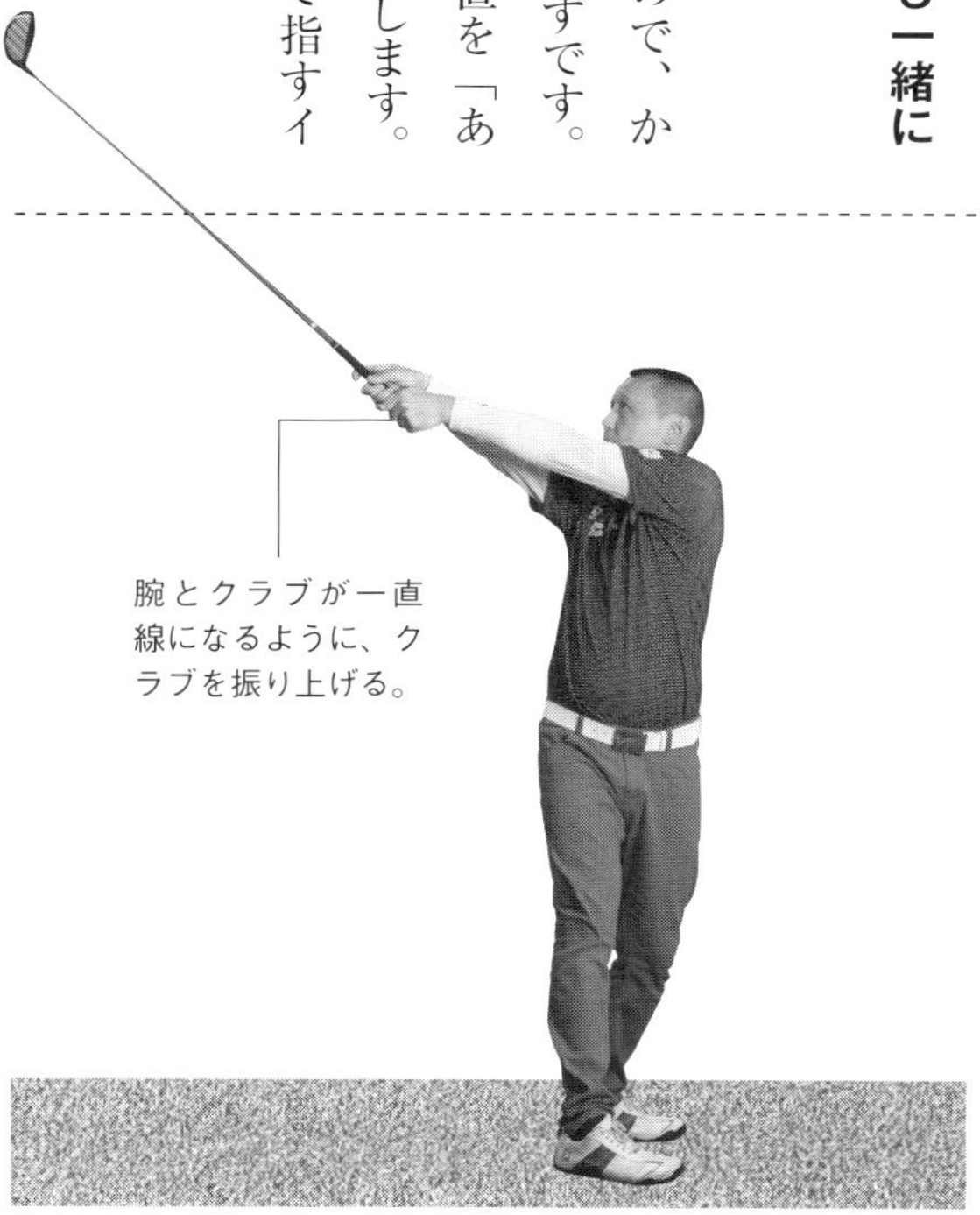

腕とクラブが一直線になるように、クラブを振り上げる。

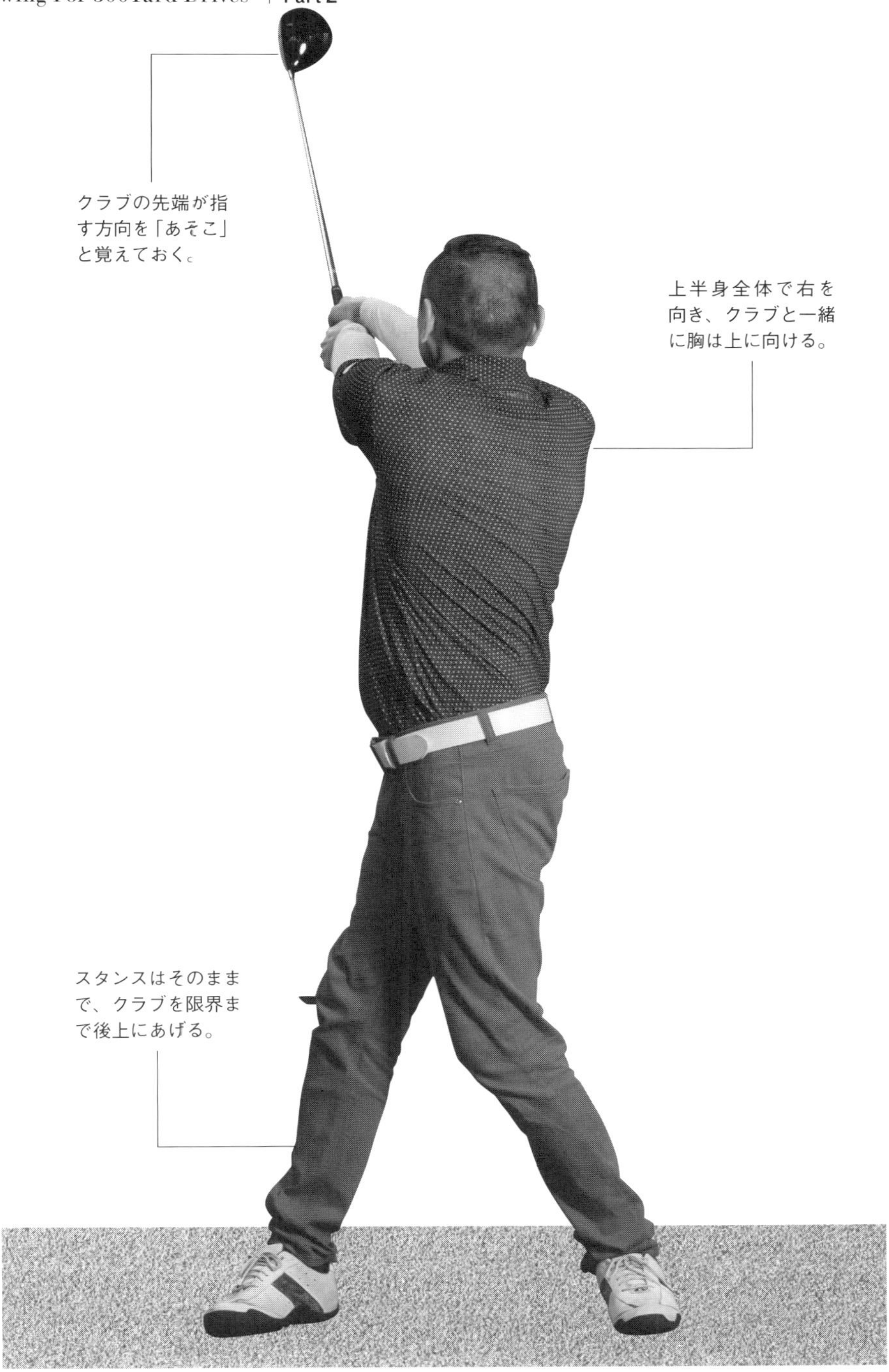
クラブの先端が指
す方向を「あそこ」
と覚えておく。
上半身全体で右を
向き、クラブと一緒
に胸は上に向ける。
スタンスはそのまま
で、クラブを限界ま
で後上にあげる。

Drill 13

手首ゆるゆるの2重振り子スイングを習得

グリッププレッシャーが弱い方が、ヘッドスピードが速くなる

グリップを握る強さを、グリッププレッシャーといいます。あなたはグリップをどのくらいの強さで握っていますか?

よく、「小鳥を握るように優しく」とか、JPDAでは「**ふたを開けたマヨネーズの中身を出さないようにゆるく握る**」などといわれます。ギュッと握ると、手首の動きが固くなったり、腕だけで振るスイングになったりして、スピードが落ちてしまうので、ゆるゆるの感覚の握りを身につけてほしいのです。

グリッププレッシャーはできるだけ弱く、左手小指1本で握るような感覚です。

【 左手小指1本で握る 】

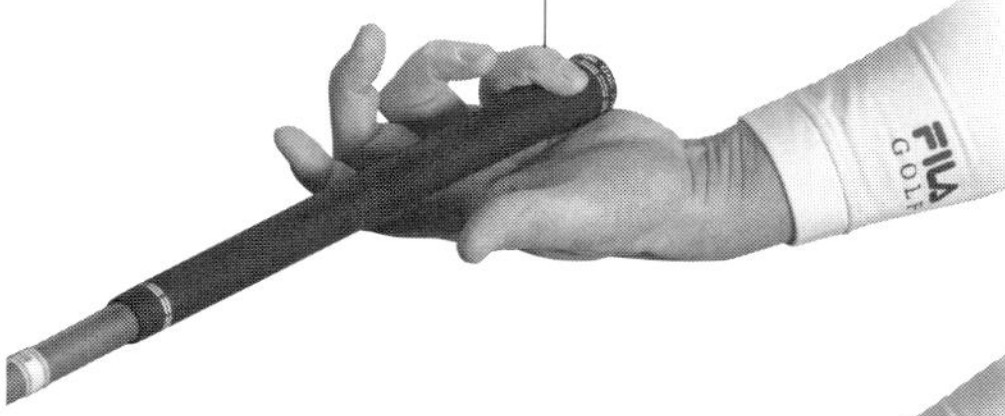

グリップを左手の掌に載せ、小指1本だけで握る。

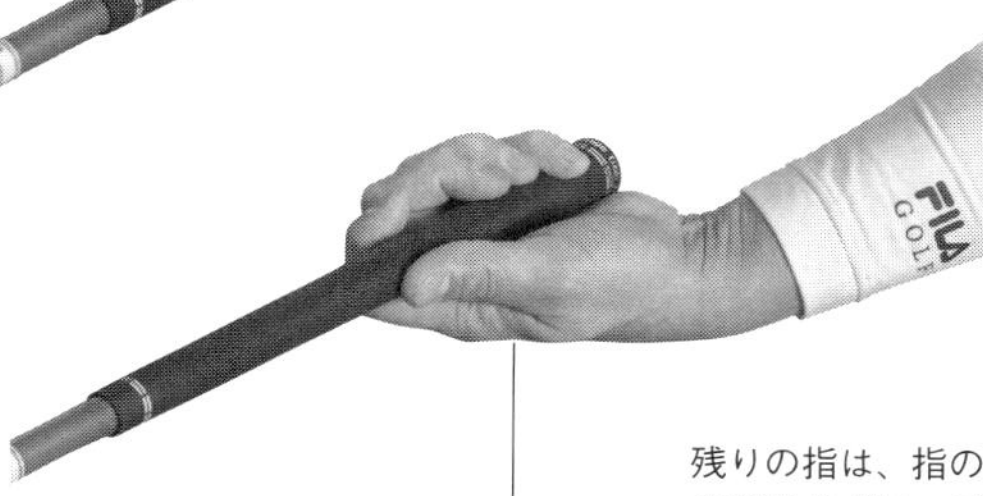

残りの指は、指の腹の部分をグリップに上に載せるだけ。

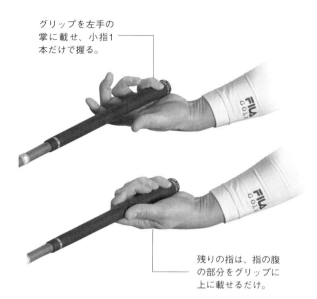

【 グリッププレッシャー 】

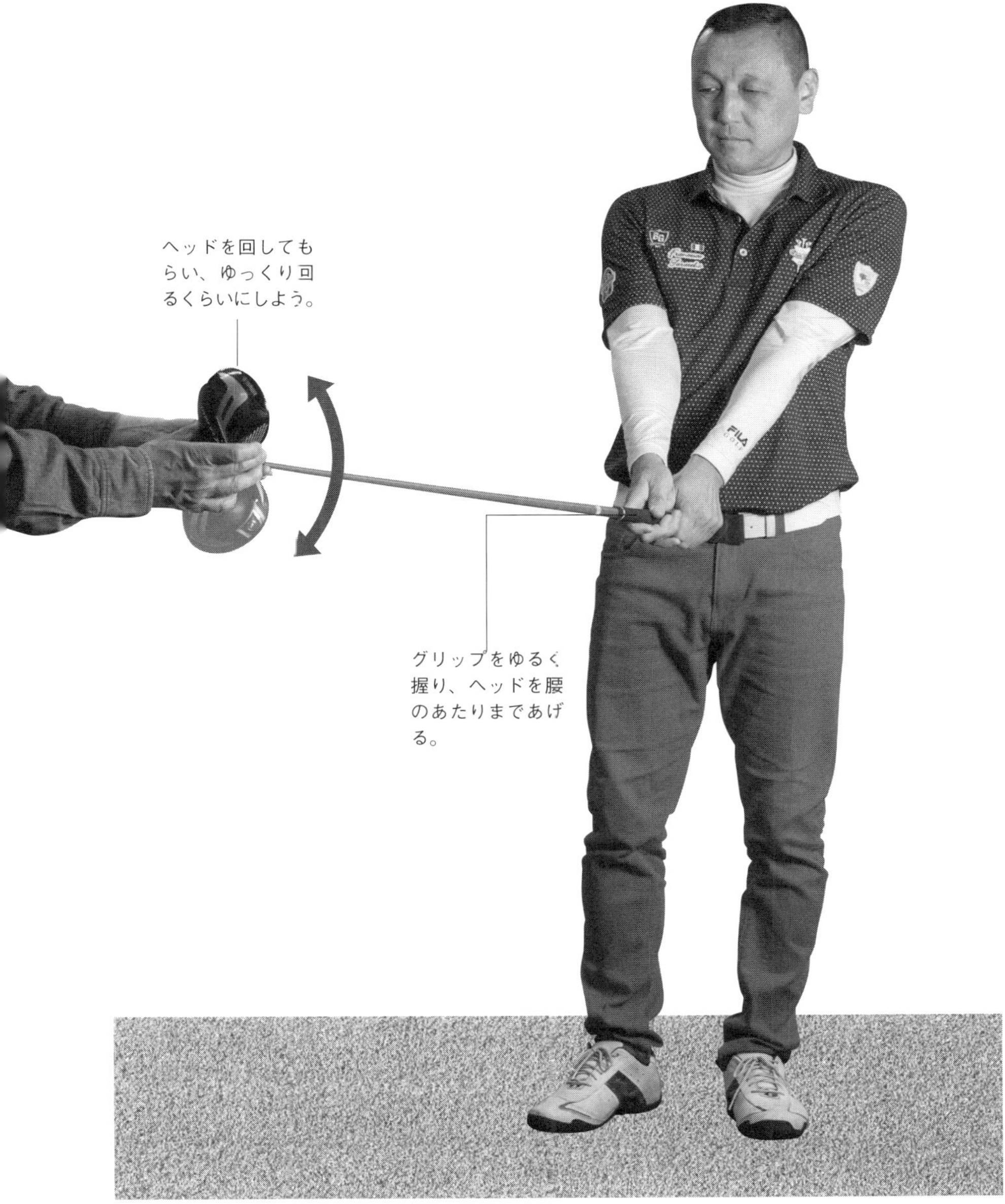
ヘッドを回してもらい、ゆっくり回るくらいにしよう。
グリップをゆるく握り、ヘッドを腰のあたりまであげる。

【親指外し】

私のグリップは、**左手小指1本だけ**で握っています。

残りの左指は握らずに、第2関節を浮かせて、指の腹をグリップの上に乗せるだけです。**右手は、親指と人差し指の股を締めて、あとはグリップに添えるような感覚**です。

グリップをゆるゆるにすると、軽いものでも重たく感じるようになります。つまりヘッドの重みがより感じられますので、ヘッドが外に引っ張られる遠心力も感じやすくなるのです。

左手の小指だけで握る理由は、腕の筋肉を使わないためです。するとスイングが不安定になるのを解消しようと、脳が背中の大きい筋肉を使えと指示を出すのです。

遠心力を感じながら、背中の大きい筋肉を使って引っ張ることができますから、ヘッドスピードも上がります。

がっちり握った方が安定感がありそうですが、腕や肩の余分な力が入り、ヘッドスピードが遅くなったり、スイングを崩す原因になりますので、ぜひ直してください。

次に、左手の親指をグリップから外し、右手はただ添えるだけでスイングしてみてください。左親指がグリップを押すという動作ができなくなり、クラブがよく動きます。

2重振り子は、二つ目の支点が自由に動くほど、振り子の動きも良くなります。

スイングを2重振り子に置き換えた場合も同じことです。二つ目の支点(手首)が自由に動くほどヘッドスピードは速くなるのです。

このドリルでは、手首がゆるゆるでクラブが自由に動くとヘッドスピードも格段に上がることが体感できるはずです。試してみてください。

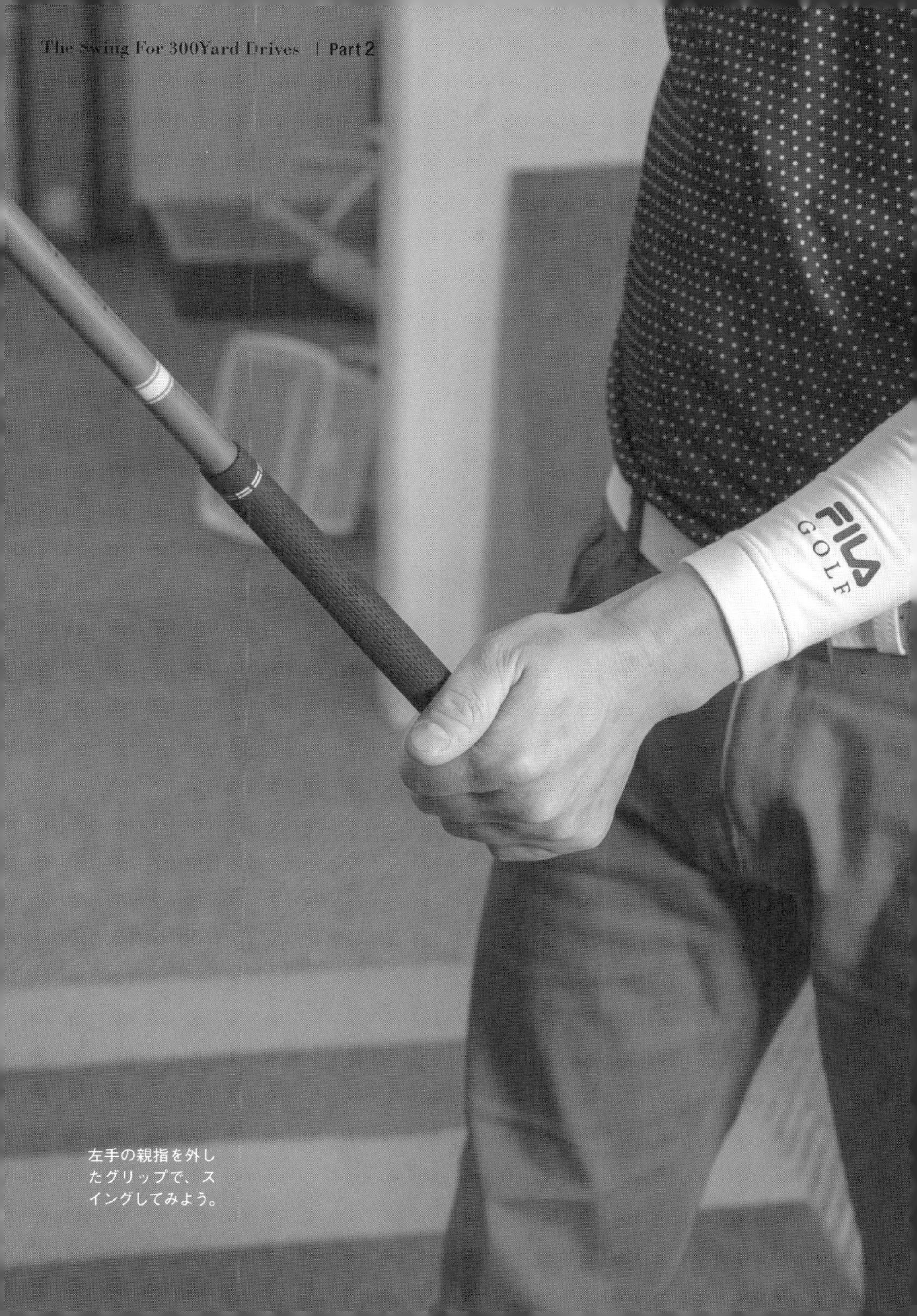

左手の親指を外したグリップで、スイングしてみよう。

Drill
14

インナーマッスルが大きな飛距離を生む
体幹の使い方を相撲に学ぶ

1

股関節と膝を開き、膝はつま先と同じ方向に向ける。

2

肩の力を抜き、背筋をまっすぐ伸ばし、両手を上にあげる。

このドリルは体の軸を強く意識して使えるようになるためのものです。

ゴルフスイングは、身体の軸を作ることが大切です。**軸があるとスイングが安定し、飛距離が伸びる**のです。

日頃、軸を意識することはなかなかありませんが、相撲の蹲《そん》踞《きょ》の姿勢で意識することができます。

まず、立った状態で軸を意識

すべての動作は、骨盤に重心を載せるようにして行う。

背中の筋肉を意識して使って、両手を打ち鳴らせる。

自然な呼吸で、正面を見ながら、ゆっくりした動作で行う。

し、その軸を下げるように腰を落とします（**1**）。

次に、背筋と軸を意識しながら、大きくかしわ手を打ってください（**2**、**3**、**4**、**5**）。

最後に、軸を意識したまま立ち上がってみましょう。

この動きをゆっくり毎日数回繰り返してください。体幹と軸が意識できるようになるはずです。

【　バランスボール　】

バランスボールを使って、軸を意識した縦振りの効果を体験してみましょう。

私のスイングは、体幹を使ってクラブを捌《さば》くものですが、バランスボールを使うと、体幹を使った動きができているかがわかります。

両膝を揃えて、バランスボールの上に座りショートアイアンでスイングしてみてください。そのとき、腕の力を使ったスイングをすると軸がぶれてしまいます。

しかし、**体幹の筋肉を使っていると軸がぶれずにバランスも崩れません。**

最初は背中の筋肉を使った縦振りスイングで練習するとよいでしょう。

腕の力を使った下横振りのスイングを試してみよう。

スイングしたあと軸がぶれ、バランスボールから落ちる。

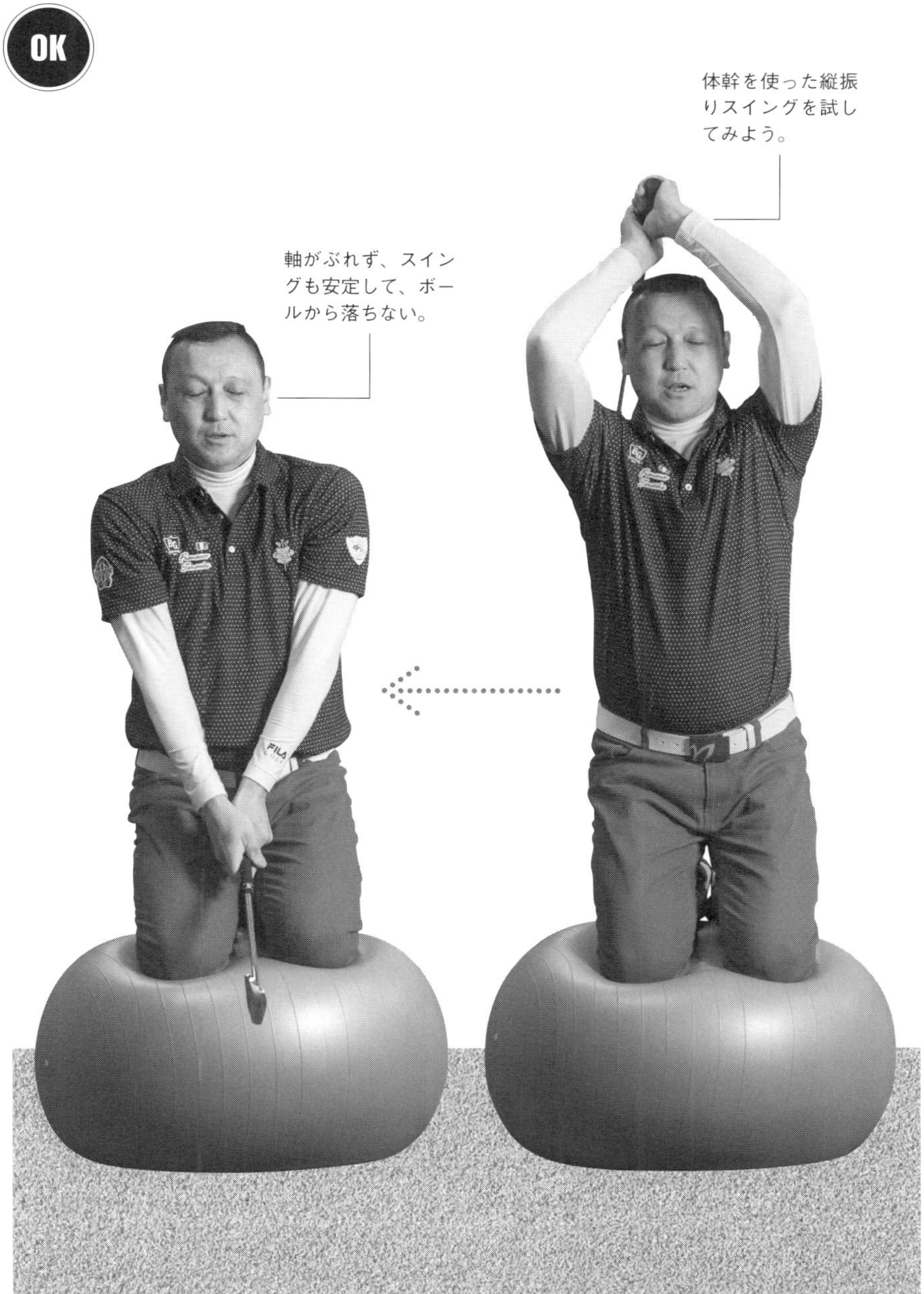
OK
体幹を使った縦振りスイングを試してみよう。
軸がぶれず、スイングも安定して、ボールから落ちない。

Lesson

さらに！ 50ヤード伸ばすための「飛ばさせ屋」アドバンスレッスン

これまで説明してきたレッスンは、力に頼らず、あなたが持っている筋肉を効率よく使うことで飛距離アップをはかるものです。

ここまでのドリルを実践すれば、成人男性なら250ヤードは飛ばせるようになるはずです。中には270～280ヤードに飛距離が伸びる方もいるでしょう。

私が所属するJPDAでは、ドラコン競技とは別に、アマチュアの方を会場でレッスンして、日本一飛距離をアップさせるトレーナーは誰なのかを競う、「飛ばさせ屋　日本一決定戦」を開催しています。

決勝に勝ち上がった8人のヘッドスピードトレーナーが、2泊3日で3人のアマチュア選手にレッスンして、上位2選手の平均飛距離を一番アップさせたトレーナーが優勝するのです。

２０１７年の大会では、３人の選手を教えて、平均37・5ヤードアップさせたヘッドスピードトレーナーが優勝しました。

私は全員３００ヤード超えを体験させようとしましたが、ヘッドスピードは大きく上がったのですが、ショットでスイートスポットをとらえきれず、わずかにおよばず3位でした。

72歳で参加されたアマチュアの方などは、最初ヘッドスピード34・6ｍ／ｓ、飛距離１７２ヤードでしたが、レッスン後はヘッドスピード41・9ｍ／ｓ、飛距離２２１ヤードと、50ヤードも飛距離が伸びたのです。

ここでは、そんな「飛ばさせ屋」とっておきの、さらに50ヤード伸ばすためのレッスンドリルをご紹介しましょう。

Lesson

01

飛ばしの筋肉を鍛え、肩甲骨の可動域を広げて飛距離を大幅アップ

飛ばしの筋肉の使い方を知る（背筋・上腕三頭筋・肩甲骨）

よく生徒さんから、「もっと飛距離を出すためには、筋トレしたほうがいいでしょうか？」という質問を受けます。

そんなときは「したほうがいいです」と答えています。向上心があることはいいことですから止めることはしません。

とくに背筋を鍛えるように薦めます。あと通常はあまり使わない上腕三頭筋、二の腕の下のプルプルした部分ですが、ここは背筋ともつながっていて、飛ばしには必要な筋肉ですから鍛えるようにいっています。

この背筋と上腕三頭筋は左の写真のように

【クラブ回し】

クラブを使うことで、簡単に鍛えられます。

まず**左手の親指と人差し指の2本だけを使って少し短めにドライバーを握り、背中の方でくるくる回します。**このとき腕はあまり動かさないで、手首の小さな上下の動きで回すようにするのがコツです。

数回くらい回すと、左の上腕三頭筋と背筋を使っているのがよくわかりますので、そのまま20回くらい続けると効果があります。

上腕三頭筋、背筋の運動

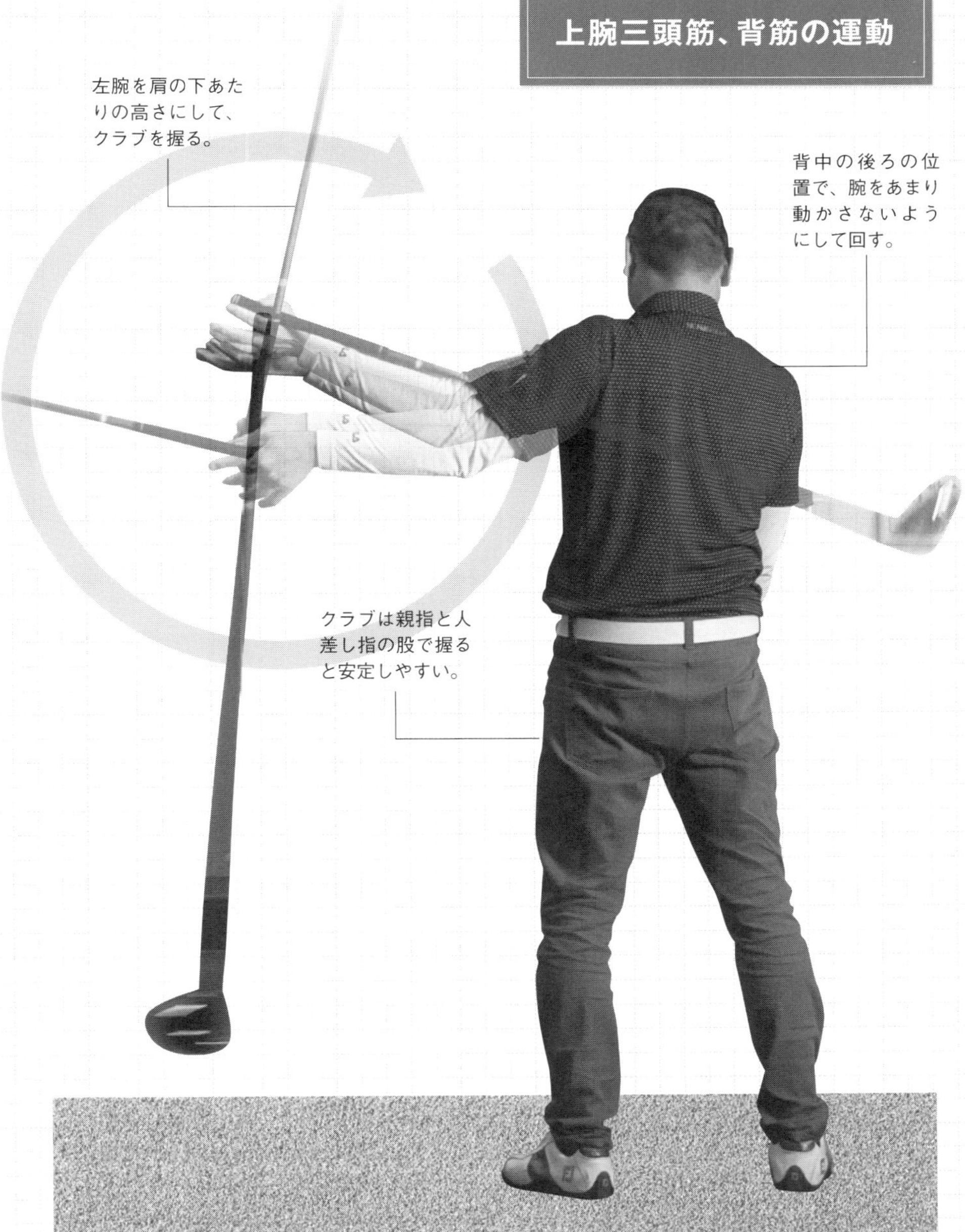
左腕を肩の下あたりの高さにして、クラブを握る。
背中の後ろの位置で、腕をあまり動かさないようにして回す。
クラブは親指と人差し指の股で握ると安定しやすい。

【ゴムチューブ】

100円ショップなどでも売っている、ゴムチューブを使った、上腕三頭筋と背筋を鍛えるドリルです。

写真のように右手を下にして腰の位置に置き、左肘を顔の高さにしてゴムチューブを握ります。

そのまま、左肘の高さは変えないで、手を上に伸ばします。

そのとき、左の上腕三頭筋の伸び縮みを意識しながら行ってください。

左右10回ずつ1日3セットが、最初の目安です。

筋力がついてきたと思ったら、さらにゴムを短かく持って負荷を強くするといいでしょう。

こういった筋トレは、長く続けることがポイントです。体力に合わせて挑戦してみてください。

スタートは左ひじの位置をもっと高く。（左の写真の位置に）

右手は腰の高さ、左肘は頭の高さにしてチューブを握る。

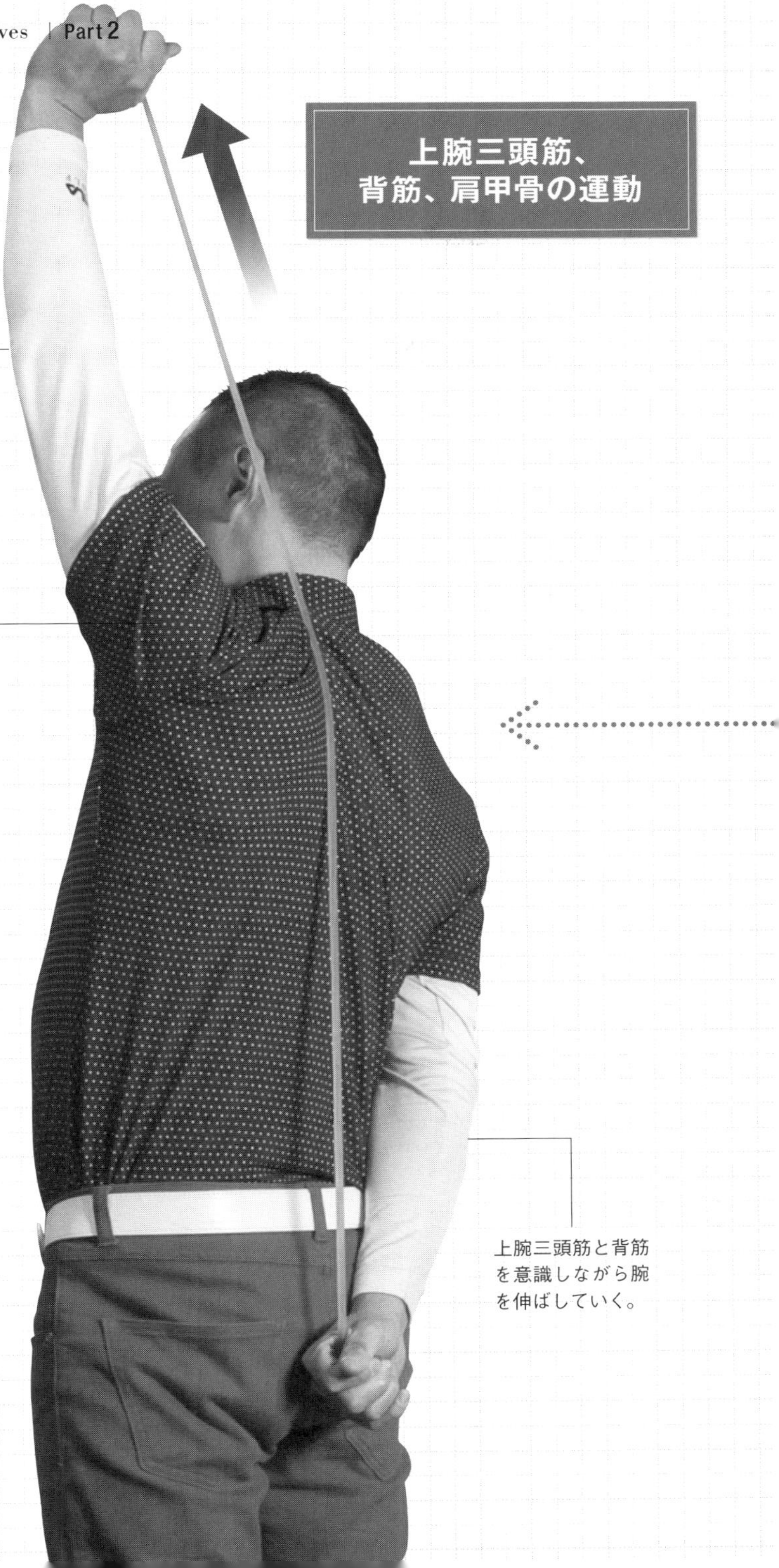

上腕三頭筋、
背筋、肩甲骨の運動

肘を動かさずに、上腕三頭筋の力だけでチューブを伸ばす。

肩甲骨の可動域を広げる効果もある。

上腕三頭筋と背筋を意識しながら腕を伸ばしていく。

【日常の飛ばしの筋トレ】

背筋や上腕三頭筋を鍛えることや、肩の可動域を広げる運動は、日常生活の中でも手軽に行うことができます。

写真のようなトレーニングを続けることで、大きな飛距離を目指しましょう。

肩甲骨の運動

1

両足を大きく広げ、背筋を伸ばして両手を膝に乗せる。

2

そのまま肩甲骨を、下に押し込むようにして肩を入れる。

3

肩甲骨を意識してできるだけたくさん動かす。

上腕三頭筋の運動

1

2

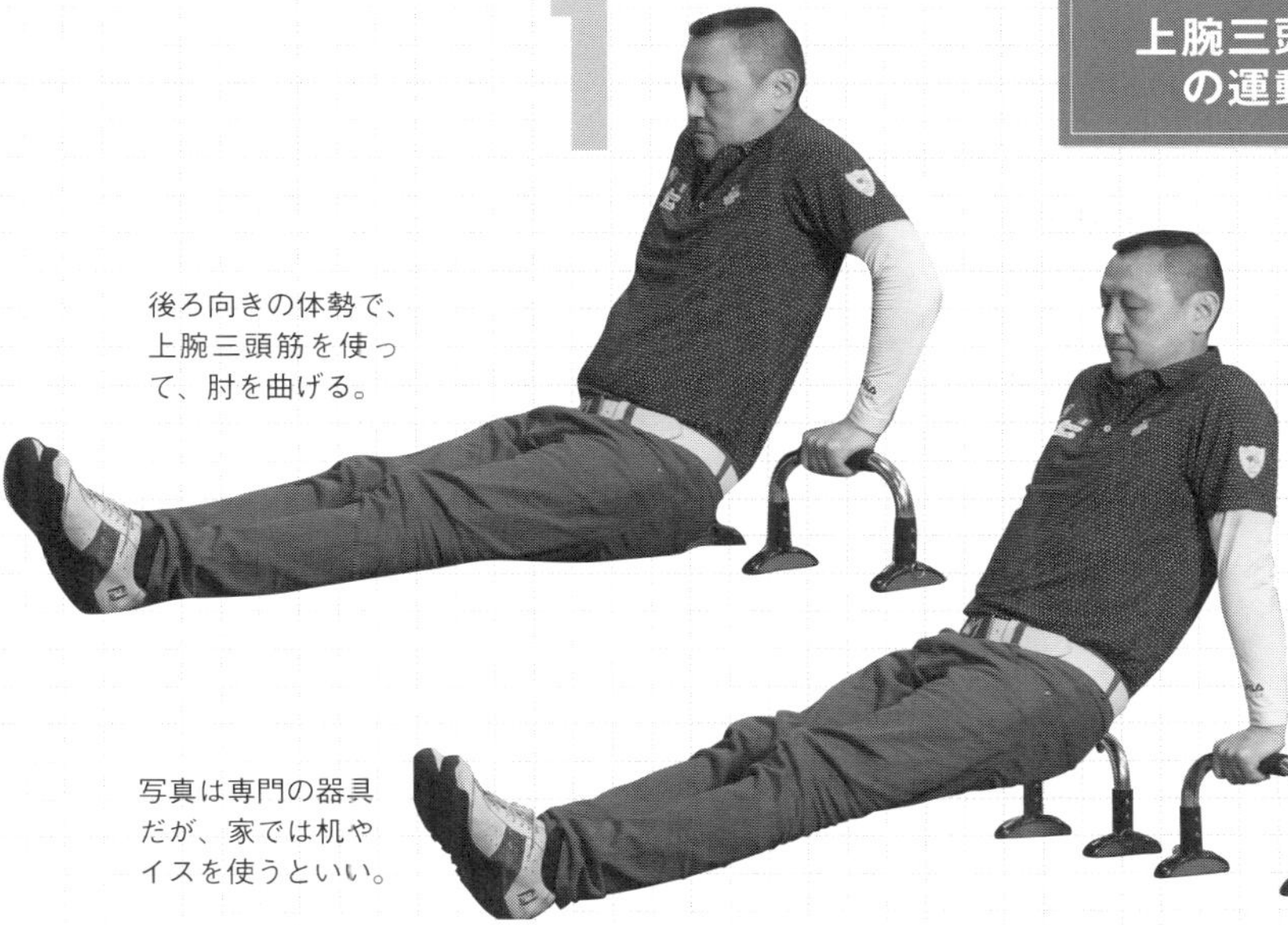

後ろ向きの体勢で、上腕三頭筋を使って、肘を曲げる。

写真は専門の器具だが、家では机やイスを使うといい。

肩甲骨・背筋の運動

1

2

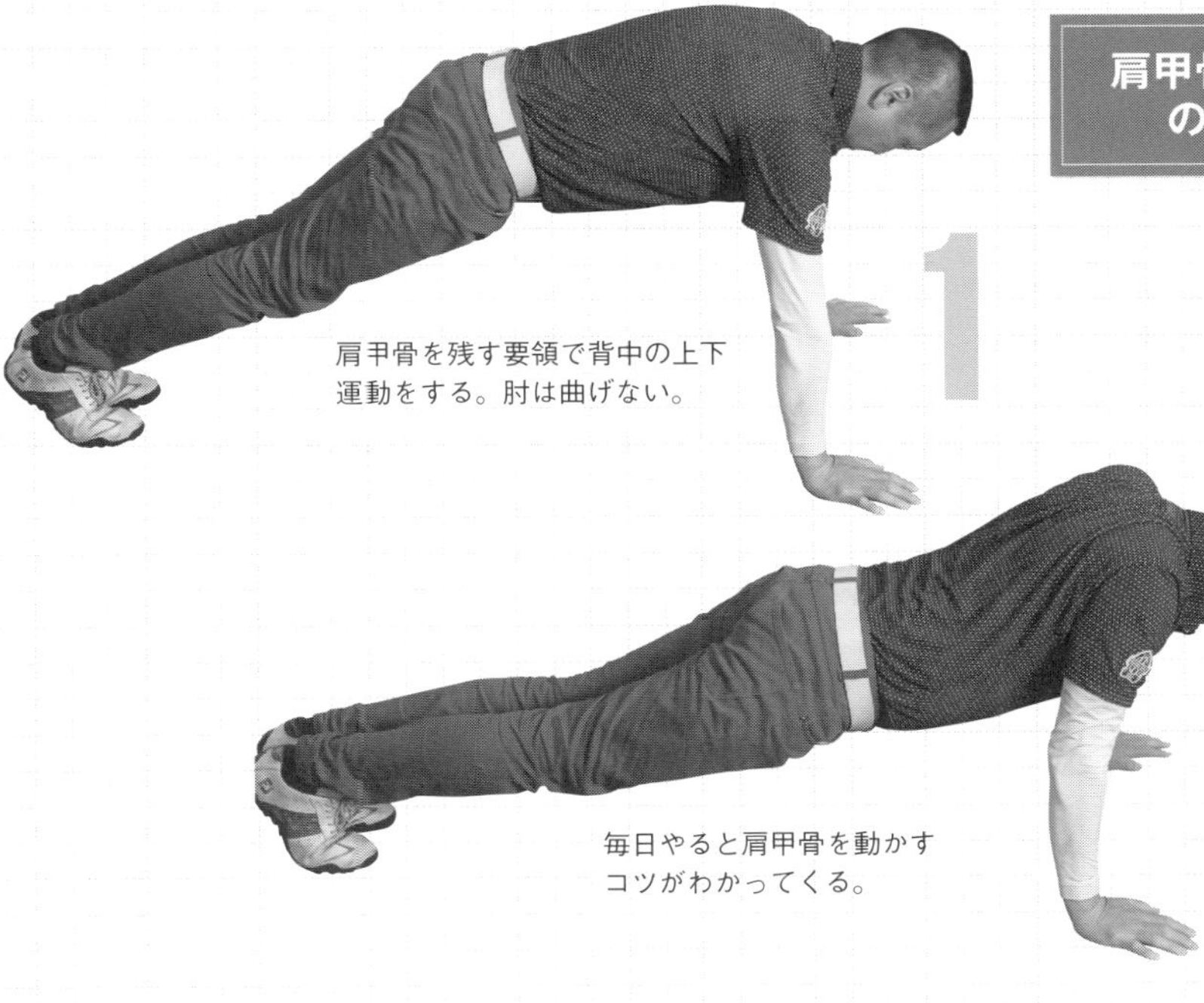

肩甲骨を残す要領で背中の上下運動をする。肘は曲げない。

毎日やると肩甲骨を動かすコツがわかってくる。

Lesson 02

踵を上げないと飛距離が伸びる
ベタ足スイングをマスター

【ベタ足】

テレビのゴルフ中継などで、アン・ソンジュ選手がインパクトの瞬間まで、右足の踵があがらないのをみて、解説者が「下半身がどっしりした、粘りのベタ足スイングですねー」と褒めていました。

アマチュアゴルファーの皆さんも、アン・ソンジュ選手のベタ足スイングに憧れて、真似る人が多くいます。

でも韓国選手はアン・ソンジュ選手に限らず、皆インパクトまで右足の踵を上げません。

これは、韓国選手のすべてが下半身が大きくて、どっしりとしているからではありません。

韓国にはスイングで腰を切るという教えがないからです。

逆からいえば、**腰を切るからインパクトの前に踵が上がり、右肩が出てしまう弱々しいスイングになる**のです。

ではどうすれば、腰を切らないベタ足スイングができるのでしょうか?

簡単です。

腰が切れないようなスタンスを作ればいいのです。

NG
インパクト前に腰
を切る動きが入る
と右踵が浮く。
インパクトの前に
右足踵が上がると、
強い球が打てない。

【 右足はつっかえ棒 】

まず、腰が切れないようなアドレスを作りましょう。

通常のアドレスから膝を伸ばしたまま、右足を大きく広げます。

そして、左膝を軽く曲げ、左足体重にしながら、腰から下を写真のようにして、直角三角形のスタンスを作ります。

右足は木を支えるつっかえ棒のようなイメージでいいでしょう。

こうすると、左足体重になりますから、軸も安定するのです。

このあと、左胸が右上を向くように上げてテークバックしてください。すると、スムーズに行えます。

そして、トップからクラブを下に振り下ろしましょう。

この形では腰が切れないので、右踵が浮くこともなく、左足体重のままなので、強いインパクトが体感できるはずです。

フォローも取れませんので、これまでレッスンしてきた通りの、打ったら終わりのスイングです。

この形で、右踵が浮かないスイングに慣れたら、右足を3段階くらいに分けて、少しずつ、元のスタンスに近づけてみましょう。

右踵が浮くようなら、またスタンスを広げてください。

私がレッスンしてきた、クラブを上から下に振り下ろすスイングは腰を切りません。

このドリルを続けることで、**腰を切る動きがスイングには必要ないことがわかる**はずです。

右踵も上がらないので、身体の正面で、蓄えられたパワーが効率よく働き、最大のインパクトを迎えることができるのです。飛距離もさらに伸びるというわけです。

OK

左膝は軽く曲げ、左足体重のアドレスにする。

右足のつま先は、少し外を向くようにして広げる。

【 飛ばしのリズム 】

Lesson

03

脳のリミッターを解除する

言葉やリズムで脳を刺激すると身体が素早く反応する

ドン！という言葉を聞くと、身体が素早く反応する。

「ゴルフスイングにはリズムが大切です」とよくいわれます。「チャー・シュー・メン」などの言葉を頭の中で唱えながら、スイングしている方も多いはず。確かにリズムを安定させると、タイミングも取りやすくなるので、ミスショットは少なくなります。

スピードを高めるためには、**脳を言葉で刺激して、身体の素早い反応を引き出す、飛ばしに特化したリズムが必要**です。「位置についてー・ヨーイ・ドン！」と、声に出しましょう。ドン！のときに身体が動く反応が出るはずです。このリズムでスピードアップさせます。

位置に
ついてー
ヨーイ
1
2

「イチ・ニ・サン」などの短い言葉では早打ちになる。

声を出しながら練習するとタイミングがつかみやすい。

上から叩く

飛距離を伸ばすには、インパクトを強くすることが重要です。
このドリルは、前に紹介した背面打ちに近いものですが、ボ

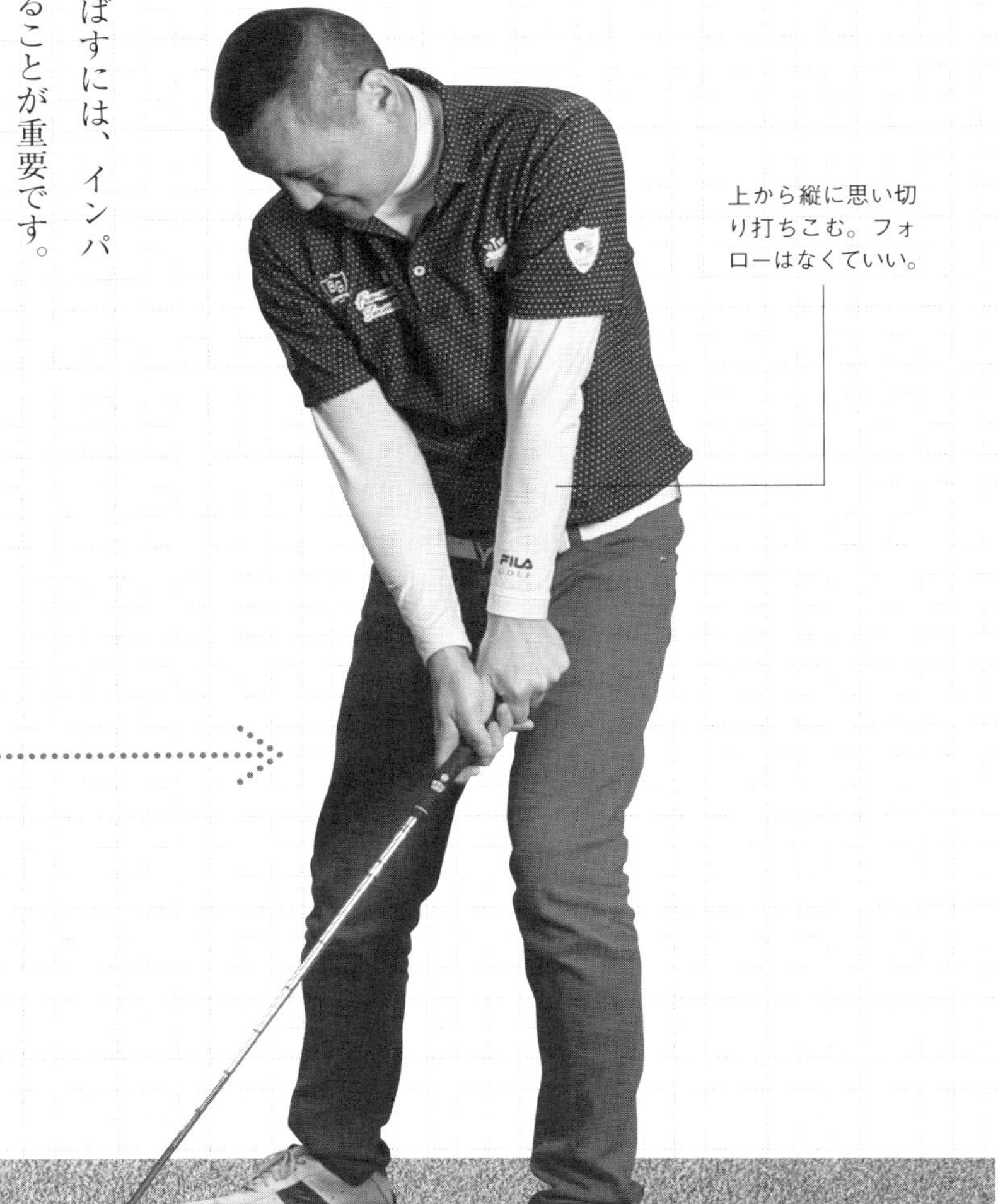
上から縦に思い切り打ちこむ。フォローはなくていい。

ールに対して45度くらい右を向いた、斜めのスタンスを取ります。斜めのスタンスだとクラブを縦に振り下ろすイメージがつかみやすくなるからです。そしてアイアンで上からボールに向かって、思い切り振ります。これはスイングではなく、上から打つ意識と形を、徹底的に頭と身体にたたき込むのです。

マットの音が大きくなればなるほど、スイングスピードが上がっている証拠です。

ボールに対して斜め45度のスタンスにアドレスする。

COLUMN

古武術に学ぶ飛ばしの極意

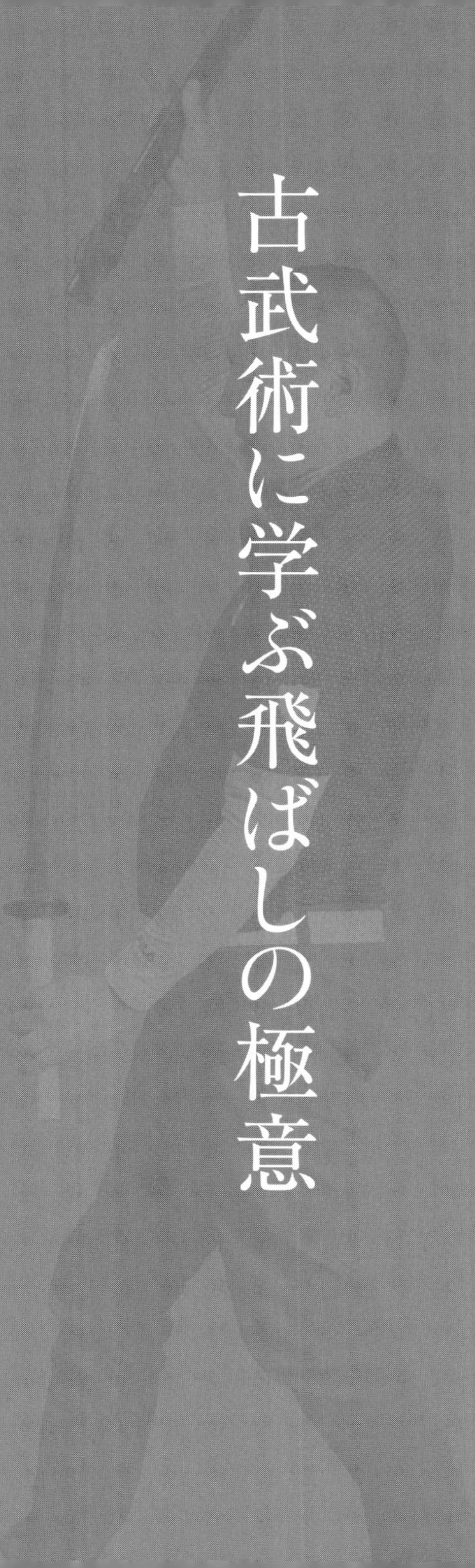

私の飛ばしのレッスンを受けに来る方の中には、剣道の上段者、居合術の達人、合気道の先生、柔道の有段者、太極拳の生徒、ボクシングのコーチや選手など、様々な古武術やスポーツの達人がおられます。

皆さんさすがに、背筋が伸びて立ち姿がきれいで、歩くときも軸が移動するようにスッスッと動かれます。

これは自然に体幹が使えている証拠です。

この中で、私が特に注目してきたのが居合です。

居合は900gもある刀を鞘から一瞬のうちに抜き、刀を構えている相手を切りつけて、また鞘に戻します。

斬られた相手が、あっという間もない早業です。

私のドライバーは総重量281g、ヘッドの重さは181gで、ドラコンプロとしては非常に軽いスペックのものを使っています。

ところが、居合では約3倍の重さの刀を、目にも止まらない速さで自在に操るわけですから、その技をゴルフに取り入れれば、ヘッドスピードももっと増すに違いないと考えたのです。

そして居合の動作を研究していくうちに、刀を振るのではなく、引く動作で刀を操っていることに私は気づきました。

刀は重いものですから、力を入れて振るという動作では遅くなります。

つまり、刀を上から下へ落とすとき、刀と腕にかかる重力を使って振りおろせば速くなります。

しかも、柄尻を引き下ろすような引く動作をすることで、力は必要なく、刀の回転半径も小さくなり、さらにスピードが増すのです。

このとき、達人たちは手ではなく、大きな力が働く背筋を使って刀を引き下ろしていたのです。そのほかの

古武術も引くという動作を多用していました。

私はこの原理を、ドライバーのスイングに取り入れました。

トップから背筋を使って、グリップを引き下ろし、手の動きを小さくすることで、クラブの遠心力を大きくして、ヘッドスピードを上げたのです。

このとき、古武術の動きなどからは、グリップは小指だけで握るようにすると、自然と背中の筋肉を使うようになることや、身体をねじらないほうがパワーが出るということも学びました。

また、ボクシングは、手先の力で打つのではなく、肩と肘を連動させることで、背筋が使える強いパンチを繰り出します。右ボディは左肩を引くことで力を増大させて、強いパンチを出しています。

スイングにおいても同様に、背筋を使ってスイングすることで、速いヘッドスピードが生まれることを確認しました。

私のスイングは、古武術やスポーツから学んだ人間の持つ力を最大限に発揮させる術を使う、飛距離の限界を超えた究極の４００ヤードスイングなのです。

スイングを連続写真で見ると、軸が安定しているので、インパクトを中心に左右対称の写真になっていることが分かるでしょう。

Part 3

弥永式・ドラコン攻略法

日本にも「ドラコン」のプロ制度があります。
ここでは、国内の競技会やルール、私が実践してきた
ドラコンを勝ち抜くための方法をお教えします。

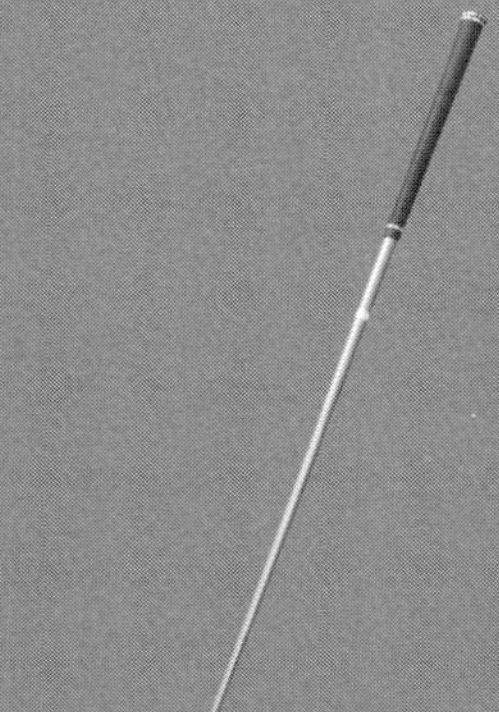

ドラコン大会とは

ドラコンは、アマチュアゴルファーにもゴルフコンペなどで、おなじみだと思います。

ドラコンとはドライビングコンテストの略で、ドライバーを使ってフェアウエーを捉え、どれだけ遠くに飛ばせたかを競います。ちなみに、ドラコンという言葉は日本だけの言葉で、飛距離のみを競う競技は英語ではロングドライブといわれます。

ドラコンのプロ制度

ツアープロと同様に、ドラコンにもプロ制度があります。

現在日本には、２０１１年設立のＪＰＬＡ（日本プロフェッショナルロングドライバーズ協会）と、２０１４年設立のＪＰＤＡ（日本プロドラコン協会）の二つの団体があり、どちらもドラコンプロテストを実施してプロの育成に励んでいます。そして、それぞれの団体がドラコンプロによる競技や、アマチュアの方が参加される競技などを開催しています。

また、ＪＰＬＡやＪＰＤＡ以外の団体が主催している、ドラコンのオープン競技もあります。

世界の中で、ロングドライブの一番大きなオープン競技は、毎年アメリカで行われるＷＬＤ

C（ワールド・ロング・ドライブ・チャンピオンシップ）で、世界記録は539ヤードです。この世界大会を主催しているのがLDA（ロング・ドライバーズ・オブ・アメリカ）で、エントリー数も1万4000人以上というビッグトーナメントです。日本でも、ゴルフダイジェスト社の主催のドラコンオープン競技、LDAの下部組織LDJによるドラコンオープン競技が開催されていて、各優勝者が世界大会であるWLDCへの出場権利を獲得できます。

あと、アジア各地で予選を行い、アジアのドラコンNO．1を決める競技を主催しているのがLDAA（ロング・ドライバーズ・アジア・アソシエーツ）で、2013年、私はこの大会で405ヤードの大会レコードを樹立しました。

JPLAのルール

前に私が所属していたJPLAによる大会は、持ち球が6球で、規定の時間内に、40ヤードほどの幅で設定されたエリア内にボールを打ちます。エリア外から入ったボールは無効。そして、エリア外のボールは失格となり、エリア内で一番遠くに飛んだボールの距離を競うのです。つまり1発勝負です。これに対して、私が今所属しているJPDAは、1発勝負のロングドライブのルールとは異なりますので、次に詳しく説明しましょう。

ＪＰＤＡのルール

ＪＰＤＡのルールは、持ち球は8球で、フェアウエー内に止まったボールを有効打とし、4球の有効打の平均飛距離で競われます。

つまり、飛距離とともに、フェアウエーキープ率50％が要求されるのです。３００ヤード以上飛んで、しかも曲がらないことが重要視されます。アマチュアが飛距離を伸ばすうえで、参考となるメソッドが詰まっているのです。

ドラコンとコースの距離感の違い

ところで、３００ヤードという距離は、ティーマークとボールが止まった地点の直線距離で測ります。競技には腕自慢のアマチュアの方も参加されますが、皆さん、「ふつうはもっと飛んでいるんだが」と首をひねります。それは、ゴルフ場のヤード表示はフェアウエーの起伏も入れた距離だからです。ですから通常のゴルフ場でグリーンからの逆算だと、２５０ヤード打っている方でも、直線距離で測ると２３０ヤードほどに減るというわけです。

ちなみに、優勝争いは毎回３００～３４０ヤードあたりで繰り広げられます。

ＪＰＤＡでは各地で開催される大会で獲得したポイントを集計し、年間ランキングを競います。私は２０１８年7月時点で、49歳以下のオープン部門で2位、50歳以上のシニア部門で１位となっています。

50歳を過ぎても、オープン競技で優勝争いができるのです。歳だからと諦めず、飛ばしのスイングをマスターして、ドラコン大会をぜひ楽しんでください。

メンタルコントロール

私はドラコンツアープロとして本格参戦した1年目の開幕戦で、いきなり初優勝しました。メーカーの厚意で、クラブも支給してもらいました。

元来お調子者なので、それで少し天狗になったのかもしれません。そのあとの試合では、ブンブン振り回すので球筋がまったく安定せず、有効打が1球も出ないので、予選落ちが続きました。さらに次の試合では、最後の6球目をなんとチョロするという大失態をやらかしたのです。

打てなければクラブメーカーに迷惑がかかる

会場では、クラブメーカーの方などもいますし、飛ばしのプロのスイングや飛距離、球筋を観察しようと多くのアマチュアゴルファーも詰め掛けています。つまり、プロが飛距離を伸ばせば伸ばすほど、使っているクラブも注目されるのです。

ところが、思い切り振り回す結果、球筋が右や左に暴れて有効打が1球も出ず、焦って最後にチョロまでしてしまった私をみて、仲間がこういったのです。

「あれでは、ゴルフクラブが悪いと証明しているようなものだし、お世話になっているクラブメーカーにも迷惑が掛かることになる。自分たちだけの競技じゃないんだから、選手としての自覚を持たないとだめじゃないか」

その言葉は、天狗になっていた私の心に雷鳴の如く響きました。

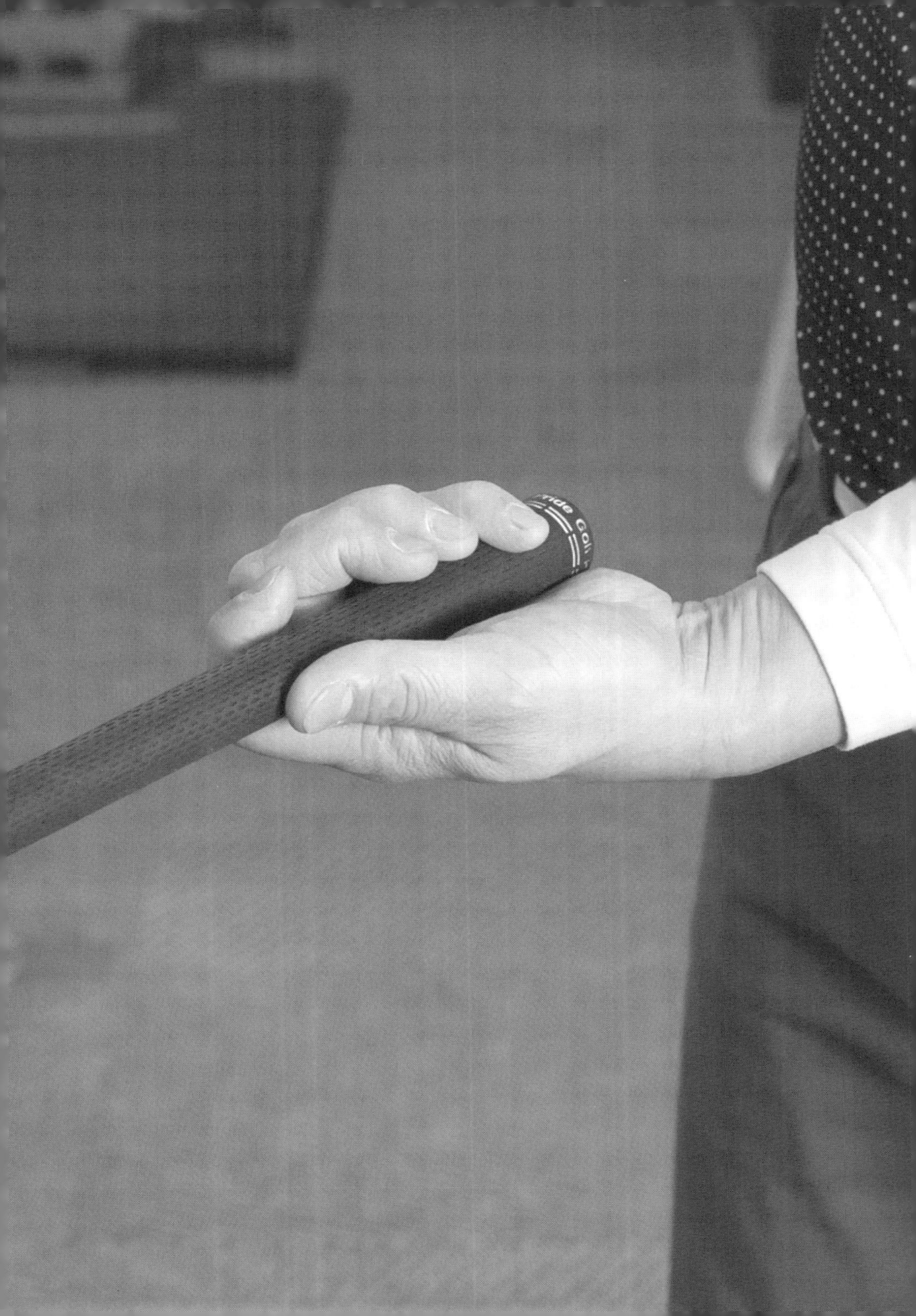

そのときからです。

「次の年からは、全部予選通過する！」と心に決めて、飛んで曲がらない今のスイング作りに着手したのです。あの助言がなければ、今の私はありません。やんちゃなだけの飛ばし屋で終わっていたでしょう。

私が取り組むアドレナリン活用術

曲げちゃいけないということは、飛ばすことに対してのプレッシャーにもなるわけです。しかもクラブメーカーの手前、失敗は許されないというプレッシャーもかかります。

そこで私が取り組んだのが、アドレナリン活用術です。

私は2～3打席前から呼吸を早くしたり、「緊張している、緊張している」と自分に言い聞かせるなどしてプレッシャーを与え、緊張していると脳に信じこませるのです。すると心臓の鼓動が速くなり、手が震えるなどの症状が出てきます。つまり興奮して脳にアドレナリンが出てきた状態です。

そして本番の時、息を吐いて身体の力を抜き、クラブも左手の小指1本で持つくらいにゆるゆるに握るのがコツです。スイング時に、アドレナリンパワーが出た状態でそれをおさえて打つと飛距離が伸び、方向性も出すことが出来るのです。

私はドラコン会場をサーキット会場だと思っています。

つまりマシンがドライバーで、その性能と自分のテクニックで、速さと飛距離を競うのです。ですから、私はマシンにあたるドライバーを、その日の天候に合わせて、マシンのメカニックと同じように自分で調整しています。

例えば無風やフォローのときに、球が伸びるようにセッティングしてくるプロは多いのですが、アゲンストのときに強い球を打つセッティングをする人は少数派です。

私は昔からセッティングが好きなので、様々な条件で試しているのです。その結果、アゲンストに強いのは、無風の日に打つとバックスピンが足らなくてドロップするような、バックスピン量を１６００回転くらいにおさえた、フォークボールのような球が出るセッティングであることがわかりました。無風やフォローで伸びるような球は、アゲンストでは確実に吹き上がり距離は出ません。

また、左右からの風に対してもセッティングしますから、スイングを変えなくていいのです。つまりクラブを変えるだけで、同じスイングをして、その日の天候に合わせた違う球が出るという効率のいい方法です。サーキットに合わせてギヤ比を変えているようなものです。

6球の使い方と戦略

私は最初、ＬＤＪの大会で戦っていましたから、持ち球は6球。規定のエリア内に入った球が有効となり、その最高飛距離を競い合っていたのです。

さて、試合でクラブが決まったら、今度はこの6球をどう打つかということです。

あなたは、「1発目がミスして右にボールが行きました。そこで、2発目は左に曲げようとしました。でも曲がりすぎたから、3発目はまた狙いを変えて打ちました……」というような経験がありませんか？

このように、ミスショットに対して1回1回反応していると、スイングはその都度、1球目ということになりますから、安定しません。

ではどうするか？　わたしの戦法は2通りあります。

PAR
14 yds.

4球目までスイングは変えない

まず一つ目の戦法です。私は自分のスイングの傾向や、クラブの性能を把握していますので、1球目をミスしても、ミスには反応しません。2球目も1球目と同じように打ちます。そしてミスが続いても、4球目までは同じように打ちます。これはメンタルの強さを武器にした戦い方でもあります。

そのあと、4球目もミスしたなら、実績は残さないといけませんので、5球目、6球目はその日のボールに合わせたスタンスにして、そこそこの順位に入れるようにするのです。

もう一つの戦法は、私は「6球あるから」と考える方法です。周りは「6球しかないから」↓「全部思い切り振れ」というプレーヤーが多くいます。

でも私に言わせると、それは馬鹿げた考え方です。

1球目から思い切り振ると、練習から時間も経っているし身体も温まっていないので、自分の身体は思うほど反応せず、振れていないことが多いのです。しかし、脳の方はそれがマックスだと思うので、それ以上のスピードがなかなか出せなくなります。

ですから私の場合は、１球目は80％の速さでスイングします。なぜなら、この段階では、脳に「まだ余裕がある速さなのだ」と認識させたいからです。

そして、２球目は90％、３球目は１００％と速さを上げていき、４球目、５球目でアドレナリンが出た状態で１２０％の速さで振れる状態を作り、勝負をかけます。

６球目はアドレナリンが出すぎた状態になり、振りすぎて失敗することが多いので、４球目、５球目が勝負球です。

あなたもこうすると、自分の持てるマックスのヘッドスピードに持っていきやすいので、ドラコン大会などの参考にしてください。

４００ヤードを超えた選手は、「フォーハンドレッドクラブへようこそ！」と声をかけられます。実際には存在しないクラブなのですが、筋骨隆々の大男たちがひしめくドラコン界でも、４００ヤードの壁は厚いものがあり、今までに30人くらいしか達成していません。

それをドラコン界では小柄な私が本書で紹介した方法で達成できたのですから、あなたの飛距離が３００ヤードに伸びても不思議はないのです。

身体を痛めない、無理させない

私のレッスンには、飛距離が伸びると同時に、もう一つおまけがあります。

長年ゴルフをしていると、腰が痛い、肩が痛い、手首が痛い、肘が痛い……、というような声をよく耳にしませんか？

これは、身体にとって無理な動きをしているからです。

日常生活でも同じことが言えます。姿勢が悪い人は、内臓が垂れ下がっているので、背中で常に引っ張るという負荷がかかります。これが長年続くと腰痛の原因にもなります。

さらに、前かがみの姿勢だと横隔膜の動きも小さくなり、酸素の供給量も少なくなりますから、生命力が弱まり、うつの原因になるとも言われています。

私のレッスンの第一の基本は、背中で立つことです。背筋を伸ばして立ち、座るときも、背筋を伸ばしたままお尻から座ります。

背中で立てるようになると、内臓への負荷が減り腰痛も起こりにくくなります。さらに背中の筋肉が意識して使えるようになり、飛ばしにもつながるのです。

BEAMS GOLF
PURPLE LABEL

また、特に女性は肩こりの方が多いようですが、日常生活で肘を上にあげる動作が少ないせいで、肩の可動域が狭くなったり、動かさない筋肉が固まって血行が悪くなるのが原因の一つに挙げられます。

私のレッスンでは、トップではできるだけ肘を上にあげるように指導しています。トップが高いほど、インパクトのエネルギーも高くなるからです。その高いトップを作るために、肩の可動域を広げるドリルなども紹介していますので、日課に取り入れてぜひ試してみてください。これで肩こりが改善した方はたくさんいます。身体の裏側の筋肉を目覚めさせ、肩こり解消と飛距離アップが実現できるはずです。

また、あなたは歩くとき、足を前に出しながら、前に出した足で体を引きずるようにして歩いていませんか?　これは力を必要とする無駄な動きです。

歩くときはスイングと同じように、軸を意識します。耳、腰、くるぶしを一直線に揃えて、少し後傾気味の感じがするかもしれませんが、そのまま軸を移動するのです。自分で歩いているという意識ではなく、軸移動です。

無駄な力を使わない歩きが出来るようになり、歩幅も大きくなります。通勤やプレーにおいても効果的です。

プロゴルファーの動きを見ていると、アドレスでワッグル（打つ前に小刻みに動く予備動作）と呼ばれる膝を伸ばして足を何度も踏むという、ちょっと変わった動作をしているのにお気づきですか？

あれは、背中や足の後ろの筋肉を意識しながら、お尻で踏む動きです。つまり、後ろの筋肉を使って立つことで軸を安定させながら、筋肉に連動性を持たせているのです。

前かがみになって、膝を曲げることでアドレスする人をよく見かけますが、あれでは身体の前側の筋肉しか使えませんので、安定感もなく、飛距離も出ません。

何度もいいますが、私はスリッパを履いても300ヤードを飛ばします。

それは、軸を安定させて、力を入れないスイングができるからです。

極端な話、氷の上でも打てるスイングを目指しています。

コースには、山あり谷あり、傾斜がきついところも数多くあります。また、バンカーや池のほとりギリギリのような足場が悪い場所もあります。

そういう場所でも、氷の上で打てるスイングだと、しっかりと打てるのです。

私が皆さんにレッスンしているのは、飛ばしの効果とともに、不安定な場所からもしっかり打てるという、多様性の大きいスイングです。しかも、身体を傷めないどころか、身体の動きがスムーズになり、心がリフレッシュできる効果もあります。

さあ、飛ばしのスイングをマスターして、日常生活もゴルフも大いに楽しみましょう。

おわりに

本書の出版のきっかけを作ってくださったのは、ビジネスコーチングの第一人者の伊藤守《いとうまもる》さんです。YouTubeの私のレッスン動画をご覧になって、レッスンを受けにいらしていただき、大きく飛距離が伸びました。

伊藤さんは、メジャー大会で3回優勝した名プロゴルファーのラリー・ネルソンとも共著（『エグゼクティブのための正しいゴルフの習い方』）を出版されるほどのゴルフ通でもありますが、私のレッスンを「人の可能性を引き出し、実現させるものだ」と評価し、ディスカヴァーからの出版を提案してくださいました。経営者の可能性を引き出すご自身のお仕事との共通点を感じてくださったのだと思います。

私のスタジオでは現在78歳でヘッドスピード36mから43mまで上がっている生徒さんもいます。

先日も55歳の方がヘッドスピード32mから43mまでわずか50分で上がりました。

私のレッスンでは、60歳代70歳代の大の大人が、人生最大のヘッドスピードがモニター表示されると、大喜びで携帯電話のカメラで写真に残しています。その姿たるや、子どもが夏休みにカブト虫を見つけたときの顔です。その喜ぶ姿をもっとたくさん増やしたいのです。

この本を読んでいただいた方には、飛距離は誰でも伸ばせることに気付き、希望を持っていただきたいと思います。

「飛距離は才能だ！　筋肉だ！」とかいろいろ言われますが、そんなことはありません。誰にでも可能なことがおわかりいただけたと思います。

ぜひ飛ばし屋の扉を開けてこちらの世界をのぞきに来てください。そして、飛ばしの楽しみを存分に味わって、飛ばし屋の仲間になりましょう。

このスイング理論は他のスポーツにも応用出来ます。今後は、スポーツの壁を越えて指導していきたいと思っています。このスイングは力が要らないために、障害者ゴルフなどの身体にハンディキャップがある方にも広めてゆきたいです。

私の発案したゴルフスイング理論をご理解いただいた皆さま、撮影用に快くコースをご提供いただいた市原ゴルフクラブ柿の木台コースさま、出版社ディスカヴァー・トゥエンティワンの関係者さま、その他出版をお手伝いいただきました皆さま、本当にありがとうございました。

弥永　貴尚

The Swing For300Yard Drives

300ヤードは可能です！

発行日 2018年 8月30日 第1刷

Author 弥永貴尚

Book Designer 金井久幸（Two Three）〔装丁〕
工藤政太郎〔本文〕
Illustrator 北村公司
Photographer 魚住貴弘

Publication 株式会社ディスカヴァー・トゥエンティワン
〒102-0093 東京都千代田区平河町2-16-1 平河町森タワー11F
TEL 03-3237-8321（代表）
FAX 03-3237-8323
http://www.d21.co.jp

Publisher 干場弓子
Editor 原典宏
編集協力： ナイスク naisg.com（松尾里央 高作真紀 岸正章） 田中宏幸

Marketing Group
Staff 小田孝文 井筒浩 千葉潤子 飯田智樹 佐藤昌幸 谷口奈緒美 古矢薫 蛯原昇 安永智洋
鍋田匠伴 榊原僚 佐竹祐哉 廣内悠理 梅本翔太 田中姫菜 橋本莉奈 川島理 庄司知世
谷中卓 小木曽礼丈 越野志絵良 佐々木玲奈 高橋雛乃

Productive Group
Staff 藤田浩芳 千葉正幸 林秀樹 三谷祐一 大山聡子 大竹朝子 堀部直人 林拓馬 塔下太朗
松石悠 木下智尋 渡辺基志

Digital Group
Staff 清水達也 松原史与志 中澤泰宏 西川なつか 伊東佑真 牧野類 倉田華 伊藤光太郎
高良彰子 佐藤淳基

Global & Public Relations Group
Staff 郭迪 田中亜紀 杉田彰子 奥田千晶 李瑋玲 連苑如

Operations & Accounting Group
Staff 山中麻吏 小関勝則 小田木もも 池田望 福永友紀

Assistant Staff
俵敬子 町田加奈子 丸山香織 小林里美 井澤徳子 藤井多穂子 藤井かおり 葛目美枝子
伊藤香 常徳すみ 鈴木洋子 石橋佐知子 伊藤由美 畑野衣見 井上竜之介 斎藤悠人
平井聡一郎

Proofreader 文字工房燦光
Printing シナノ印刷株式会社

・定価はカバーに表示してあります。本書の無断転載・複写は、著作権法上での例外を除き禁じられています。
インターネット、モバイル等の電子メディアにおける無断転載ならびに第三者によるスキャンやデジタル化もこれに準じます。
・乱丁・落丁本はお取り替えいたしますので、小社「不良品交換係」まで着払いにてお送りください。

ISBN978-4-7993-2349-6 ©Takahisa Yanaga, 2018, Printed in Japan.

7日間を自力で生きのびるた

1. まず自分自身の身の安全！

＞P55へ

2. SNSで「家族の無事」を確認

電話を繰り返してバッテリーを消耗させないよう注意！ ＞P29へ

3. ご近所さんに「声かけ」を

＞P40へ

4. 水道の確認と水を確保！

水道が無事だったら、断水に備えて水をためておく。地震直後に水道から水が出ないようだったら、排水管等が壊れている可能性があるので、トイレ、生活用水の排水も控え、非常時のトイレ仕様にする。

＞P22、P160へ

災害発生

5. トイレを封鎖！

水をうっかり流さないように、レバーを養生テープで固定！

＞P160へ

6. 携帯電話を「省電力モード」に

電気が通じている場合は「携帯のフル充電」「携帯の充電器の充電」 ＞P123へ

7. ガスを復帰

地震発生時はガスが自動で止まるので、復帰しておく。

＞P117へ

8. 部屋の片づけ

停電に備え明るいうちに部屋を片付けておく。

＞P60、P122へ

9. 防災用品の準備

「非常持ち出し袋」「ヘルメット」「懐中電灯」「ラジオ」等をすぐ持ち出せるところに！ ＞P9～11へ

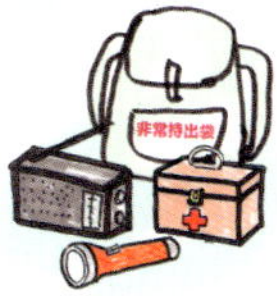

7日間の在宅避難を乗り切る
備蓄品の目安

- **トイレ**
  1日4回×家族3人×7日分=84回分の非常用トイレ

わが家の逃げ地図

もしものときに備えて、
自分の家の周りの設備、環境を調べ、
わが家だけのオリジナル逃げ地図を作ろう！

書き入れて見よう

- 広域避難場所
- 災害別の避難所
- 高台
- 給水場所
- 公衆電話
- 公衆トイレ
- 消防署
- 救急指定病院
- ガソリンスタンド
- スーパー・コンビニ
- 自動販売機
- 保育園
- 学校
- 職場
- アンダーパス
- 川
- 用水路
- 橋
- ガケ
- ブロック塀

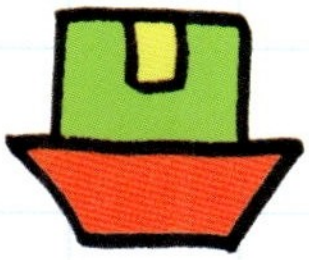

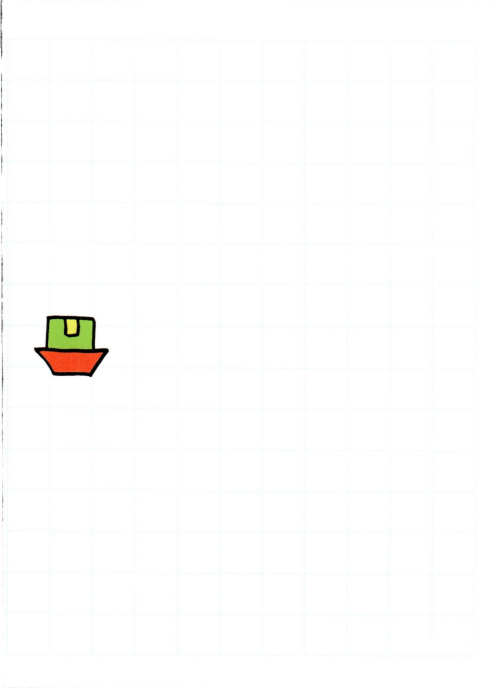

ために、すぐやるべき14のこと

0. 工夫して食べよう

庫の食材から早めに消費」する。簡
食べられる食事を、早めに準備。「カ
コンロ」「備蓄食糧」「水」なども出
おく。>P148へ

. 寝るときの心得

の転倒の心配
い部屋を寝室
。そのまま避
きるような格好
休む。、P114へ

.「り災証明等申請のための写真」を撮っておく >P119、P232へ

13. 雨漏り対策用に「ブルーシート」を出しておく >P52へ

14. 役所からの広報車やアナウンスなどによる情報に注意

「ゴミの回収」「給水車」

「断水のお知らせ」「ブルーシートの配布」

などを聞き逃さないように！>P118へ

自力で乗り切れたあとは？

乗り切ったあとは、今後のことをゆっくり考えましょう。情報は日々変わります。公的支援、交通機関、学校、保険、仕事、ボランティア依頼などの情報収集に努めましょう。また、疲れとストレスがたまってきているので、無理は禁物です。

- **水**

1日3L×家族3人
×7日分=63Lの水
（2Lペットボトル×
9本の4ケース=72L）

- **カセットコンロ**
- **カセットボンベ**

（カセットボンベは7本常備）

- **備蓄食糧**

米、乾麺、小麦粉、
シリアル、乾物、レトルト、
缶詰、調味料を用意!

- **日用品**

大小のポリ袋、ビニール袋、
ティッシュ、ウエットティッシュ、
ラップ、トイレットペーパーなどを常備

JN152809

50年に一度の豪雨が……
雨すごいよ
雨、いつやむの？
お水、お家にこないかな……
ねえ私たちも避難所に行ったほうがいいかも……
川から距離もあるし大丈夫じゃない？
ヘタに移動して車が水没したらオジャンだし
それに避難所にはペットを連れて行けないんじゃないか？
ところでさ
防災の「持ち出し袋」とかいろいろ準備してあるのか？
それは……私も仕事が忙しくって……
何でもかんでも私なわけ？
ママの役目だろ！
ママ見て！てるてる坊主作った！

あっ、電話！
草野ママからだ！
ニュースでやってるけど大丈夫？
雨が降りやまなくて道路にもあふれてきたしこんなの初めて……
ゴボッ
コボッ
さっきから流しから変な音がするんだけど
たいへん！それって下水が逆流してるのかも
ヤバイよ
念のため大事なものは二階に上げて
孤立することも考えて水、食料、コンロも二階に
避難所は知ってる？移動できるうちに早めに避難して
うん
あと、子どもには必要以上に不安にさせないで
はっ

災害王国日本は
多くの地震が
発生する
お城が
豪雨などの水の災害は
毎年のように起きる
線状降水帯
天気予報や
ハザードマップもあって
避難勧告も
出ていたのに……
多くの
人の
避難が
間に合わ
なかったことも……
西日本豪雨では……
死者が２００名以上
だなんて……
なんてこと…
おかげさまで
無事です！
避難して
正解だった！
よかった～
防災の知識が
少しでも
あれば
自分も家族も
守れるはず！

今日から
家族みんなで、
「4コマ防災」スタート！

4コマですぐわかる

新

みんなの防災ハンドブック

防災士・イラストレーター

草野かおる

Discover

ディスカヴァー

世界の大地震の2割は日本で起きている

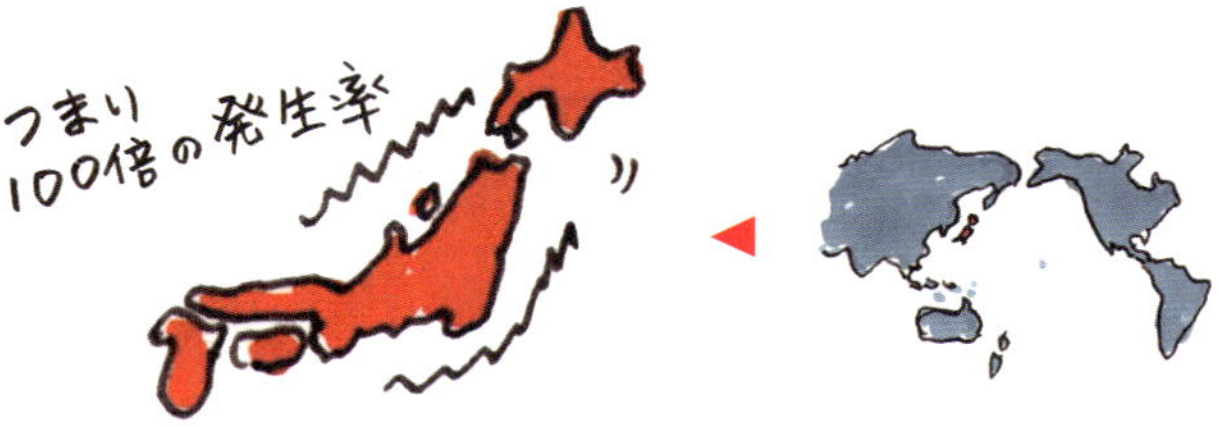
つまり
100倍の発生率

豊かさと残酷さは表裏一体

地球表面を移動するプレート。

そのプレートが4枚集まる、世界でも珍しい地点。この地点に日本列島があるということを、知っていますか？

そのため、私たちが住む日本は、世界有数の火山国であり、地震国となりました。

日本国土は、世界の大地のわずか0．25％しかありませんが、世界の大地震（マグニチュード6以上）の2割以上が、日本周辺で発生しています。

美しい山々、温泉、豊かな漁場……。恵みと残酷さを持ちあわせているのが「自然」なのですね。

太古の昔から、日本は災害とつき合ってきた

地震があっても
日本は滅んだことは
ありません
築後
1300年
元祖免震構造
法隆寺

日本人は知恵と工夫で乗り切ってきた

日本は、「天変地異」として、昔から数限りない災害に見舞われてきており、多くの資料も残っています。

地震のほか、夏や秋にはすさまじい威力を持つ台風がやってきて、農作物も脅威にさらされてきました。

そのようななかで、日本人は、知恵をしぼり、工夫で災害を乗り切ってきました。

子孫に対する警告として、日本中に災害に対する言い伝えや伝説も残っています。たとえば、「井戸が枯れる」「深海魚が打ち上げられる」のは地震の前触れという言い伝えがあります。

今一度、災害予知の観点から、検証してみてもいいのではないでしょうか。

地震からたくさんの災害が引き起こされる

火災

液状化現象

ガケ崩れ

「複合災害」が被害を大きくする

地震が恐ろしいのは、地震から引き起こされる二次的な災害が加わり、複合災害になっていくこと。

地震によって漏れた油で火災が起きる、地盤がゆるみ、雨が降ったときに地滑りが起きる……。

街、海、山、川……そのとき自分はどこにいるのか、誰といるのか。

季節や天気などによって、いつ何時どのような災害が引き起こされるかわかりません。

状況に応じて、どのような行動を取れるかで、生きのびれるかどうかが決まります。

地震により、避けられないほどの大津波がやってくることも

今まで誰も
見たことのない
ことが現実に

津波

「見たことがない」は当たり前

2011年3月11日午後2時46分。三陸沖を震源に巨大地震が発生。大きなゆれとともに、海岸線に壁となって押し寄せた大津波により、多くの命が失われました。

大津波は、北海道から関東の太平洋沿岸へ押し寄せ、漁船や港、住宅地や農地をのみ込みました。また、津波により冠水した面積は561km^2（山手線の内側面積約9倍）におよびます。

「見たこと、経験したことがない」規模の災害が、近い未来に、必ずやってくると心得て生きていくこと。それが私たちが今できることです。

「想定外」は毎年やってくる

大地震

豪雪

集中豪雨

毎年変わる環境と異常気象

気象庁の定義によると、「異常気象」とは「過去30年間の観測と比べて著しいかたよりを示した天候」のことだそうです。

地球温暖化が進んでいる今、私たちにとって、「異常気象」という言葉は聞き慣れたものになってきています。

猛暑、暖冬、豪雪、ゲリラ豪雨、竜巻、地震、大津波、台風……。さらに、最近では、火山の噴火などの被害も見過ごせません。

私たちは、今までにない厳しい自然環境と向き合う覚悟が必要なのです。

自然の勢いを甘く見てはいけない

ゲリラ豪雨

水深20cmでドアは開かなくなる!

車のマフラーから水が入ると、エンジンが故障!

水は人の想像を超えて襲いかかってくる

異常気象のなかでも、私たちのすぐ近くにある脅威が「ゲリラ豪雨」「集中豪雨」などによって引き起こされる水の災害です。

水は、私たちの予想を超える速さで襲いかかってきます。地下マンホール内で作業をしていた男性が、避難が間に合わず、水に流されて亡くなる事故もありました。

さらに、自宅の地下室にいた男性や、農業用水路を見に行った男性などが、被害に遭う事故もありました。

ゲリラ豪雨や台風は毎年のようにやってきます。よく知っている身近な場所であっても、あっという間に危険な場所に変わるということを、知っておきましょう。

自分の頭で判断して、行動する

今までの知識　情報　マニュアル

どう考え、どう動くのか、想定外も想定して備える

この世に、完璧な防災設備も、防災マニュアルもありませんが、知識を知っているのと知らないのとでは、大きな差があります。防災情報は、消防署のパンフレットや役所のホームページ、テレビ、ラジオ、防災訓練、勉強会などで十分得ることができます。

ただし、実際に災害に直面したとき、最終的に判断するのは自分自身です。

生き残るために大切なことは、パニックにならず、情報をそのまま鵜呑みにしないで、自分の頭で考え、判断し、行動することです。

いざというときのための「非常持ち出し袋」を用意

4人家族は4セット用意

「非常持ち出し袋」は自分で管理する

災害は突然やってきます！「非常持ち出し袋」を用意しておきましょう。

また、逃げるときのことを考えて、重さは5キロぐらいまでに。

個人的に手放せないものや必需品は、自分の責任で非常持ち出し袋に入れましょう。家族任せにしないことが大切です。

小さな子ども、体の不自由な方、持病があったり、闘病中の方がいる家庭では、おのずと持ち出し袋に入れる中身が異なります。

用意した持ち出し袋は、すぐに持ち出せる場所に用意しておくことを忘れずに。

非常持ち出し袋の中に入れるべきアイテムについては次のページで紹介します。

「非常持ち出し袋」をそろえよう！

備蓄食材・食器
非常食
スプーン
フォーク
WATER
五目ごはん
カンパン
カロリーバー
ツナ
赤ちゃん用品
粉ミルク
紙おむつ
ほ乳びん
MILK
除菌
ウエットティッシュ
日用品
キッチンばさみ
ポリ袋
キッチン
筆記用具
NOTE BOOK
軍手
レインコート
てぬぐい
うわばき
食品用ラップ
ラップ
ストッキング
ふろしき
ライター
マッチ
MATCH
ティッシュ
本ももっていこう
みんなの防災ハンドブック
トイレットペーパー
布テープ

4コマですぐわかる　新 みんなの防災ハンドブック　もくじ

第1章 災害に備える

第2章 災害発生！ 何をすればいいの？

火災が起きたそのとき！

豪雨そのとき！

竜巻、雷、大雪そのとき！

放射能そのとき！

第3章　被災そのあと

自分と家族の安全第一！

第4章 非常時を乗り切るアイディア

第5章 非常時の衛生とメンタルケア

第6章 避難生活と復興

第7章 お金のことと被災地支援

第1章

災害に備える

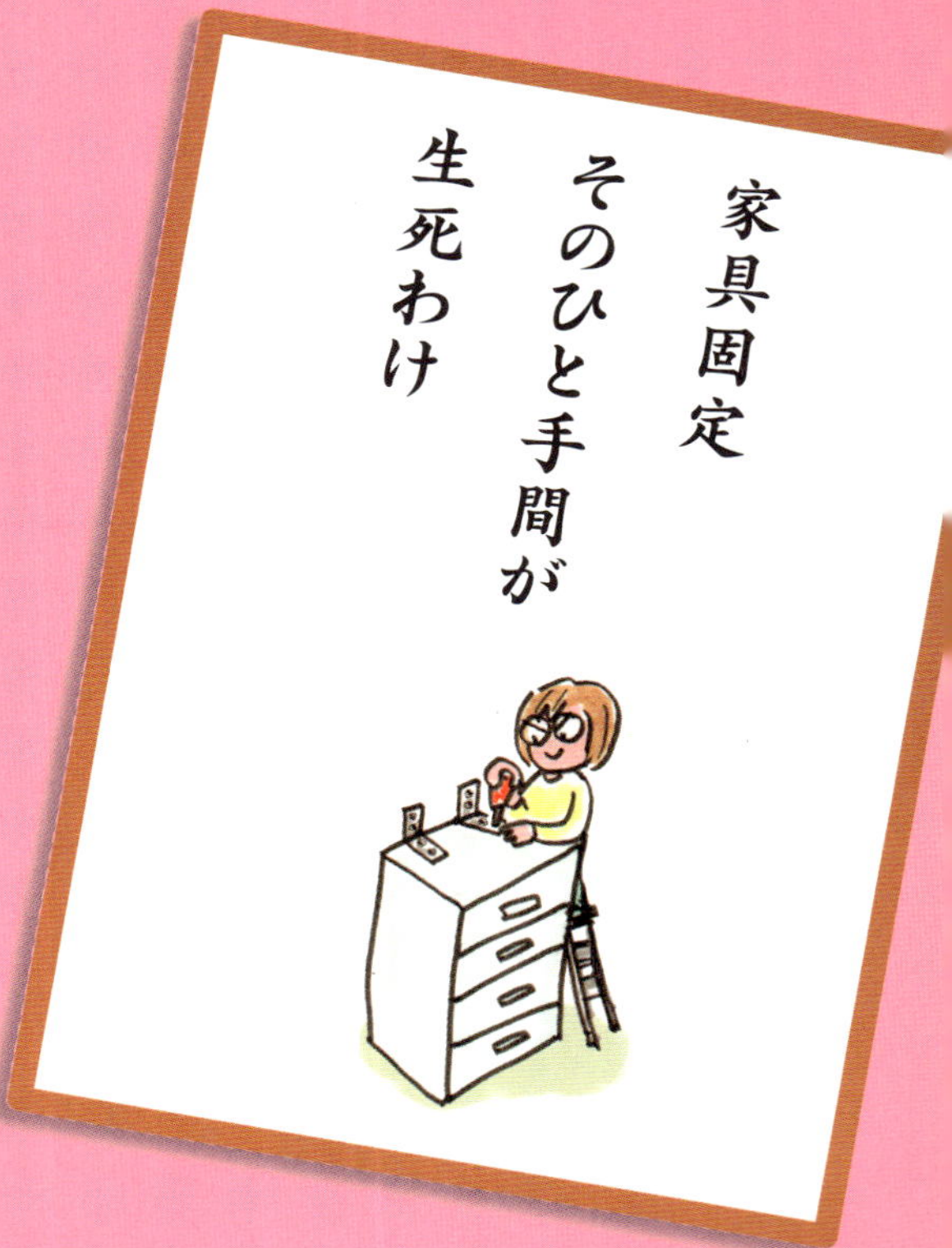
家具固定
そのひと手間が
生死わけ

いますぐできる
「備え」から始めよう

家具の配置を見直し、固定しよう

避難《ひなん》できずに死ぬことがないよう いまできることを

1995年1月17日に発生した阪神淡路《はんしんあわじ》大震災《だいしんさい》では、寝ているあいだに倒れてきた家具の下じきになり、亡くなった方がたくさんいました。

タンス、冷蔵庫、テレビ、ピアノ、本棚、とくに寝室《しんしつ》の家具……。**家具の配置を見直して、転倒《てんとう》、落下防止の措置《そち》をしておきましょう。**壁《かべ》や天井の強度、床の種類などに合わせて、適切な「転倒防《ぼう》止《し》器《き》具《ぐ》」を選び、対策をしましょう。

大地震《おおじしん》が起きたとき本当に家具が飛んできます
キャー
寝室は安全ですか？
食器棚《しょっきだな》は安全ですか？
家具の固定は最優先の防災です
突っ張り棒タイプ
L型金具
転倒防止板

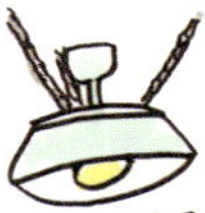
照明器具の落下防止

キャスターの移動防止

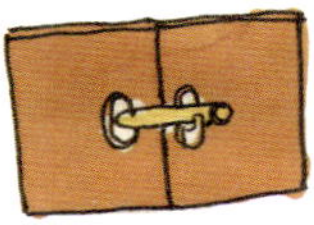
観音開きの扉には止め金具

あらゆる方法で命の水を確保《かくほ》しよう

避難《ひなん》生活で大切な水
ポリタンク
阪神淡路大震災のとき10倍の価格で闇《やみ》で取引されたことも……
つねに大きく清潔《せいけつ》なポリタンクを用意している家庭は少ないし
水18ℓ＝18キロ
うごかん
ポリタンクに水を入れるとめちゃくちゃ重たい！
家にあるもので水を運べる容器《ようき》がないか探してみましょう
いざとなったらビニール袋《ぶくろ》を二重にして入れた水をダンボール箱に入れて
買い物カートで運ぶことができます

ひとりあたり「1日3リットル」の水が必要

自宅で被災《ひさい》したときは、水道の水が出るうちに、できるだけ水を確保しておき、知恵《ちえ》と工夫《くふう》で大事に使うようにしましょう。

平常時《へいじょうじ》のように水を使っていたら、すぐに足りなくなってしまいます。断水《だんすい》したときに、自分の手で給水車から水を運ぶことを想像してみてください。また、大きくてじょうぶなビニール袋を多めに用意しておくと、何かと便利です。

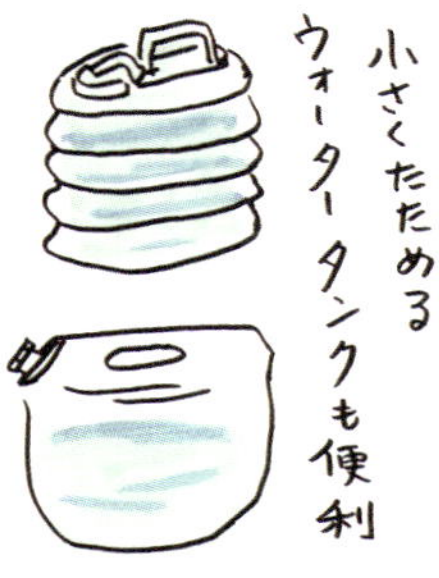

小さくたためるウォータータンクも便利

おふろの残り湯は捨てない習慣《しゅうかん》をつけよう

おふろの残り湯は生活用水として利用できる

私たちが生きていくためには、飲み水だけでなく生活用水が必要です。その生活用水に、おふろの残り湯を活用しましょう。トイレや洗たくのほかに、火災時の初期消火《しょきしょうか》に利用することもできます。断水《だんすい》時のトイレ利用では、トイレットペーパーは尿や便とは別にし、専用《せんよう》のゴミ箱を用意して、その中に捨てましょう。トイレの洗浄には、うずができるように水を流すと、少ない水の量ですみます。ただし、生活用水やトイレの水を流すのは、「下水管の無事」を確認してからになりますから（トイレ、下水管の被災についてはP-60参照）、**自分で身を守る心がまえが大切です。**

地震のときや
停電のあとに
「断水《だんすい》」になることが
あります
断水時に
おふろの残り湯があると
水洗トイレの水に
手洗いに
少量の洗たくや
身体をふく
おしぼりタオルなどに
とっても
役に立ちます
おふろの水は
次の入れ替えのときまで
流しません
被災経験者
洗濯に使ったあとも流しません

水洗トイレは、一度に13リットルから20リットルを洗浄に使う

ペットボトルで毎日カンタン防災習慣

非常時《ひじょうじ》用の水をペットボトルに入れておきます

たとえば家族4人分

ペットボトルの水は毎朝新しい水道水に入れ替えます

口まで水を入れる

入れ替えるときは中の水を無駄《むだ》にせず

植木の水やりや

朝ごはんの食器の洗《あら》いもの

つけおきなどに利用しましょう

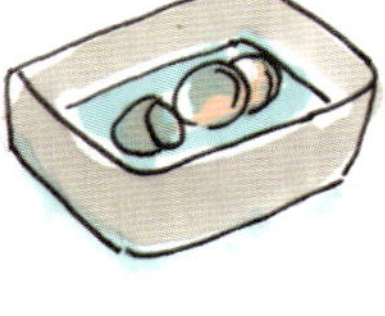

水道水をペットボトルにためてつねに常備《じょうび》しておく

2011年3月11日に発生した東日本大震災の直後、お店の店頭からミネラルウォーターが消えました。大規模《だいきぼ》な災害が起きると、商品の流通や援助《えんじょ》が滞《とどこお》ることも。そんなときでも困らないよう、水道水をペットボトルに入れてためておきましょう。ペットボトルの口ギリギリまで水を入れ、キャップをしめるのがコツです。空気に触《ふ》れないようにすると、中の水が傷《いた》みにくくなります。湯冷《ゆざ》ましのようにカルキの抜けたものは傷みやすいので入れないこと。

この習慣を続けていくと、毎日新しい水を用意し続けることになりますから、安心です。

習慣にすれば
苦になりません

必要な食糧を台所にストックしておこう

食べ慣れた食材を多めに買って備蓄する

長いあいだ非常時のための食糧の備蓄《びちく》は「3日分でよい」とされてきました。しかし、東日本大震災以降《いこう》は、「1週間分以上の備蓄が必要」に変《へん》更《こう》されました。

大規模災害は、流通にも大きな影響《えいきょう》が出ます。「日持ちのする食品」を、日常的に多めに買っておくだけで、防災になります。備蓄品がいざというときの「非常食」となるのです。消費しながら備蓄する方法は、「日常備蓄」または「ローリングストック」と呼ばれています。非常時こそ、「食べ慣れた味」でほっとすることが大切なのです。

ストレスで母乳が出なくなった例も
WATER
MILK

非常食といえば カンパンと水ですが……
味けない〜
水
カンパン
最近では いろいろおいしく 進化しています
家族分そろえるとちょっと高価…
赤飯
パン
五目めし
日持ちのする食材は 非常食以外でも 意外と多いもの
クラッカー
せんべい
お米
切りもち
やきとり
お茶
トマト
みかん
ロングライフ牛乳
わかめ
芽ひじき
お湯があれば 食べられる食品も たくさん！
賞味期《き》限《げん》を確《かく》認《にん》して 定期的に 入れ替えを しましょう
ラーメン
カレー味
NOODLE
そうめん
牛丼
ビーフカレー
PASTA

必要な医薬品の整理をしておこう

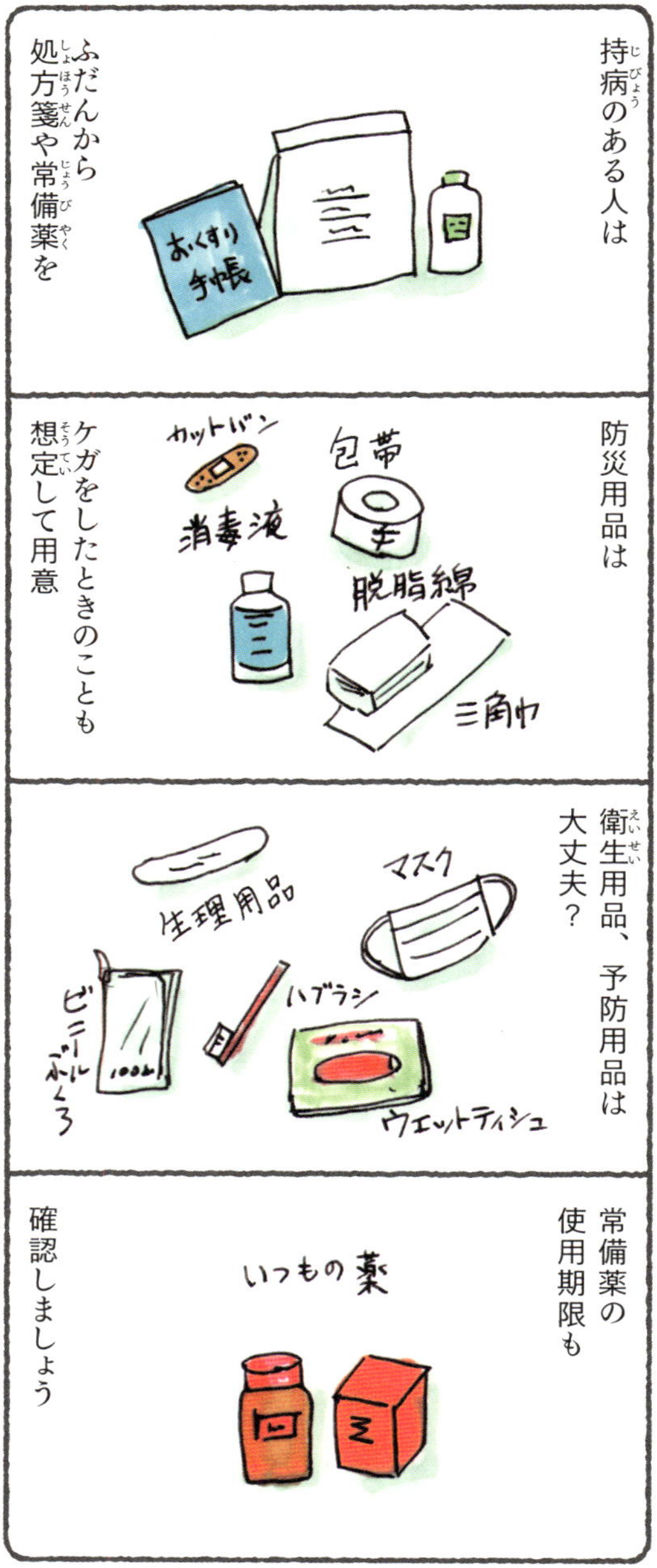
持病《じびょう》のある人は
ふだんから処方箋《しょほうせん》や常備薬《じょうびやく》を
おくすり手帳
防災用品は
ケガをしたときのことも想定《そうてい》して用意
カットバン
包帯
消毒液
脱脂綿
三角巾
衛生《えいせい》用品、予防用品は大丈夫？
マスク
生理用品
ハブラシ
ビニールぶくろ
ウエットティシュ
常備薬の使用期限も確認しましょう
いつもの薬

自分に必要なものを自分で準備する

耳の不自由な人は、筆談《ひつだん》できるようにメモ帳などのご用意を。持病のある人は、かかりつけの医療機関《いりょうきかん》の連絡先《れんらくさき》や常用の医薬品などを準備しておくと安心です。処方箋のコピーを持っておくのもよいでしょう。

災害時に身元が確認しやすいように、運転免許証《めんきょしょう》、保険証、障害者《しょうがいしゃ》手帳、母子手帳などの身分証や緊急《きんきゅう》連絡カード（緊急連絡先やかかりつけ医療機関などを記入したもの）を身につけておくようにします。

用意した医薬品の使用期限のチェックもお忘れなく。

透明な袋に入れておく

アレルギー対応食品を備蓄しよう

東日本大震災で
食物アレルギーの
子どもを抱える
お母さんは
困りました
一方、被災地の役場は
アレルギー対応の
支援物資《しえんぶっし》がきても
届ける相手が
わかりません
困っているお母さんの
事情《じじょう》を知った
保健師《ほけんし》さんが
情報《じょうほう》を教えて
くれました
これは
ラッキーな例！
クチコミや
インターネットが
役に立ちました

食物アレルギーの子どもを持つお母さんの心得

食物アレルギーを持つ家族がいるなら、防災備蓄食糧について考えておきましょう。命にかかわるアレルギーの場合はなおさらです。支援物資として粉ミルクや食事を届けられても、安心して受け取ることができないからです。アレルギー対応食品を東日本大震災の被災地に送った団体もありましたが、多くは当事者の手に入りにくいのが現実。あらかじめ、**自分たちである程度の量のアレルギー対応食品を備蓄しておくこと**をおすすめします。

アレルギーの
症状はいろいろ

災害用伝言ダイヤルの使い方を覚えよう

災害用伝言ダイヤルは
地震等の災害発生時に利用できます
どの電話からも
使えます
公衆電話
ケイタイ
家の電話
伝言を録音するときは……
171に電話して
ガイダンスに従って1
そのままガイダンス……
無事です
伝言を再生《さいせい》するときは……
171に電話して
ガイダンスに従って2
そのままガイダンス……
ホッ
無事です

子どもから大人まで家族全員で練習しておく

地震等の災害発生時、被災地への通話がつながりにくい状《じょう》況《きょう》のとき、このサービスが開始されます。

・伝言録音時間
→1伝言あたり30秒以内
・伝言保存《ほぞん》期間
→運用期間終了《しゅうりょう》まで
・伝言蓄積数
→1電話番号あたり
1～20伝言（提供《ていきょう》時にお知らせ）

体験利用提供日があるので、練習もできます。「171」を「イナイ」のゴロ合わせで覚えておくのがおすすめです。

携帯《けいたい》電話各社ではテキスト登録・閲覧《えつらん》できる「災害用伝言板」もあるので、一度調べておきましょう。

各通信会社も
伝言板を
開設していました

SNSの使い方を覚えよう

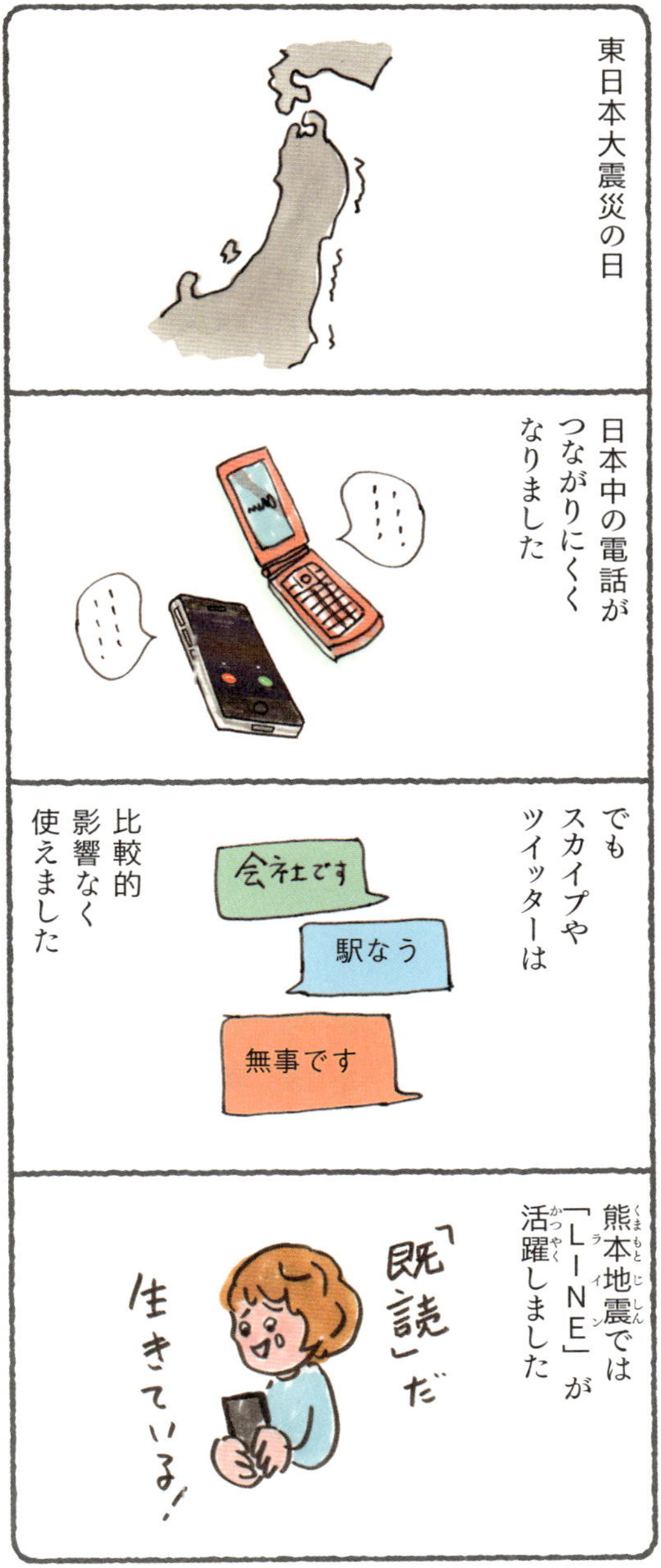
東日本大震災の日
日本中の電話がつながりにくくなりました
でもスカイプやツイッターは
比較的影響なく使えました
会社です
駅なう
無事です
熊本地震《くまもとじしん》では「LINE《ライン》」が活躍《かつやく》しました
「既読」だ
生きている!

SNSで安否確認

「LINE」アプリの「既読《きどく》機能《きのう》」は東日本大震災がきっかけで作られました。「ツイッター」の「ダイレクトメッセージ」は、パソコンや携帯のメール機能と同じように、非公開《ひこうかい》で使えます。「フェイスブック」を利用していれば、「メッセンジャー」でLINEのように会話することができます。ちなみにフェイスブックは熊本地震で、利用者の安否確認ができる「災害時情報センター」を設置しました。SNSを使いこなせると、家族や友人とのつながりがより強くなることも。

3.11の日
カナダにいる
娘から一番早く
連絡が来ました。
大丈夫!?
当時ガラケー

非常時は遠くの場所を連絡ポイントに

地震や大災害のときは携帯電話が
通じない
被災地域《ちいき》へは固定電話も
かかりにくい
心配
被災地域
でも地震の起きていない地域へは
比較的つながりやすい
OK
三角連絡法で安否確認しましょう
無事だよ
無事だって
無事です

三角連絡法でスムーズに安否確認

仕事中に大地震などの災害が起きた場合を想像してみましょう。家族の無事が確認できれば、心理的なストレスの多くは解消《かいしょう》しますよね。安否確認のネットワークを日ごろから確認しておきましょう。電話→メール→三角連絡法→災害用伝言ダイヤルというふうに優先順位をつけておき、たがいに連絡を入れるルールを決めておくのもいいでしょう。

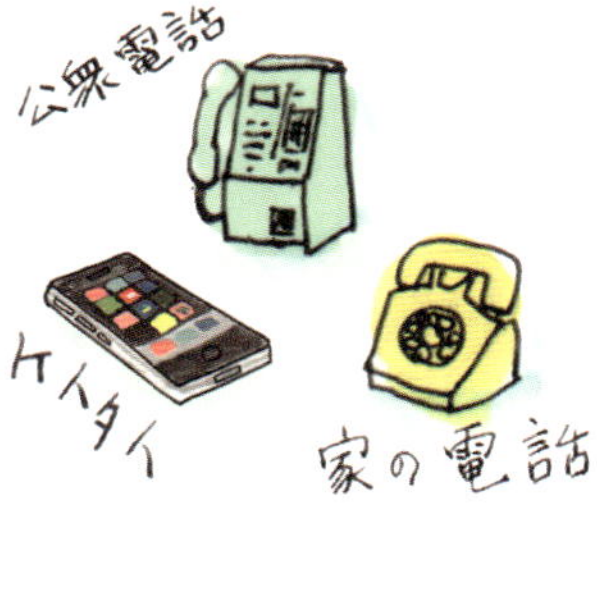
公衆電話
ケイタイ
家の電話

緊急連絡カードを用意しよう

必要と思われる情報は「紙」で残す

今こそ「緊急連絡カード」を用意しておきましょう。緊急連絡カードには、名前、生年月日、電話番号、連絡先、保険証番号、家族構成《こうせい》、家族の携帯電話の番号、職場《しょくば》、学校、親戚《しんせき》の連絡先を記入します。免許証のコピーや、持病のある人はかかりつけの病院と処方箋のコピーなども一緒《いっしょ》にしておくとよいでしょう。とくに、写真つきの身分証明書は何かと役に立ちます。支援金や荷物の受け取りに必要な三文判《さんもんばん》も用意しておくと便利です。

フィッシングベストを活用しても

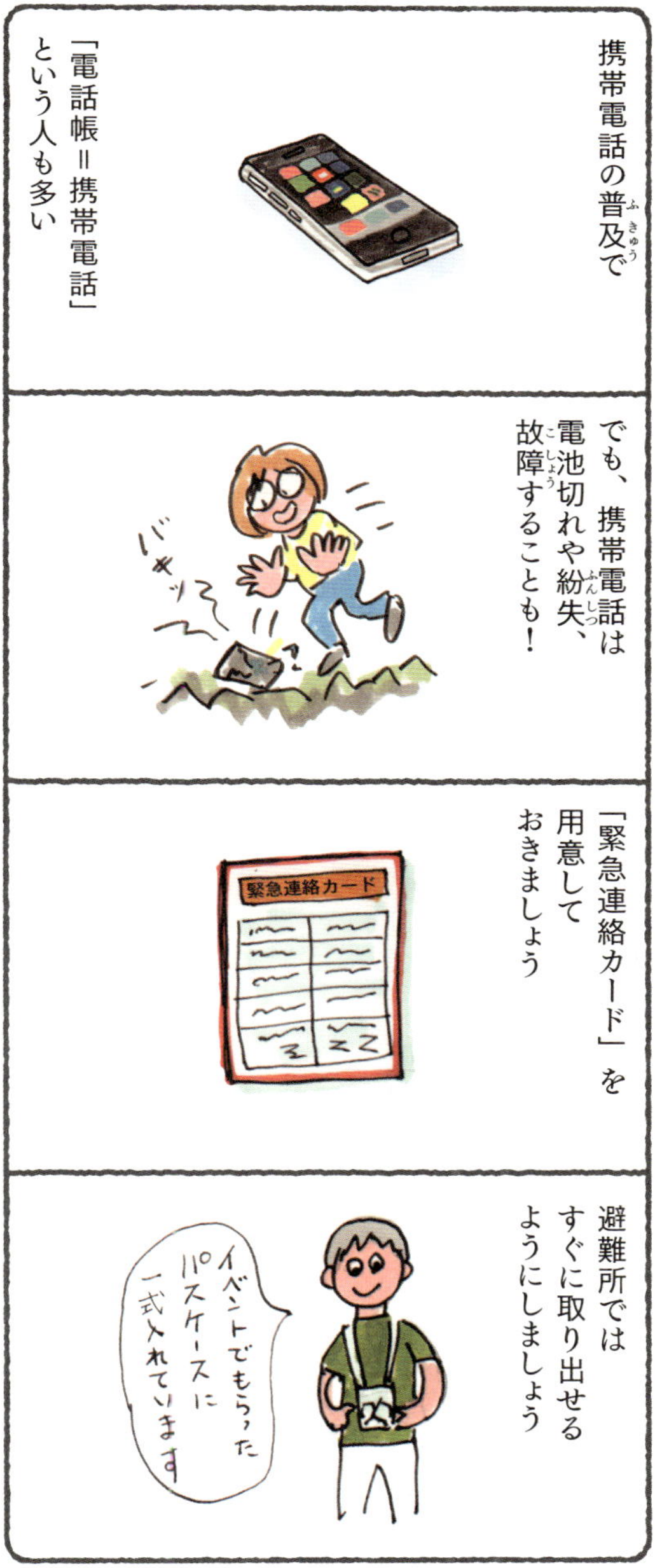
携帯電話の普及《ふきゅう》で
「電話帳＝携帯電話」という人も多い
でも、携帯電話は電池切れや紛失《ふんしつ》、故障《こしょう》することも！
バキッ
「緊急連絡カード」を用意しておきましょう
緊急連絡カード
避難所ではすぐに取り出せるようにしましょう
イベントでもらったパスケースに一式入れています

情報を得るために「ラジオ」を活用

2万人以上の犠牲者《ぎせいしゃ》を出した東日本大震災は
史上初、テレビで津波《つなみ》の第一波の生中継《なまちゅうけい》がありました
TUNAMI
でも、テレビの「大津波警報」は伝えたい人々には
ほとんど伝わらなかった!
じしんだ
なぜなら
地震の直後に停電していたから
テレビ消えた
プッン
重要な災害情報を得るためにラジオを持ちましょう

命にかかわる情報を聞きのがさないため

大きな災害が起きると、NHK局は、テレビ、ラジオのすべての番組が「災害情報」を流します。停電のときも情報をキャッチできるラジオを、一家に一台用意しましょう。

また、スマートフォンでもラジオが聞けるアプリケーション「ラジコ」があります。(ただし携帯電話の場合、電池切れや、中継基地《ちゅうけいきち》の損壊《そんかい》でつながらないことも)

ラジコ

避難先でも重宝します

避難は「警戒レベル」を参考にしよう

警戒レベル4で全員避難

過去の豪雨災害では、市町村や気象庁からさまざまな警報が発表されたにもかかわらず、受け手である住民に正しく認識されず、甚大な被害へとつながりました。警報そのものが複雑で、わかりにくいこともあり、2019年3月に避難勧告を5段階に分けるという改定が行われました。「注意報」「警報」が直感的にわかるように「5段階レベル」でとるべき行動を示しています。大切なのは「早め早めの行動」。空振りしても「避難訓練になった」と思ってくださいね。

警戒レベル1
災害への心構えを高める

警戒レベル2
ハザードマップ等で確認

警戒レベル3

高齢者や要介護者等が避難する

警戒レベル4

対象地域住民の全員避難

警戒レベル5
すでに災害発生

命を守るための最善の行動をとる

ハザードマップ
わが家はここと
しるしつけ

自分の家と 家のまわりを知ろう

自分の住む土地のリスクを知ろう

地震、台風、水害、液状化……災害リスクを知る

私が丘の上に住んでいたとき、豪雨《ごうう》になると水が流れこむ道があったのを覚えています。雨はアスファルトを走り、川のように流れ、いちばん低い道に流れこんでいきました。そのため、道ぞいにある半地下のお店や住宅《じゅうたく》は、塀《へい》をめぐらしたり土《ど》のうを積んだりするなどして苦労していたようです。**つまり、一見何でもない町に、思わぬリスクがあるということです。**また、電柱などに「ここまできた洪水痕《こうずいこん》跡《せき》記録」が表示されていることも。液状化マップを公開している自治体もあります。注意して見てみましょう。

洪水痕跡
ここまで水が来ました

東日本大震災では大規模な液状化《えきじょうか》の被害が出ました

きのこのように飛び出して来たマンホール

参考になるのが自治体で作っているハザードマップ

東長沼

古い地名にも表れます
水害を意味する「龍」
危険な谷の「悪谷」
土砂災害の「蛇」

実際に歩いてみましょう

できれば雨の日がいいです

造成地《ぞうせいち》の危険を調べよう

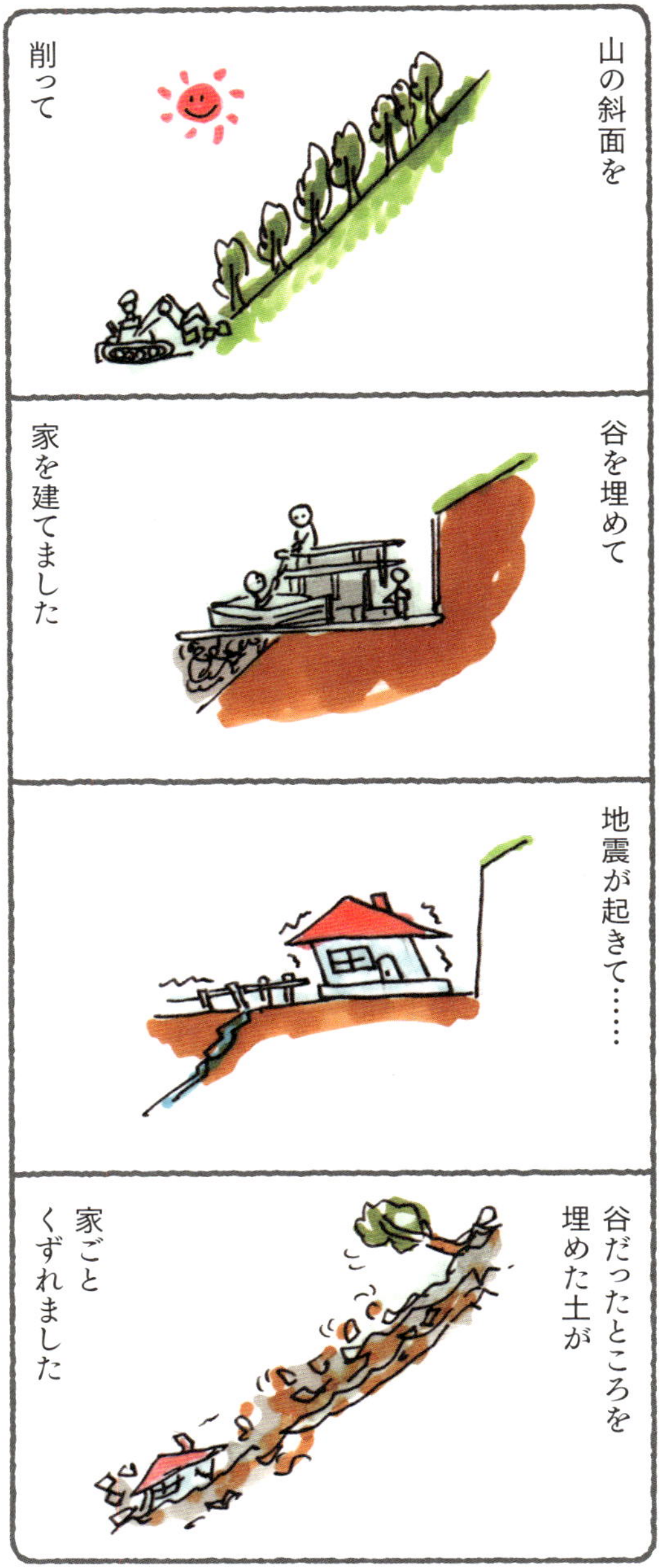
山の斜面を
削って
谷を埋めて
家を建てました
地震が起きて……
谷だったところを埋めた土が
家ごとくずれました

災害は過去の地形が影響する

東日本大震災では、造成地で住宅の地盤沈下《じばんちんか》や隆起《りゅうき》が多発しました。住宅が大きく傾《かたむ》き、基礎《きそ》や壁が壊れました。その土地が昔はどんなところだったかを調べてみましょう。海や川、沼、谷だったところは要注意です。古い地図を見たり、長く住んでいる人にたずねたりするとよいでしょう。

古い地図で
過去はどんな地形
だったのか確認を、

「耐震化《たいしんか》の遅れ」は人も街も危険にさらす

阪神淡路大震災の犠牲者のほとんどが家の倒壊《とうかい》による圧死《あっし》や
閉《と》じ込《こ》めによる焼死《しょうし》でした
オーイ
倒壊した家は道をふさぎ
さらに火の手が上がると
無事だった家にも燃《も》え移《うつ》りました
耐震化の遅れは人命を奪い
街を焼きつくし避難生活を長期化させ、復興《ふっこう》を遅らせます
焼けのはらだ〜

家の耐震化は家族の命を守る最重要事項

現在も約2割の家が耐震基準以下の「既存不適格住宅」です。

耐震改修費用の平均は100万円〜150万円ほど。ほとんどの自治体が補助金《ほじょきん》を出していますので自己負担《じこふたん》はこれよりずっと少ないはず。

（※例：横浜市の補助金上限《じょうげん》220万円）

補助金は市区町村・収入《しゅうにゅう》・条《じょう》件《けん》によって異なります。くわしくは、お住まいの市区町村役場にお問い合わせください。そして、業者との契約《けいやく》は、補助金について確認してからにしましょうね！

耐震化してくれるなら
市としても
補助金出します

※２０１９年２月現在の情報です

近所をよく知っておこう

子どもと一緒に
近所をよく観察しながら散歩しましょう
友だちと遊ぶ公園
路地
ブロック塀
ガケ、ため池、川……
危険がいっぱい！
あそんではいけません

子どもの目線と大人の目線は違う

私の子どもが小学生のとき、下校時間に保護者《ほごしゃ》が交代で学《がっ》区内《くない》をパトロールしていたことがあります。すると、見慣れた風景の中に、危険な場所がたくさん潜《ひそ》んでいることに気がつきました。転落《てんらく》の危険があるガケや沼、池、歩道橋《ほどうきょう》の下の暗い空間、くずれる可能性があるブロック塀、倒れてくるかもしれない銅像《どうぞう》や石のモニュメント、死角の多い公園……。子どもたちは危険なところが大好きです。「遊んでいるときに地震が起きたら」と想像しながら、子どもと一緒に散歩してみましょう。

死角があるかどうかもチェック
変質者対策も考えて

非常時の家族の集合場所を決めておこう

「集合場所」は家族全員がわかるところに

「集合場所」の設定は、地震当日に想定される災害や、交通事情も想像して考えましょう。家族全員がすぐにわかり、避難ルートが安全な場所にすること。ルートを決めたら、家族そろって実際に歩いてみましょう。

集合場所を「通っていた小学校」に決めたものの、実際に行ってみたら廃校《はいこう》になっていたという例もあります。

公民館

家族の集合場所を
決めていますか?
全員がわかる場所にすること
通っていた小学校で
いろいろなことを想定して何か所か決めましょう
1.自宅
2.学校
地震が起きたら危険だと思われる場所は避《さ》けて
避難ルートを選んでおくこと

となり近所への声かけを忘れない

近所に住む
ひとり暮らしの
おばあさん
こんにちは
いざというときに
忘れてしまわない
ように
「声かけ」係を
担当制《たんとうせい》にしましょう
OK
となり近所で
困っている人がいたら
声をかけてください
声をかけてもらって
すごくうれしかったです
ハンディキャップの
ある人への心づかいも
忘れずに

非常時こそ助け合うルールを

いざというとき、自分と家族の無事を確認したら、ご近所さん、できればハンディキャップを持っている人たちに、できるだけ気を回すことを忘れないようにしましょう。

健康な人たちがカンタンにできることも、障害者や高齢者には難しいことがたくさんあります。また、小さなお子さんがいるお母さんにもひと声かけてあげましょう。人間関係が希薄《きはく》な現代では、思いやりをかたちにすることが大切です。

小さいお子さんをもつお母さんも

家のまわりの給水設備をチェックしよう

近所に「応急給水拠点」は必ずある

水道局は、災害が起きたときに避難住民が集まる避難場所などへ応急《おうきゅう》給水するために、「配水池《はいすいち》」や「災害用地下給水タンク」などを「応急給水拠点《きょてん》」として整備しています。いざというときに、どこに行けば水をもらえるのかを知っておくことは、重要です。避難場所と一緒に身近な応急給水拠点を確認しておきましょう。住んでいる自治体のホームページなどから確認することができます。

市区町村が管理する「防災井戸《ぼうさいいど》」は飲料水に使える深井戸と生活用水限定の浅井戸の2種類がある

水をくみ上げるための発電機

避難場所に指定された公園や学校には有事に備え水道水がためられる

防災地図ではこのマークが目じるし

「非常用飲料水貯水槽《いんりょうすいちょすいそう》」が備えてある場合も

緊急遮断弁
貯水槽

「給水拠点《きゅうすいきょてん》」は自治体によって呼び名が違うのでご注意を

二重のビニール袋とダンボール、旅行用トランクで水を運ぶことができます

災害時協力井戸を確認しよう

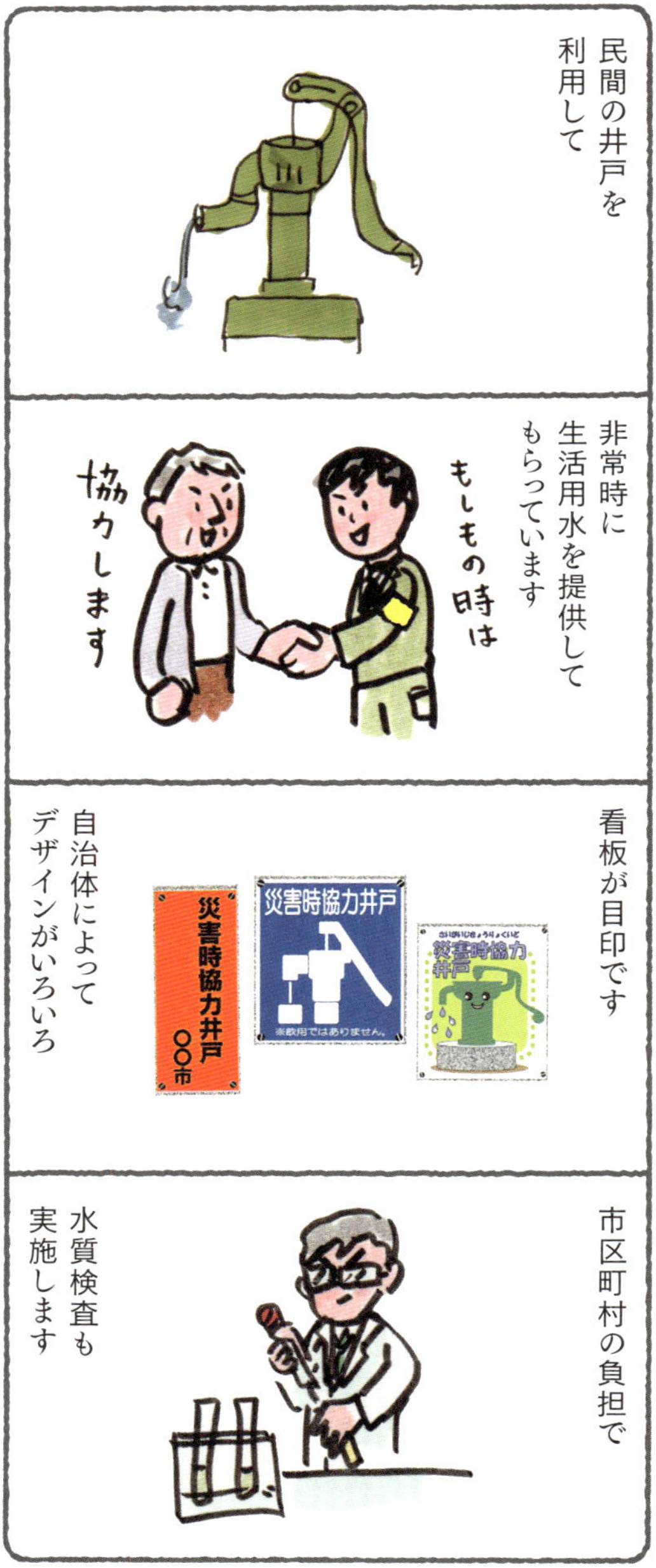
民間の井戸を利用して
非常時に生活用水を提供してもらっています
もしもの時は
協力します
看板が目印です
災害時協力井戸
○○市
災害時協力井戸
※飲用ではありません。
災害時協力井戸《さいがいじきょうりょくいど》
自治体によってデザインがいろいろ
市区町村の負担で
水質検査も実施します

トイレや洗い物などの生活用水に有効

民間の井戸を利用する災害時協力井戸は、おもに深さ約9メートル前後の手動ポンプ付きの浅井戸であることが多いでしょう。この井戸の所有者が自治体と協定を結び、災害時に生活用水を提供してくれます。

この協力井戸からくんだ水は、飲み水として使うことはできません。自治体のホームページなどで災害時協力井戸の募集・公開をしています。近所に協力井戸があるかどうか確認しておきましょう。

洗濯に

覚えておきたい「帰宅支援ステーション」

いつもの場所が帰宅支援してくれるかも!?

帰宅支援《きたくしえん》ステーションは、おもな大都市圏にある「首都圏《しゅとけん》の徒歩による帰宅者のための支援」のひとつです。帰宅支援ステーションでは、水道水・トイレ・災害情報を提供してくれます。

たとえば、コンビニエンスストア、ガソリンスタンド、ファミリーレストラン、ファーストフード店などが帰宅支援ステーションになります。目印はステッカーです。それぞれの店舗《てんぽ》の入り口などに貼ってありますので探してみましょう。

なお、公立学校なども帰宅支援ステーションになります。

東日本大震災の日
首都圏《しゅとけん》では
交通機関がストップ
歩道は帰宅困難者で
あふれました
帰宅中に困るのが
トイレと
のどの渇《かわ》き
帰宅支援
ステーションでは
トイレを借りることが
できてお水も飲めます
災害情報も
教えてくれます
入口に貼ってある
ステッカーが
目印です
災害時には、徒歩帰宅する皆様を支援します。
災害時帰宅支援
ステーション
During a natural disaster, we will assist those who have to walk home.

3.11の夜
民家の玄関に
こんなカンバンが
トイレを
貸します

避難所の種類によって役割が異なる

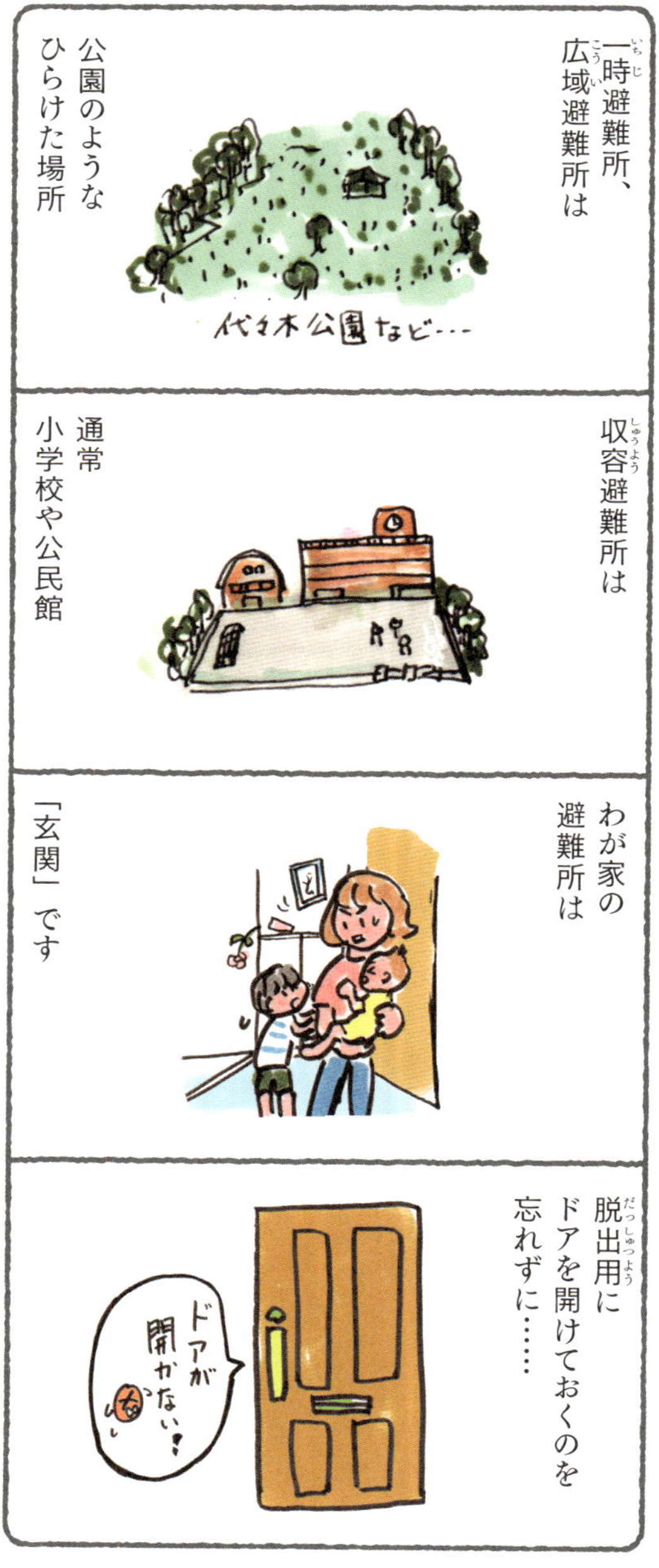
一時《いちじ》避難所、広域《こういき》避難所は
公園のようなひらけた場所
代々木公園など…
収容《しゅうよう》避難所は
通常 小学校や公民館
わが家の避難所は
「玄関」です
脱出用《だっしゅつよう》にドアを開けておくのを忘れずに……
ドアが開かない!?

行くべき避難所を覚えておく

「一時避難所は」一時的に避難できる広場、公園、空地などです。「広域避難所」は、大規模な広場（オープンスペース）があるところ、すなわち大きな公園や団地、大学などが指定されていることが多いでしょう。「収容避難所」は、宿泊、食事などの生活機能を提供できるところです。また、高齢者、障害者、妊産婦《にんさんぷ》など「要配慮者」向けの「福祉《ふくし》避難所」もあります（P215参照）。**自分の家から避難所への地図を作って、家族と確認しておきましょう。**

ちなみに家の中で避難する場所として比較的安全な場所は「玄関」といわれています。

福祉避難所

避難所には定員がある

収容避難所には

住民全員が
避難できません

阪神淡路大震災で
もっとも多く
収容したときでさえ

住民の
16％でした

諸島《しょとう》を含《ふく》む
東京都の収容人数は

都民の
約23％です

7日間は、自宅避難で
自力で
生きのびれるように

備えておきましょう

利用せざるを得ない人が優先

「収容避難所」には、避難所を利用せざるを得ない人が優先して入れます。家が壊れている、または壊れる恐《おそ》れのある家の住人、帰宅するのが困難で住むところがない人などです。また、毛布、食料（カンパンやクラッカー）などが備蓄されています。しかし、避難所での食料の配給《はいきゅう》は、避難してきた人のみ対象です。自宅で被災した人が、避難所に食料だけもらいにいっても、配給されないことがありますので、注意が必要です。

オリジナルの「逃げ地図」を作ろう

ハザードマップに自宅を描き入れてみてください
3メートルの浸水!?、
逃げ地図のベースになります
浸水害《しんすいがい》の予想をしっかりイメージ
5m
3m
0.5m
洪水のときは使えない避難所があります
いつもの
コミセンは
水害の時は
ダメじゃん
避難場所は災害によって異なります
うら山が
心配
津波が
こわい

いざというときに判断を迷わない重要ツール

地元の危険性を、家族、ご近所さんと話し合い、確認しましょう。避難場所は、災害の種類によって変わってきます。避難をするときは、ご近所さんに声をかけるのを忘れずに。しかし、基本は「自分の身は自分で守る」です。そのためにオリジナルの「逃げ地図」を作っておくと安心です。この本の付録を活用してみてください。**緊急時は、自分の判断で避難する。**これは、家族全員、心得ておきましょう。災害は「他人《ひと》ごと」ではなく「自分ごと」に。

地震の時は
公民館
水害の時は
〇〇小学校
おばあちゃんに
声かけて

公衆電話の場所を探しておこう

公衆電話は停電時にも使えて災害時は無料に！

阪神淡路大震災のとき、公衆電話が10円玉でいっぱいになり、使用不能になりました。その反省から、災害時の被災地の公衆電話はすべて無料で使えるようになっています。デジタル公衆電話はそのまま、アナログ公衆電話は硬貨またはテレホンカードを入れ通話し、通話終了後に硬貨またはテレホンカードがそのまま戻《もど》ってくる仕組みです。

いざというときのために公衆電話がある場所を確認し、使い方もマスターしておきましょう。

公衆電話の使い方は「受話器を上げ、硬貨《こうか》かテレホンカードを入れダイヤルを回す」子どもに教えておきましょう

「119」「110」の緊急通報は無料で電話できます

119・110

停電のときも硬貨があればいつもどおり使えます

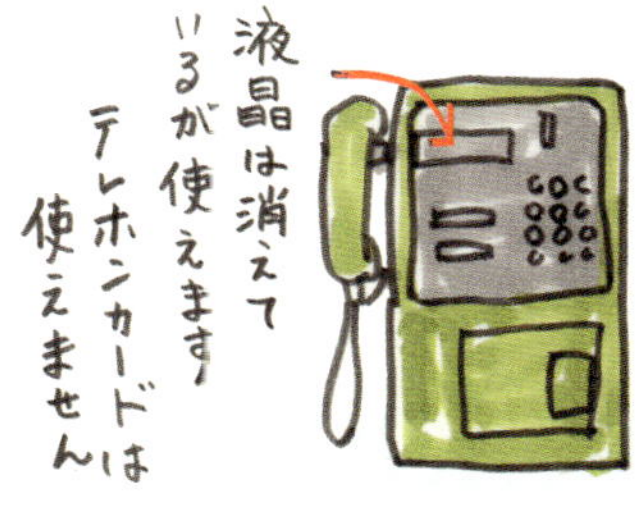
液晶は消えているが使えます！
テレホンカードは使えません

大規模な災害時は公衆電話は無料になります

北海道胆《い》振《ぶり》東部地震も北海道全土で無料になりました

無事だよ！

かんじんの公衆電話がなかなかみつからないんだけど……

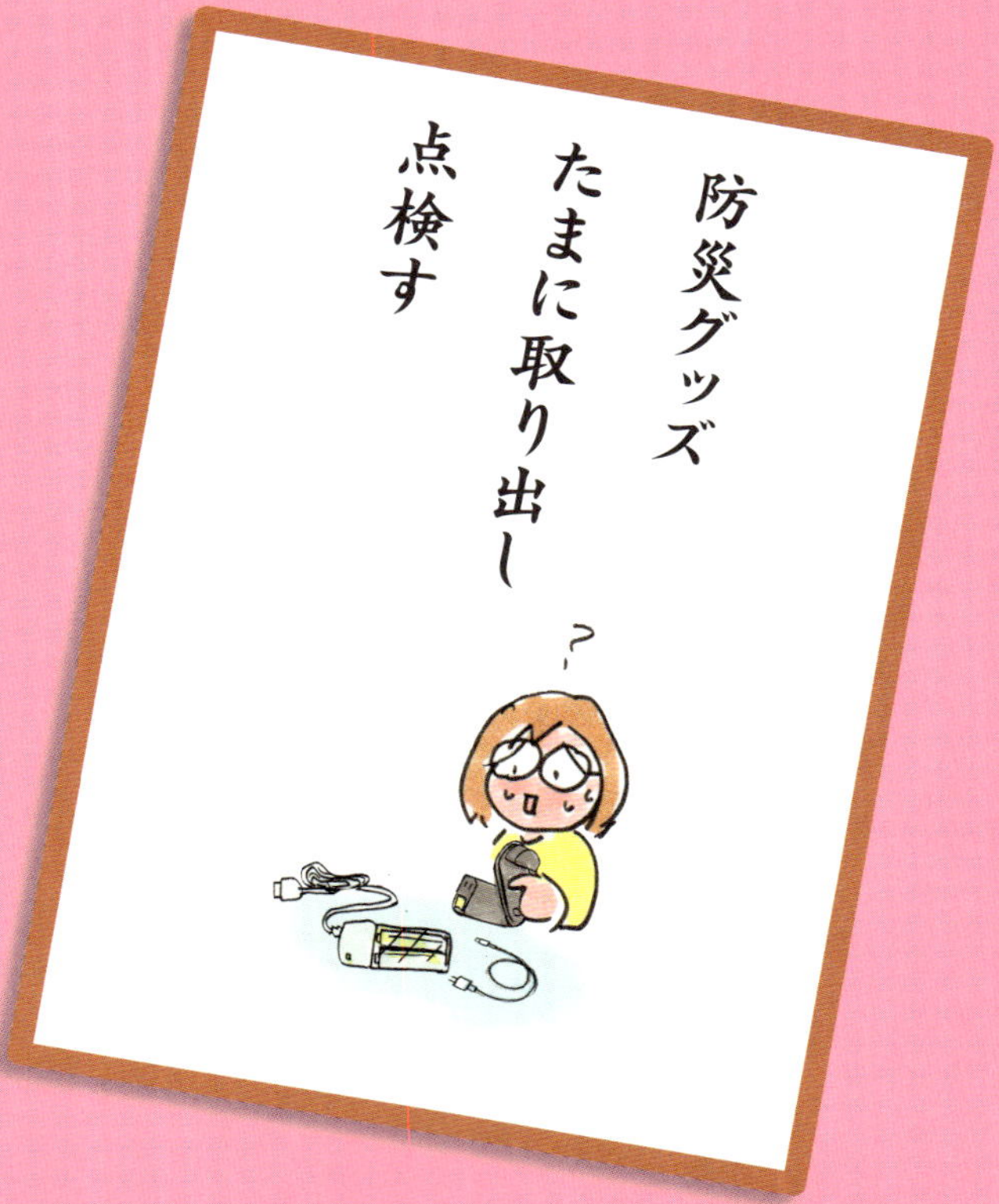
防災グッズ
たまに取り出し
点検す

あると安心！
防災グッズや保険

災害に備える

いざというときに活躍する手回し充電器《じゅうでんき》

手回し充電器は
電池を必要としないので非常時に助かります
充電するときは意外と疲れるけれど
セッセッ
携帯電話を充電できるので
便利です
長期間使用しないと充電電池の寿命が短くなります
年に二度くらい充電を

携帯の充電ができるかどうかがポイント

手回し充電器は、電池なしで使用することができる手動の充電器です。標準装備《ひょうじゅんそうび》としてライト、AM・FMラジオ付きで、携帯電話の充電が可能なタイプが多いでしょう。いろいろなタイプがあるので使いやすいものを比較《ひかく》・検討《けんとう》してみましょう。ただし、携帯電話の充電は手回しではかなり重労働で時間がかかります。

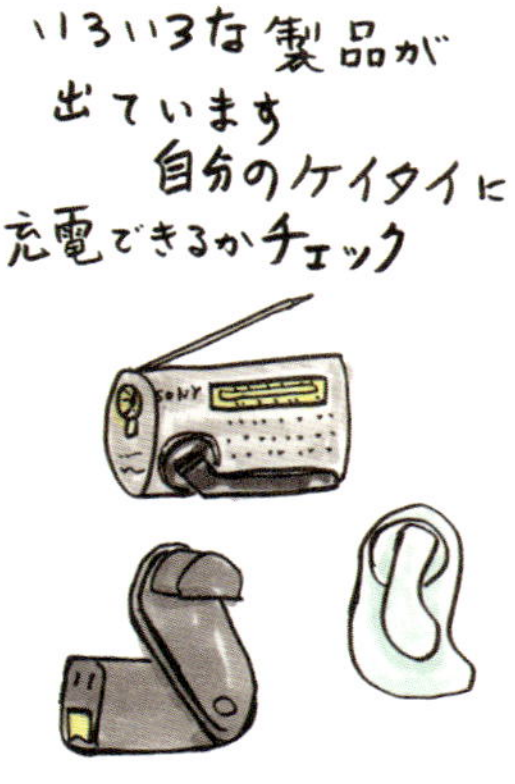

いろいろな製品が
出ています
自分のケイタイに
充電できるかチェック

子どもに便利なフィッシングベスト

フィッシングベストは
ポケットがいっぱい
子ども用に1枚いかが？
ポケットには 緊急連絡カード 軍手、ペットボトルの水 バンダナ、マスク、ウェットティッシュ…など
撥《はっ》水《すい》加工だから気を使う必要0《ゼロ》
両手が空くので
子どもと手をつなげます
リュックもしょえる

ベストのポケットに連絡先を入れておく

被災地、避難所……。共通していえることは、非日常の空間だということです。第1に、貴重品は身につけておかなければいけません。第2に、両手は使えるようにしておくこと。その点フィッシングベストは、カバン1個分の荷物がポケットに入れられるようにできていますから一石二鳥です。子ども用のフィッシングベストのポケットには、緊急連絡先、軍手、バンダナ、小さいペットボトルの水、バランス栄養食品、ウエットティッシュ、ホイッスル、小銭《こぜに》などをあらかじめ入れておくと安心です。

私も使っています

ふだんから車に積んでおく「防災」

ジャッキ
ロープ
バール
ジャッキ
ロープ
バール
ブルーシート
毛布か寝袋《ねぶくろ》、傘
水とおやつは
渋滞《じゅうたい》対策にも
水
あめ
クッキー
けいたいトイレ
ハザードマップ
懐中《かいちゅう》電灯
ハザードマップ

出先で災害にあうことも想定しておく

車で外出した先で地震が起きたら？あるいは壊れた家からケガ人を助け出さないといけなくなったら？警報が出て、避難所に行くことになったら？家に帰れないので、野宿することになったら？キャンプ用品一式を車に入れておくように、防災品も積んでおきましょう。

大きめのレインコート
着がえやこっそりトイレに

見つけたら即《そく》買い「100均」防災グッズ

ソーラー式ライト
差しこみ型
ランタン型
キーホルダー型
ヘッドライト
電池も
忘れずに
外でも
屋内でも
大きなブルーシート
荷もつに
かけたり
応急処置に
タオル類
高級品にはない
ペラペラ感（失礼）で
手洗いでも乾きが早い！

ふだんから チェックして こまめにそろえる

「100円ショップ」はお店の種類、規模、出店先、傾向で、品ぞろえが異なります。グッズも日々進化し、有事の際は一瞬《いっしゅん》で「完売」になり、すぐには入荷しません。ものによっては、100円以上ですがいずれにしても激安！

効率よく防災グッズをそろえてみましょう。

電池の入っている製品は、長期保管や湿気《しっけ》が原因でサビ・液漏《えきも》れが起こることがあるのでときどき点検《てんけん》しましょう。

小石をつつむ

多種多様な耐震《たいしん》シェルター

耐震シェルターは部屋の中に置ける頑丈《がんじょう》な箱のようなものです

25万～

防災用の頑丈《がんじょう》なベッドもあります

21万～

テーブルの強度を増《ま》す専用の補強の柱も売られています

強度が4倍に
1.5万～

核《かく》シェルターは最後の手段です

1200万～

耐震シェルターで安心して眠り心と体の休息を

耐震シェルターは、地震で住宅が倒壊しても、寝室や睡眠スペースなどの一定の空間を確保することで命を守ってくれる装置です。自宅を大がかりな耐震改修《かいしゅう》ができない場合には、この耐震シェルターを準備するという手もありますよね。既存《きそん》の住宅内に設置できるので、住みながらの工事や耐震改修工事に比べて、短期間で設置ができるのも特徴《とくちょう》です。

自治体によっては補助金が出るところもあります

地震保険について知っておこう

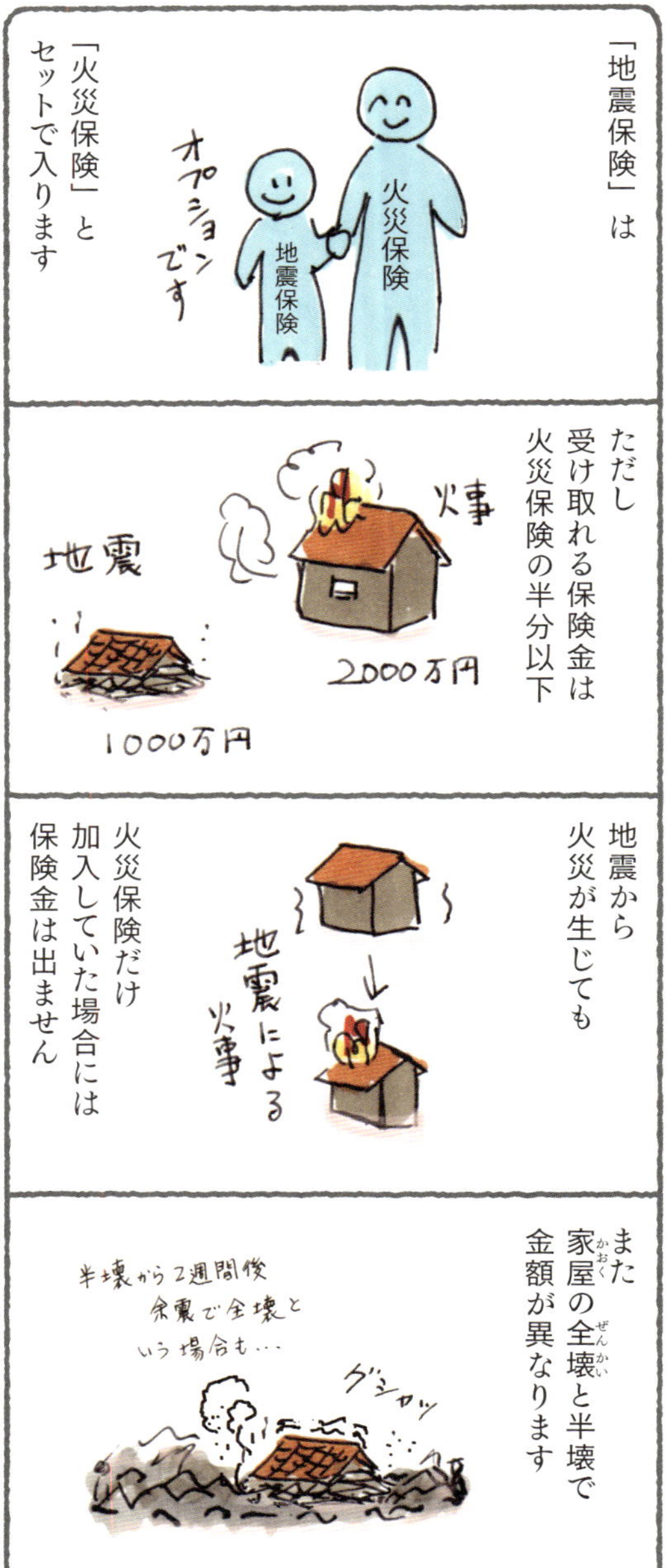
「地震保険」は
「火災保険」とセットで入ります
火災保険
地震保険
オプションです
ただし
受け取れる保険金は
火災保険の半分以下
火事
2000万円
地震
1000万円
地震から
火災が生じても
火災保険だけ
加入していた場合には
保険金は出ません
地震による火事
また
家屋《かおく》の全壊《ぜんかい》と半壊で
金額が異なります
半壊から2週間後
余震で全壊と
いう場合も…
グシャッ

「地震保険」と「火災保険」の混同に注意

東日本大震災以降、「地震保険」に対する関心が高まっています。地震保険は、「火災保険」では補償《ほしょう》されない地震、噴火《ふんか》、津波を原因とする損害を補償してくれます。ただし、**補償が下りる条件を、しっかり確かめておくことが大切**です。ある火災保険の加入者が、地震から半日たった夕方に火災が発生し、これを元に保険金を受け取ろうとしたところ、地震保険が未加入であることを理由に断《ことわ》られてしまいました。納得《なっとく》できるまで保険会社に聞いておきましょう。

くわしくは
保険屋さんに

第2章

災害発生！何をすればいいの？

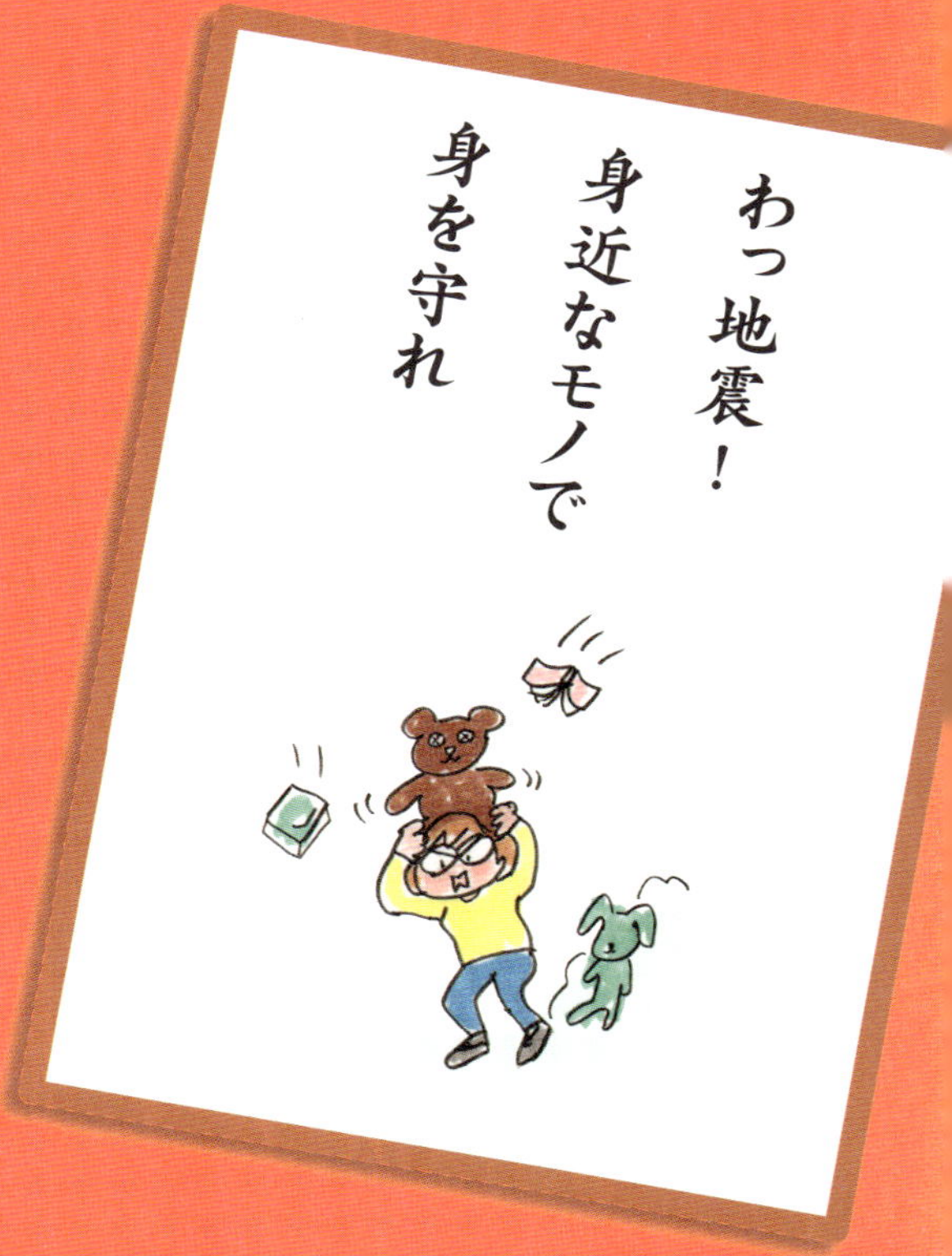
わっ地震！
身近なモノで
身を守れ

地震が起きたら
すぐ行動！

災害発生！何をすればいいの？

地震発生！脱出口を確保しよう

建物のゆがみや転倒家具で閉じこめられないように

地震で家がゆがみ、家の中のドアや玄関ドアが開かなくなることがあります。とくにマンションなどの集合住宅に住んでいる場合は、出入り口が少ないので、避難経路の確保は最優先です。ある友人は、トイレに入っているときに地震が起きて、トイレのドアの前にある家具が倒れ、トイレから出られなくなったことがありました。幸い脱出できましたが、3時間もかかったそうです。日ごろから玄関まわりを整理整頓《せいとん》し、避難経路の妨《さまた》げになるものはないかチェックしておきましょう。

ドアの前にある
家具もチェックして

地震のゆれがおさまったら
火の始末

ガスの元栓《もとせん》を
閉めて

玄関などの扉《とびら》を開けて
避難経路《けいろ》を確保します

建物のゆがみで
ドアが開かなくなることもあるからです

頭を守るコツは手首がポイント

空からの落下物から
自分の身を守らなきゃ！
でも
いざというときは
動けなくなる
ことも
とにかく
頭を守る！
カバンなど
空間を空ける
手首を内側にする
首の血管も守る
ポイントは
手首の向き！
練習して
おきましょう

手元や近くにあるものて頭を守る

地震が起きたら、机の下にもぐって頭を守る！　小学生のときから避難訓練で練習しましたよね。けれども、実際に地震が起きたとき、机がない場合もたくさんあります。外出先などで地震に遭遇《そうぐう》したときは安全な場所に移動し、手元にあるものを使って頭を守るようにしましょう。頭を守るものと頭のあいだに空間を作り、手首を内側にすることによって、落下物の衝撃《しょうげき》から身を守ることができます。

頭を守る
防災ずきん

「すぐに飛び出さない」は時と場合による

屋根瓦《やねがわら》などの
落下物や
交通事故の恐れが
あるので
地震が起きたら
すぐに
外に飛び出さないのが
基本ですが……
それは
時と場合に
よります
古い建物の
1階にいるときは
2階だけが残る
すぐに外に出て
避難しましょう

古い建物が倒壊して圧死する危険も

阪神淡路大震災のときは、多くの建物が全半壊しました。6434人の死者のうち、その大多数の方が圧死といわれており、**木造《もくぞう》住宅の下じきになって亡くなったそうです。**

1981年（昭和56年）以前に建てられた古い建物の中にいるときに、今までにない異様なほどの大きなゆれを感じたら、すぐに外に避難しましょう。

今、自分がどこにいるか判断して

足元の安全を確保しよう

地震発生時
食器は飛び出し
窓ガラスが
割れ
足元は
危険な状態に
でも
停電だとそうじ機は
使えません……
こんなときのために
厚手のスリッパを
用意しておくと
便利です

避難するときにケガをしないことが大切

地震は、夜中でも当然発生します。暗闇の中、ものが散乱した室内で足をケガした経験のある友人がいました。ふだんであれば、たいしたことのないケガかもしれません。けれども、災害時は水もなければ、病院にも行けない、もちろん走れない、夜になっても足がずきずき痛む……。その後の避難生活に影響が出たことはいうまでもありません。

窓やガラスの扉などには
破片飛散防止
フィルムを

ガレキの中に閉じこめられたら

ガレキの中に
閉じこめられたら
明かりのために
ライターを
つけたり
大声を上げたり
しないこと
HELP!
また、ガレキをやたら
どかそうとするのは×
笛があれば
ベスト
あるいは
金属などをたたいて
音を出しましょう
ふえ

自分の存在を知らせることがいちばん大切

注意しなければいけないのは、まわりのガレキをやたら動かさないことです。動かしたことで支えがなくなり、さらにくずれてしまう危険性があります！　閉じこめられたら、**自分の居場所をまわりに知らせるために、まずは配管《はいかん》などをたたきましょう！**　大声を上げると体力を消耗《しょうもう》してしまうので、それは最後の手段《しゅだん》にします。ガレキのせまいすき間を通り抜けるときには、上着や装飾品《そうしょくひん》などを取り外し、抜け出す途中でそれらが引っかからないようにしましょう。

救助活動中の
サイレントタイム
しーん

ブレーカーを落としてから避難すること

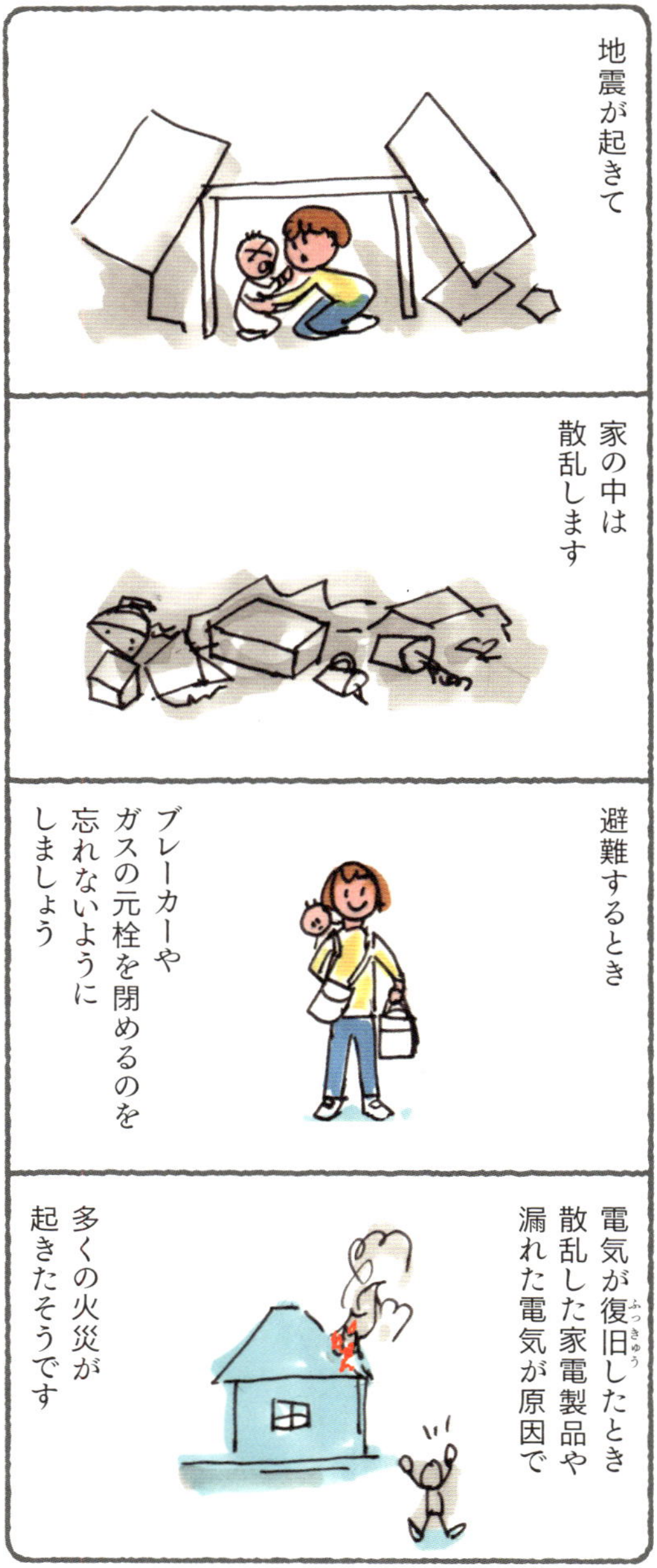
地震が起きて
家の中は散乱します
避難するとき
ブレーカーやガスの元栓を閉めるのを忘れないようにしましょう
電気が復旧《ふっきゅう》したとき散乱した家電製品や漏れた電気が原因で
多くの火災が起きたそうです

つけっぱなしの電気製品が火事の原因に

ふだんからコンセントを入れっぱなしにしている家電製品が、たくさんありませんか？避難するときは、必ず電気のブレーカーの主電源《しゅでんげん》を切りましょう。アイロンや電気コンロなど、電気製品を使用中でなくても、地震によって、切れかかったコードやコンセントが粉塵《ふんじん》でショートし、発火するということもあります。もちろん家に戻ったときは、電気製品の電源が切ってあることを確認してから、ブレーカーを戻しましょう。

ブレーカーを全部
切っておく

ブロック塀《べい》には近づかない

古いブロック塀はとくに危険

とても悲しいことに、過去に地震が起きたとき、ブロック塀の下じきになり、亡くなった方がいました。子どもたちの通学路や、ふだん遊んでいる場所で危険なところがないかどうか、親の目線で確認しておきましょう。

神社の鳥居や、石灯籠、自動販売機など、身近なところにも危険はいっぱいです。また、**危険な場所がわかったら、すぐに子どもにも話して注意しておきましょう。**

過去の地震では
ブロック塀が
くずれて……
人が下じきに
なるという
被害が出ました
地震のゆれを
感じたら
逃げ場のない
路地には
近づかないこと
自動販売機《はんばいき》や
石灯籠《どうろう》などにも
気をつけましょう

子どもたちにも
伝えておきましょう

災害発生！何をすればいいの？

状況別《じょうきょうべつ》地震対策《たいさく》 映画館《えいがかん》や劇場《げきじょう》で

楽しく映画を観ているときに
地震！
イスとイスのあいだに身をかがめて
頭を守ります
係員の誘導にしたがい避難しましょう

天井からの落下物とパニックに注意

バッグなどで頭を保護《ほご》し、座席のあいだに身を隠して、ゆれがおさまるのを待ちましょう。停電しても誘導灯《ゆうどうとう》や非常《ひじょう》灯《とう》がつきますので、あわてずに、係員の指示にしたがうこと。また、「我先《われさき》に」と出口や階段に殺到《さっとう》しないようにしましょう。いつでも事前に非常口を確認しておくと安心です。習慣にしておきましょう。

まんがいち天井が落下しても

状況別地震対策
カラオケボックスなどで

閉鎖された空間では最悪の状況を想定する

カラオケボックスやバーなどの閉鎖された空間で地震に見《み》舞《ま》われたときは、まずは部屋のドアを開け放つことです。頭上に注意しながら部屋で待《たい》機《き》し、基本的には従業員《じゅうぎょういん》の指示にしたがって避難します。けれども、地震から火事になったら、たいへん危険です。過去には、きちんとした避難誘導がなかったために、煙に巻かれて亡くなってしまった方もいました。**自分が訪れた店に、必ず「きちんと避難誘導のできる従業員」がいるとは限りません。**状況をよく見て、火災が起きてもパニックにならず、**自分の判断ですみやかに避難しましょう。**入店前に非常口を確認する習慣をつけておくと安心です。

また誰かのイタズラじゃねーの

カラオケボックスや
バー
居酒屋
マンガ喫茶などの
閉鎖《へいさ》された
施設《しせつ》にいるときに
地震が起きたら
脱出路を確保し
頭を守って
様子を見ましょう
地震から火事が
起きるのが
いちばん怖いので
自分の判断《はんだん》で
すみやかに
避難しましょう

状況別地震対策　海岸で

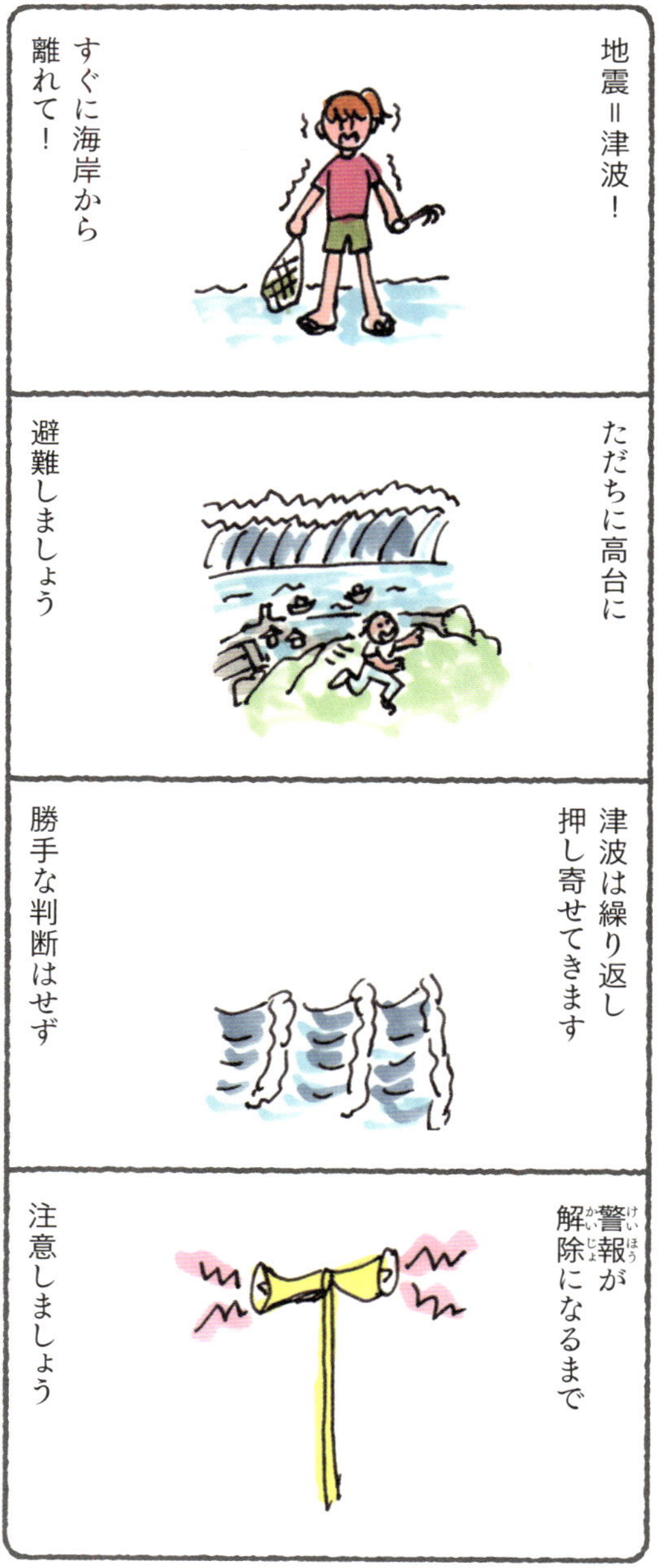
地震＝津波！
すぐに海岸から離れて！
ただちに高台に
避難しましょう
津波は繰り返し押し寄せてきます
勝手な判断はせず
警報《けいほう》が解除《かいじょ》になるまで
注意しましょう

ギネス級の堤防《ていぼう》があってもけっして油断してはダメ！

古くから津波に苦しめられた三陸《さんりく》のいい伝え「津波てんでんこ」。岩手県釜石《かまいし》市の学校ではその教えから、「1秒でも早く自分の判断でできるだけ高いところに逃げろ」という防災訓練をふだんからしていたおかげで、東日本大震災のときに、生徒の命が守られました。人より先に逃げる、すると、それにつられてみんなも逃げる、その結果、つられて避難する人々の命も守ることになる……。1秒が生死を分ける津波災害時には、「率先避難者《そっせんひなんしゃ》」が重要です。

場所によっては
高層ビルにひなん

状況別地震対策 山で

山で地震にあったときは
ガケから離れ
平らで安全な場所に避難します
岩手・宮城《みやぎ》内陸地震では
山全体が大きくくずれました

落石や滑落に気をつける

山の地形によって危険度はかなり異なります。沢《さわ》にいるなら土石流《どせきりゅう》や落石《らくせき》を避けて、尾《お》根《ね》のほうに上がるほうが安全です。危険な登山道にいるなら、滑落《かつらく》しないようにしゃがんだり、大きな岩や木にしがみついたりしながら落石に注意しましょう。**落ちついたら、道に迷わないように地図で再確認してから、安全なルートで下山しましょう。**

安全なルートで
下山しましょう

状況別地震対策 会社で

会社にいるときに
地震が起きた！
ピキッ
窓から離れる
まず頭を守ります
移動する事務機器に
気をつけて
エレベーターを使わずに
階段を使って避難しましょう

凶器になるキャスター付きの重量機器に注意！

会社は比較的じょうぶな建物の中にあるはずなので、落ちついて行動しましょう。ガラスが破損《はそん》する危険性があるので、窓から急いで離れるようにしましょう。書類棚《しょるいだな》やロッカー、キャスター付きコピー機などにも気をつけて。地震による大きなゆれがおさまったら、オフィス内の安全確認、火の元の確認を行います。その後、避難しましょう。

震災の夜
ヘルメットをかぶって
帰宅するOL

状況別地震対策 地下街で

地下街はパニックにならなければ意外に安全

地下街はじょうぶにつくられています。**あわてず、太い柱や壁に身を寄せて様子を見ましょう。**もっとも怖いのは、火災とパニックです。火災が発生したら冷静にまわりの人と協力して消火活動をしましょう。避難するときは身をかがめてハンカチで口をふさぎ、壁づたいに避難しましょう。**地下街では60メートルごとに非常口が設置されています。**落ちついて、すいている出口を探しましょう。また、非常口にたどり着いてもいきなり屋外には出ず、必ず周囲の状況を確かめてから外に出るようにしましょう。

ショーウィンドウなどの近くは
避けること
停電になってしばらくすると非常灯がつきます
あわてず様子を見ましょう
1か所の出口に殺到《さっとう》すると
たいへん危険です
係員の指示に従いましょう

状況別地震対策 電車で

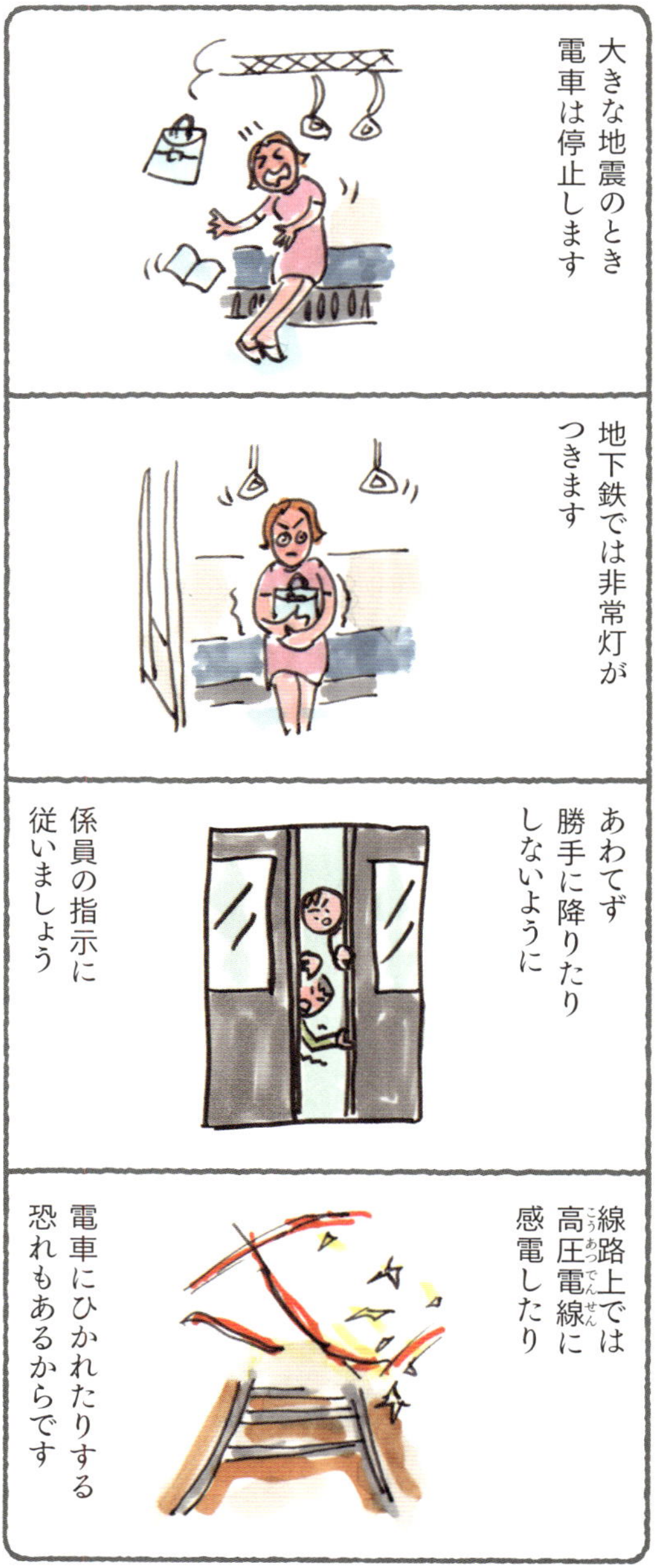
大きな地震のとき電車は停止します
地下鉄では非常灯がつきます
あわてず勝手に降りたりしないように
係員の指示に従いましょう
線路上では高圧電線《こうあつでんせん》に感電したり
電車にひかれたりする恐れもあるからです

パニックにならず車内放送に耳をすます

電車は強いゆれを感知すると緊急停車《きんきゅうていしゃ》します。座席に座っている場合は、低い姿勢《しせい》をとって頭をカバンなどで守りましょう。立っているときは、手すりやつり革《かわ》をしっかり握《にぎ》って転ばないようにします。

停車後は乗務員の指示に従いましょう。とはいえ、北海道のトンネル脱線事故では、乗務員がマニュアルにこだわりすぎて、煙が発生しているのに火災が起きるかもしれないということを想定せず、乗客を危険にさらしてしまいました。時と場合によっては、自分で考え、助け合って行動しましょう。

初期消火のために
消火器が車両ごとに
設置して
あります
消火器

状況別地震対策 地下鉄で

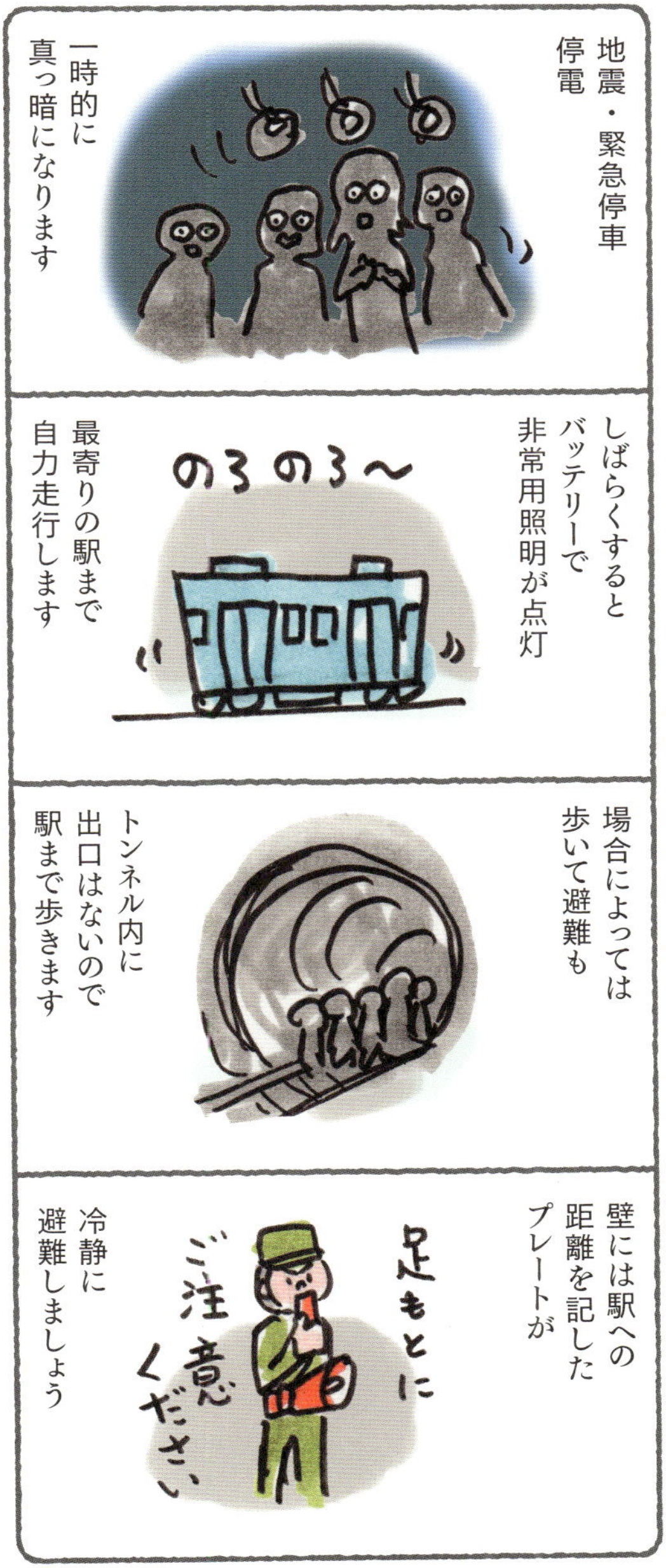
地震・緊急停車
停電
一時的に真っ暗になります
しばらくすると
バッテリーで
非常用照明が点灯
のろのろ〜
最寄りの駅まで
自力走行します
場合によっては
歩いて避難も
トンネル内に
出口はないので
駅まで歩きます
壁には駅への
距離を記した
プレートが
足もとにご注意ください
冷静に
避難しましょう

場所によっては水が流れこむ危険も

地下ということで、不安感が増す地下鉄。地下鉄が緊急停止した時は、勝手に線路に飛び出さず、乗務員の案内を待ちましょう。**地下鉄のドアは非常用のドアコックで開きますが、高圧電線に接触感電したりする恐れがあります。**

また、「海抜ゼロメートル地帯」や「海岸地域」などは津波や河川の水が流れ込む危険性があります。津波がくるまで、またトンネルを通じて浸水してくるまでには、それなりに時間がかかります。

パニックにならず、冷静に行動すれば避難できます。

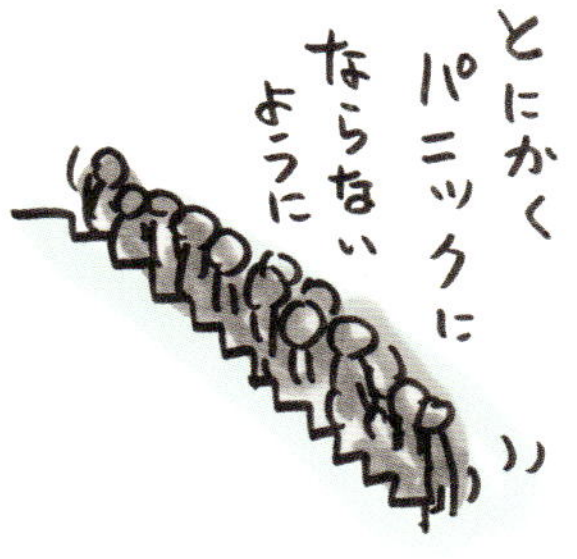
とにかく
パニックに
ならない
ように

状況別地震対策 駅のホームで

駅のホームでは
上から落ちてくる物に注意します
電車が停止していたら
電車の中に逃げましょう
駅員の誘導で避難します

落下物に注意して冷静に行動する

駅のホームは、自動販売機、時刻表示板、モニター用テレビなど、地震が起きたときに危険になりうるものがたくさんあります。ホームで電車を待っているときに地震が起きたら、まず、頭をカバンなどで保護《ほご》して、安全な柱のかげに避難しましょう。混雑する時間帯でホームに人があふれていたら、頭をおおってホームにうずくまり、転倒を防ぎましょう。パニックによる将《しょう》棋倒《ぎだお》しがもっとも危険です。

つり革、手すりに
しっかりつかまって

状況別地震対策 オフィス街で

空からの落下物や車に注意する

地震が起きたときのオフィス街で、空から看板や窓ガラスが落ちてくる中、人々が逃げ惑う映像をテレビで見たことがあるかもしれません。ガラスはコンクリートに落ちると粉々になり、そのかけらが四方八方に飛び散ります。また、歩道は危険だからと車道の中央に避難しても、走ってきた車が停止してくれなかったら大事故になってしまいますよね。頭上だけでなく、走っている車にも十分注意が必要です。

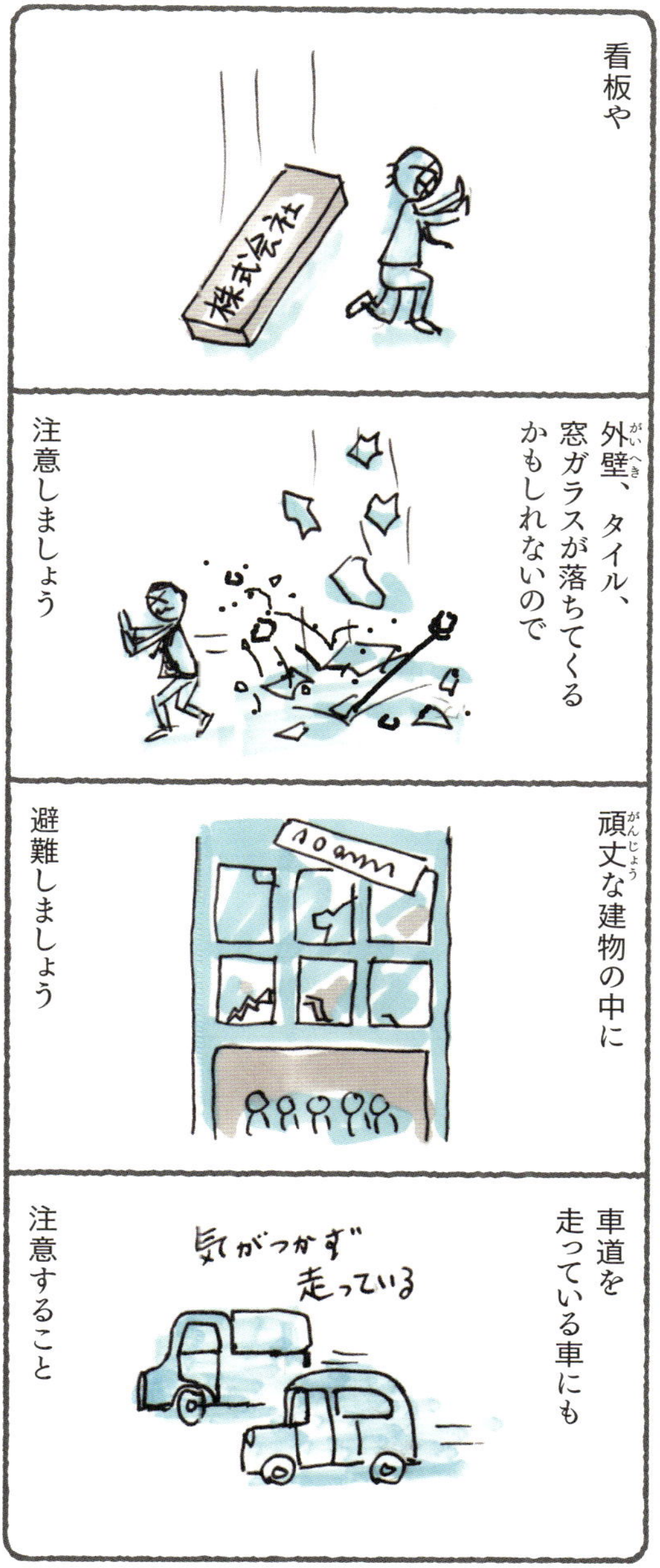
看板や
株式会社
外壁《がいへき》、タイル、窓ガラスが落ちてくるかもしれないので
注意しましょう
頑丈《がんじょう》な建物の中に
避難しましょう
車道を走っている車にも
注意すること
気がつかず走っている

切れた電線にも気をつけて

状況別地震対策 おふろで

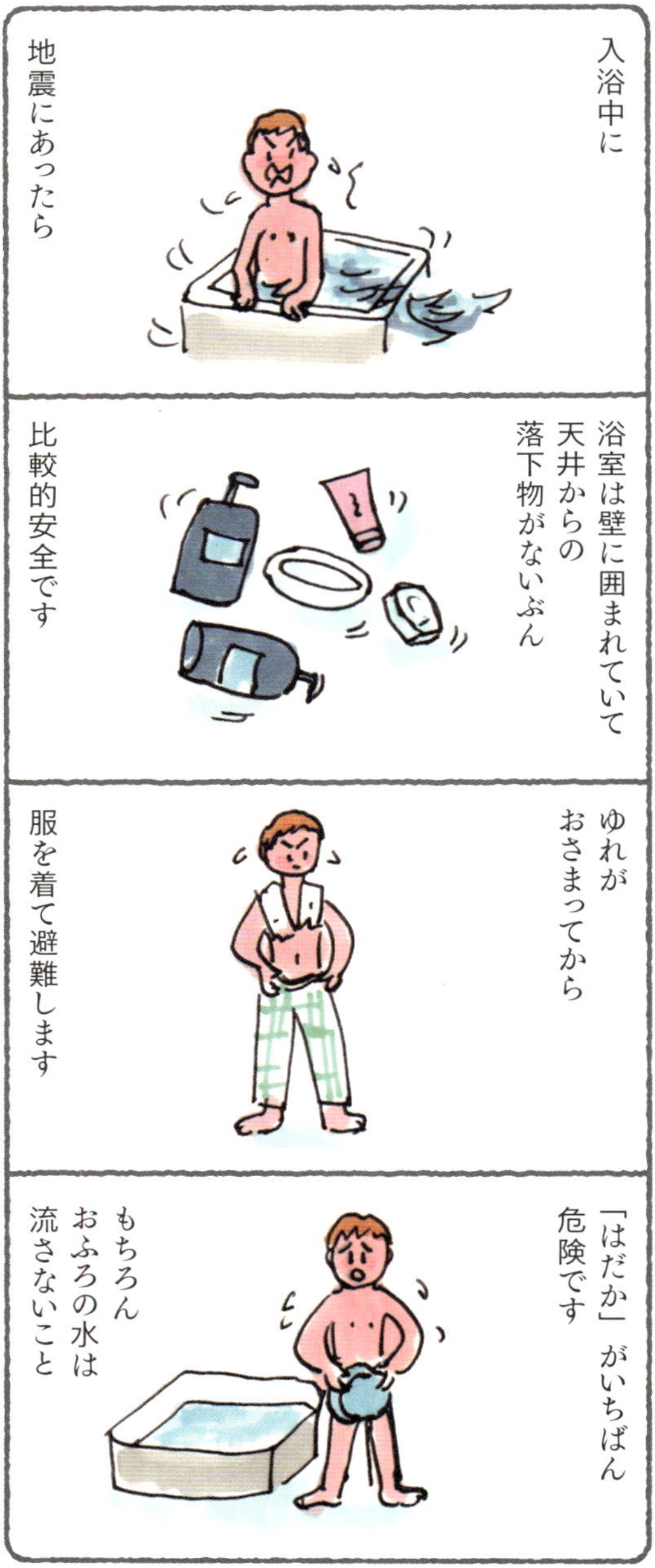
入浴中に
地震にあったら
浴室は壁に囲まれていて
天井からの
落下物がないぶん
比較的安全です
ゆれが
おさまってから
服を着て避難します
「はだか」がいちばん
危険です
もちろん
おふろの水は
流さないこと

「はだか」がいちばん危険

地震は時と場所を選びません。入浴中に地震にあったら、まずは脱出出口を確保しましょう。おふろ場は柱と壁に囲まれているので、比較的安全です。ゆれが激しいときは、浴《よく》槽《そう》につかまって様子を見ましょう。また、鏡やガラスの破《は》損《そん》によるケガに注意すること。はだかで転倒するとたいへん危険ですから、ゆれがおさまってから、洋服を着ましょう。

ドアを開けておくのを
忘れずに

状況別地震対策 車の運転中に

急ブレーキは事故の元！

ハザードランプを点灯させて、まずは前後の車に注意しながら徐々《じょじょ》にスピードをゆるめ、左側の路肩《ろかた》に寄せていったん停車します。様子を見て、可能であれば横道にそれたり、近くの駐車場や広場に車を駐車しましょう。

ラジオで地震の規模や被害状況を聞き、周囲の状況を確認します。**通行禁止区域内や緊《きん》急《きゅう》交《こう》通《つう》路《ろ》上《じょう》に、やむを得ず駐車する場合はキーをつけたままに**しておきます。貴重品は持っていきましょう。

車から離れる時は
連絡先のメモを残しておく

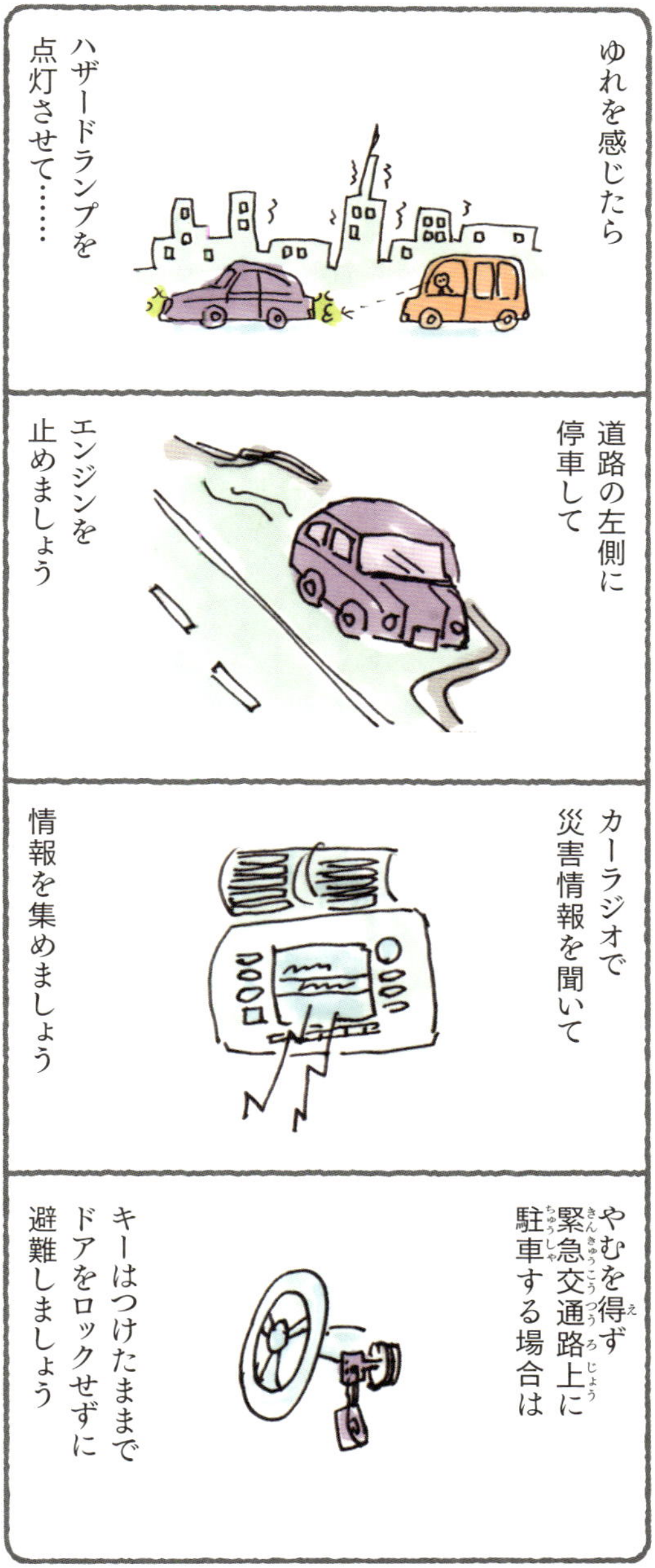
ゆれを感じたら
ハザードランプを点灯させて……
道路の左側に停車して
エンジンを止めましょう
カーラジオで災害情報を聞いて
情報を集めましょう
やむを得《え》ず緊《きん》急《きゅう》交《こう》通《つう》路《ろ》上《じょう》に駐車《ちゅうしゃ》する場合は
キーはつけたままでドアをロックせずに避難しましょう

状況別地震対策 高速道路で

高速道路を運転中に大地震が起きると

パンクしたように車体が左右にゆれてハンドルがとられたように……

うしろの車に注意してゆっくり減速

道路《どうろ》端《はし》に停車し緊急車両が通行できるように中央を空けておきます

ラジオをつけて地震や災害の状況、道路交通情報を得ます

非常口または高速道路の出入り口から避難します

連絡先が
わかるように
キーをつけたまま
ロックはしない

自分の判断でむやみに行動しない

高速道路で地震にあったら、減速して左側に寄せて停車しましょう。ラジオや表示等で情報を集め、警察、パトロールカーからの指示を待って行動します。二次災害防止のため、自分の判断で行動しないことが大切です。

避難する場合は、車内に連絡先のメモを残し、窓を閉め、キーをつけたまま、貴重品を持って徒歩で避難しましょう。高速道路では一定区間に非常口や階段が設置されています。

地震のときは
高速道路は閉鎖
します
通行止め

状況別地震対策 スーパーマーケットで

スーパーマーケットで
地震に遭遇《そうぐう》
棚から離れて
天井からの
落下物に
気をつけます
ゆれが
おさまってから
避難しましょう

陳列棚から落ちてくるものに注意

ガラス製品や瀬戸物《せともの》、陳列棚《ちんれつだな》の商品などの落下転倒に注意しましょう。エレベーターホールや、比較的商品の少ない場所、柱付近などの安全な場所で様子を見ます。出口に殺到せず、係員の指示に従いましょう。ふだん買い物に行くときから、非常口を確認しておくと安心です。

スーパーの
かごで
頭を守る

災害発生！何をすればいいの？

状況別地震対策 スタジアムで

屋外型《おくがいがた》のスタジアムで

地震にあったら

落下物に気をつけて

ゆれがおさまるまで待ちましょう

落下物の心配がない野外グラウンドは比較的安全です

誘導でグラウンドに避難することも

出口や通路がせまいので

係員に従い避難します

グラウンドの中は落下物がないので安全！

スタジアムは倒壊しにくい建物だといわれていますし、最新技術《ぎじゅつ》をもって作られたドーム球場などは、耐震構造《こうぞう》になっています。むしろ、**地震より恐ろしいのは、観客がパニック状態になること**です。地震にあった場合の**何よりの安全確保策は、自分の席に座っていること**です。できればイスとイスのあいだに身を小さくして様子を見ましょう。アナウンスが流れ、係員の誘導があるまで、その場で待つこと。一緒に来た人とはぐれないように気をつけましょう。

状況別地震対策 エスカレーターで

エスカレーターでの転落は大ケガにつながることも

地震のとき以外にも、エスカレーターの事故はたくさん発生しています。**その原因の多くが転倒や転落で、子どもと高齢者が遭遇する事故が大半**です。ゴム靴が巻きこまれた、幼児《ようじ》が落としたものを拾おうとして指を切断した、高齢者が足を踏み外《はず》して転倒、転落したなど……。**一瞬《いっしゅん》の油断が大ケガを招きます。**停電によるエスカレーターの急停止はたいへん危険です。ふだんからよそ見をしないで、ベルトに手をかけて乗るように注意しましょう。

急いでいるときは
エスカレーターを
使わない

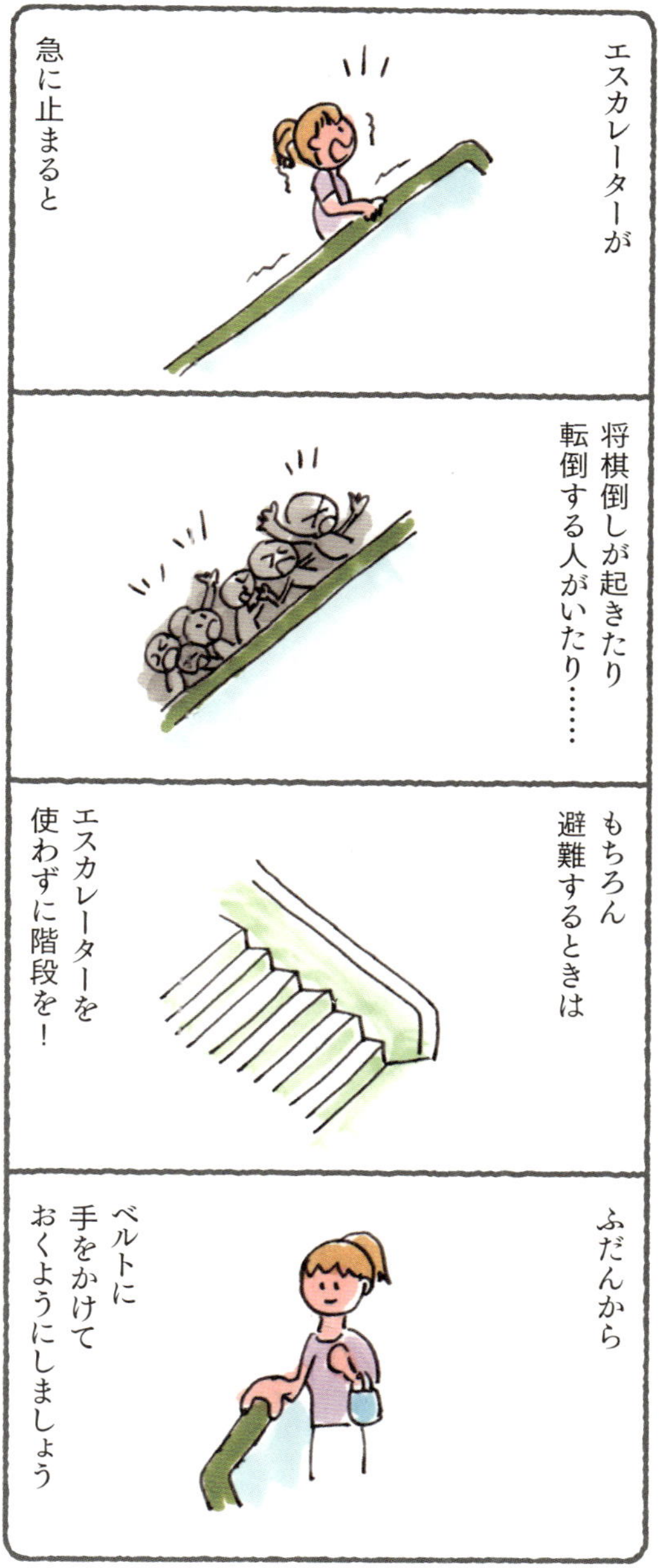

エスカレーターが
急に止まると
将棋倒しが起きたり
転倒する人がいたり……
もちろん
避難するときは
エスカレーターを
使わずに階段を！
ふだんから
ベルトに
手をかけて
おくようにしましょう

状況別地震対策 エレベーターで

地震のときは
エレベーターが自動的に止まります
最寄りの階で
停止するはずですが……
古いエレベーターにはその機能《きのう》がないことがあるので
すべての階のボタンを押そう
閉じこめられた場合は……
非常用呼び出しボタンで助けを呼びましょう

閉じこめられたときが怖いエレベーター

エレベーター内に閉じこめられてしまったときは、あわてずに非常用呼び出しボタンやインターホンでサービス会社に助けを求めましょう。万が一インターホンもつながらない場合は、エレベーター内に表示されているサービス会社か消防署《しょうぼうしょ》に直接《ちょくせつ》電話します。

なお、地震のときは同様の事故が多発していますから、すぐに助けにきてくれるとは限りません。

エレベーター管理会社か消防署に連絡することも

状況別地震対策 大雪のとき

雪の積もった家は地震でさらにリスキーになる

なんといっても雪は重い！雪質《せきしつ》によって異なりますが、雪の重さだけで何トンにもなります。そう、重い雪は凶器に変わるのです。屋根の雪が崩落《ほうらく》して、屋根の下に停めてあった車のバンパーがへこんだり、人が生《い》き埋《う》めになるなどして、大きな事故につながることも。ぎりぎり雪の重みに耐《た》えている家にとって、地震は致命的《ちめいてき》です。防災対策としての「雪下ろし」は大切ですが、**ひとりでは作業をしないようにしましょう。**

大雪になり
屋根に雪が積もると
雪の重みで家屋がきしみます
キシィィン
キシィッ
こんなときもしも地震が起きたら
家が倒壊する恐れも……
雪下ろしで
危機を回《かい》避《ひ》しましょう

外の雪にも注意

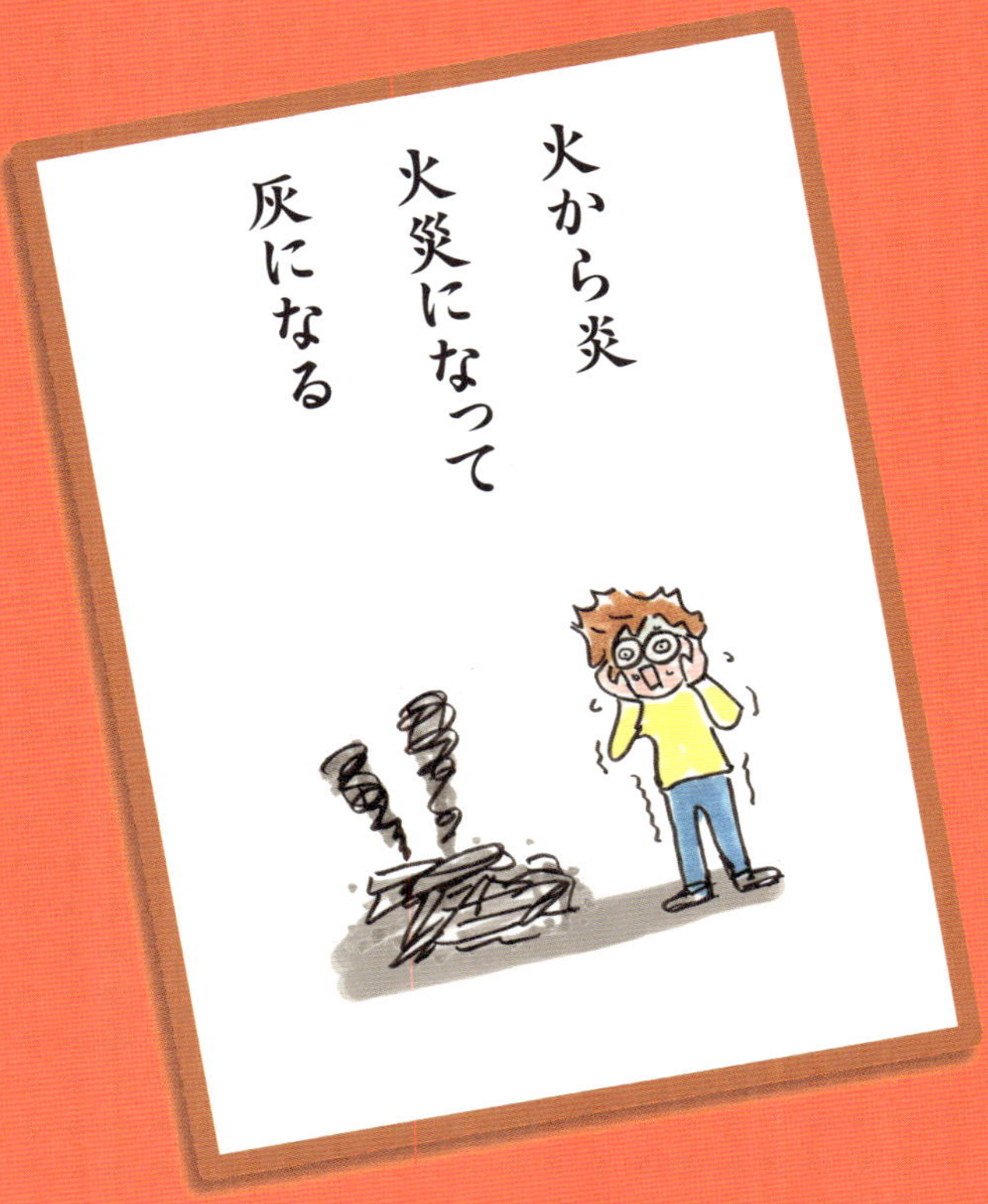
火から炎
火災になって
灰になる

火災が起きた そのとき！

消火器の使い方を覚えよう

火事が起きたら
まず叫ぶ！
火事だー！
消火器があるときは
火元に近づき
黄色のピンをぬく
ホースを火元に向け
レバーを握って左右に動かしながら消火します
消火液《しょうかえき》が出ている時間は数十秒です
落ちついて消火しましょう
もう、おわり!?

落ちついて初期消火することが大切

消火器を火元まで運んでから、安全栓《あんぜんせん》を上に引き抜きましょう。ホースをはずし火元に向け、レバーを強く握ります。力のない人は、消火器を地面に立てて、上から体重をかけてレバーを押しましょう。消火液が出やすくなります。立ち上っている炎や煙にではなく、「燃えているもの」に向けて、ホウキで掃《は》くように左右にかけます。

濡らしたバスタオルやシーツをかぶせて消火する方法も

消火器の種類はいろいろ

外にある消火器の入っているボックス
サビて動かない
消火器
フタのスイッチが錆びていることも
マンションの廊下《ろうか》にあるような業務用消火器は
おもっ！
ズッシリ
重さが6キロ近くあります
レバーもかたいのでしっかりホースを持つことが大事
わぁっ
女性や高齢者には扱《あつか》いやすい「エアゾール式消火具」がおすすめです
消火
値段も1000円前後から！

ふだんから すぐに使えるように 心がまえを

消火器には「業務用」「住宅用」があり、方式も「加圧式」「蓄圧式」があります。消火剤《しょうかざい》も「粉末タイプ」「液タイプ」「ガスタイプ」があり、「火事の種類」「保管する場所」「使用期限」「廃棄《はいき》方法」にも注意が必要です。

家庭で使う住宅用の消火器は、自分に合ったものを選び、使い方をマスターしておきましょう。

エアゾール式の簡易消火具は、補助《ほじょ》的な役割ですが、初期消火には効果があります。

火や煙から安全に逃げる！

炎が人の背丈《せたけ》ほどになったら……
まず、逃げる！
姿勢を低くしてできるだけ早く
逃げる！
マンションならドアを閉めて……
ほかの部屋に延焼《えんしょう》しないようにしましょう
そして忘れものがあっても火事の現場には
ぜったいに戻らないこと

火災の死亡要因の多くが「煙」

もし初期消火ができず、天井まで火が広がってしまったら、自分やほかの住人の安全を確保するとともに、消防隊や消防団へ助けを求めてください。煙が部屋や廊下に充満《じゅうまん》してきた場合は、ハンカチやタオルなどで口・鼻をしっかりおおい、煙を吸わないように姿勢を低くして避難しましょう。またビニール袋を利用して煙を吸わない方法もあります。

煙を吸わないよう
ビニール袋をかぶる
ホテルにもおいてある
避難グッズ

燃え上がる服に気をつけよう

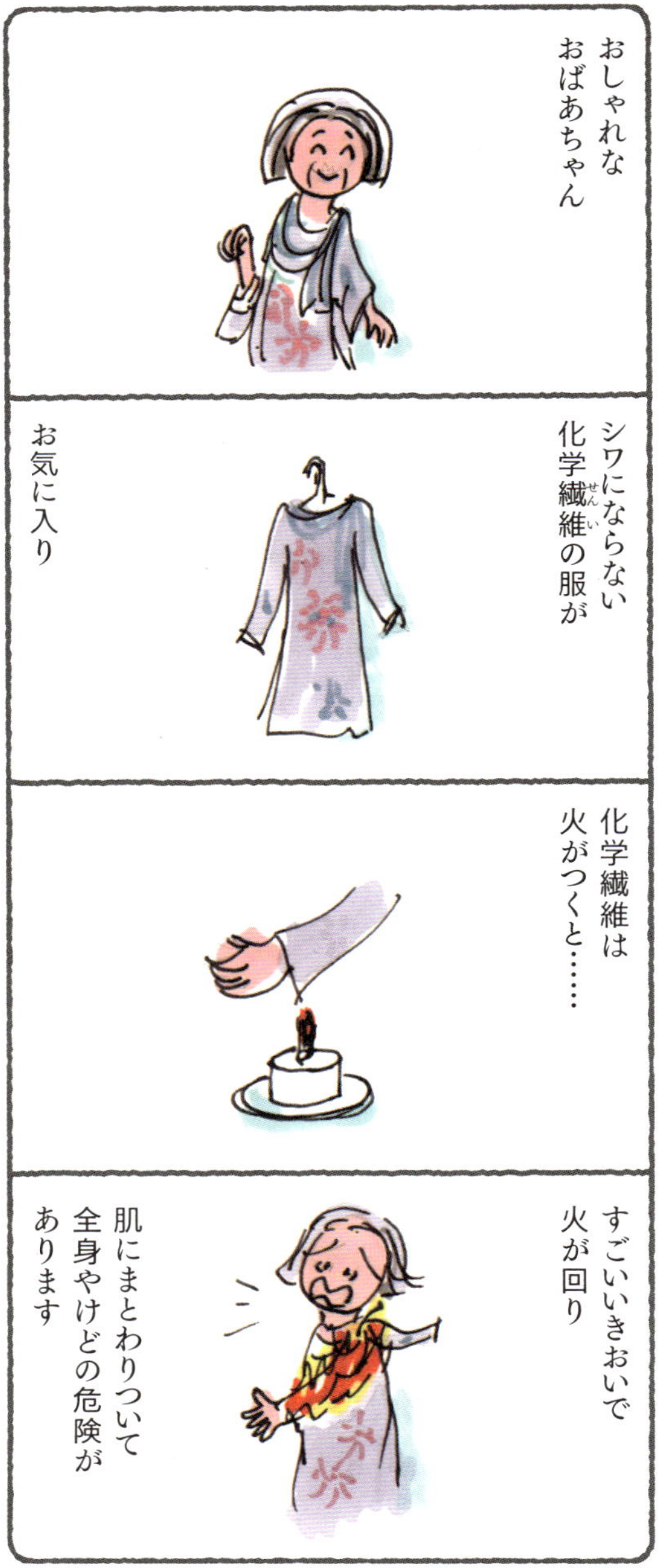
おしゃれな
おばあちゃん
シワにならない
化学繊維《せんい》の服が
お気に入り
化学繊維は
火がつくと……
すごいいきおいで
火が回り
肌にまとわりついて
全身やけどの危険が
あります

洋服への引火が大惨事につながる

コンロの火が服のそでに燃え移ったり、ストーブの熱で服に火がついたりする事故はたくさん発生しています。その多くは、70歳以上の高齢者の事故です。化学繊維《せんい》の服は、火がつくと肌にはりついて燃え上がります。重傷《じゅうしょう》のやけどになって、死に至《いた》ることも。コンロのほかに、停電時のろうそくの使用などにも、注意が必要です。

かっぽう着LOVE♡

こんなにある「スプレー缶」の事故！

カセットコンロで鉄板焼きをしていたら爆発
BANG
ストーブの前に放置したガスボンベが爆発
GAS
冷却《れいきゃく》スプレー直後にタバコを吸ったら着衣着火に
!!
殺虫剤《さっちゅうざい》のガスが浴室の種火に引火し大やけど
ボン

スプレー缶の注意書きをよく読むこと

2018年末に起きた北海道札幌市の大爆発事故は、まさかの「消臭《しょうしゅう》スプレーのガス」が原因でした。

スプレー缶のほとんどは、可《か》燃性《ねんせい》ガスが噴射剤《ふんしゃざい》として使われています。制汗《せいかん》スプレー、殺虫スプレー、ヘアースプレー、塗料《とりょう》スプレーなど、一見「爆発や炎上《えんじょう》」と関係ないようなものにも危険がひそんでいるんですね。

使用前に必ず製品に記載《きさい》されている注意書きを確認しましょう。スプレー缶を廃棄する場合は、各市区町村が指定するごみの分別区分を守って捨てることが大切です。

ムース
Pink

豪雨そのとき！

報道される雨量を知ろう

災害情報から「豪雨」「長雨」の危険を知る

近年、集中豪雨《ごうう》による水害、土砂災害が頻発《ひんぱつ》しています。報道される災害情報での雨量は、実際はどのようなものなのか、しっかり理解しておきましょう。また洪水《こうずい》ハザードマップから、自分の住む地域の水害に対する危険度も把握しておきましょう。自治体のホームページなどから調べることができます。**土砂災害のほとんどが、長雨《ながあめ》や集中豪雨で起こります。**豪雨でなくても、**降り始めから100ミリ以上の降雨量《こううりょう》となったら注意**しましょう。

1時間雨量《うりょう》
10〜20ミリ

ザー
ザー

雨の音がうるさい程度

1時間雨量
20〜30ミリ

いわゆる
土砂降り

1時間雨量
30〜50ミリ

バケツをひっくり返した
ような雨

1時間雨量
50〜80ミリ

ゴー
ゴー
前がみえない、

滝のように降る雨

80mm以上
圧迫感と恐怖

いまさら聞けない「風速」って何？

「風速」とは空気が移動する速さのこと
さわやか～
風速2メートルはさわやかな風
風速20メートルは「非常に強い風」
風速30メートルで「猛烈《もうれつ》な風」
樹木《じゅもく》が根こそぎ倒れる！
プレハブが飛ぶ！
瞬間風速は3倍以上になることも

報道される風速によって行動を！

「風速」は10分間の平均《へいきん》風速を表します。平均風速の最大値《さいだいち》を「最大風速」、瞬間風速の最大値を「最大瞬間風速」といいます。

「台風」は発達した熱帯低気圧の日本での呼び名です。北米や中米の「ハリケーン」、インド洋などの「サイクロン」も同じもの。熱帯低気圧が存在する地域によって、その呼び方が違います。それぞれ最大風速の基準《きじゅん》に違いがあります。

タンカーが流され
橋に衝突

台風接近！停電・断水に備えよう（屋内）

携帯電話の充電
バッテリーの充電
ラジオの電池も確認
懐中電灯
ヘッドライト
おすすめ
レジ袋をかぶせて
ランタンに
おふろの水は流さない
飲料水も用意
非常用トイレも
忘れずに
非常持ち出し袋
ハザードマップと
避難所の確認も

すみやかに手分けして準備をする

家の外まわりを確認し、飛散しそうな物は屋内に収納《しゅうのう》します。商店等を営んでいる場合は看板のぐらつきを確認しましょう。

プロパンガスボンベを固定、カセットコンロを準備します。

換気口《かんきこう》から水が入って建物内部が水浸《みずびた》しになることもあるので、ふさいでおきます。

窓ガラスには、地震のときにも有効な「飛散防止フィルム」を貼っておきましょう。

家財道具等を高い場所へ移動しておく

台風に備えよう（屋外）

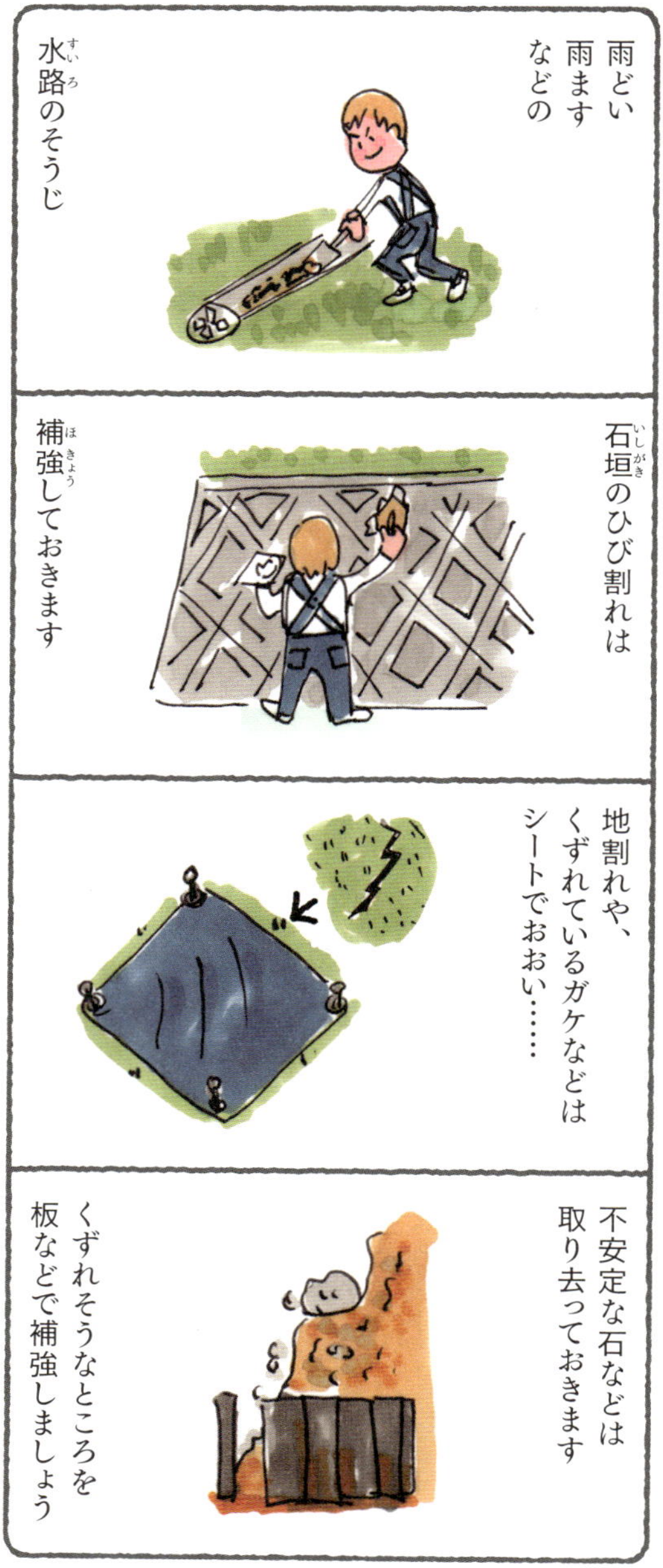
雨どい雨ますなどの
水路《すいろ》のそうじ
石垣《いしがき》のひび割れは
補強《ほきょう》しておきます
地割れや、くずれているガケなどはシートでおおい……
不安定な石などは取り去っておきます
くずれそうなところを板などで補強しましょう

自分でできる対策をしよう

窓や雨戸はしっかりとカギをかけ、必要ならば外から板などで補強《ほきょう》します。**風で飛ばされそうなもの、たとえば物干《ものほ》し竿《ざお》や小さい犬小屋、プロパンガスなどは固定しておきましょう。**

植木鉢も家の中に避難。土砂災害の危険のある場所は、とくに注意しましょう。浸水が心配な場所は「土のう」を準備しておきましょう。

土のう

台風のときは愛車も避難させよう

地下駐車場
河川敷
海岸近くの
駐車場では
車が水没する
恐れが
駐車場
露天《ろてん》の駐車場では
飛んできたものが
車を傷つけたり
強風で車同士が
衝突《しょうとつ》したり
横転したり……
基本は車庫に入れる
車庫がない場合は
貸しガレージや
立体駐車場に
避難させましょう

早め早めに車の安全対策を

台風が近づいてくると、立体駐車場の競争率も高くなります。早めの行動がかんじんです。車を移動させる時間がなかったり、満車で停められなかったりしたときは、カバーだけでもかけておきましょう。

カバー自体が飛ばされないように、しっかり固定できるタイプを選びましょう。そのとき、車とカバーの間に、毛布やダンボールなどクッションになるものをはさませます。

保険

台風の被害は
「車両保険」が適用されます

ゲリラ豪雨のときの運転に気をつけよう

大雨のときは
わだちを避けて
スピードを落とします
冠水《かんすい》した道路は
ゆっくり走っても
早く走っても
危険です
水没《すいぼつ》したら
ドアが開くうちに
避難しましょう
冠水した車を
動かすときは
とくに注意が必要です

危険水域に達するのはあっという間

冠水《かんすい》した道路を走るのはかなり危険です。水深《すいしん》がわからないため、水で見えない道路に障害物があっても気づくことができないからです。

過去には、線路の下をくぐる高架下《こうかした》の道路の水たまりに車ごとつっこみ、脱出できず、乗っていた人が溺死《できし》してしまった事故もありました。また、エンジンに水が入ると修理ができず、廃車《はいしゃ》にするしかありません。

大雨のときは、
ブレーキやハンドルが
効かなくなる
「ハイドロプレーニング現象」も
わあっ

土砂災害から身を守ろう

猛スピードで土が、岩が、水がおそいかかってくる！

自治体が公開しているハザードマップで、住んでいる場所が「土砂災害危険箇所《かしょ》」かどうか確認してください。「土砂災害危険箇所」でなくても、「小さな沢」や「ガケ」が近くにあれば、要注意です。

土砂災害の際、多くは木造の1階で被災しています。避難所への移動が困難であれば、ガケから離れた部屋、頑丈な建物であれば2階に移動しましょう。

土砂災害とは
「地すべり」
「土石流」
「ガケくずれ」のこと
地震、大雨、台風が引き金になり発生します
土石流は車なみのスピード！
小石が落ちてくる、水が湧き出てくるのは
ガケくずれの兆候《ちょうこう》です
パラ
パラ
山鳴《な》りがする
腐《くさ》った土のにおいがする
木や石がぶつかり合う音がする
これも土石流の兆候！
1秒でも早く避難！
くさい……

とにかく早めの避難

「砂防《さぼう》ダム」があれば安心？

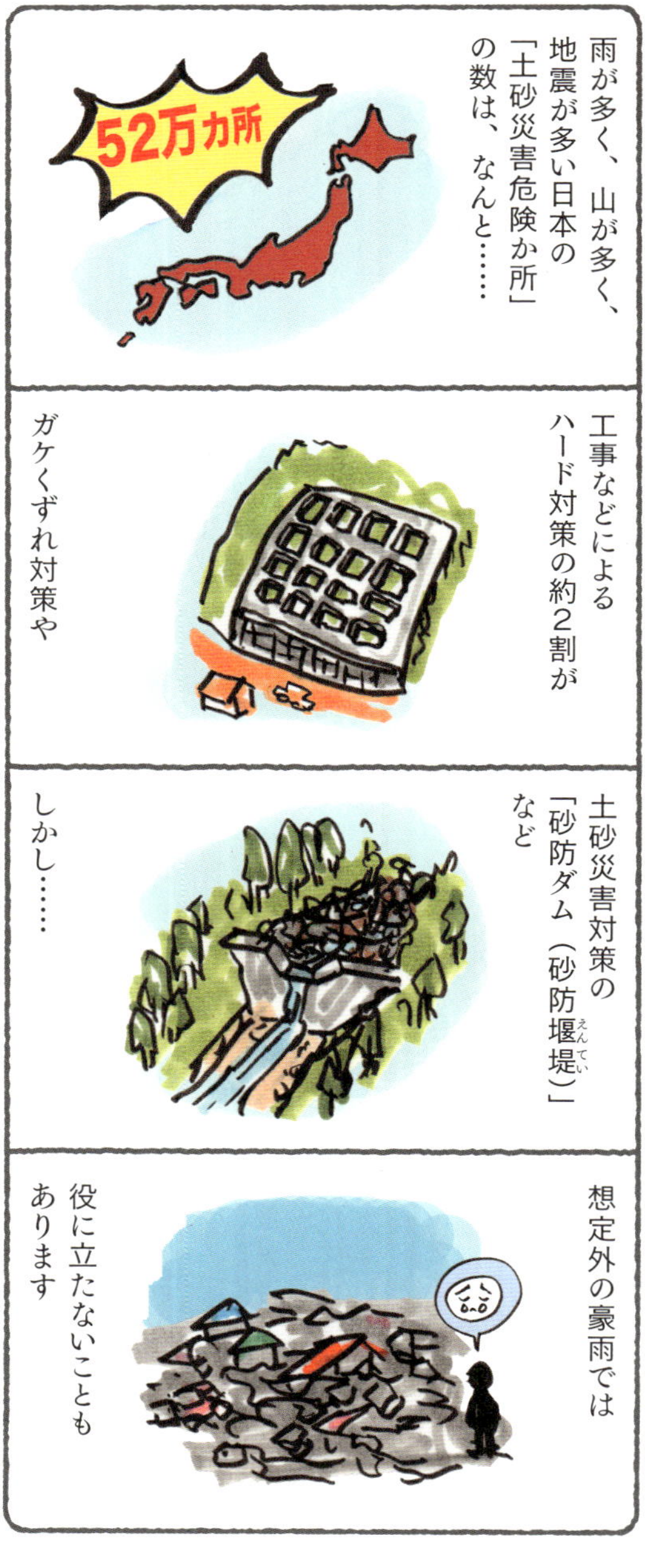
雨が多く、山が多く、地震が多い日本の「土砂災害危険か所」の数は、なんと……
52万カ所
工事などによるハード対策の約2割が
ガケくずれ対策や
土砂災害対策の「砂防ダム（砂防堰堤《えんてい》）」など
しかし……
想定外の豪雨では
役に立たないこともあります

「想定外」はつねにやってくる

西日本豪雨災害では、砂防ダムが土石流を食い止めた地区がありました。
その一方で、完成したばかりの砂防ダムを破壊して押し寄せて来た土砂で、犠牲者が出た地区もありました。

砂防施設だけで完全な防災は不可能ですから、過信しないことが大切です。
また、川の生態系を分断する砂防ダムの「環境への配慮」が今後の課題といえます。

マジ困るんだけど

豪雨のときは家庭の排水《はいすい》をひかえよう

限界を超えた下水道に生活排水を流さない

浸水被害の多くは、半地下式駐車場、地下室、くぼ地などで発生しています。都市部では、マンションやビルの建設、道路舗装《ほそう》などの影響で雨水が土壌《どじょう》に浸透《しんとう》しないことも原因のひとつです。

大雨のときに、雨水に加えて家庭の排水が流れこむと、下水道管内の水量が増えて、その下水が行き場を失い、浸水被害がさらに拡大することもあります。集中豪雨のときは、下水道の負担《ふたん》を減らすため、おふろや洗たくなどに使用するときに出る大量の水を流すのは、ひかえるようにしましょう。

マンホールのふたが空いているときもあります.

集中豪雨のときは

雨の排水をじゃましないことが大切

雨水ますを清掃しておく

道路の冠水、住居の浸水の原因になります

豪雨のときはおふろの水を流したり

洗たくはしないように

排水口から泥水が逆流してくることもあるので

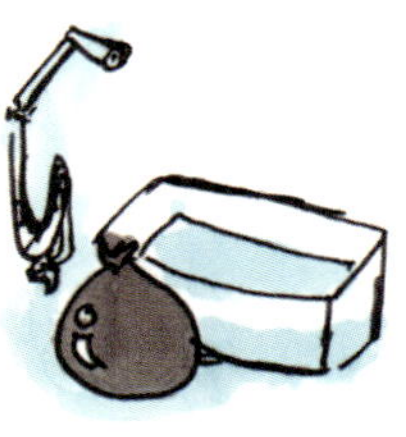

手作りの土のうでふさいでおきましょう

手作り土のうで被害を防ごう

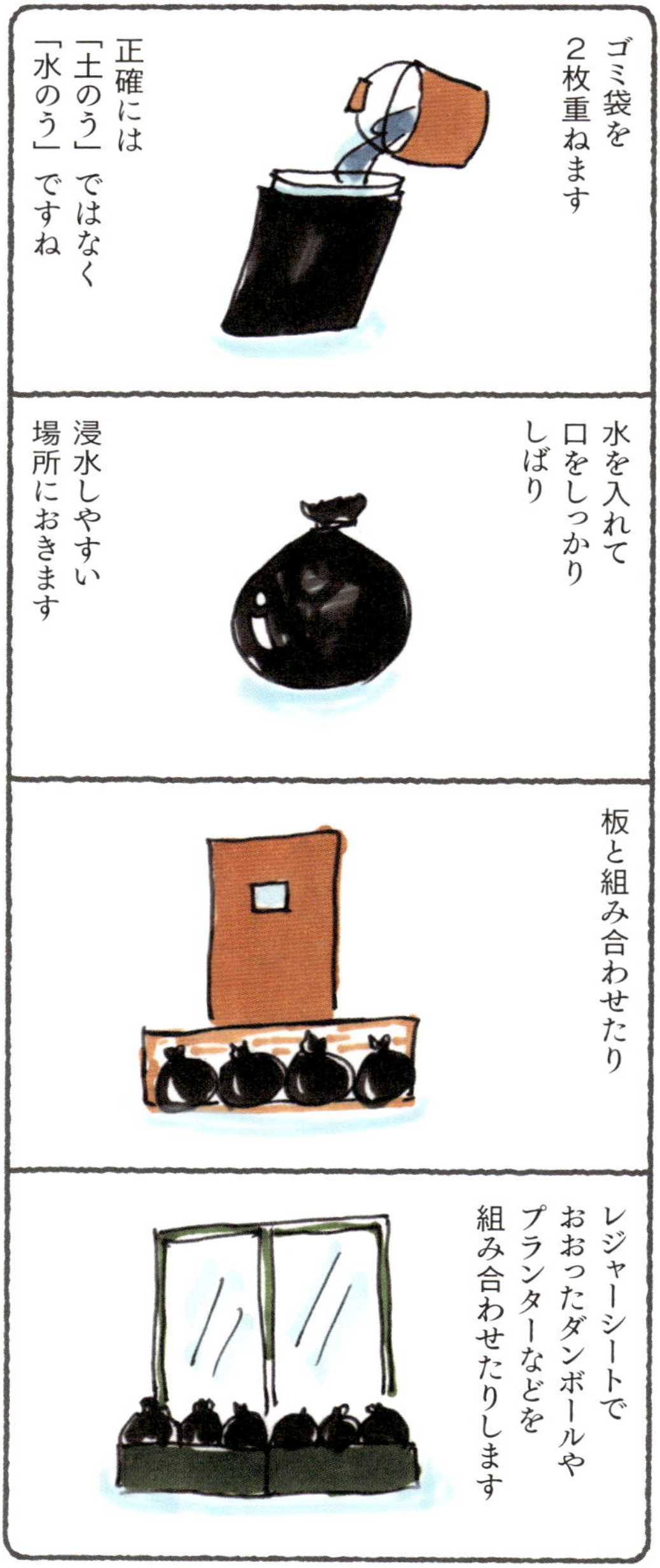
ゴミ袋を2枚重ねます
正確には「土のう」ではなく「水のう」ですね
水を入れて口をしっかりしばり
浸水しやすい場所におきます
板と組み合わせたり
レジャーシートでおおったダンボールやプランターなどを組み合わせたりします

手作り土のうは板などと組み合わせて使う

土木工事の現場や、水害などの自然災害の被災地に欠かせないのが、土を入れた袋の「土のう」です。自治体によっては無料で配ってくれることもあります。大きさはさまざまですが、何十キロもの土が入っているので、当然重い！　緊急時には、玄関、勝手口などといった浸水しやすいところに簡易土のうを置くだけで浸水を防ぐことができます。また、吸水性のある高分子吸水ポリマーを使った家庭用の土のうも、ホームセンターなどで市販されています。

雨の日の散歩
周囲の状況を
観察しておく

「天井川《てんじょうかわ》」に気をつけよう

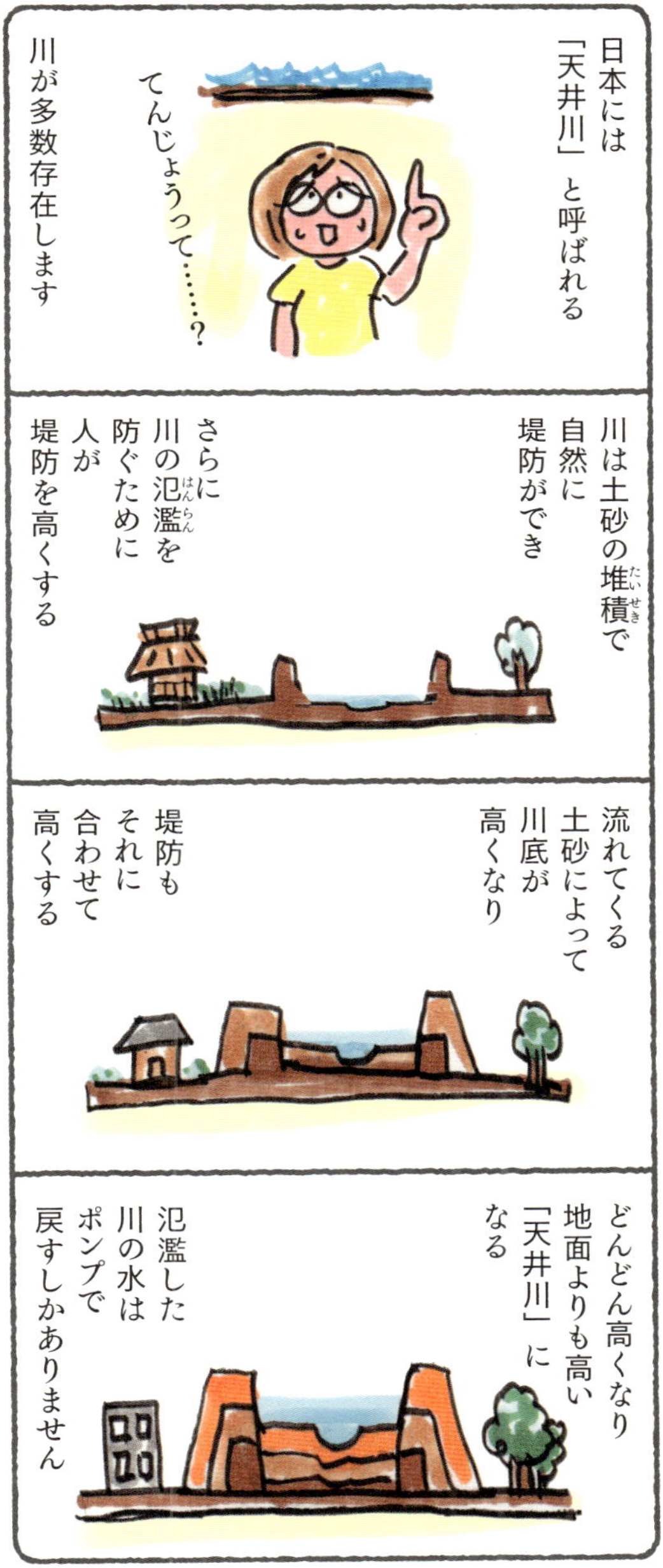
日本には「天井川」と呼ばれる
川が多数存在します
てんじょうって……？
川は土砂の堆積《たいせき》で自然に堤防ができ
さらに川の氾濫《はんらん》を防ぐために人が堤防を高くする
流れてくる土砂によって川底が高くなり
堤防もそれに合わせて高くする
どんどん高くなり地面よりも高い「天井川」になる
氾濫した川の水はポンプで戻すしかありません

すぐそばに危険がひそむ可能性も

豪雨によって「天井川」の水位が上がり**堤防の決壊や氾濫が起きると、あふれた水は、周囲の土地、住宅を水没させてしまいます。**さらに東京、名古屋、大阪などの大都市には、高度成長期の地下水のくみ上げで起こった「地盤沈下《ちんか》」で「海抜《かいばつ》ゼロメートル地帯」が広がっています。

東京の「荒川《あらかわ》」が氾濫すると、銀座も丸の内も水没して「首都機能がマヒ」し、水が引くまで、最長1か月かかると予想されています。

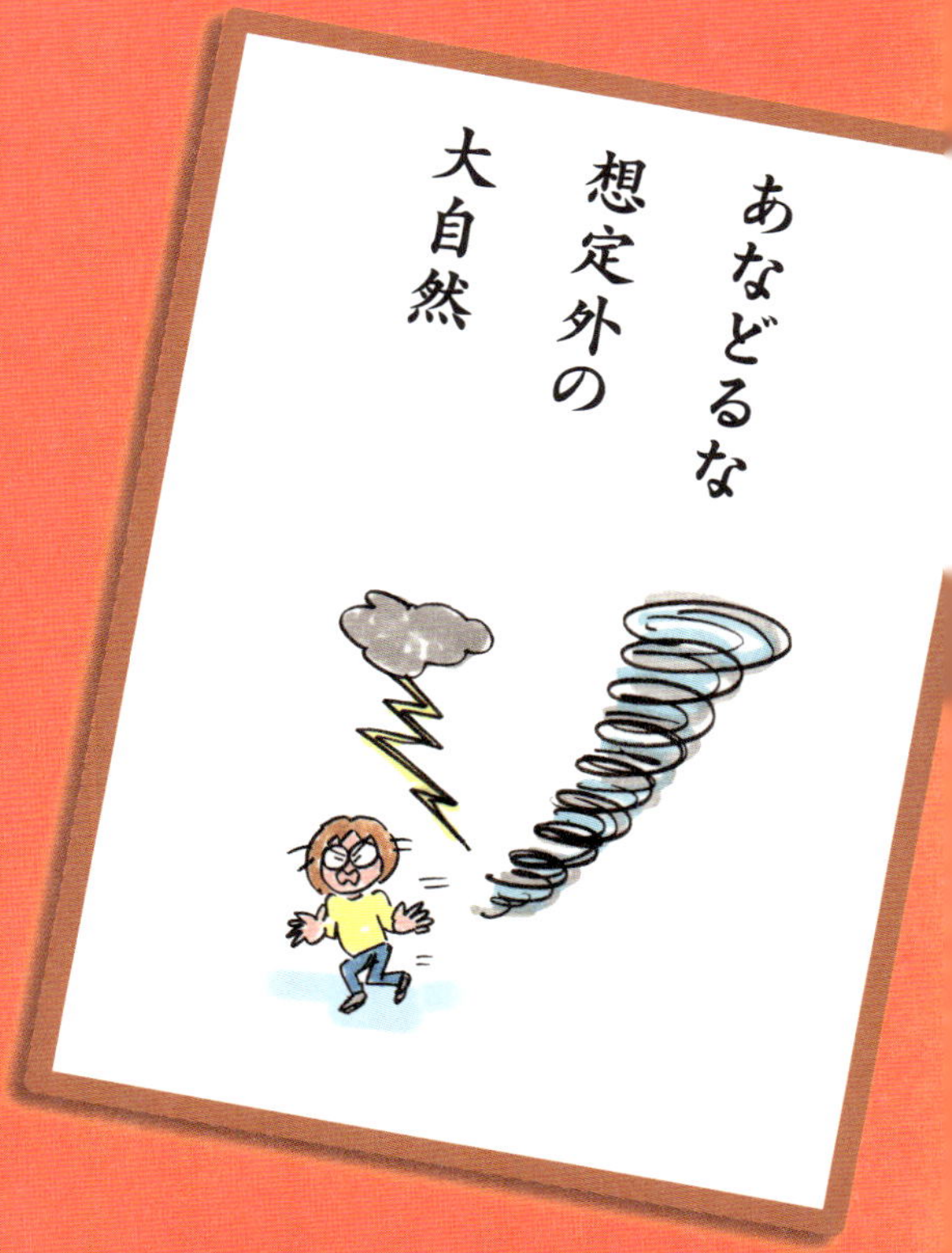
あなどるな
想定外の
大自然

竜巻、雷、大雪 そのとき！

竜巻《たつまき》に備えよう（屋内）

竜巻が発生する4つの兆し

竜巻などの激しい突風《とっぷう》の発生を正確に予測《よそく》することはできませんが、竜巻の発生するような発達した積乱雲《せきらんうん》の近づく兆《きざ》しはつぎの4つです。

① **真っ黒な雲が近づき、周囲が急に暗くなる**

② **雷鳴《らいめい》が聞こえ、雷光《らいこう》が見えたりする**

③ **冷たい風が吹《ふ》き出《だ》す**

④ **大粒のヒョウが降り出す**

以上のようなことが起きたら、竜巻が発生する可能性があると思ってください。

建物の中に避難し、必要な行動をとりましょう。

ヒャッ

窓をしっかり閉めて

ガラスの飛散防止にカーテンも閉めます

1階に移動し

できれば窓のない部屋へ

四方が壁に囲まれたトイレや

トイレに逃げて助かった女子大生

浴室に避難しましょう

浴そうにひなんして助かった中学生

竜巻に備えよう（屋外）

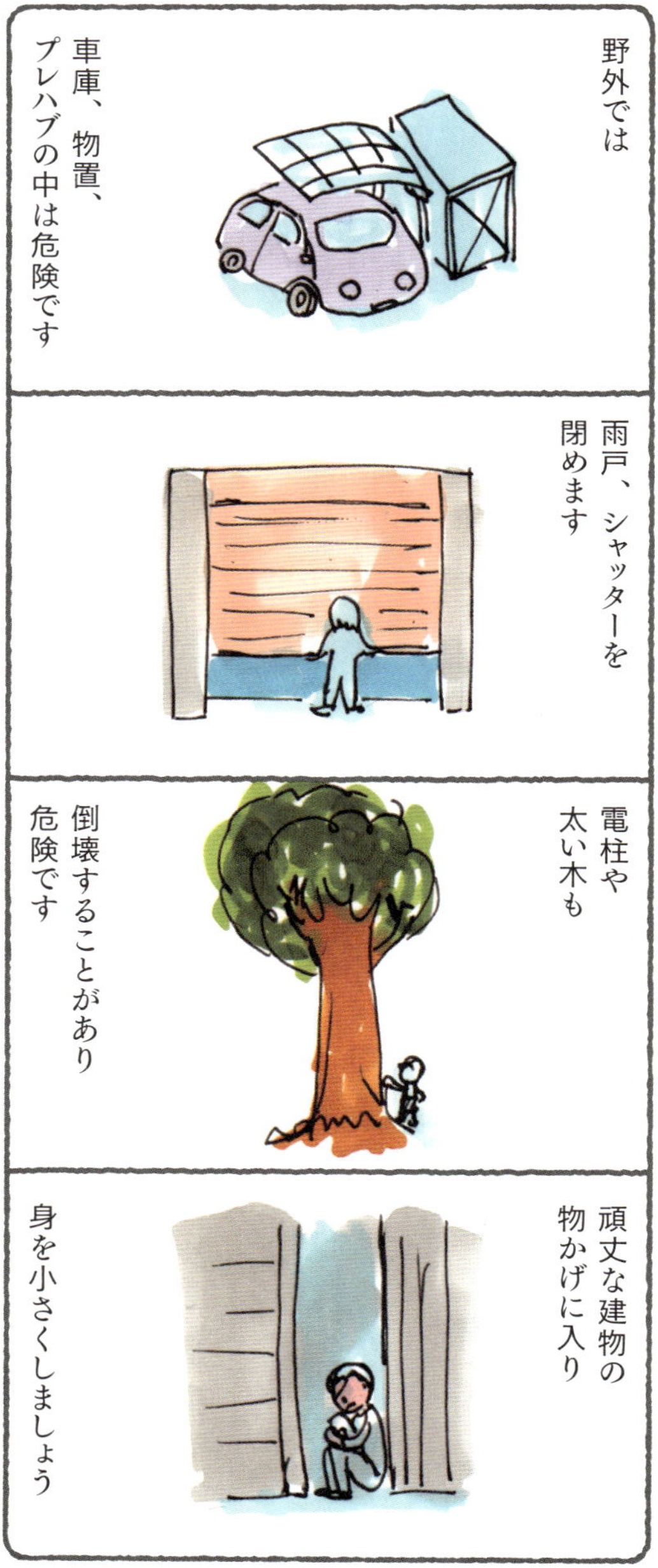
野外では
車庫、物置、プレハブの中は危険です
雨戸、シャッターを閉めます
電柱や太い木も
倒壊することがあり危険です
頑丈な建物の物かげに入り
身を小さくしましょう

身を小さくして頭を守る

竜巻は突風の一種ですが、その寿命《じゅみょう》が短い割に、猛烈な風を伴《ともな》い、暴風《ぼうふう》によって建物などに大きな被害をもたらします。竜巻を発見したら、なるべく早く頑丈な建物の中に避難しましょう。**近くに「頑丈な建物」がない場合は水路やくぼみに身を伏《ふ》せ、身を小さくして頭を守りましょう。**

ちなみに世界で発生する竜巻のうち、8割はアメリカで発生しています。竜巻の本場であるアメリカでは、避難用に地下室を備えている家もたくさんあります。

トルネード

災害発生！何をすればいいの？

雷《かみなり》から逃げる！覚えよう「雷しゃがみ」

雷のときは
高いものの近くから
離れる！
自動車の中か
家の中に
避難しましょう
「金属を外せば安全」
「ゴム長なら安全」は
まちがいです
えっ
だめなの？
避難場所がない場合は
「雷しゃがみ」を
しましょう
頭をひくく
耳を守る
両かかと合せる
つま先立ち

雷も災害のひとつ 正しい知識を身につけること

雷は、高いものがあると、そこを通り落ちる傾向があります。グラウンドやゴルフ場、海岸などのひらけた場所や、山などの高いところでは、人に落雷しやすくなります。

「雷しゃがみ」はつま先立ちをして、両足のかかとを合わせてしゃがむ姿勢です。地面から伝わってくる雷の電気を最小限におさえることができます。

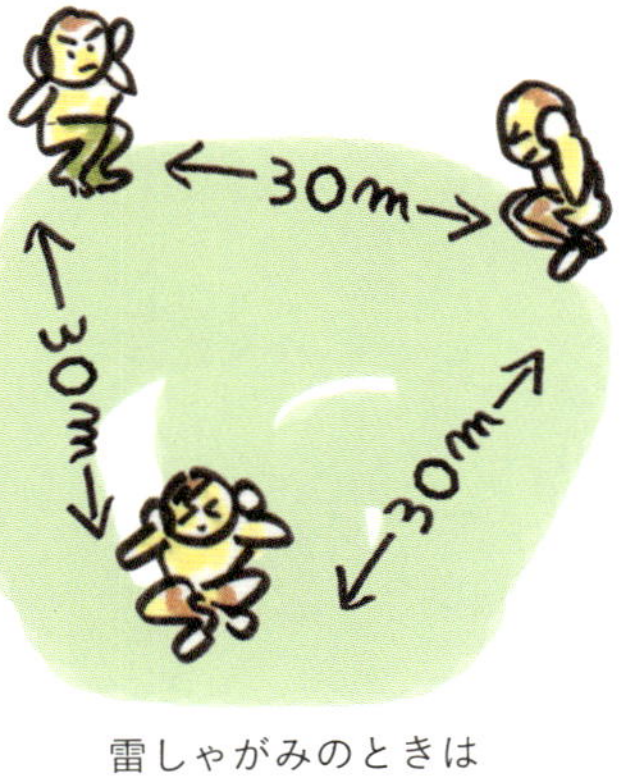
30m
30m
30m

雷しゃがみのときは
かたまらず
バラバラに！

大雪での車の立ち往生は命の危険も！

雪による渋滞や
ホワイトアウトでの
車の立ち往生は
危険がいっぱい！
一酸化炭素中毒死の
事故が発生したことも
あります
雪が
車のマフラーを
ふさいだことが原因です
エンジンを
かけたままに
するときは
「マフラー」と
「外気取り入れ口」の
除雪《じょせつ》をこまめに！
タイヤチェーン、
スコップ、長靴、
毛布、食料……
車に積んでおくこと

車の中に必要な道具を常備する

思わぬ大雪は、多くの事故を発生させます。雪の中、車を運転していてにっちもさっちも進まず立ち往生してしまった場合には、エンジンを切り、毛布にくるまって暖をとるか、近くの民家や緊急避難所に避難しましょう。

野外で駐車する場合は、ワイパーを立てておきます。雪の重みでワイパーが破損したり、ゴム部分が寒さでくっついてしまうのを防ぐためです。

雪国名物
かたつむり駐車

雪崩《なだれ》から身を守ろう

とっさの判断が生死を分ける

雪崩に巻きこまれたら、口を閉じて、雪崩の中を泳ぐようにかきあがります。口を閉じるのは、口に雪が入って、呼《こ》吸《きゅう》できなくなる恐れがあるからです。もしかきあがることができなければ、両手を使って口のあたりに空間を作るようにしましょう。雪に埋もれてしまった場合は、身体を小さくして静かに呼吸をし、助けを待ちます。

雪崩に埋没《まいぼつ》してから15分程度で急速に生存率が下がります。

つまり、呼吸空間が確保できたかどうかの差が、生存率に大きくかかわっているのです。

雪崩が起きて
巻きこまれてしまった
ときは
泳ぐように
かきあがります
それでもダメな場合は
窒息《ちっそく》するのを
防ぐために
顔をおおいます
手足を伸ばしていると
動けなくなるので
身体をまるめ
空間を確保します

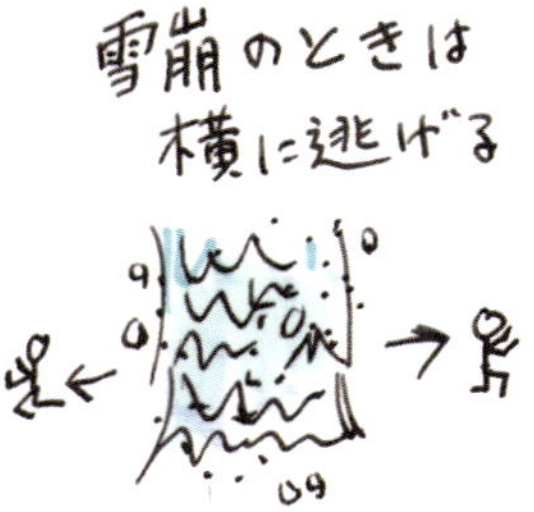
雪崩のときは
横に逃げる

放射能そのとき！

放射能《ほうしゃのう》の基本的な知識

放射性物質の性質は多種多様

「放射能」とは放射性物質が放射線を出す能力のこと。一般には、放射性物質そのものを指して「放射能」といいます。放射性物質はもともと自然界に存在していました。また、放射線や放射性物質は何種類もあり、それぞれ毒性《どくせい》も特徴も異なります。原子力発電所の事故によって放射性物質が環境《かんきょう》に放出されると、風や水で運ばれ、作物、土壌、海、家畜を汚染します。風で運ばれた軽い物質は瞬く間に地球を一周します。また体内に取りこまれると、放射線を出し続けるので、健康被害の元となるのです。半減期《はんげんき》は数日単位の短期間から何億年と半永《はんえい》久的《きゅうてき》な年数まで、物質によって大きなばらつきがあります。ちなみにプルトニウムは人間が創り出した人工元素《げんそ》で、半減期は2万4千年です。

たとえば電気スタンドを
放射性《ほうしゃせい》物質とします

スタンド自体が放射性《ほうしゃせい》物質
光は放射線だと考えてください

わたしたちは天然の放射性物質やレントゲンからも
放射線を浴びています

放射性ヨウ素 放射性セシウム
核分裂反応《かくぶんれつはんのう》で作られる放射性物質があります

放射能の目に見えない恐怖

放射性物質は見えない
風がきもちいい
色もにおいもない
さわることもできない
味もない
放射性物質が付着《ふちゃく》した
ちりやほこりなどが
海、山、森、牧草、畑、川、校庭の上に
降り注いでいきます

人は見えないもの、理解しがたいものを恐れる

原子力発電所の爆発事故などが起きると、**放射性物質が微《び》粒子《りゅうし》になって大気中に流れ出し、風に乗り拡散**します。そして落ちてきた放射性物質が、服や皮膚《ひふ》に付着し、放射線が放出されます。

放射性物質の微粒子を吸いこんだり、汚染された水や食物を通して体内に取りこまれたりすると、それらの放射性物質は、体内から放射線を浴びせ続けます。これを「内部被ばく」といいます。

ただちに健康に被害は出ない
きき あきました

放射能から身を守ろう（屋外）

外出するときはできる限り身体をおおう

放射能は目に見えない、においもない、痛くもない……。強さ、弱さ、影響もわからない、説明を聞いても難しい……。テレビで「大丈夫です」と言われても、正直怖いですよね。用心のため、外出するときはレインコートや使い捨ての雨ガッパなどで武装《ぶそう》してもいいでしょう。なお、**心配なら帰宅後にシャワーを浴びて除染《じょせん》**しましょう。情報を確認して、パニックにならないよう冷静に対応することが大切です。

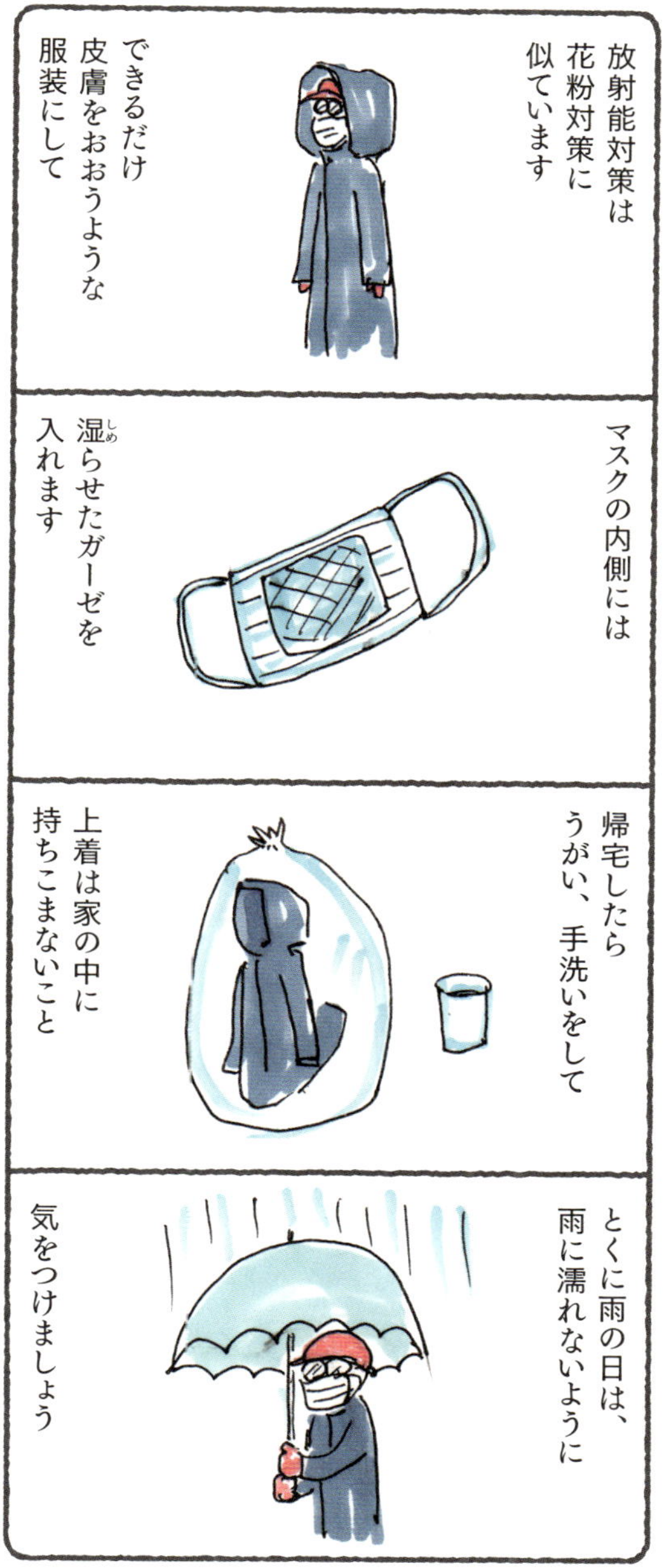
放射能対策は
花粉対策に
似ています
できるだけ
皮膚をおおうような
服装にして
マスクの内側には
湿《しめ》らせたガーゼを
入れます
帰宅したら
うがい、手洗いをして
上着は家の中に
持ちこまないこと
とくに雨の日は、
雨に濡れないように
気をつけましょう

シャワーで除染

放射能から身を守ろう（屋内）

窓をしっかり閉めて

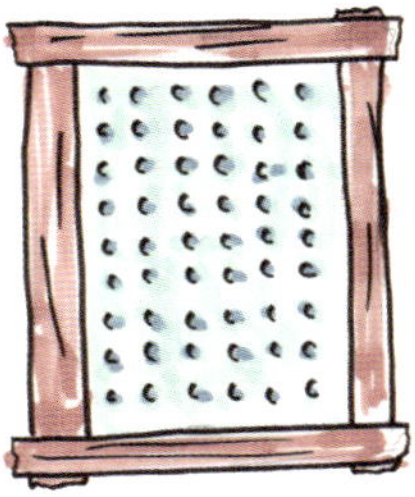

ビニール袋や梱包《こんぽう》用のプチプチ（エアパッキン）でおおいます

換気扇《かんきせん》やエアコンも

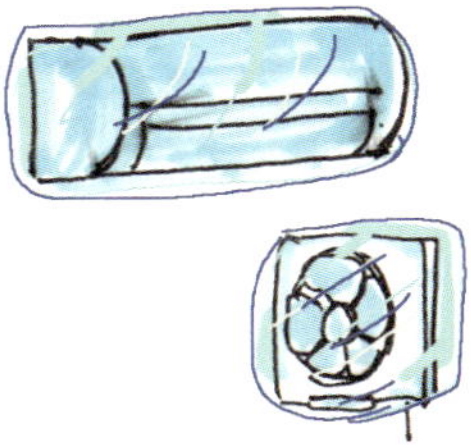

ビニール袋などでおおって外気が入ってこないようにします

換気の必要な暖房《だんぼう》器具は使わない

瞬間湯わかし器も使わない……

換気不要の電気こたつなどを使います

「屋内避難警報」が出ているときは外出をしない

福島県の原子力発電所の放射能漏れで、「屋内避難警報」が発令されました。放射線は近い遠いに関係なく、風に乗って飛んできます。外気が部屋に入ってこないよう、ビニール袋などで窓やすき間をおおいましょう。家の外においてある食品も部屋に持ちこんでおいてください。洗濯物も部屋干《へやぼ》しにし、外で飼っているペットも洗って部屋の中に入れてあげましょう。心配なら、**家の中でもっとも外から遠く、窓のない部屋で過ごしましょう**。自分でできる対策を、自分でするしかありません。

第3章

被災そのあと

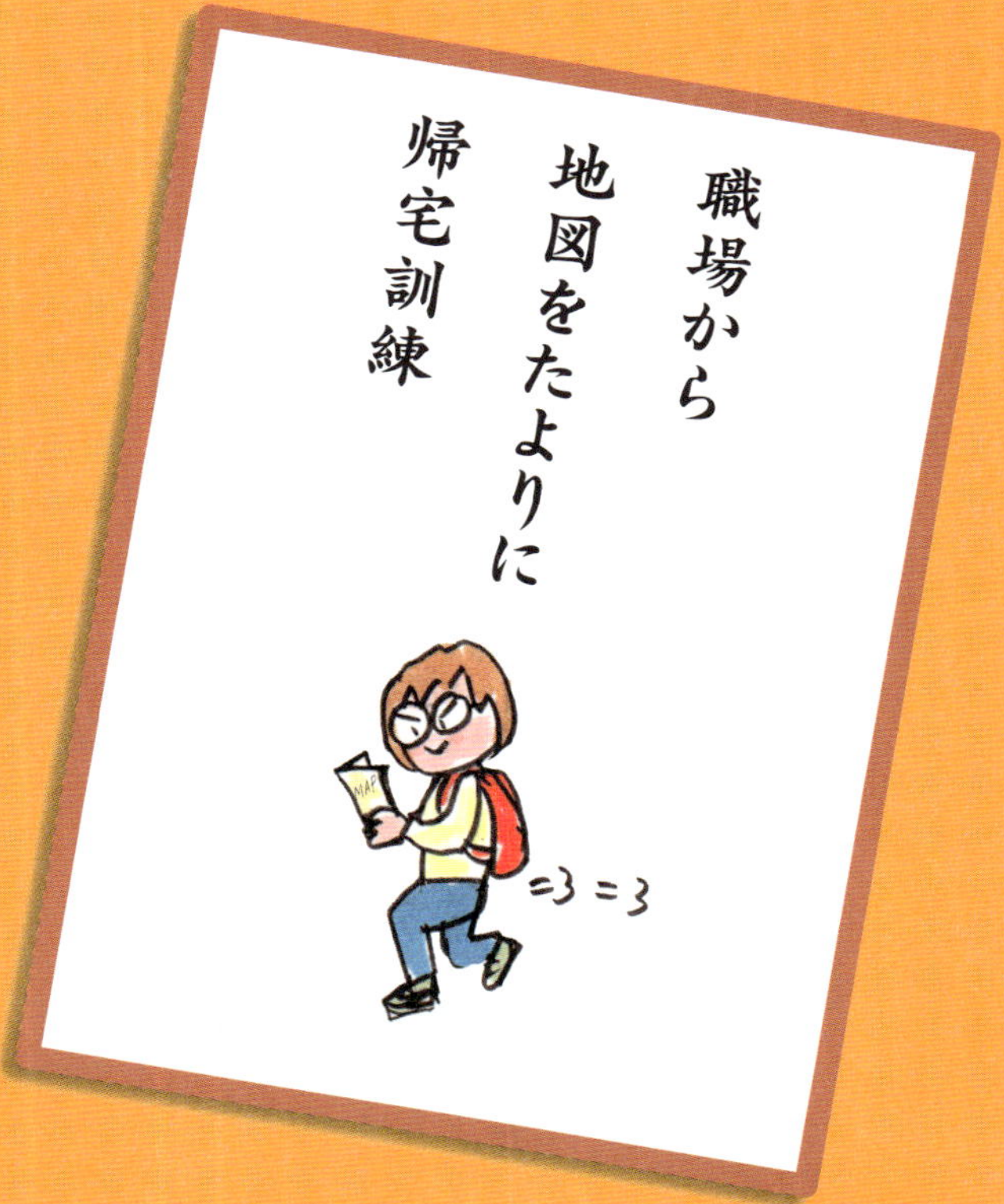
職場から
地図をたよりに
帰宅訓練

自分と家族の安全第一！

被災
そのあと

最優先《さいゆうせん》は「自分の命」です！

自分を守ることが家族を守ることにつながる

「死んでしまった」ら、家族を守ることは、できません。「ケガ」をしてしまったら、要救護《きゅうご》者が一人増えます。結果、救急にも行政機関にも負担がかかります。

東日本大震災のとき、人助けに奔走《ほんそう》した人たちが、何人も命を落としました。

自分が「ケガなく生きている」ことが、これから先の「人助け」につながります。

後世の美談より、まず「自分の命」です。

にげろ〜

岩手県の釜石市では、
子どもたちが避難しているのを見て、
ご近所の大人たちもあわてて
一緒に避難した結果、
多くの命が助かりました

50年に一度の
100年に一度の災害も
当たり前の時代
命をまもる行動を
まず大切なのは
自分の身を守ること
ブレーカー
ガスOK
早めの避難が大切
ご近所にひとこと
声をかけて
電話はあとにして逃げなきゃダメ
そのためにも
ふだんから
各自ひなんすること
うん
家族で
話し合って
おきましょう

代用品で余震《よしん》に備えよう

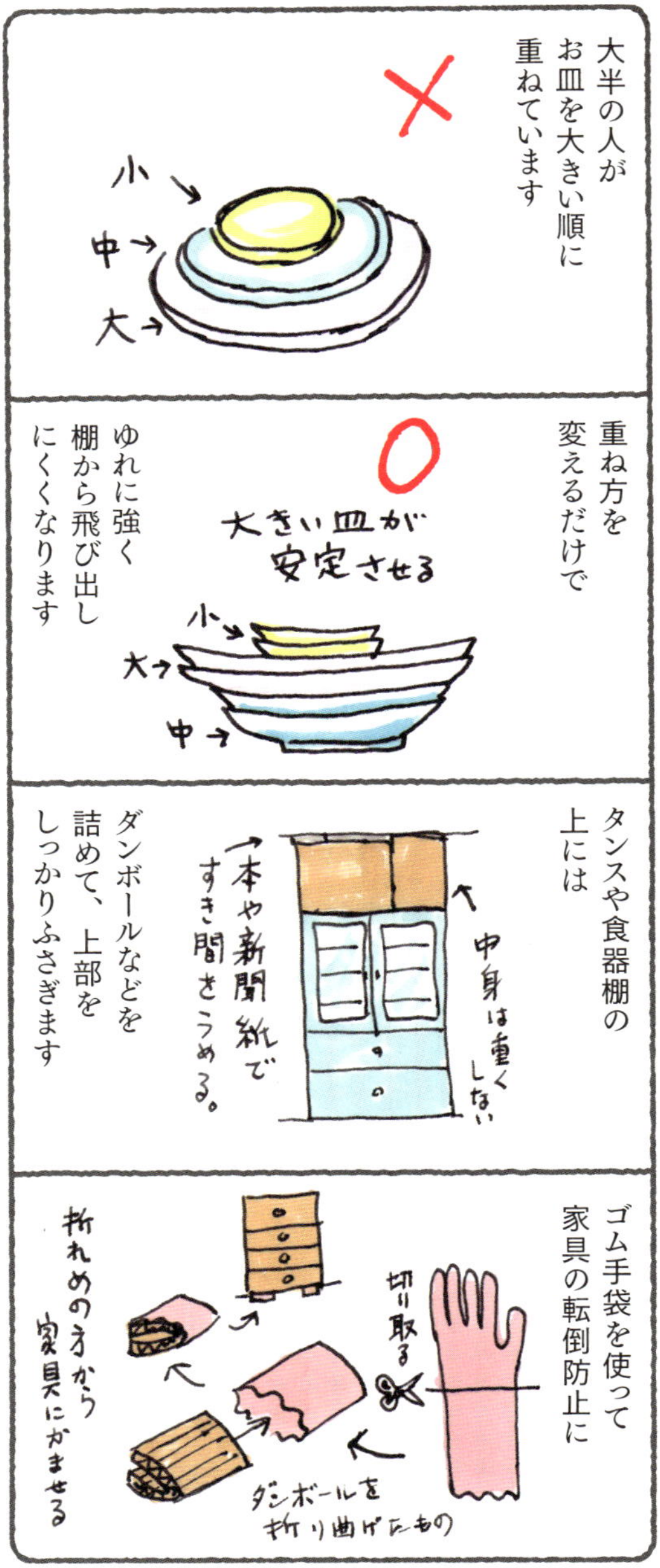
大半の人がお皿を大きい順に重ねています
小
中
大
重ね方を変えるだけでゆれに強く棚から飛び出しにくくなります
大きい皿が安定させる
小
大
中
タンスや食器棚の上にはダンボールなどを詰めて、上部をしっかりふさぎます
本や新聞紙ですき間をうめる。
中身は重くしない
ゴム手袋を使って家具の転倒防止に
切り取る
折れめの方から家具にかませる
ダンボールを折り曲げたもの

防災グッズがなくても身近なもので対応しよう

地震が起きてから、あわてて防災グッズを用意する人はたくさんいます。地震直後にホームセンターや100円ショップに行ったら、案の定、防災グッズ関連はすべて完売！　そんなときは、身近なものを応用しましょう。タンスなどの家具から天井までの空間を、ダンボールと新聞紙で、突っ張り棒代わりにしっかり埋めると倒れにくくなります。ダンボールは軽いですが、面で支えることで、かなりしっかりと家具の転倒を防いでくれるのです。輪ゴムやゴム手袋（手首の部分）を巻いたダンボールは、家具にしっかりかませることですべり止めにもなります。家にあるものを工夫して使い、余震に備えましょう。

折ったダンボールに輪ゴムをつけるだけでも

子どもの引き渡しルールを決めておこう

小学校のおむかえは親族のみが原則

小学校や幼稚園、保育園では、防災訓練のやり方もそれぞれ異なります。ふだんから学校の防災訓練に参加してルールを知っておきましょう。たとえば、ある小学校はおむかえする親族があらかじめ登録制《とうろくせい》だったり、幼稚園や保育園では「おむかえカード」を持っている登録親族のみというところもあります。大地震のときは、帰宅難民《なんみん》になることも想定して、家族や親族で打ち合わせしておきましょう。大規模な災害が起きたあとには、学校の避難マニュアルが見直されていることも予想されるので、再確認が必要です。

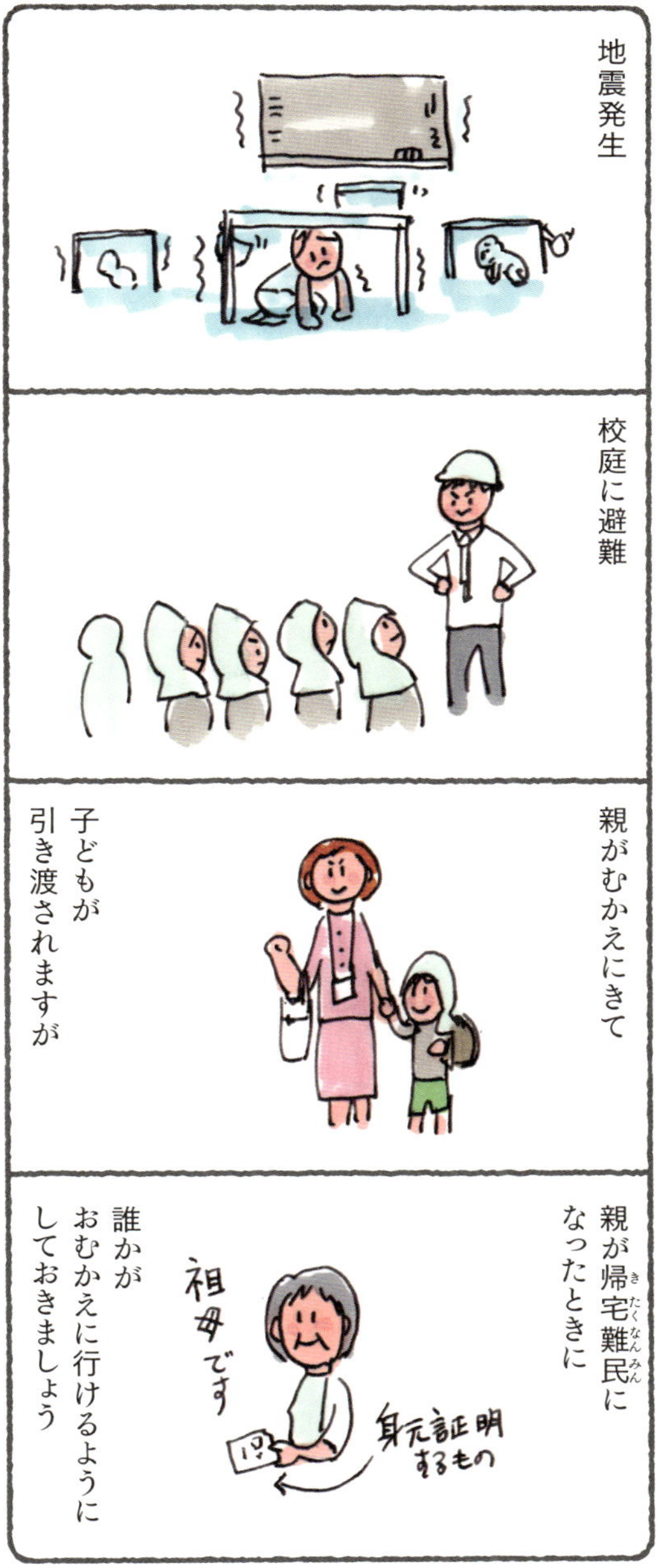
地震発生
校庭に避難
親がむかえにきて
子どもが引き渡されますが
親が帰《き》宅《たく》難《なん》民《みん》になったときに
誰かがおむかえに行けるようにしておきましょう
祖母です
身元証明するもの

多くの学校でお泊まりがでました。
毛布一枚で

帰宅できないときは無理に帰宅しない

東日本大震災の夜
東京は
何百万人もの
帰宅困難《こんなん》者で
あふれかえりました……
高速道路は閉鎖《へいさ》
むかえの車や
タクシーで
大渋滞が
起きました
急遽《きゅうきょ》、都内の学校、
役所などが、
帰宅困難者に開放され
多くの人が
一晩を過ごしました
帰宅困難時の必需品《ひつじゅひん》を
あらためて確認！
会社のロッカーに
ポケット地図
スニーカー
地図
水
コンパス

情報をつねに仕入れる

東日本大震災が起きた日、交通機関が麻痺《まひ》した首都圏《しゅとけん》は大混乱。スニーカーを買う人で靴屋さんは混み合い、自転車屋さんにはお客さんが殺到、コンビニでは食料品が完売しました。一方、帰宅をあきらめた人々は、飲み屋で時間をつぶしました。でも、考えてみてください。これが真夏の昼間で、電気が止まっていたらどうでしょう？ 想像すると、危険ととなり合わせだということがわかります。安全が確保された場所にいる場合は、無理に帰宅せず、つねに情報を仕入れて判断するようにしましょう。

余震が続くので
リュックサックで通勤の
ホステスさん

被災
そのあと

地震でガスが止まったら

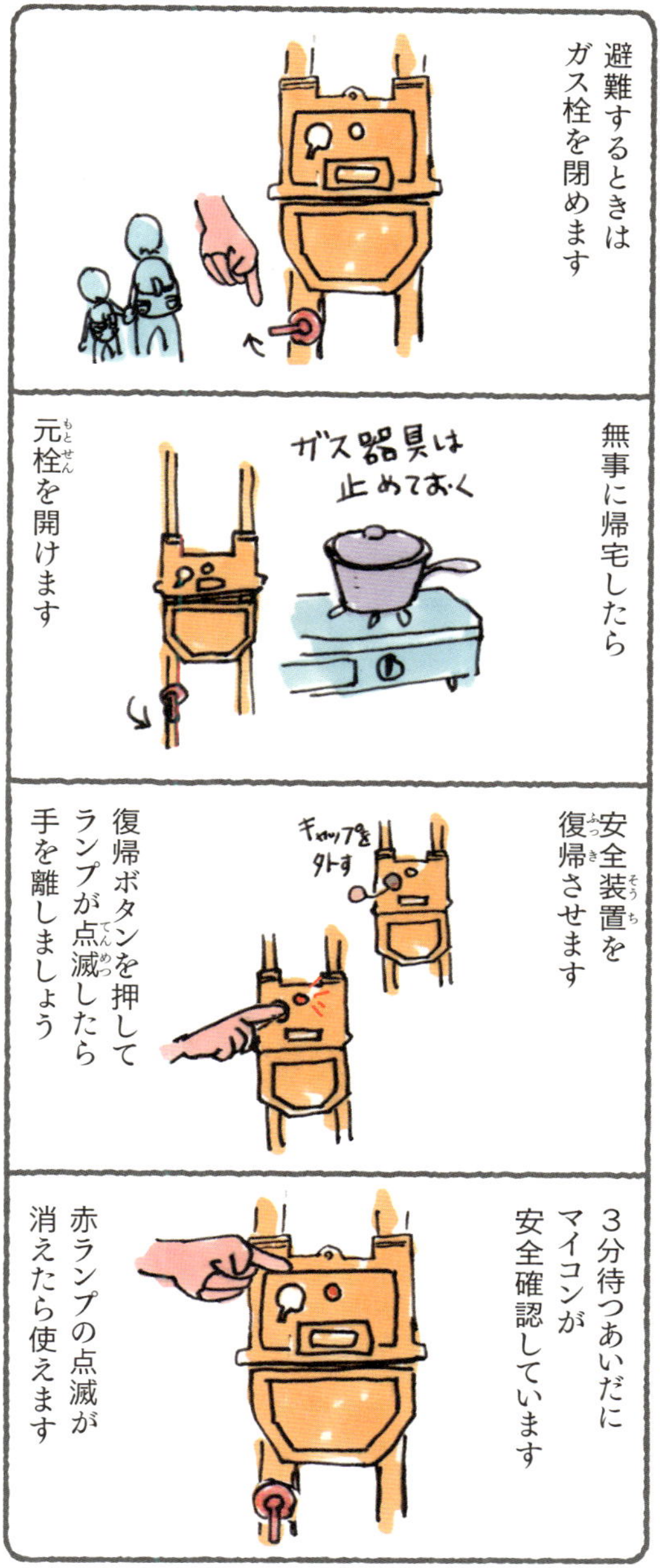
避難するときはガス栓を閉めます
無事に帰宅したら
ガス器具は止めておく
元栓《もとせん》を開けます
安全装置《そうち》を復帰《ふっき》させます
キャップを外す
復帰ボタンを押してランプが点滅《てんめつ》したら手を離しましょう
3分待つあいだにマイコンが安全確認しています
赤ランプの点滅が消えたら使えます

地震が起きると自動的に安全装置が作動する

ガスのメーターが入っている扉を開け、メーターに付いている復帰ボタンを押します。3分たったあと、赤ランプの点灯が消えたらガスが使用できます。3分経過後も赤ランプが点滅し、ガスが止まったままであれば、ガス栓の閉め忘れやガス機器の止め忘れがないか、再度確認してください。**ガスのにおいがしたら、ぜったいに火をつけたり、換《かん》気扇《きせん》や電気のスイッチをつけたりしてはいけません。**何もさわらないようにしましょう。ガス栓とメーターの元栓を閉め、窓を開けて換気し、すぐにガス会社に連絡してください。

ガスくさいとき、復帰しない

災害FM(臨時《りんじ》災害放送局)に注意を払おう

防災無線や携帯電話も使えない……
そんなときは災害時に緊急に開設《かいせつ》するラジオ放送局が便利です
スタッフには地元の被災者《ひさいしゃ》も多い
機材は借り物だったり
運営《うんえい》もボランティアが中心になることも
スタジオはプレハブ
被災地では貴重《きちょう》な情報源《じょうほうげん》です

災害FMで生活情報を得る

臨時災害放送局は、災害発生時に臨時に開設される地域限定の放送局です。免許期間は2か月間だけですが、更新《こうしん》もできます。災害発生からわずか1時間後に免許を得たところもありました。放送内容は災害関連情報、安否《あんぴ》情報、避難場所、救援物資《きゅうえんぶっし》、仮設《かせつ》住宅、ライフライン復旧《ふっきゅう》状況など、生活に根ざしたものが主体です。情報がいちばん欲しい被災地では、貴重な情報源です。その一方で、運営費の捻出《ねんしゅつ》に各局が悩んでいることも現実です。

東日本大震災では4県に21局生まれました

話題は明るく前むきに!

片づける前に「被災の写真」を撮《と》っておく

「り災証明書《しょうめいしょ》」申請《しんせい》には写真が必要です

屋根
柱
水まわり
家の中
外壁
浸水のあと

外壁《がいへき》、屋根、浸水の痕《あと》
あらゆる場所を撮って
おきましょう

柱などの
主要構造部《こうぞうぶ》の
損壊具合は重要

傾いてる
カシャ

水をかぶった
自動車
農業用の機械
農地

どろ水をかぶった車

庭や私有地《しゆうち》の
被災の様子も
撮っておきましょう

庭に流れついた大きな岩

非常時でも忘れないうちにしておくべきこと

家が被災したとき、たとえば、水害による床下浸水であっても、畳や床が水を吸って膨潤《ぼうじゅん》していると、床面の損壊となり判定《はんてい》が変わります。被災した車の写真も撮っておきましょう。車にかかる税金《ぜいきん》の軽減《けいげん》措置《そち》や保険金を申請《しんせい》するために必要になります。

庭に流れ着いたガレキや岩、倒木も写真を撮っておきましょう。私有地のガレキの撤去にも助成金が出る場合もあります。

流れてきた他人の壊れた家具を撮影しておくことで、処分したあとのトラブル予防にもなります。

なお、領収書《りょうしゅうしょ》のたぐいも全てとっておきましょう。

流れついたよその家の家具

壊れた家の「赤色の張《は》り紙《がみ》」は何？

地震直後
家に張り紙がされた！
危険
立入禁止になりましたそれは……
「応急危険度判定」
余震による二次的災害を防止することを目的としています
「応急危険度判定」は
り災証明のための調査とは異なります
要注意
LIMITED ENTRY
申請、判定、交付
り災証明書のための
被害認定調査とは別物なので
注意が必要です
調査済

思わぬ二次災害に巻きこまれないために

「応急危険度判定」は余震による二次的災害を防止することを目的としています。「応急危険度判定士」のボランティアが2人1組で判定を行います。

判定された建物は3種類に分けられ、赤い紙の「危険（立入禁止）」、黄色い紙の「要注意（立ち入るには十分に注意）」、緑色の紙の「調査済（使用可能）」の判定ステッカーが貼られます。

登録証あり

ツイッターで救助要請できるの？

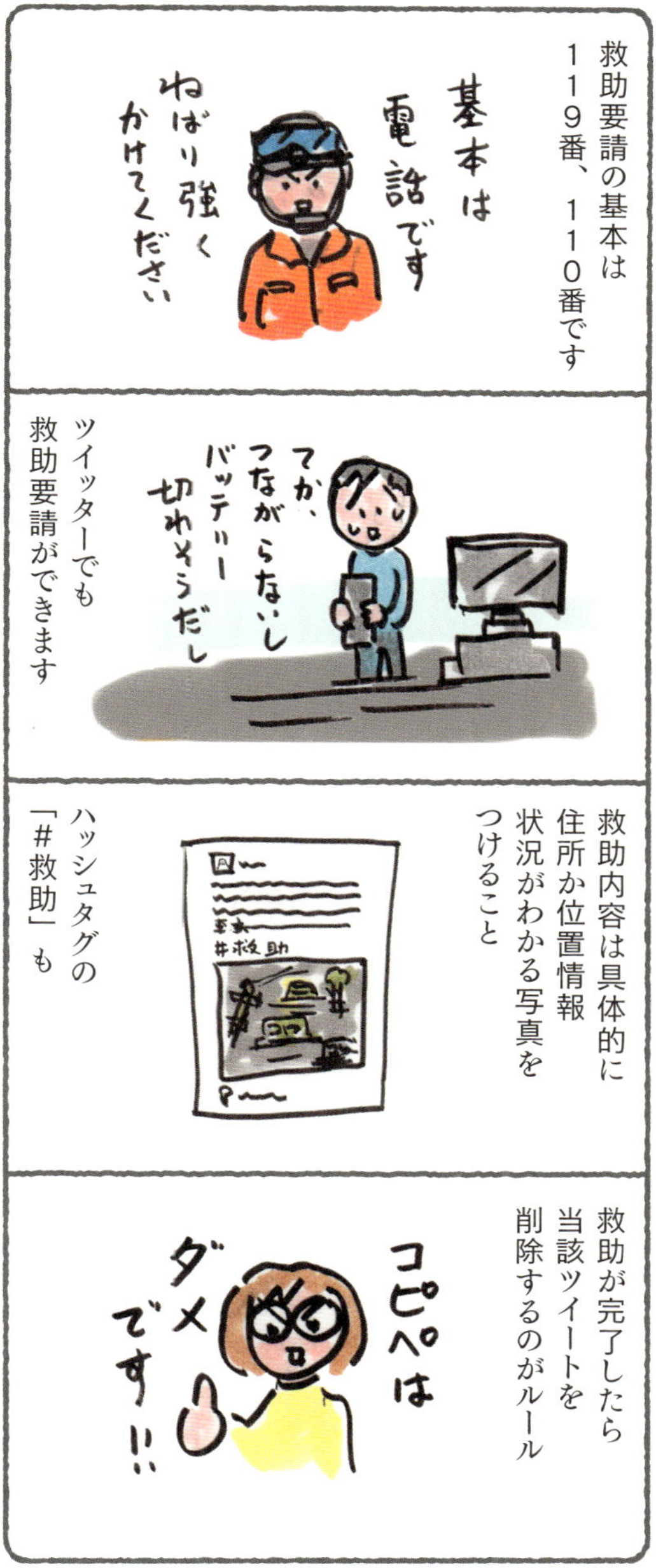
救助要請の基本は119番、110番です
基本は電話です
ねばり強くかけてください
ツイッターでも救助要請ができます
てか、つながらないし
バッテリー切れそうだし
救助内容は具体的に住所か位置情報状況がわかる写真をつけること
ハッシュタグの「#救助」も
#救助
救助が完了したら当該ツイートを削除するのがルール
コピペはダメです!!!

最終手段だと思っておく

大規模災害が起きたとき、インターネット上では多くの「救助要請」が拡散されました。しかし、よかれと思って拡散したことが、似たような「救助要請」を増やし、本当に困っているツイートを埋もれさせることにもつながります。

もし知人が「救助要請」をツイートしていたら、本人に代わり、消防や自治体に連絡してみてください。

ただし、災害発災時の消防や役所は、ひっきりなしに電話が鳴り、インターネットの担当者はひとりというケースが多く、そのような中での対応となるということも理解しておきましょう。

自衛隊に要請中です

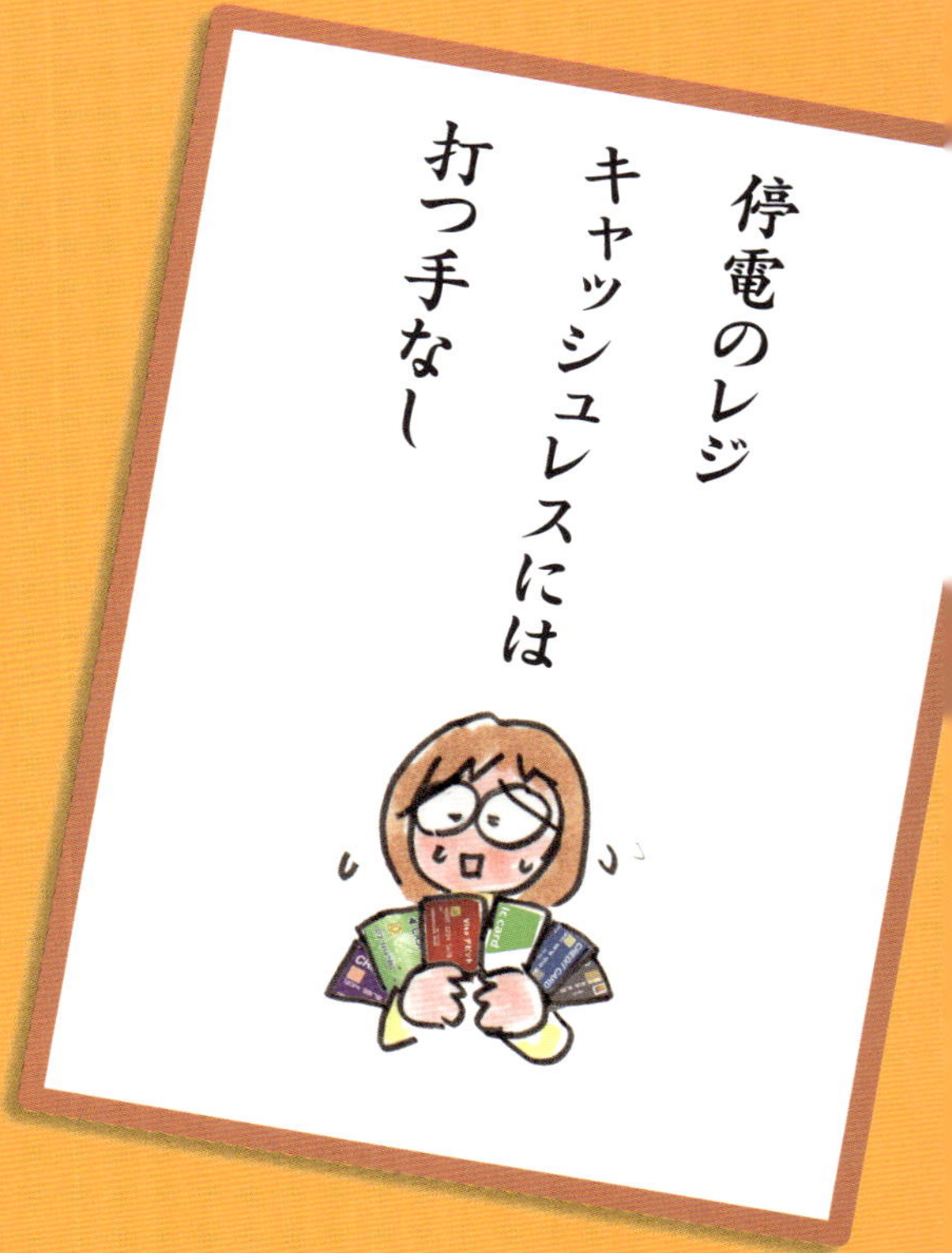
停電のレジ
キャッシュレスには
打つ手なし

停電対策をしよう

停電の準備をしよう

ハイテクな家ほど停電に弱い

東日本大震災時には、原発事故の影響で電力が不足し、「計画停電」が実施されました。また最近では異常気象による豪雪で、停電が発生しました。停電があらかじめわかっているときは、準備をしましょう。停電解除後の通電時に、火災の原因になりそうな電熱器具は、コンセントを抜いておくこと。冷蔵庫の中身をチェックし、夜の停電時につまずかないよう、部屋を片づけておく。ハイテクな住宅ほど、電気にたよっています。停電で、何が使えて、何が使えないか、知っておきましょう。

冷たっ

エレベーター
立体駐車場
オートロックのドア

ガスや水道も
停電で止まる可能性が
あります

ラジオには電池を用意
携帯電話はフル充電

パソコンのデータは
こまめに保存

暑さ対策
寒さ対策も

凍らせたペットボトル
涼
ペットボトルあんか

考えましょう

明かりは心強い
味方ですが

火の扱いには
ご注意を

徹底節電の方法

温水便座《おんすいべんざ》のコードを抜きましょう

無理ならフタをするだけでも節電になります

電気ポットの保温機能は使わない

わかしたお湯を保温性のある水筒《すいとう》に

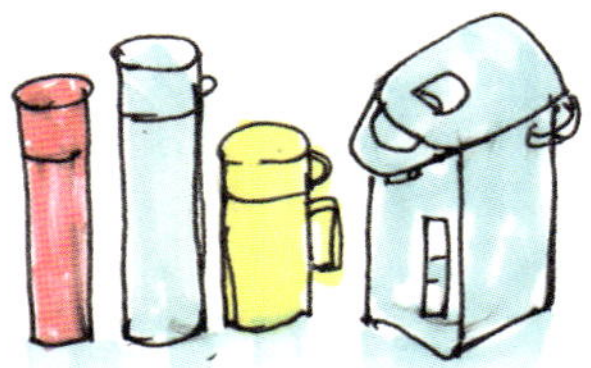

夕方から夜の電力消費のピーク時を外して

ご飯を炊いておき保温はしないようにします

家族全員ひとつの部屋で

団らんを

サザエさんち
みたいね…

消費する電力を考慮してやりくりする

使っていない部屋の消灯を心がけ、主電源をきちんと切りましょう。とくに熱を発しやすい家電は、電力消費のピーク時を外して使いましょう。たとえば、寒い冬には厚着をする、こたつぶとんを1枚多めにする、テレビを節電モードにする、圧力鍋を使い煮物の時間を大幅短縮《おおはばたんしゅく》する、冷蔵庫の開け閉めを少なくする、乾燥機《かんそうき》、食器乾燥機もお休みする、夜は早く寝るなど、ゲーム感覚で節電《せつでん》のアイディアを家族で出し合うといいかもしれません。

ソーラーライト
太陽光で充電して
8時間点灯！
ライト部分だけ外して
使用できるタイプも
あります。

ヘッドライトと蛍光《けいこう》リングを使いこなそう

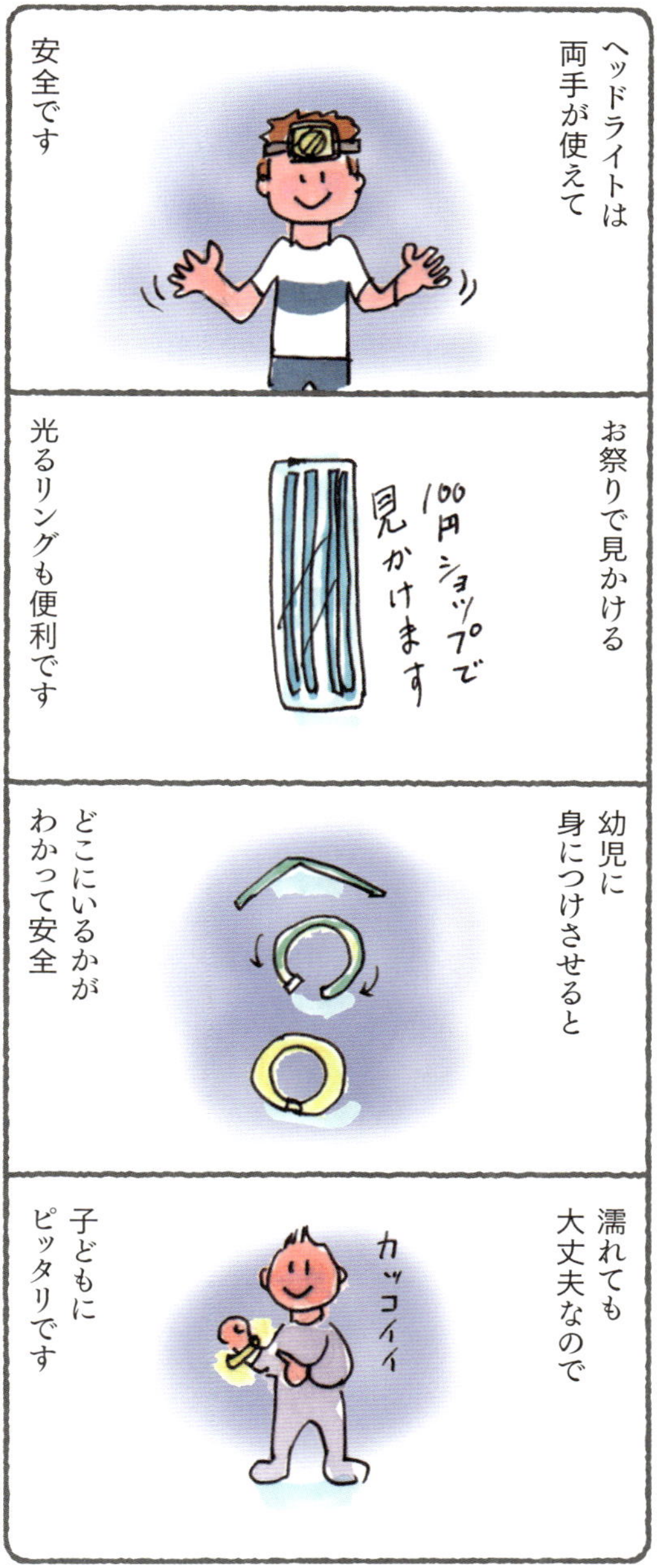
ヘッドライトは両手が使えて安全です
お祭りで見かける光るリングも便利です
100円ショップで見かけます
幼児に身につけさせるとどこにいるかがわかって安全
濡れても大丈夫なので子どもにピッタリです
カッコイイ

停電時は安全第一を考えて

停電に慣れてくるころがいちばん危ないといいます。つまずいてケガをしたり、ろうそくの明かりをひっくり返して火事になったりすることも。

停電になったときは、基本的に寝るのがいちばんです。トイレに行くときは、ヘッドライトをつけて行くようにしましょう。

光るおもちゃを活用

懐中電灯にレジ袋をかぶせるとふんわりとした明りになる

明かりをつけて心に火を灯《とも》そう

非常時の明かりはものの在りかを確認するためのもの

現代人は、暗闇《くらやみ》に慣れていません。懐中電灯を使ってからろうそくを使うと、その暗さにびっくりするでしょう。ろうそくや手作りランプの明かりでは、本を読むことはできません。ろうそくの明かりは、「ここにテーブルがある」「棚がある」と判断する目安に使うつもりでいるといいでしょう。また、非常時に火を使うのはどうか慎重《しんちょう》に！

昔ながらの行灯《あんどん》の明かりと同じ

ティッシュの灯芯とお皿2枚で作るシンプルな明かり

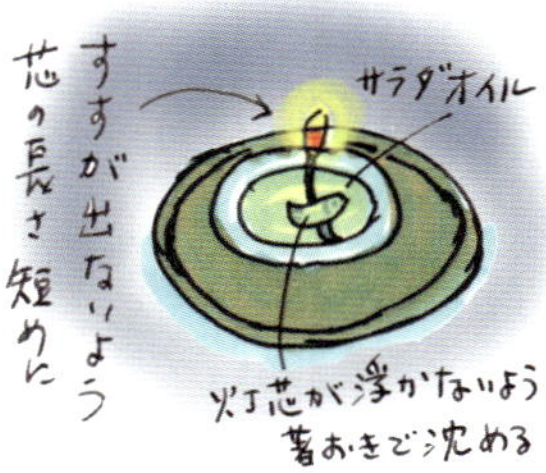
サラダオイル
すすが出ないよう芯の長さ短めに
灯芯が浮かないように箸おきで沈める

クギで穴を開けて作れる

ツナ缶ランプ

穴に灯芯をさすだけ
シーチキンオイル
ツナ缶ひとつで4時間もちます

空き缶で作れるランタン

反射で明るい

アルミホイルとコップを使っても作れます

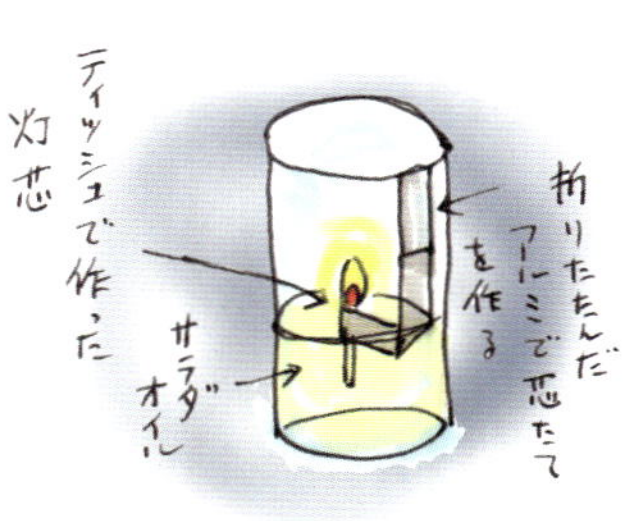
折りたたんだアルミで芯たてを作る
ティッシュで作った灯芯
サラダオイル

コップがたおれても火災にはなりませんが
念のため
あらかじめお皿の上にのせておきましょう

冷蔵庫の停電対策

冷蔵庫は大きなクーラーボックス

冷蔵庫はドアを開けるたびに冷気が逃げ、電力が使われます。停電中でも、数時間ドアを開けなければ、冷蔵庫の中の食品の品質は保たれるでしょう。また、凍ったペットボトルは保冷材にもなりますし、中身が溶けたら飲料用としても使うことができるので、日ごろから常備しておくといいでしょう。ペットボトル内の飲料をしっかり凍らせるためには、2日間ほどかかります。停電中に、家族が習慣で冷蔵庫を開けてしまうのを防ぐためにも、冷蔵庫の目立つところに貼り紙をしておきましょう。

ふだんから冷凍庫に
水を入れて凍らせたペットボトルを用意

停電中は冷蔵庫を開けないつもりで
クーラーボックスを活用しましょう

そしてもうひと工夫
保冷カーテンをつけましょう

使うものをひとまとめにして
取り出しやすくしておきましょう

電気を使うときは**時間差**で工夫しよう

冬の電力ピークは
朝と夕方
暖房と炊飯に
電力が使われます
夏の電力ピークは
昼間と夕方
クーラーと炊飯に
電力が使われます
電力を使う
アイロンがけや
お菓子作りなどは
深夜にやりましょう
ひとり
サマータイム
早めの出社で
そのぶん
残業しないのも
おすすめ

非常事態の節電の心得

世の中の節電対策としては、工場の機器の操業《そうぎょう》時間や、各企業の休日などをずらすなどしていますが、個人でできる時間差の節電もあります。たとえば、子どもたちの夏休み期間は、電力ピークの時間帯に図書館や公民館などで過ごしたり、友だちと待ち合わせして宿題タイムにしてもいいですね。スペインのように、シエスタ（昼寝）を導入《どうにゅう》するのはどうでしょう？ **健康が増進《ぞうしん》すると同時に、節電にもなります**から、一石二鳥ですよね。

シエスタ導入

被災 そのあと

よしず、打ち水で涼しい風を入れよう

暑さ対策をかねた節電方法

水にひたして濡らすことでひんやりするタオルや、保冷剤を入れたハンカチ、機能性涼《りょう》感《かん》シーツなど、多種多様なエコグッズがあります。また、昔ながらのよしずも人気です。よしず全体に打ち水をして、扇風機《せんぷうき》を回すだけでも、涼しくなります。夕方帰宅したとき、クーラーを入れる前に試してみてください。もちろん、その水は、おふろの水か防災用の保存水（自分で毎日入れ替えている水道水）（P23・P24参照）を使いましょうね。

機能性ハンカチ
保冷剤入バンダナ
保冷剤
よしず
グリーンカーテン
打ち水
クーラーの室外機《しつがいき》も日に当たらないようにするだけで
節電効果あり

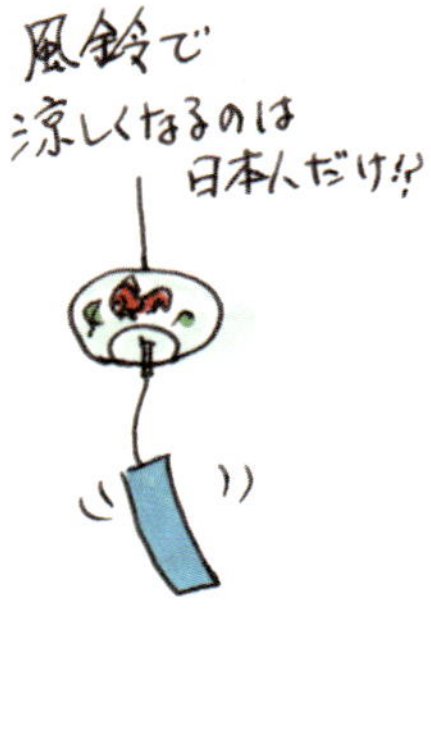
風鈴で涼しくなるのは日本人だけ!?

冬の節電は「あたたかさ」を逃がさないこと

窓は二重ガラスにし断熱シートを貼る

厚手のカーテンを二重にする

ファンヒーターは窓際におく

エアコンのフィルターはこまめにそうじ

ホットカーペットの下には遮熱《しゃねつ》シート

こたつぶとんは二枚重ねにする

厚着をして「あたたかさ」を逃がさない

ふだんから習慣にしておく

「寒さ」を遮断して「熱を逃さない」ことが「節電」になります。

電気を使わない「湯たんぽ」は、寝床専用にするのではなく、昼間でも足もとをあたためるのに使えます。

また、ときどき体を動かして、体のしんから温めましょう。

第4章

非常時を乗り切るアイディア

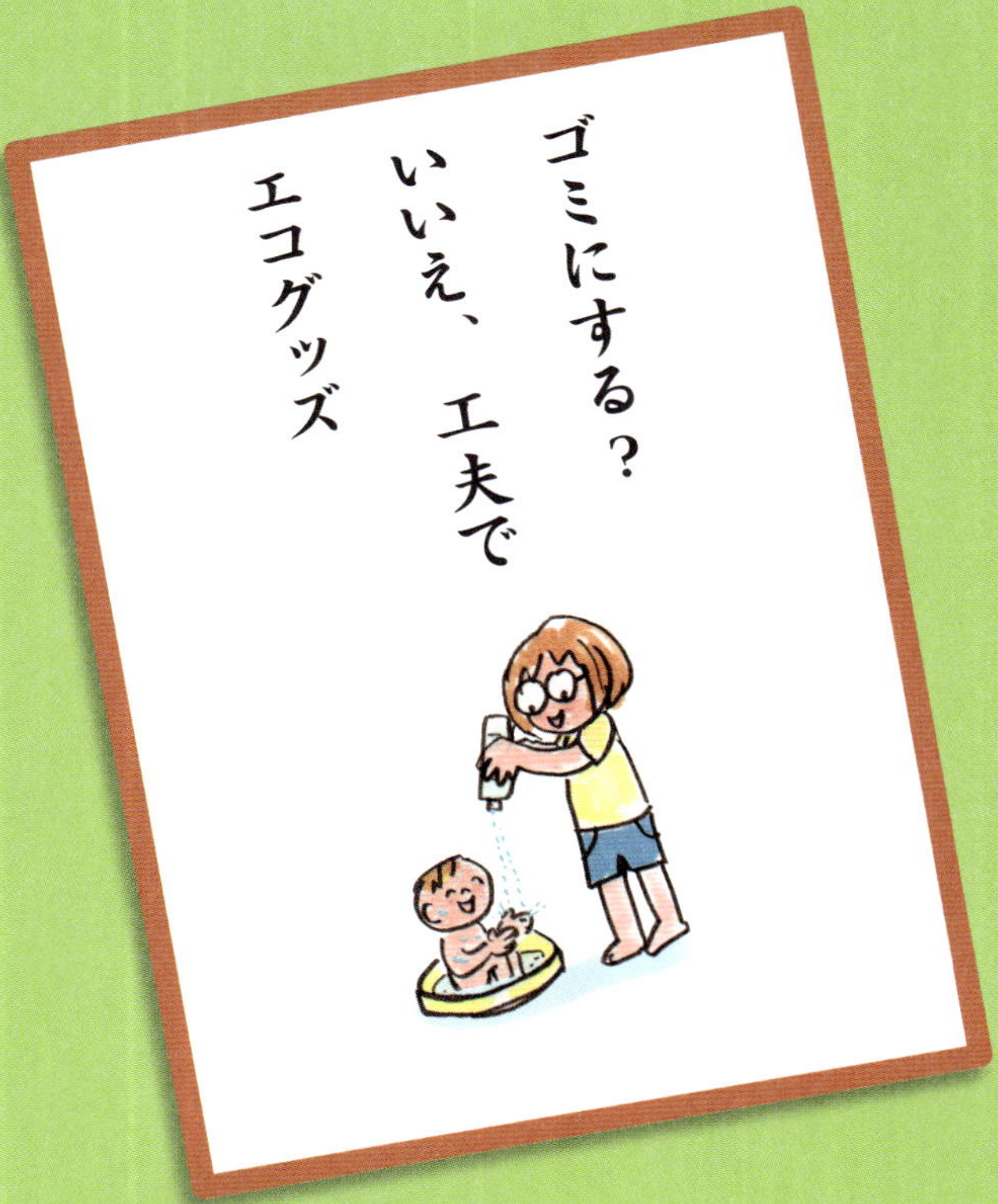
ゴミにする？
いいえ、工夫で
エコグッズ

ふだんの道具で乗り切ろう！

水を十分に使えないことを想定しておく

貯水タンクに揚水《ようすい》ポンプで水を上げているマンション、平地でも上水道の加圧《かあつ》に電動ポンプを利用している地域などは、災害時には、停電などの影響で水道が止まる可能性があります。このペットボトルシャワーを利用するなどして、飲料以外の水を極力節水する工夫をしましょう。飲料用以外にも水を使うことを想定して、家庭にも水を用意しておきましょう（P23・P24参照）。また、おふろに入れない夜は、足湯とおしぼりでさっぱりしてもいいでしょう。

あったまる〜
42°の
熱めお湯
15〜20分

ペットボトルのキャップがシャワーに変身

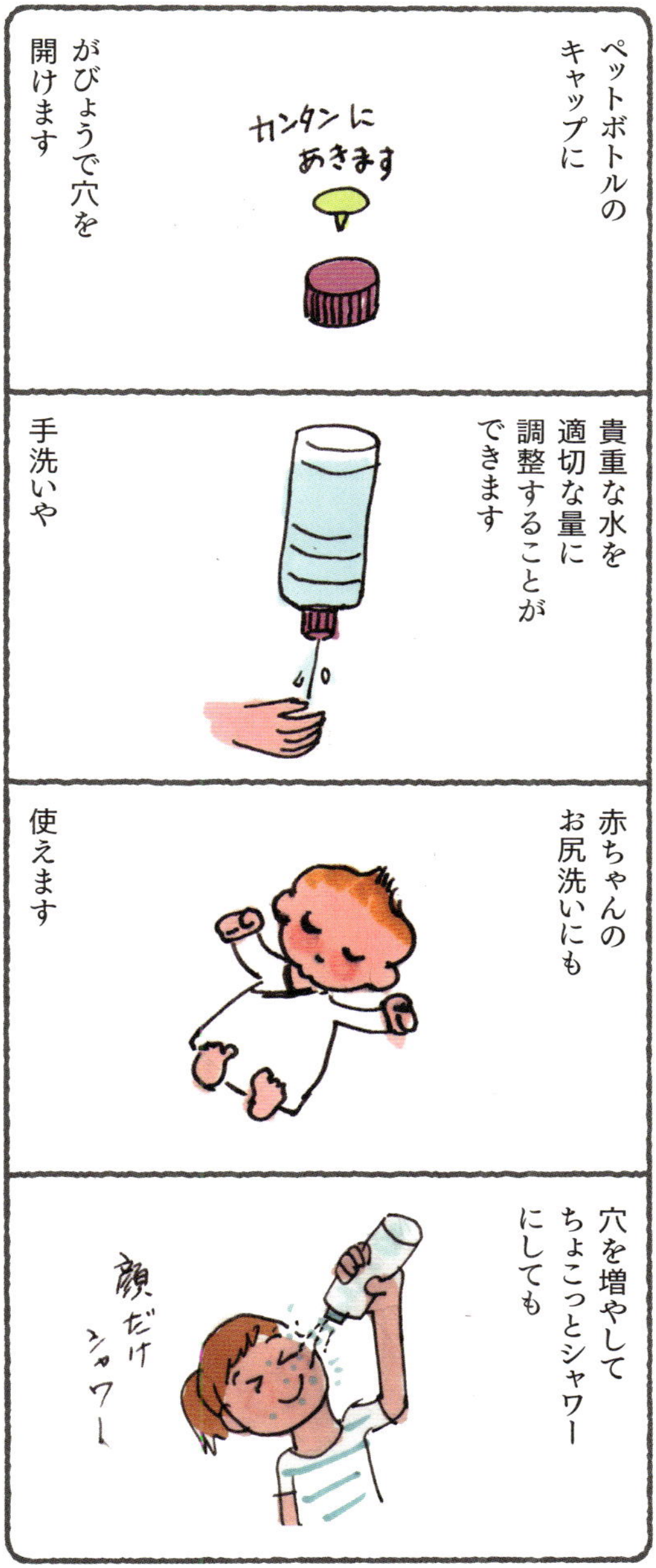
ペットボトルのキャップにがびょうで穴を開けます
カンタンにあきます
貴重な水を適切な量に調整することができます
手洗いや
赤ちゃんのお尻洗いにも使えます
穴を増やしてちょこっとシャワーにしても
顔だけシャワー

ペットボトルで手作りハエ取り器

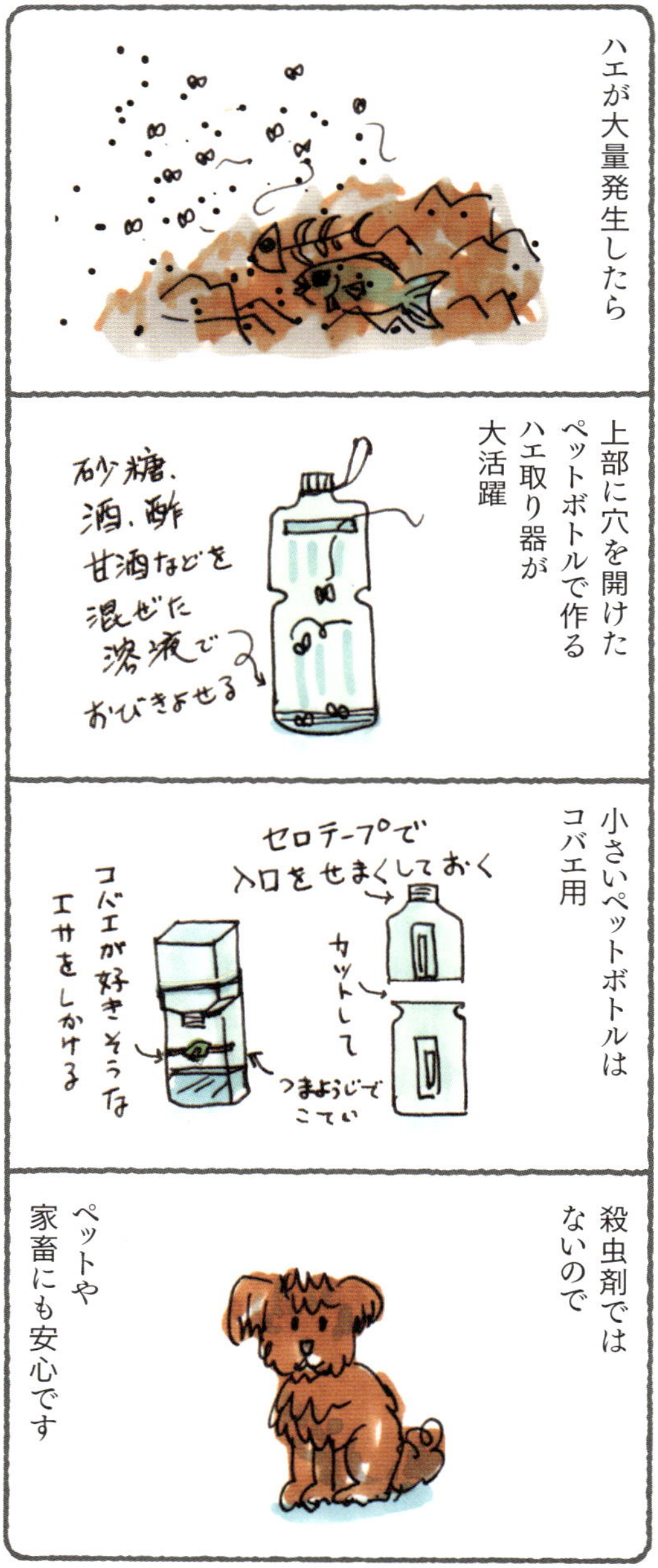
ハエが大量発生したら
上部に穴を開けたペットボトルで作るハエ取り器が大活躍
砂糖、酒、酢 甘酒などを混ぜた溶液でおびきよせる
小さいペットボトルはコバエ用
セロテープで入口をせまくしておく
カットして
つまようじでこてい
コバエが好きそうなエサをしかける
殺虫剤ではないので
ペットや家畜にも安心です

エサは酒などの発酵性《はっこうせい》のものが効く

酢や酒のにおいに寄ってきたハエが中に入り、出られなくなってペットボトルにたまるカンタンな仕組みです。ハエの大量発生時には、1日置いただけでボトル半分ほどのハエがたまるといいます。エサになる溶液等《ようえきなど》は、それぞれ工夫しましょう。入り口は、ハエが出てこられないように小さめに作ります。また、エサの液体に少量の洗剤《せんざい》を混《ま》ぜると、落ちたハエが界面活性剤《かいめんかっせいざい》（洗剤）の作用で溺《おぼ》れ死《じ》にます。

ただし、ハエの発生源《はっせいげん》を断たなければ解決《かいけつ》になりません。

バナナの皮はコバエも大好き

ペットボトルであんかを作ろう

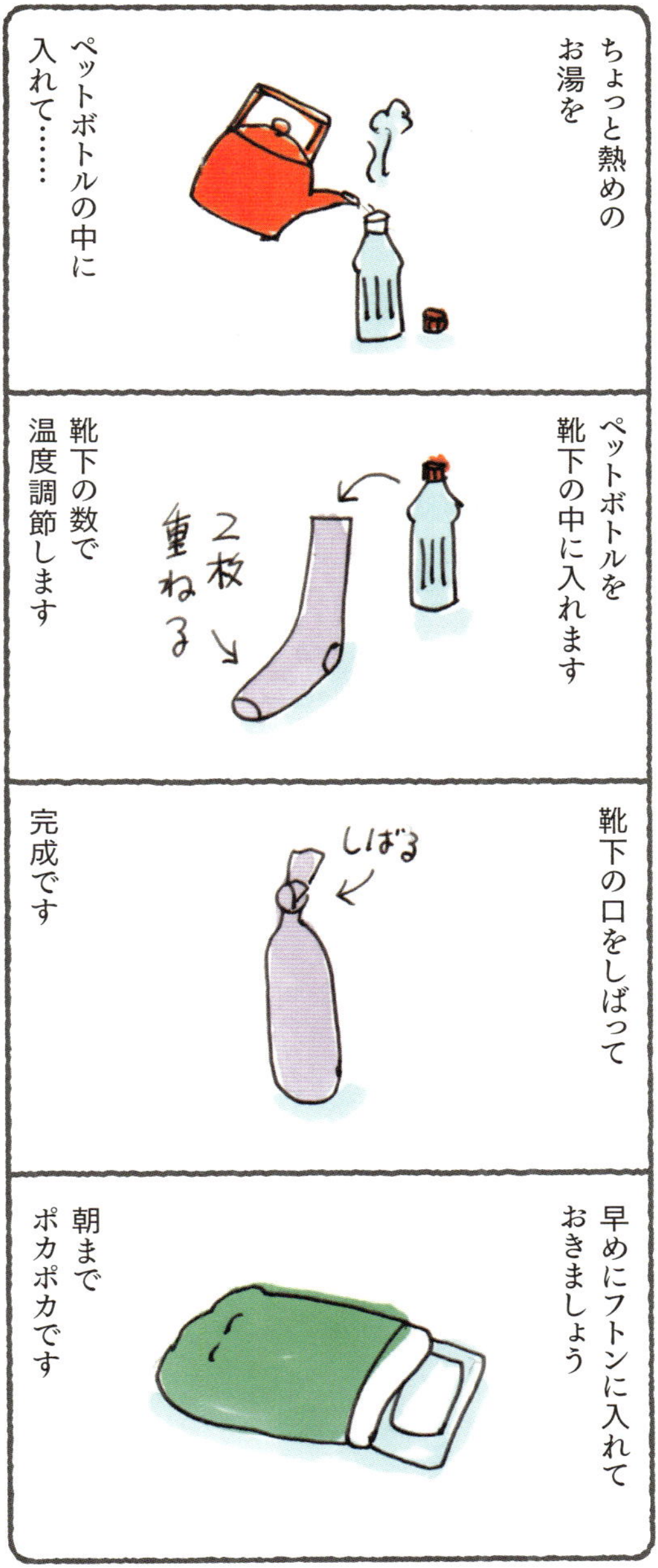
ちょっと熱めのお湯を
ペットボトルの中に入れて……
ペットボトルを靴下の中に入れます
2枚重ねる
靴下の数で温度調節します
靴下の口をしばって
しばる
完成です
早めにフトンに入れておきましょう
朝までポカポカです

靴下とペットボトルを使えばカンタンに作れる

ペットボトルは、大きく分けて2種類あります。ホット用とコールド用です。温かい飲みものはホット用のペットボトルで売られていて、キャップがオレンジ色になっているのが目印です。**ホット用のペットボトルは耐熱用《たいねつよう》に作られているので、「あんか」にするにはおすすめです。**なお、コールド用にお湯を入れてもボトルが溶けたりすることはありませんが、軽く薄い素材《そざい》でできているエコボトルなどは避けたほうがよいでしょう。

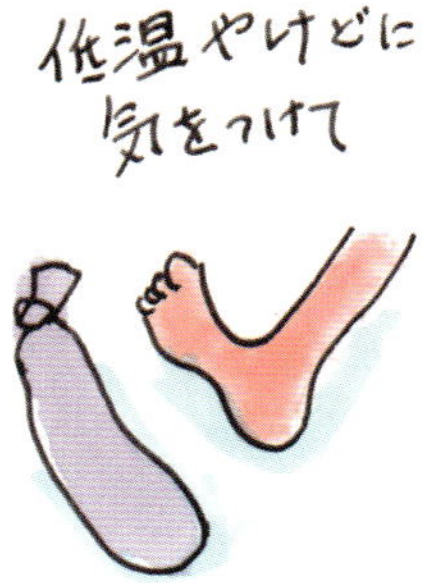
低温やけどに
気をつけて

惜《お》しみなく使える新聞紙を活用しよう

防寒や
おなかにまくと暖かい
湿気よけ
地面の湿気 冷たさから守ってくれる
レジャーシート
新聞紙
におい消し
手作りトイレに
使用済みのおむつをつつむ
そのほか
たくさんの用途《ようと》が
あります
骨折の添え木に
おもちゃの刀

生活アイテムとして ふだんから 確保しておく

新聞紙はコピー用紙などと違い、表面にコーティング加工がされていないので、吸湿《きゅうしつ》・防臭性《ぼうしゅうせい》に優れています。また、インクに含《ふく》まれる油分が水と交わると、界面活性剤の役割を果たすことから、昔は防虫にも使われていました。

さらに、ふだんのそうじに活用することもできます。たとえば、まるめた新聞紙で窓ガラスを磨くとピカピカになります。このように、新聞紙はさまざまなことに使うことができるのです。

ごみ箱の底に
敷いて臭い消しに
汚水も溜まらない

非常時を乗り切るアイディア

ラップをいろいろ活用しよう

包帯やスポンジの代わりになる!

ラップの使い道はいろいろです。ラップをくしゃくしゃにまるめるとスポンジになります。また、包帯がないときに包帯代わりに使うこともできますし、包帯の上からラップを巻けば、雨などの水滴《すいてき》から保護《ほご》することができます。

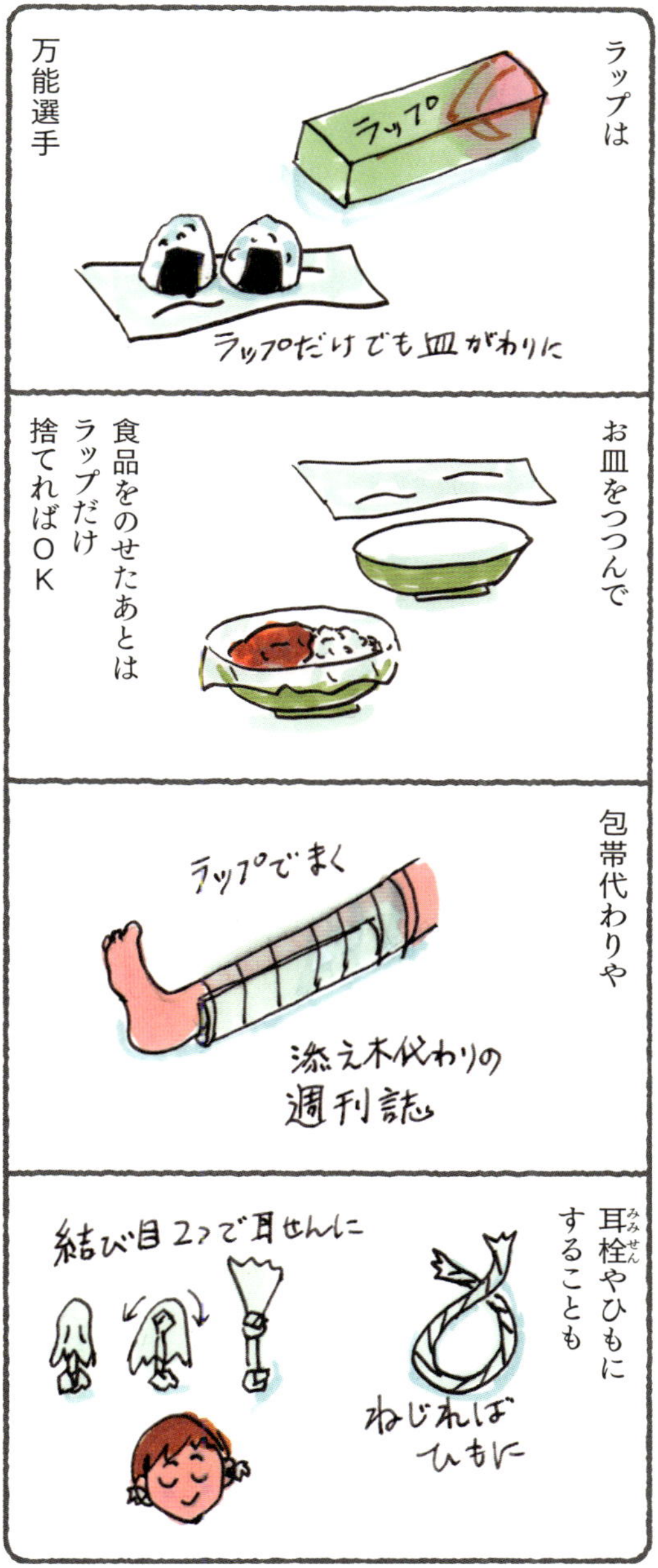
ラップは
万能選手
ラップ
ラップだけでも皿がわりに
お皿をつつんで
食品をのせたあとは
ラップだけ
捨てればＯＫ
包帯代わりや
ラップでまく
添え木代わりの
週刊誌
耳栓《みみせん》やひもに
することも
結び目2つで耳せんに
ねじれば
ひもに

新聞とセットで
おなかに巻くと
防寒に

何にでも使えるパンティストッキング

家を探せば1枚は出てくるパンスト
寒さよけにズボンの下にはくもよし
マジ あったかい
こんな使い方も
これも
あったかい
切り落とす
腕にケガをしたときつるすこともできます
伸びるので使いがってがいい!
頭のケガの包帯代わりにも

かさばらないので持ち運びに便利

伸縮性《しんしゅくせい》のあるパンストの生地《きじ》は、ふだんの生活でも大活躍しますが、非常時の避難生活などでも活躍します。

貴重品を入れておなかに巻いておくとなくしません。伸縮《しんしゅく》性《せい》のある生地を利用して、避難所で自分の荷物をつなげておいたり、支給《しきゅう》された寝具《しんぐ》をまとめたりするなど、ひもとして利用するのもいいでしょう。ロープと異なり、しばってもほどけにくく、解きやすいところが高齢者に向いています。もちろん伝線《でんせん》したパンストで十分です。

ふとんをしばって
クッションに

昔から万能な日本手ぬぐい

手洗いできて乾きやすい日本の手ぬぐい

手ぬぐいの特徴《とくちょう》は、両端が切りっぱなしになっていることです。そのため、さきやすく乾きやすくなっています。時代劇などで、男性が、草履《ぞうり》の鼻緒《はなお》が切れて困っている娘さんに、自分の手ぬぐいを歯で切れ目を入れてひも状にさき、

草履の鼻緒を直してあげるシーンを見たことはありませんか？ 手ぬぐいは乾きやすく、さきやすい素材として非常に重宝します。**手洗い洗たくしかできない避難生活にも便利です。**

日本古来の手ぬぐいは……

切りっぱなし

さいてひも状にして

包帯やひもとして使えます

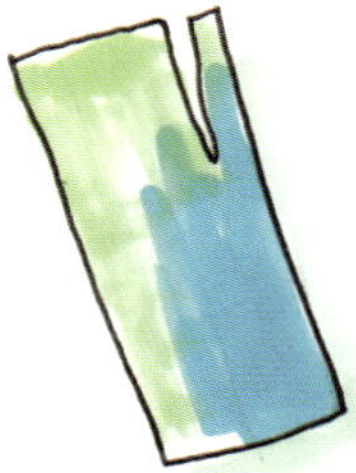

ねんざした足を固定することもできます

木綿《もめん》はすべりにくくほどけにくいので優れものです

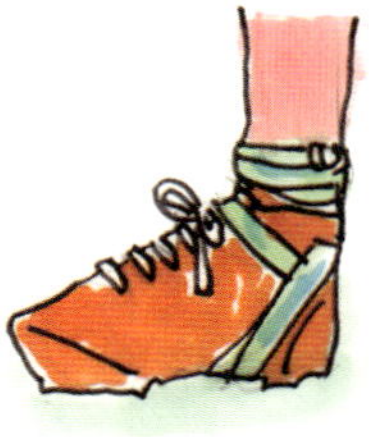

薄いのですぐ乾くのも便利です

非常持ち出しぶくろに入れておく

チリやホコリから守ってくれるレインコート

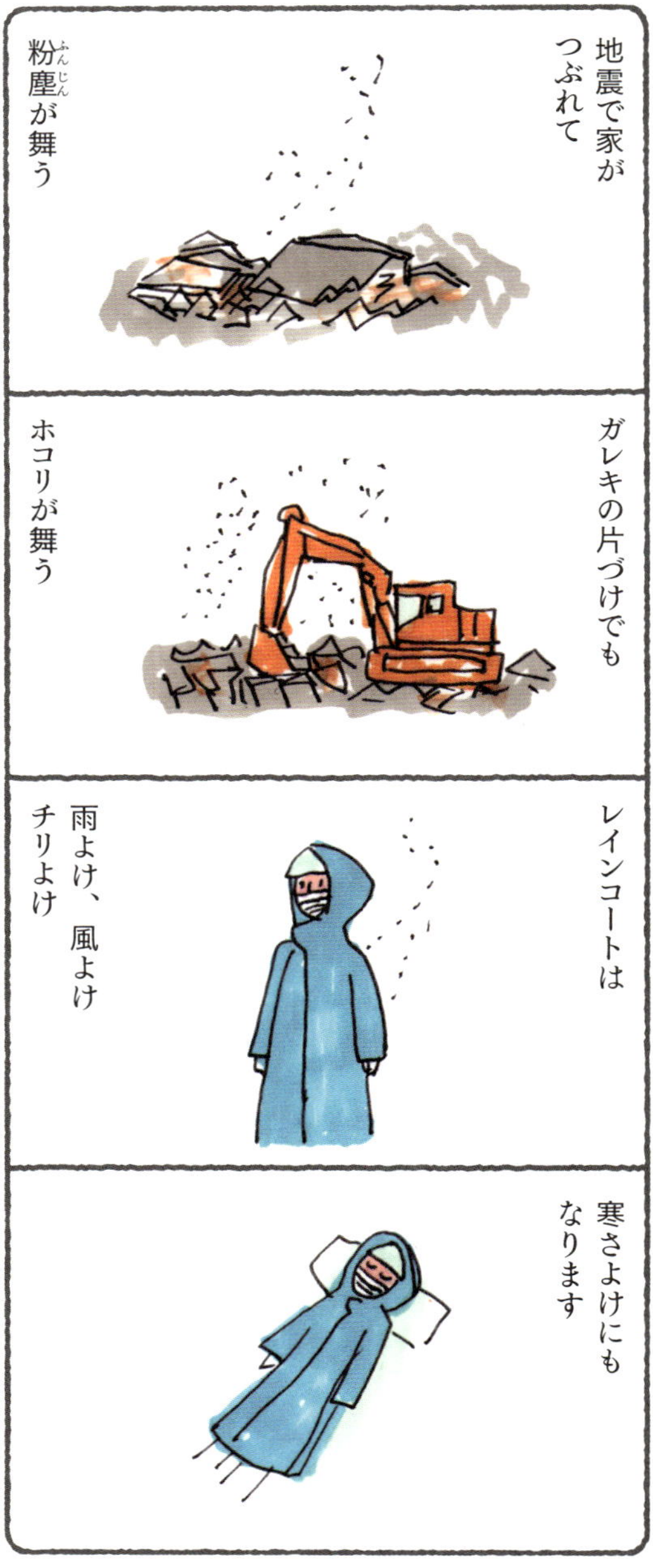
地震で家がつぶれて
粉塵《ふんじん》が舞う
ガレキの片づけでも
ホコリが舞う
レインコートは
雨よけ、風よけ
チリよけ
寒さよけにもなります

ホコリやアスベストから身を守る

地震で倒壊した建物からは、チリやホコリが舞います。津波や雨で濡れていたガレキも、乾けばホコリが舞いあがります。人が動いて撤去《てっきょ》作業が始まると、さらに舞い散るでしょう。古い建物に使われていたアスベストも舞い散るので、注意が必要です。

こういったときに、雨風を通さないレインコートを活用しましょう。洗たくができない被災地では服を汚さないので便利です。

がれきの中には
アスベストも、
予防には防じん
マスクを

緊急時の手作りナプキンの作り方

布とガムテープがあれば手作りできる

どんなときも、思わぬことにあっても、生理がくるときはきます！　東日本大震災が起きたときにも、支援物資《しえんぶっし》として緊急で欲しいものに挙げられました。

また、ケガをしたときに、手作りナプキンを傷に当て、その上から包帯を巻くと、止血にも有効です。

身近にあるモノで

かぶれを防ぐために清潔なコットン素材を用意します

中に入れるのは紙やボロ布、吸水性《きゅうすい》のあるものを……

しんにして巻く

巻き終わりをガムテープで止めて

ガムテープの面を下にして使う

下着への血液浸透《しんとう》を防ぎます

分解して洗って使い回しも可能ですが……

ズレないように端を止めても

感染症《かんせんしょう》を防ぐためにも使い捨てのほうがおすすめです

非常時を乗り切るアイディア

家にあるもので寝袋《ねぶくろ》を作ろう

家にあるもので寝袋を作ってみましょう

ビニール袋
発泡スチロール
ブルーシート
新聞紙
ダンボール
ひも

ブルーシートの両端を寄せ合わせひもでくくります

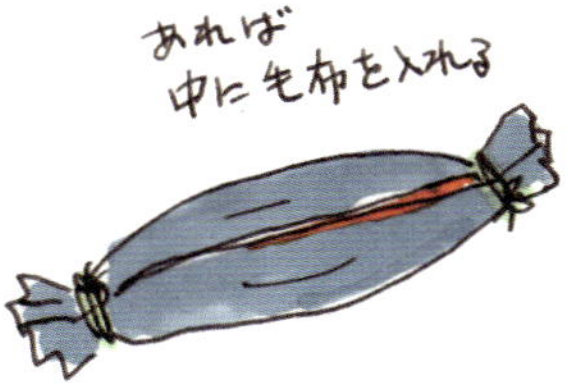
あれば中に毛布を入れる

地面や床からの冷えをダンボール発泡《はっぽう》スチロールなどで防ぎます

ダンボール
発泡スチロール

新聞紙とビニール袋でも寒さを防げます

上からコート
新聞紙を入れたビニール袋

やむを得ず野宿するときも安心!

発泡スチロールの箱を解体し、ダンボールを重ねて、地面や床のかたさと寒さから身を守ります。新聞紙や衣類で空気の層を作り、ブルーシートで外側をおおい、風を避けます。こうして作った寝袋の中であたたまった空気を逃がさないように、肩口《かたぐち》をしっかりおおう工夫も大切です。

ブルーシートがないときは、ビニール袋に新聞紙を入れて、その中に足を入れてふとん代わりにすることもできます。

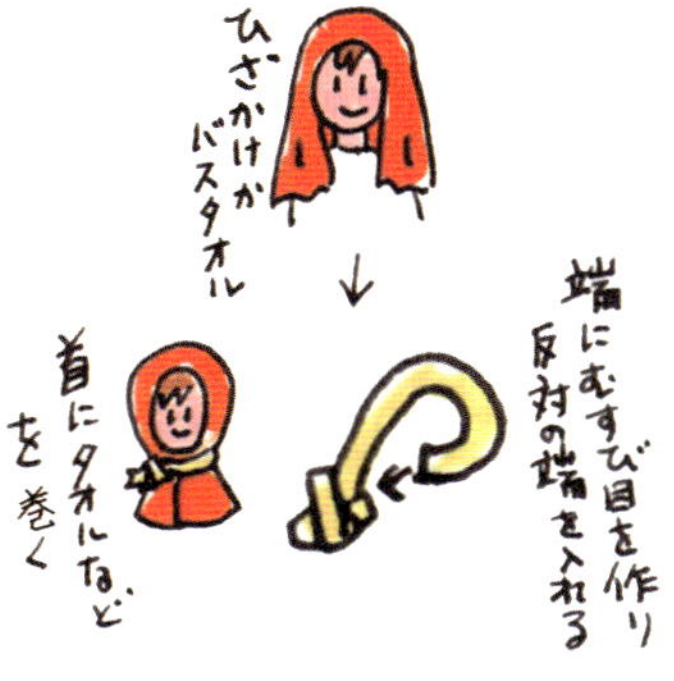
ひざかけかバスタオル
端にむすび目を作り反対の端を入れる
首にタオルなどを巻く

デニムジャケットで抱っこひもを作ろう

デニムジャケットは75キロまで耐えられる

デニム素材は、幌《ほろ》馬車の幌《ほろ》がルーツですから、何よりもじょうぶな生地が特徴です。使われているボタンも、金属製の取れにくいものが主流です。**抱っこひもとして使う場合、金属ボタンがしっかり留められることが前提《ぜんてい》です。**使用する前に、金属ボタンが確実についているかどうか、確認してください。デニムジャケットのサイズやお母さん、子どもの身長や体格によって条件は異なりますから注意して試してください。なお、はずれやすいスナップボタンなどのデニムジャケットは、抱っこひもには使わないようにしましょう。

ボタンがしっかりついていてデニムが厚手であること

そでボタンの片方をはずし
もう片方のそでとつなぎます

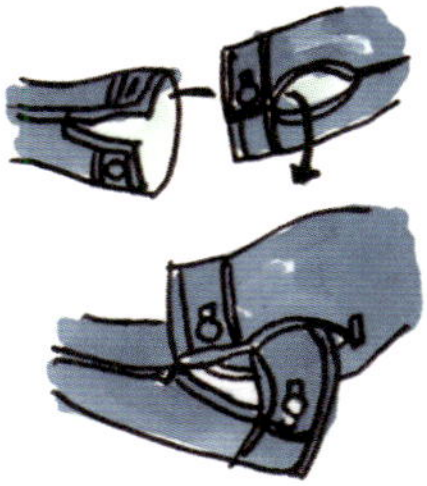

すそを持って腰にまわし……
一番下のボタンを背中で留めます

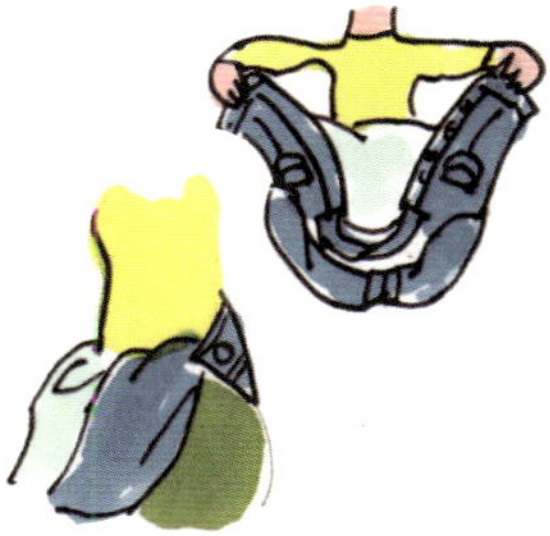

つないだそでを首にかければ
カンガルーポケットが完成

赤ちゃんを抱えて抱っこ完了です

エプロンでベビーチェアを作ろう

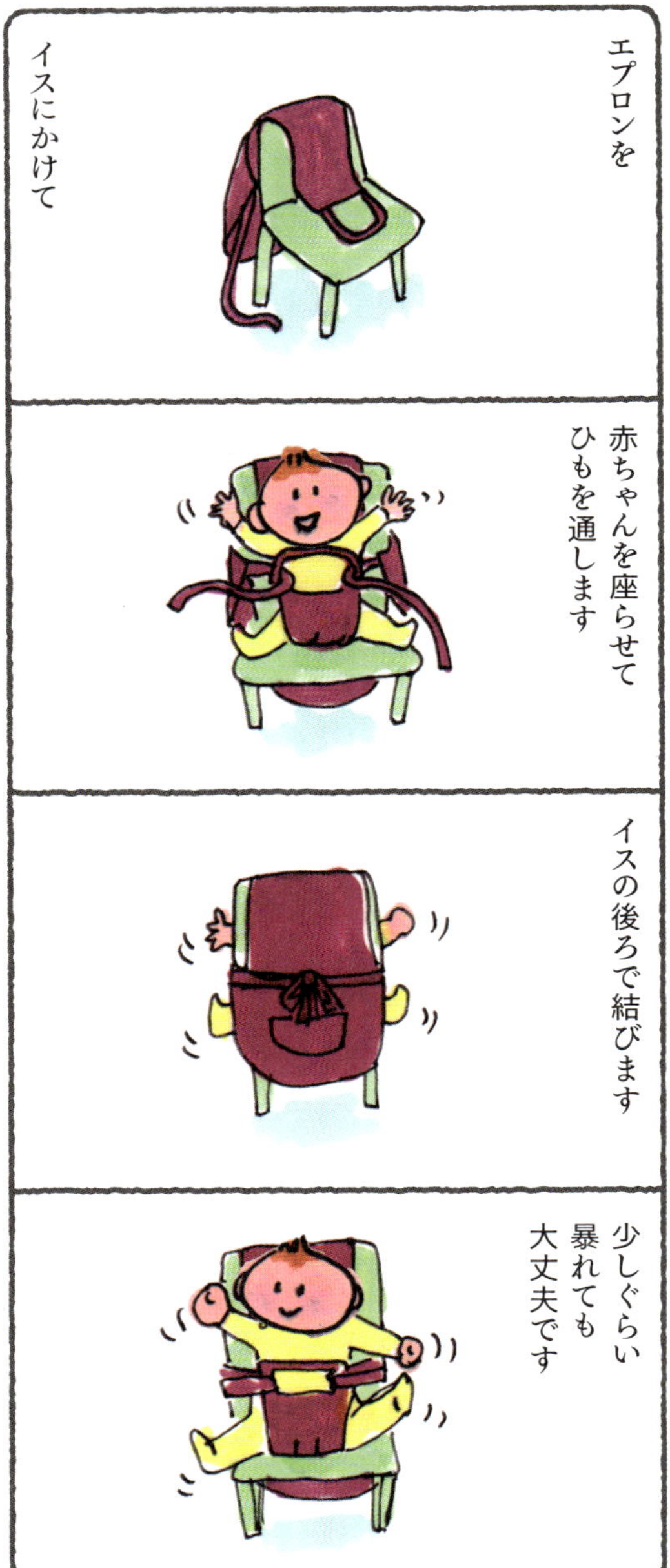
エプロンを
イスにかけて
赤ちゃんを座らせて
ひもを通します
イスの後ろで結びます
少しぐらい
暴れても
大丈夫です

エプロンで安全ベルト完成

避難所などには、赤ちゃん用のイスはありません。でも、動き回る赤ちゃんをふつうのイスに座らせるのは危険です。赤ちゃん用のイスがないときは、エプロンが1枚あれば、安全ベルトとして代用できます。ただし赤ちゃんによっては、ぐずって激しく暴れると危険なので目を離さないでください。災害時以外にも、お出かけ先で子ども用のイスのない場合などに応用できるでしょう。

エプロン一枚で

非常時を乗り切るアイディア

緊急時の赤ちゃん用おむつを作ろう

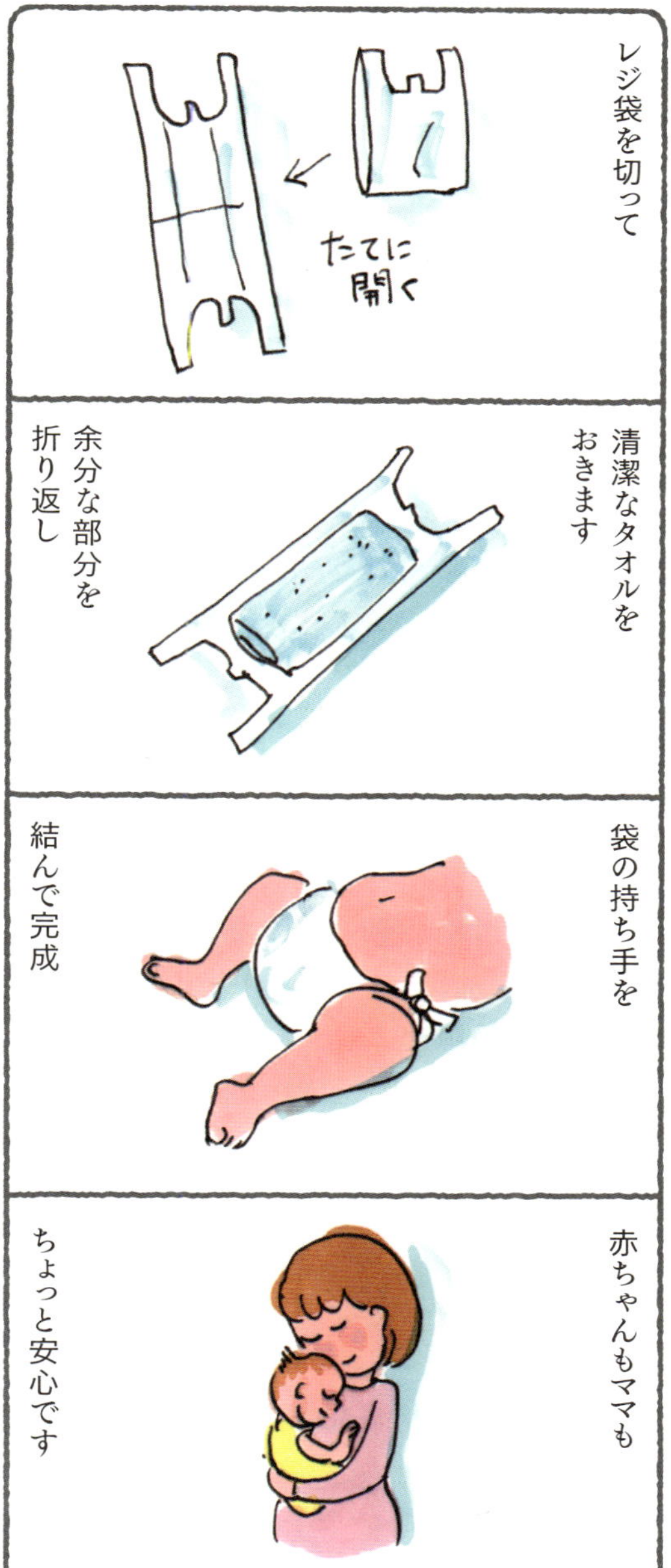
レジ袋を切って
たてに開く
清潔なタオルをおきます
余分な部分を折り返し
袋の持ち手を
結んで完成
赤ちゃんもママも
ちょっと安心です

レジ袋とタオルで緊急おむつ完成

いつでもどこでも、たとえどのスーパーや薬局が閉まっていても、赤ちゃんのおむつは待ったなしですよね。災害時におむつが手元にない場合は、身のまわりにある手に入りやすいもので代用する工夫をしましょう。おむつにする材料に困ったときは、周りの人にどんどん声をかけてみましょう。子どもは社会の財産です。みんな協力してくれますよ。

レジ袋、赤ちゃんの大きさに合わせて「ふんどし」スタイルでも

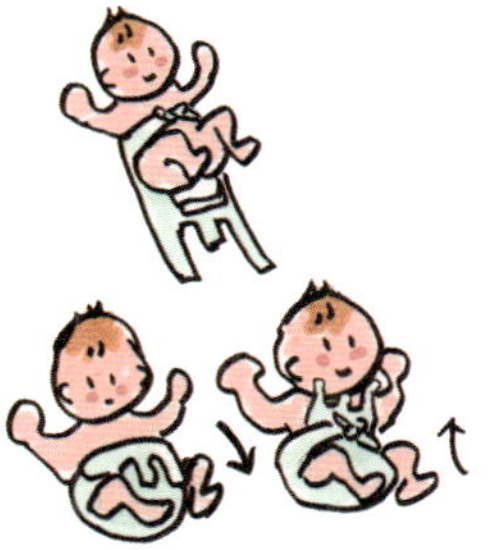

赤ちゃんのお尻ふきを手作りしよう

赤ちゃんの
お尻ふきの買いおきが

切れてしまったら……

赤ちゃん用のもく浴剤と
コットンで

スキナベーブ
カンタンに作れます

水に溶かした
もく浴剤をコットンに
ひたして容器で保存

しずくが出る
くらいが
使いやすいでしょう

1日分の量を
朝に作って
使い切りましょう

コットンと赤ちゃん用のもく浴剤で完成

おむつかぶれしてしまった肌には、もく浴剤がよく効きます。また、お尻にへばりついてしまったうんちなどをふいてあげるときも、水分たっぷりの手作りお尻ふきなら、しぼって流してカンタンにふき取ることができます。

溶かすもく浴剤の量はほんの少しで十分なので、入れすぎないように。フタのある容器で、使い切れる量だけ作るようにしましょう。

冬は
ひやっとしないように
手で温めて
使う

非常時に助かる「液体ミルク」が解禁

お母さんの負担を減らしてくれる強い味方

「液体ミルク」は、欧米諸国では一般的に販売されています。使うときに衛生的な水や容器の煮沸《しゃふつ》消毒を必要としないので、大規模災害が発生するたびに、日本国内での販売を求める声があがっていましたが、

いよいよ法律の整備により、製造販売が実現します。外出先、災害時だけでなく、深夜の授乳にも活躍しそうですね。

北海道胆振東部地震で支援された物資に
「液体ミルク」がありました
緊急輸入
せっかくの支援なのに国内の使用例がないという理由で
北海道では配られなかったとか
熊本では活用されていたのに
なじみがないことが誤解《ごかい》を生みましたが……
いよいよ国産の「液体ミルク」が販売されます
赤ちゃんミルク
紙パック入りで6か月常温保存できる！
災害用に備蓄する計画の自治体もあります
これはつかえそう

夜中の授乳にも
いいかも

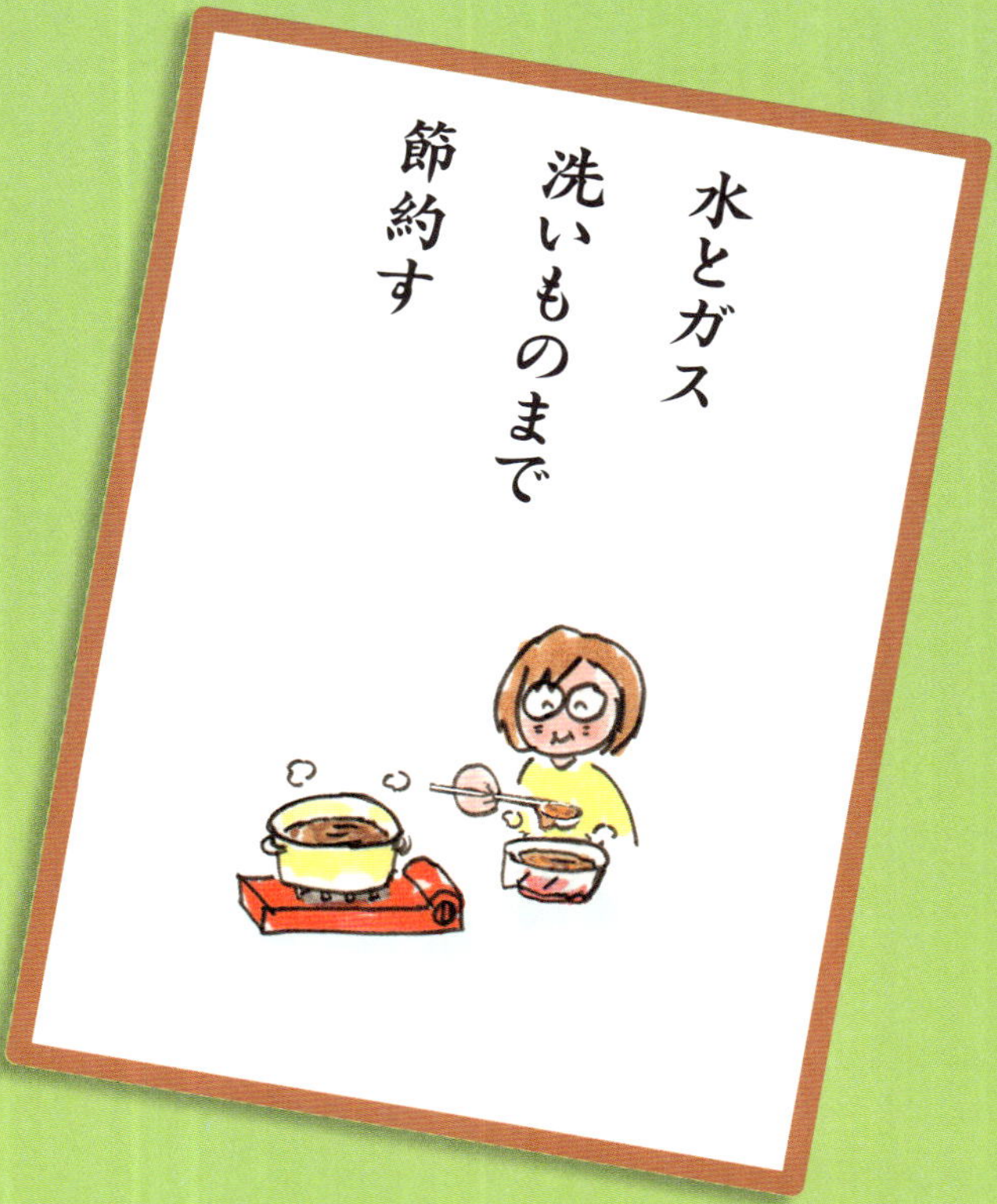
水とガス
洗いものまで
節約す

お手軽調理で乗り切ろう！

牛乳パックでスプーンを作ろう

牛乳パックの上部をカットします

角を生かして4等分にカットします

柄《え》の部分をななめにカットして

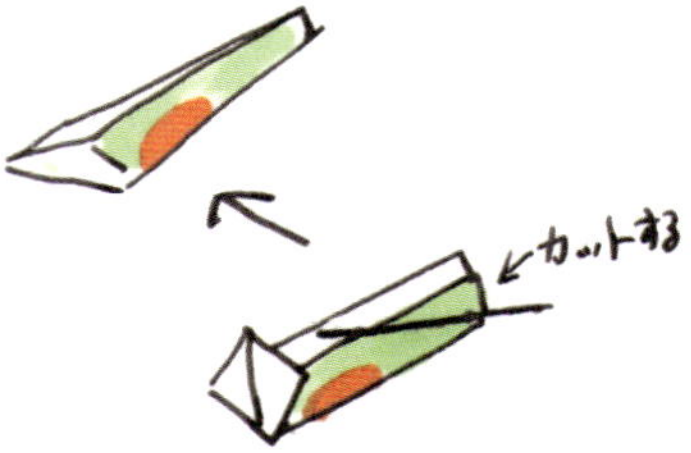
カットする

できあがり

れんげみたい

牛乳パックは何にでも使える優れもの！

炊き出し料理を分け合うにも、おはしやスプーンなどがなかったら困りますよね。**牛乳パックは水に強く、加工しやすい素材**です。

横に切ればコップになりますし、縦に切ればカレー皿にもなります。すべて開いて切れば、まな板の代わりにもなります。

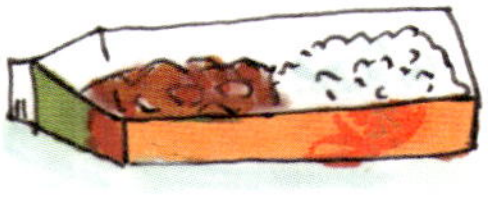

洗えて
おりたたんで
持ち運びできる

缶切りがなくても缶を開ける方法

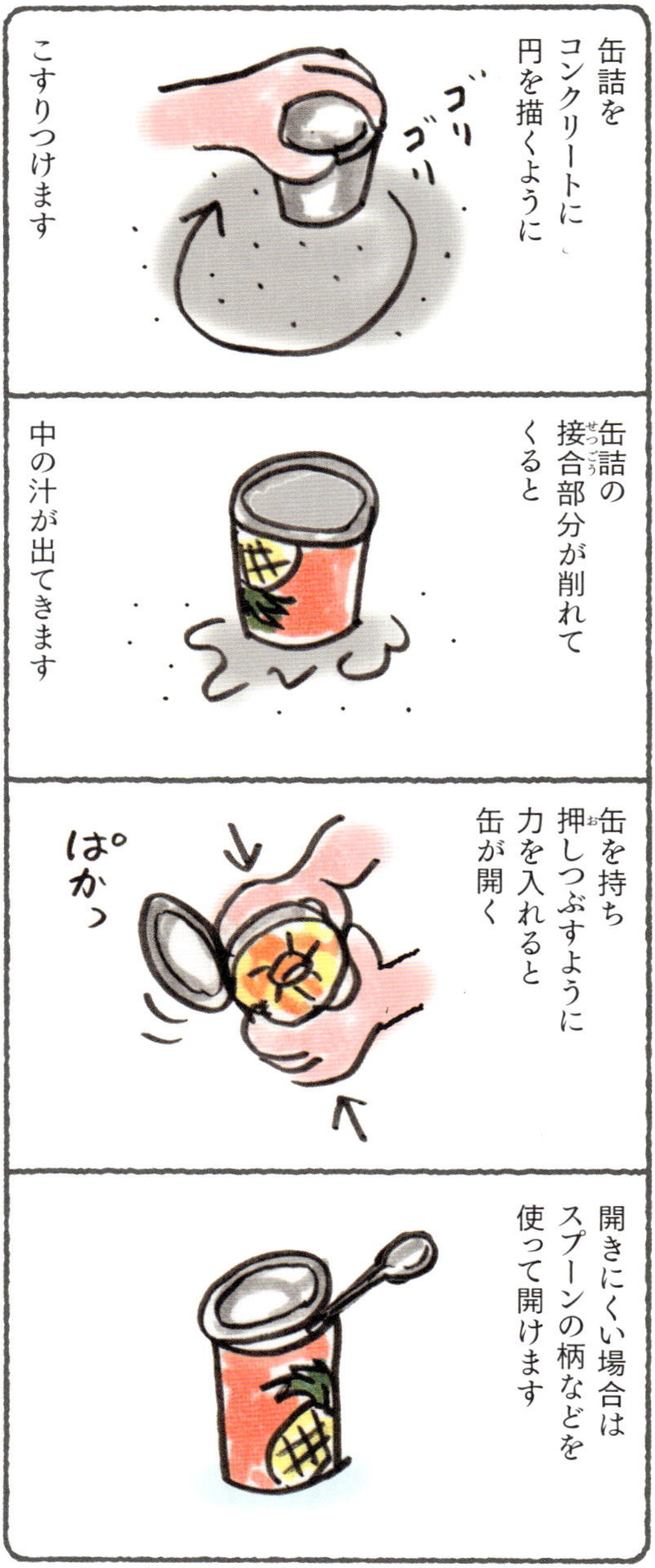
缶詰を
コンクリートに
円を描くように
ゴリ
ゴリ
こすりつけます
缶詰の
接合《せつごう》部分が削れて
くると
中の汁が出てきます
缶を持ち
押《お》しつぶすように
力を入れると
缶が開く
ぱかっ
開きにくい場合は
スプーンの柄などを
使って開けます

フチの結合部分を削るのが目的

缶詰は構造上、フチの接合部分を削れば開けることができます。凸凹《おうとつ》のあるかたいコンクリートやアスファルトが缶の接合部分を削ってくれます。

これなら、力のない女性や子どもでも、缶詰を開けることができますね。

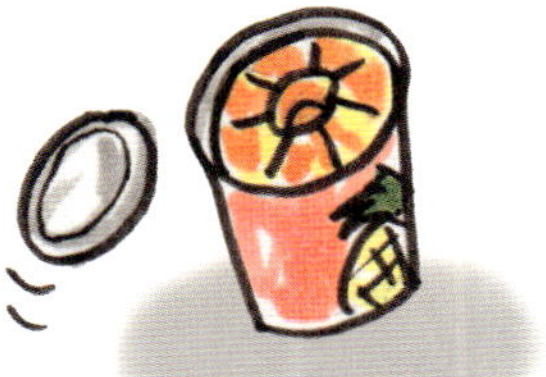

フタを取るときに砂などが入らないよう注意！

断水時の調理は道具を工夫しよう

コンパクトで便利な調理道具を使う

みじん切りをするときは、おろし金やスライサーを利用しましょう。包丁代わりにキッチンばさみを、薄切りにはピーラーを使うと便利です。浅《あさ》井《い》戸《ど》の水など、飲料に利用できない生活用水は、蒸し料理に利用するといいでしょう。

ポリ袋に食材を入れてきっちりしばり、鍋にわかした生活用水の中でゆでて、調理することもできます。大小のポリ袋を用意しておくと、いろいろ使うことができて便利です。

大小のポリ袋を用意しておく
ボール代わり
手ぶくろ代わり
水くみに

緊急時に貴重な水……

洗うときに大量の水を使うまな板や包丁は使いません

調理道具を工夫しましょう

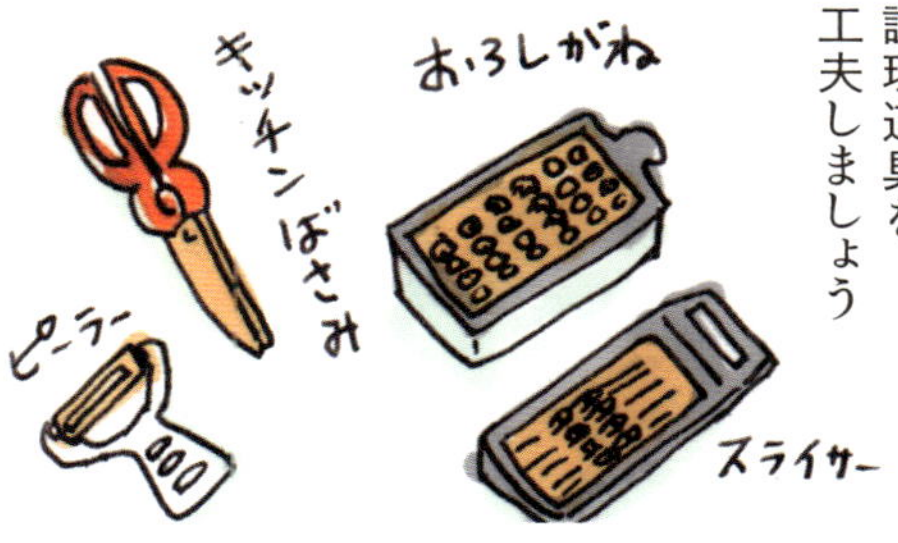

おろしがね
キッチンばさみ
ピーラー
スライサー

少ない水を使って洗えたり

熱湯をかけて消毒できるものを

蒸し器を使えば

飲めない水も活用できます

ポリ袋でご飯が炊ける

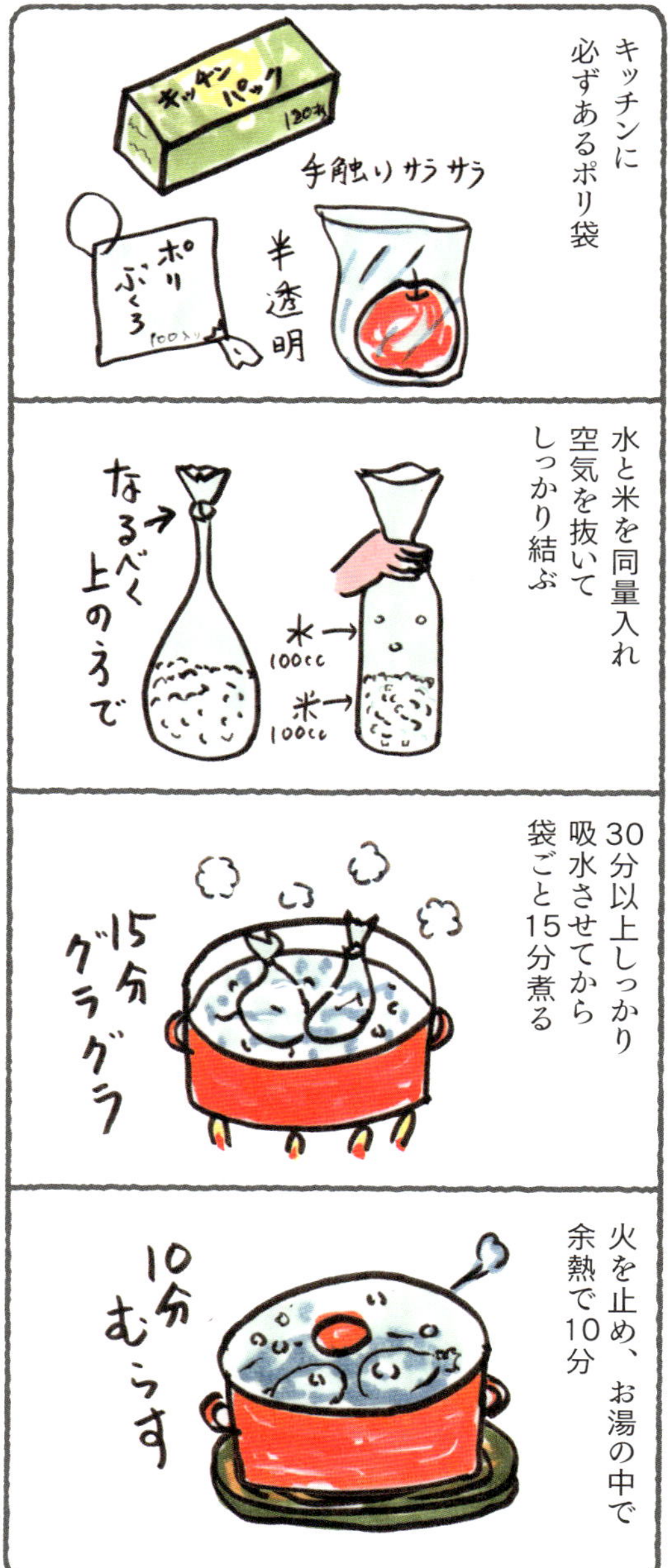
キッチンに必ずあるポリ袋
キッチンパック
120枚
ポリぶくろ
100入り
手触りサラサラ
半透明
水と米を同量入れ空気を抜いてしっかり結ぶ
なるべく上のほうで
水
100cc
米
100cc
30分以上しっかり吸水させてから袋ごと15分煮る
15分グラグラ
火を止め、お湯の中で余熱で10分
10分むらす

洗いものを出さない工夫をする

お鍋でご飯を炊くとき、焦げないようにするのは難しいものです。また、焦げた鍋を洗う水も、とても貴重です。非常時にお米を炊くときは、右のマンガのようにポリ袋を利用して炊くとカンタンです。

米袋をゆでたお湯は、スープやコーヒーを飲むのに使うこともできます。もちろん非常時ですから、使うお米が無洗米ではなくても、洗わずに炊きましょう。なお、米の量によって、炊き上がる時間が異なります。

塩をふればそのままおにぎりに

残りご飯から半年もつ保存食を作ろう

残ったご飯を

水で洗って
ぬめりを落とします

目の細かい
ザルの上で

2日ほど天日《てんぴ》干《ぼ》しして
カラカラにします

ザルの上で
ひろげて乾燥

長期保存できる
「干《ほ》し飯《いい》」の完成

お湯や水で
ご飯に戻ります

いわゆる
アルファ米
です

忍者も戦国武将も食べた「干し飯」

カラカラに乾燥させたご飯は、「干《ほ》し飯《いい》」といわれ、大昔から旅の携行食として、戦《いくさ》のときの非常食として重宝されてきました。現代では「アルファ米」と名前を変えている定番の非常食です。乾燥させたご飯は、密閉した容器に保存すれば、半年間はもつといわれています。水で1時間、お湯なら30分ひたしておけば、ご飯に戻ります。また、水で戻さずに油で揚げると、おいしい「あられおせんべい」になります。

足軽も
もっていたアルファ米

火を使わない料理を工夫しよう

甘酸《あまず》っぱいピクルス
食べやすく切った野菜
酢2:砂糖1
粒コショー
ローリエ
さっぱりキュウリの浅漬《あさづ》け
塩とこんぶだしを入れてもむだけ
スパイシーなサバカレー
さば缶
カレー粉
きゅうりの塩もみ
ごはんにかけて
こってりマヨ・ディップ
からし
砂糖
マヨネーズ
すりごま
野菜スティック
しょうゆ

漬け物や缶詰をうまく使う

非常時とはいえ、レトルト食品ばかりが続くと、野菜が食べたくなりますよね。そんなときに、漬け物やピクルスなどを用意しておくと、ちょうどいい「はし休め」になりますし、ビタミンの補給《ほきゅう》にもなります。

上手に缶詰を利用したり、味付けに工夫したりしましょう。食中毒にならないように酢を利用するなどして、すぐに食べ切るようにしましょう。

使える缶詰いろいろ
大豆
ツナ缶も

保温調理器具を作ろう

燃料《ねんりょう》が貴重な避難生活
厚手のバスタオル毛布
ダンボール
1枚ずつ手で丸めた新聞紙を敷き詰める
沸騰《ふっとう》させた鍋を
食材やメニューにより異なるが5〜10分
保温調理器具にすっぽり入れます
バスタオルの端をおりたたみ、さらに毛布などをかぶせる
毛布をかぶせて
30分放置して火を通します
汁は蒸発しないので味付けは濃いめに

燃料も節約できて安全

保温調理器具とは、沸騰させた煮こみ料理を、保温力を持続することで調理することができる器具のことです。火をつけっぱなしにしないので安全ですし、ぐつぐつ沸騰させないので、煮物などを煮くずれさせずにおいしく作ることができます。

ただし、保温調理器具は、冷蔵庫の代わりにはなりません。うっかりひと晩放置して中の料理を腐らせることのないように注意しましょう。

発泡スチロールの箱を使うとより効果的!

アルミ缶でコンロを作ろう

材料は家にあるもの

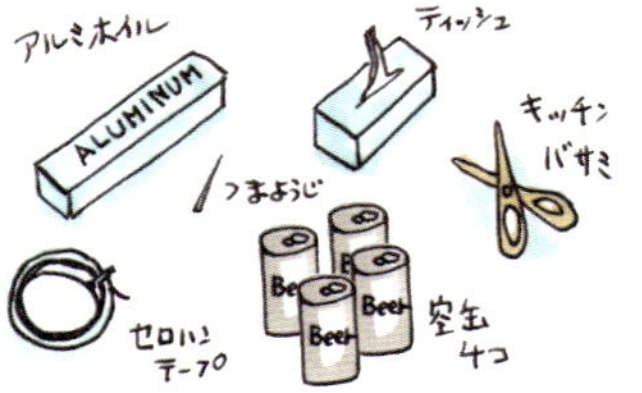
アルミホイル
ALUMINUM
ティッシュ
キッチンバサミ
つまようじ
セロハンテープ
Beer
空缶4つ

灯芯を作ります

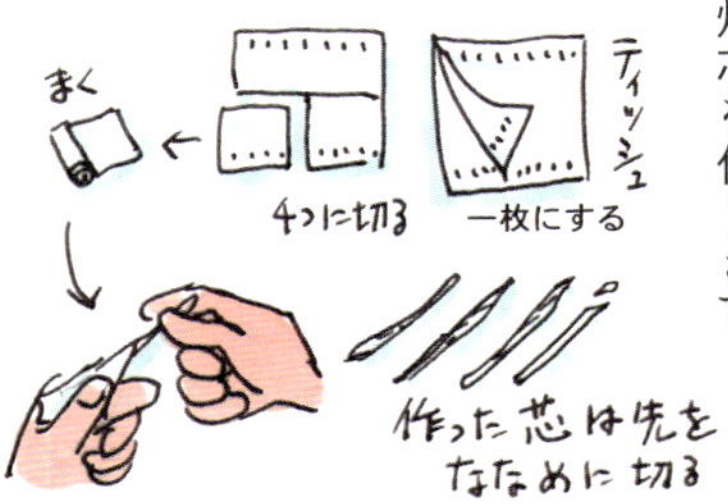
ティッシュ
一枚にする
4つに切る
まく
作った芯は先をななめに切る

アルミホイルで芯立てを作ります

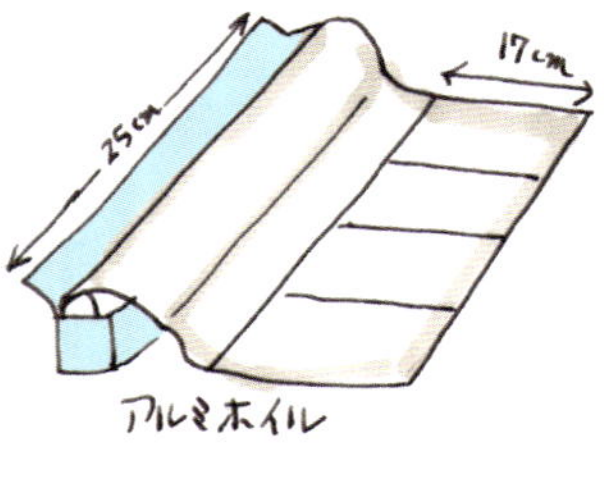
17cm
25cm
アルミホイル

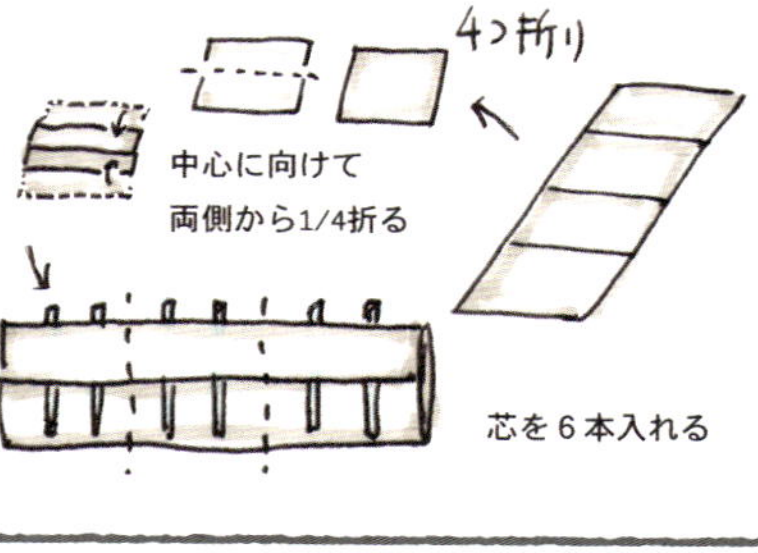
4つ折り
中心に向けて
両側から1/4折る
芯を６本入れる

灯芯をアルミホイルに刺していきます

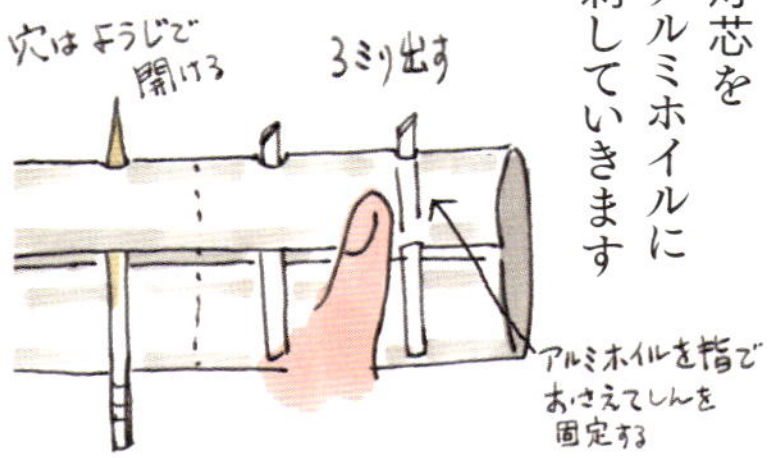
穴はようじで開ける
3ミリ出す
アルミホイルを指でおさえてしんを固定する

コンロ本体を作ります

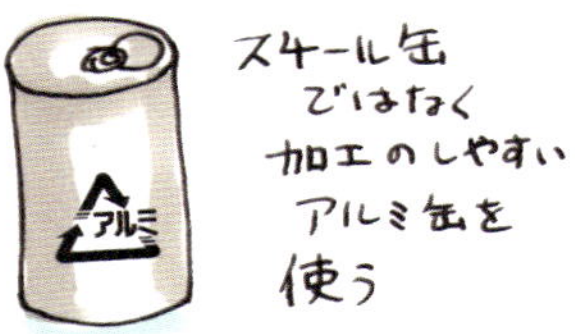
アルミ
スチール缶ではなく
加工のしやすい
アルミ缶を
使う

測ってしるしをつけていきます

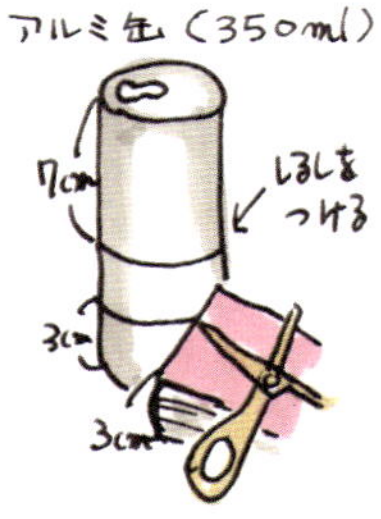
アルミ缶（350ml）
7cm
しるしをつける
3cm
3cm

しるしにそって切ります

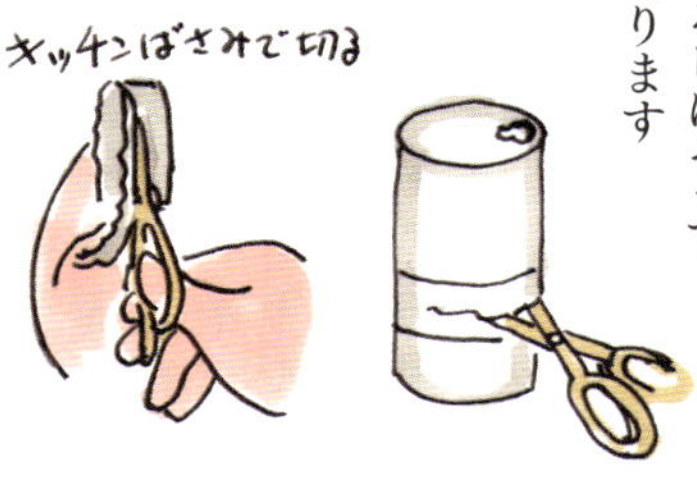
キッチンばさみで切る

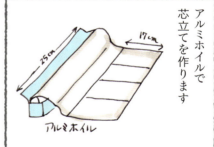

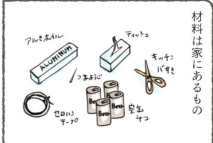

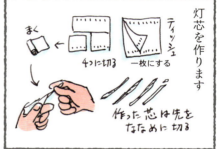

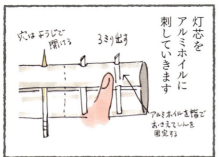

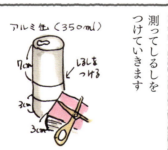

※食用油は360℃にならないと火はつきません

食品から放射性物質を除去《じょきょ》する方法

流水で洗う
皮をむく
ゆでこぼす
酢に漬ける
体内《たいない》被爆《ひばく》にはリンゴのペクチンが効果的です
ペクチンが放射性物質をからめとって排出してくれます
りんごジャム

出典『チェルノブイリ・放射能と栄養』実業公報社

放射性セシウムは水や酢に溶け出す

市場に出まわっている野菜や肉の安全性が心配だからといって、加工食品だけ食べて生きていくわけにはいきません。放射性物質が心配な人は、洗う、皮をむく、ゆでこぼして冷水にさらす、塩漬け、酢漬けにするなどして、食品から水分が出る調理法にしましょう。魚は内臓を取り、よく洗います。米は精米して研ぎましょう。**私たちがふだんしている下ごしらえをていねいにすること**が大切です。

チェルノブイリ
放射能と栄養

第5章

非常時の衛生とメンタルケア

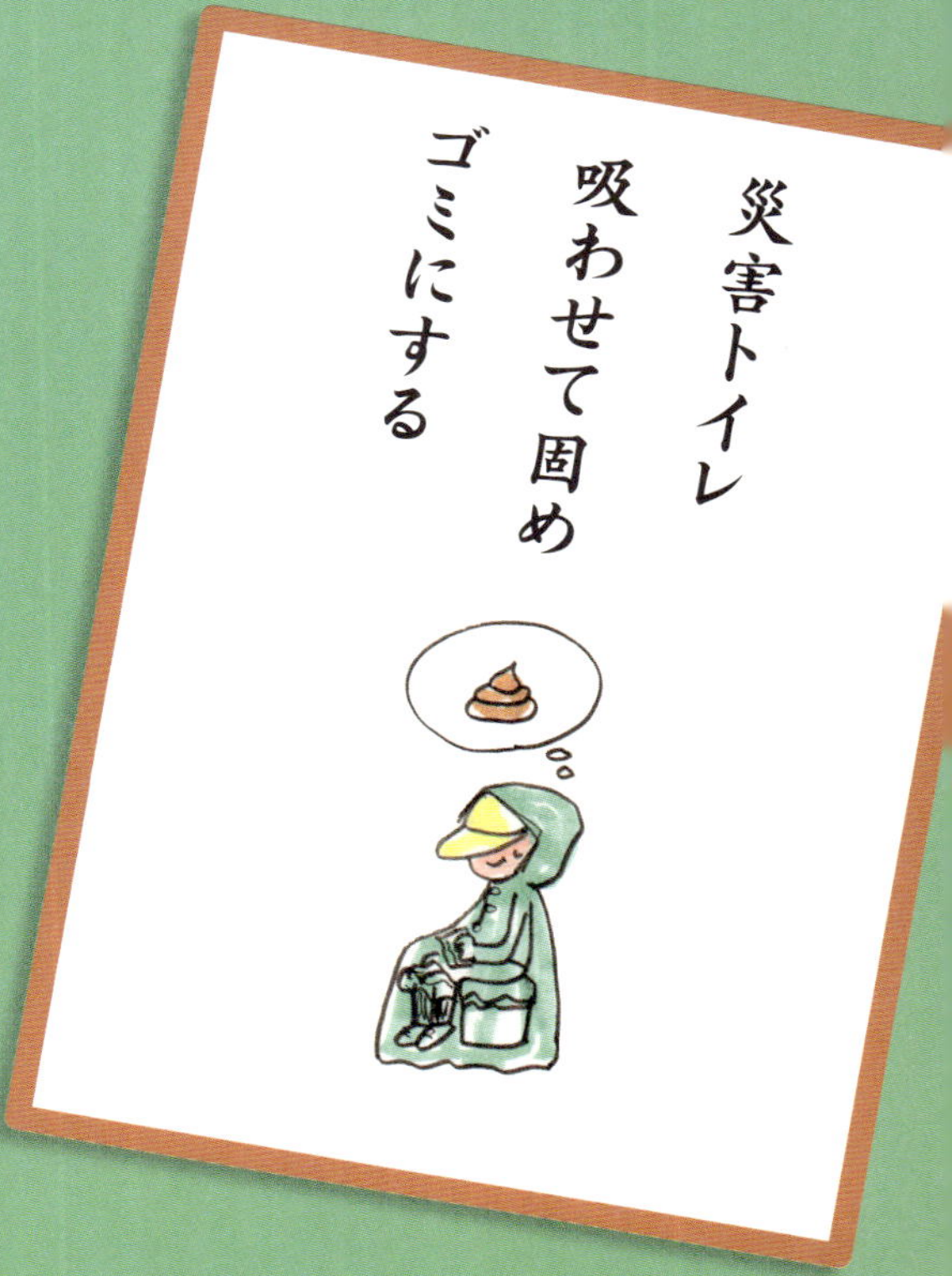
災害トイレ
吸わせて固め
ゴミにする

待ったナシ！
トイレ問題！

トイレも下水管も被災する!

トイレから汚水があふれ出してくることも

大きな地震を始めとした災害発生直後は、排水管が無事かどうかが確認できるまで「トイレを流す」「台所の排水」「おふろや洗面所の排水」はNGです。

マンションの管理規約で「震度○以上は排水禁止」と定められている場合もあります。

汚水がもれるとトラブルのもと

トイレが被災すると
ふろの水で
トイレは流さないで
まって
下水管が見えないので まちがった行動を とってしまうことが!
集合住宅の場合 下水管が破損すると
わあっ!!
上下階に汚水が あふれたり、漏れたり!
戸建ての場合は 自宅の敷地内で
汚水がわいてる
汚水が あふれ出したり
道路の下の 下水管が破損すると
キャー!
道路に汚水が あふれ出ることも!

下水管の無事を確認する方法

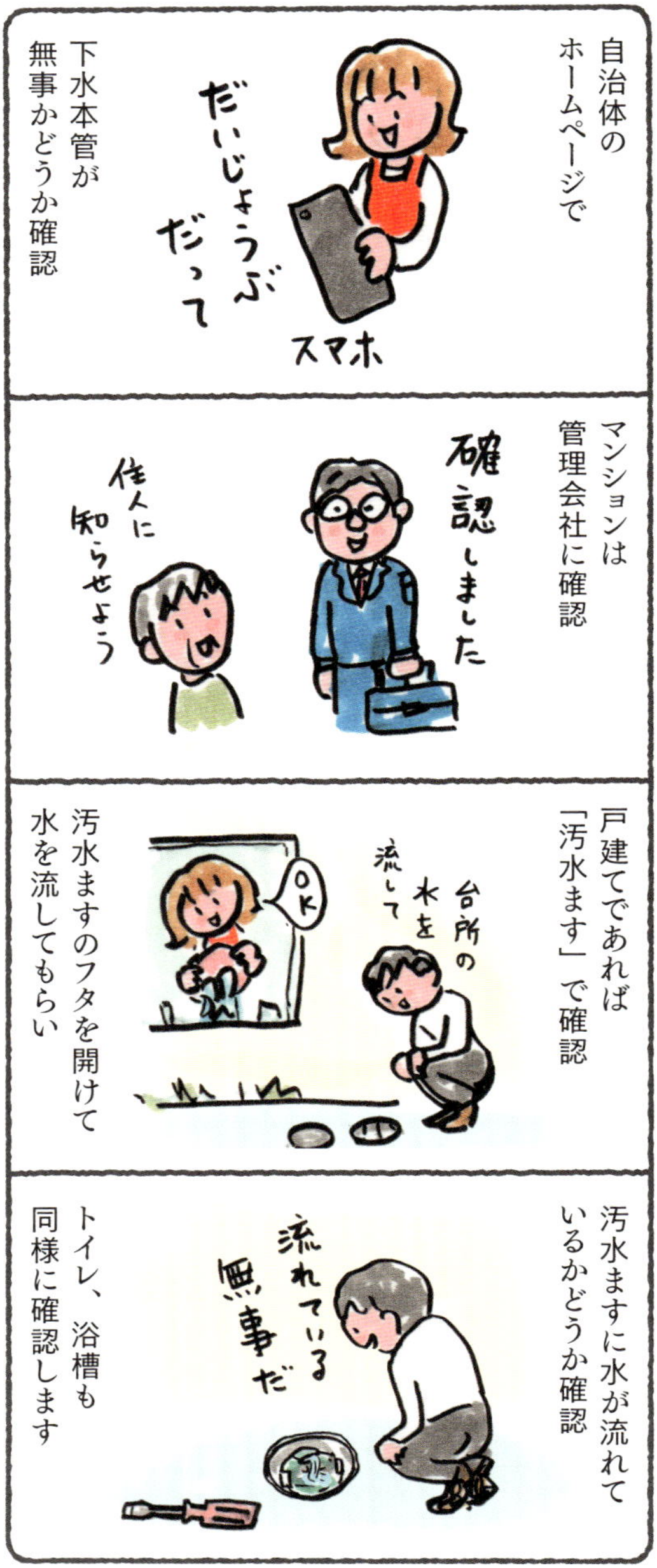
自治体のホームページで
下水本管が無事かどうか確認
だいじょうぶだって
スマホ
マンションは管理会社に確認
確認しました
住人に知らせよう
戸建てであれば「汚水ます」で確認
汚水ますのフタを開けて水を流してもらい
台所の水を流して
OK
汚水ますに水が流れているかどうか確認
トイレ、浴槽も同様に確認します
流れている無事だ

自分で判断せず確認してみること

マンションであれば管理会社や管理組合に確認しましょう。戸建てであれば「汚水ます」で確認します。汚水ますの中で「水が流れてこない」「水がたまったまま」であれば破損している可能性があります。その場合の修理は市区町村が指定業者の「排水設備工事店」に依頼しますが、費用は個人の負担になりますので、気をつけて。

しばらくは下水管が流れにくくなっている可能性もあるので、トイレットペーパーは流さず「可燃ゴミ」として処理してください

排水の仕組みを知っておこう

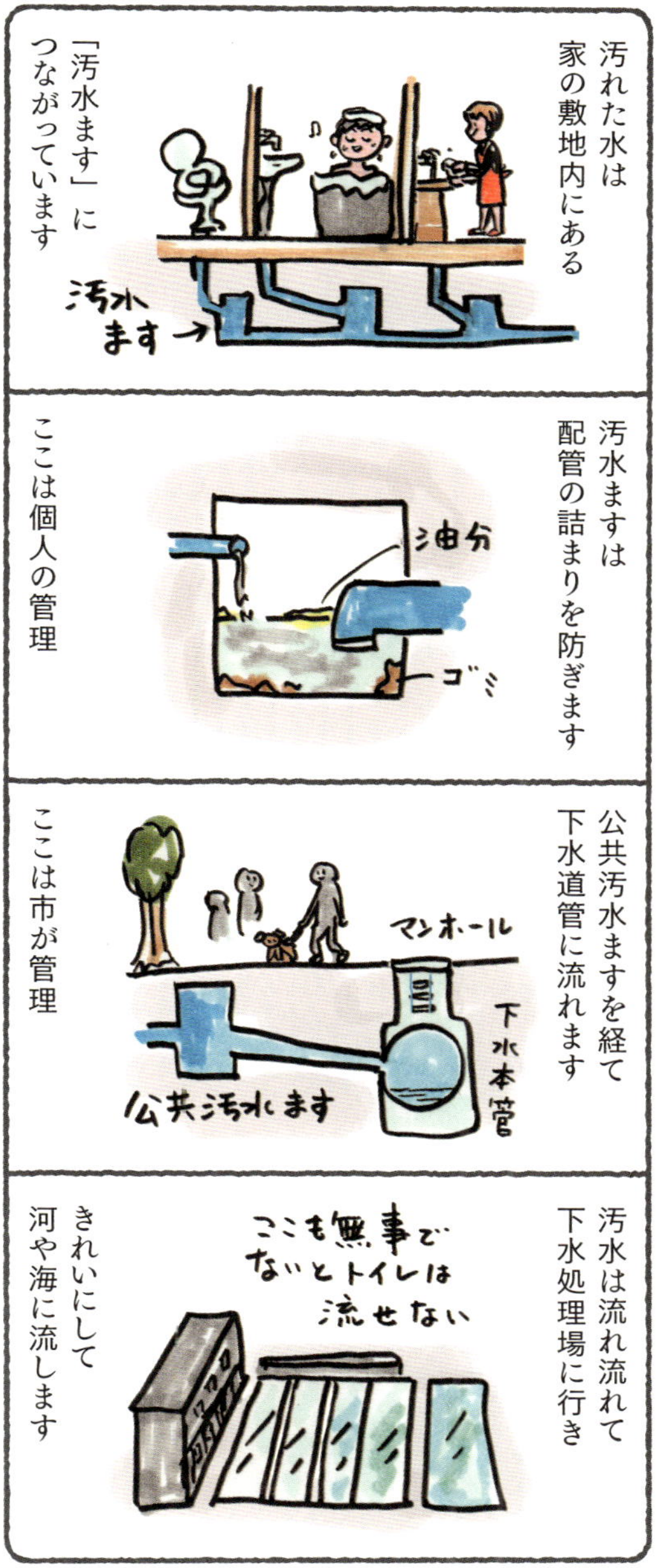
汚れた水は
家の敷地内にある
「汚水ます」に
つながっています
汚水ます
汚水ますは
配管の詰まりを防ぎます
油分
ゴミ
ここは個人の管理
公共汚水ますを経て
下水道管に流れます
マンホール
下水本管
公共汚水ます
ここは市が管理
汚水は流れ流れて
下水処理場に行き
ここも無事でないとトイレは流せない
きれいにして
河や海に流します

個人の管理と市の管理を知っておく

家庭から下水処理場まで、すべてがとどこおりなく無事でなければ、台所や洗面所の排水、トイレの洗浄は行うことができません。

自宅の「汚水ます」が汚れていると、排水が詰まる原因になります。定期的に点検や清掃をしましょう。

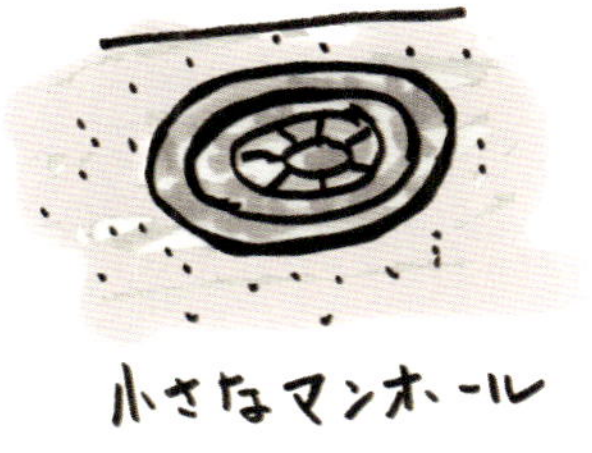
小さなマンホール

直径20センチくらいのフタが多い家庭用汚水ます

トイレの「ゴボゴボ」と「排水溝逆流《はいすいこうぎゃくりゅう》」

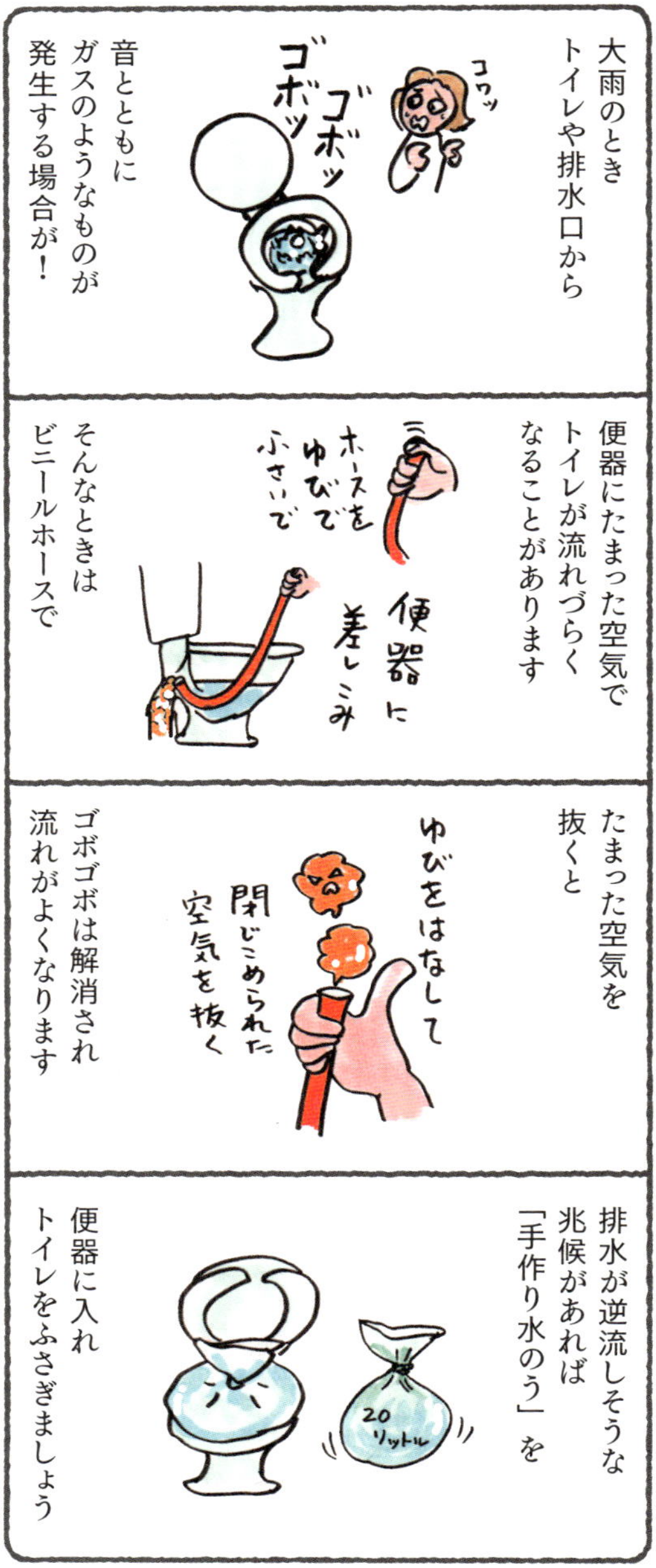
大雨のとき
トイレや排水口から
コワッ
ゴボッ
ゴボッ
音とともに
ガスのようなものが
発生する場合が！
便器にたまった空気で
トイレが流れづらく
なることがあります
ホースを
ゆびで
ふさいで
便器に
差しこみ
そんなときは
ビニールホースで
たまった空気を
抜くと
ゆびをはなして
閉じこめられた
空気を抜く
ゴボゴボは解消され
流れがよくなります
排水が逆流しそうな
兆候があれば
「手作り水のう」を
20
リットル
便器に入れ
トイレをふさぎましょう

トイレからのサインでできる対策を

大雨で、汚水管に大量の雨水が入り込み、汚水管から押し出された空気が「ゴボゴボ」という音の正体です。「ゴボゴボ」は時間の経過とともに収まる場合がほとんどですが、想定外の豪雨となると「排水溝逆流」が発生する可能性があります。

「トイレが流れづらく、ときどき水が押し戻されて水位が上がる」のであれば、排水の逆流に備え「水のう」でふさぎましょう。

下水が逆流すると
ひえ～

「災害用トイレ」と「非常用トイレ」を知ろう

災害用トイレの知識を持つ

ふだんからよく見かける、ためるタイプの仮設《かせつ》トイレは、**便槽《べんそう》の量が決まっているので避難者の人数によっては限界があります。**マンホール式のトイレは、下水管のマンホールに直結させることで、便槽の容量にとらわれずに、使用することができます。非常用トイレは、赤ちゃんのおむつと同じように、尿や便を固めて処理する仕組みです。

ダンボールやバケツに
排泄袋をかぶせ
用を足した後、凝固剤で
固める

マンホール式の「災害用トイレ」は

下水道本管のマンホールに直接設置します

テント

この下水道利用型の災害用トイレは

大勢の人が利用可能

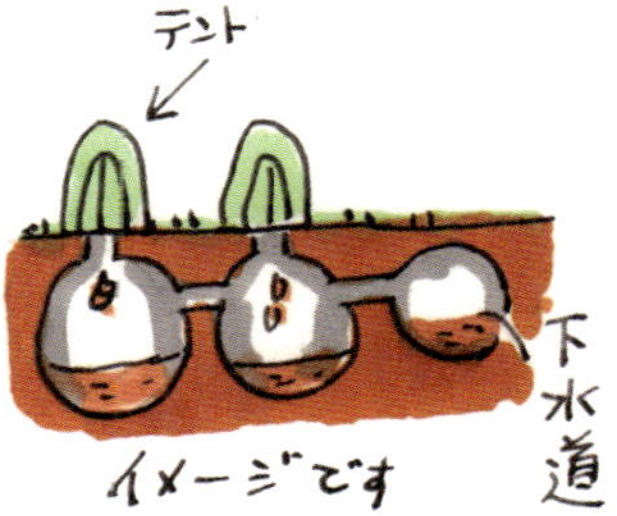
テント
下水道
イメージです

よく見るくみとり式の仮設《かせつ》トイレも災害用トイレのひとつ

東京マラソンなどでみかけます

あると安心なのが「非常用トイレ」

「高分子《こうぶんし》吸水《きゅうすい》ポリマー」と「排泄袋（黒袋）」がセットになっています

自宅のトイレに「非常用トイレ」を設置する

便器にたまった水は「封水《ふうすい》」といい

水は大事なのね

虫やにおいを防ぐ大事な役目があります

「封水」の上から「下地袋」をかけます

ずれないように養生テープで固定
下地袋はトイレが復旧するまで使います

下地袋の上から排泄用の「排泄袋」をかけて便座を下ろして用を足し

使用方法を確認して凝固剤《ぎょうこざい》で固めます

排泄袋だけ取り出してしばり一か所に集めておき

空気をぬいてしばる

指定のゴミの日に出します

家族が必要な分の「非常用トイレ」を備えておく

トイレが使えないときは「排泄用の袋に排泄」「凝固剤で固める」これが基本です。前項でお伝えしたように、排泄袋と凝固剤の２つがセットになり「非常用トイレ」として販売されていることが多いでしょう。

非常用トイレは、たとえば４人家族であれば、７日分の備蓄が理想です。つまり４人家族×４回×７日＝１１２個が必要となります。避難所でも、仮設トイレをすぐに設置することはできません。家のトイレが使えると安心ですね。

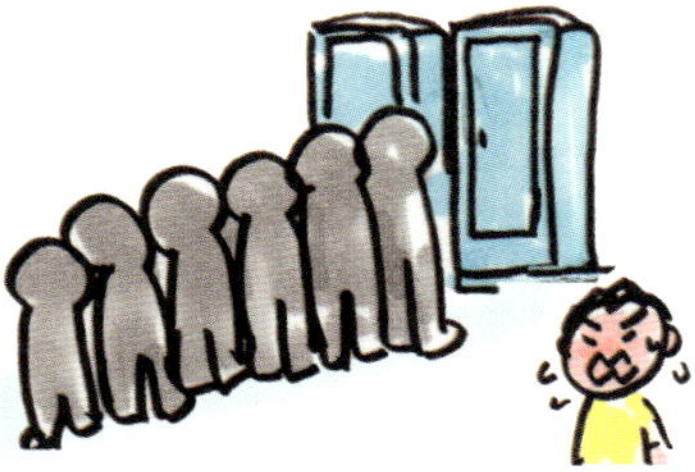

新聞紙とレジ袋で「非常用トイレ」を作れる

もっともカンタンな手作りトイレ

待ったなしのトイレ問題。公園や公共の場所で、用を足したり汚物を埋めたり、川に流したするのはもちろんダメ。便器が破損し、非常用トイレの準備がない場合は、代用品でトイレを作りましょう。基本は排泄物を吸わせ、ポリ袋で密封です。

薬局で買える「大人用おむつ」「ペット用の砂orシート」など**凝固剤代わりになるものもあります。**特売の時に買って置くのも手です。

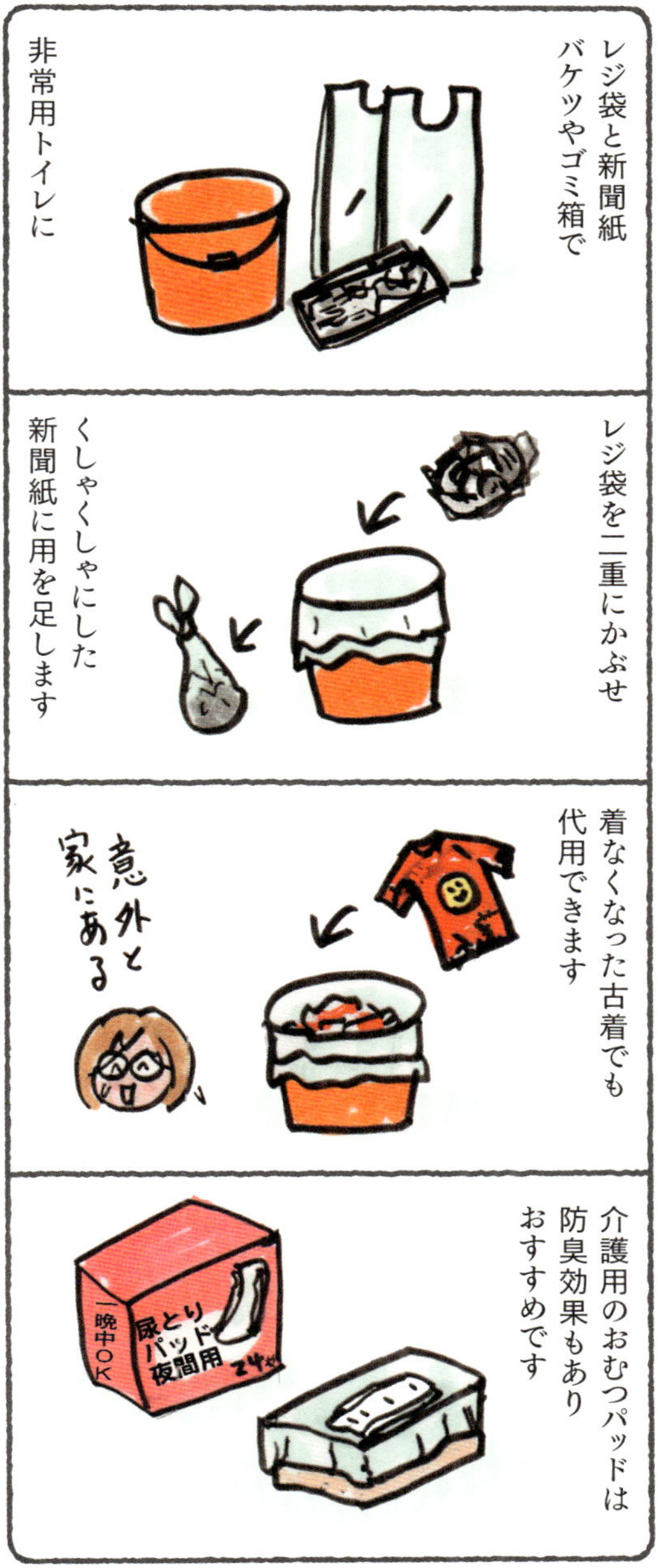
レジ袋と新聞紙
バケツやゴミ箱で
非常用トイレに
レジ袋を二重にかぶせ
くしゃくしゃにした
新聞紙に用を足します
着なくなった古着でも
代用できます
意外と家にある
介護用のおむつパッドは
防臭効果もあり
おすすめです
尿とりパッド
夜間用
一晩中OK

レインコートで
目かくし

庭にトイレを作ろう

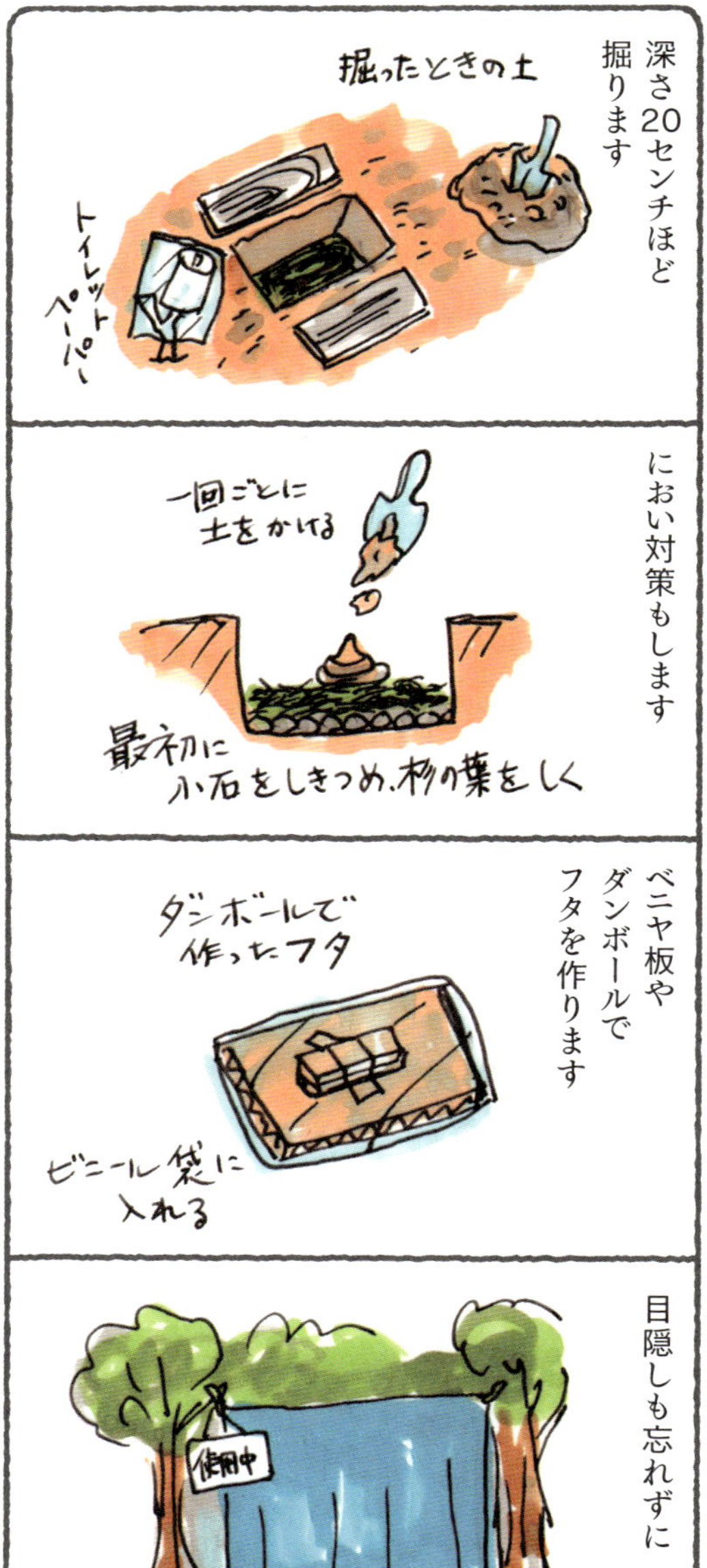
深さ20センチほど掘ります
掘ったときの土
トイレットペーパー
におい対策もします
一回ごとに土をかける
最初に小石をしきつめ、杉の葉をしく
ベニヤ板やダンボールでフタを作ります
ダンボールで作ったフタ
ビニール袋に入れる
目隠しも忘れずに
使用中

自分の家の庭に限る

野外にトイレを作るときは、においがただよわないように杉の葉をしいたり、土をかけたりして工夫しましょう。排泄物は時間をかけて分解されます。生理用品などは高分子吸水ポリマーが含まれているので分解されませんから、別《べつ》途《と》処分しましょう。

また、うっかり掘り返さないように目印をつけておくこと！ もちろん、これは自分の家の庭に限ります。

埋めたあと目じるしを

みんなで使うトイレは衛生管理を忘れずに

自分もみんなも使うトイレのルールづくりを

自宅避難が難しいときは、避難所に避難することになります。多くの人が使う避難所のトイレは、どうしても不衛生になりがちです。感染症や害虫の発生、トイレを我慢することでの健康被害など、ふだん以上に衛生面の配慮が必要となります。

避難所では、被災者と行政が力を合わせて運営します。みんなのトイレ、力を合わせてきれいにしましょう。

始めが
かんじん
です

必需品は十分にありますか？
トイレットペーパー
せっけん
ウエットティッシュ
ペーパータオル
サニタリーボックス

ペーパータオル
アルコール
おぶつ入れ

清掃用の
使い捨てゴム手袋
マスク
専用の作業着

そうじ当番表

便槽には限りがあります
非常用トイレのための
ゴミ箱も

ダンボール箱のゴミ箱
ぬれた床におく場合があるのでビニール袋でおおっておく

使用ルールも表示
できれば
英語表記もしましょう

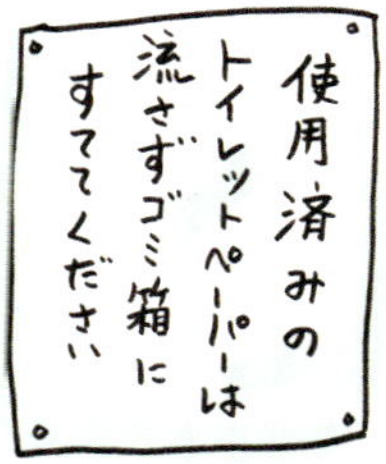
使用済みのトイレットペーパーは流さずゴミ箱にすててください

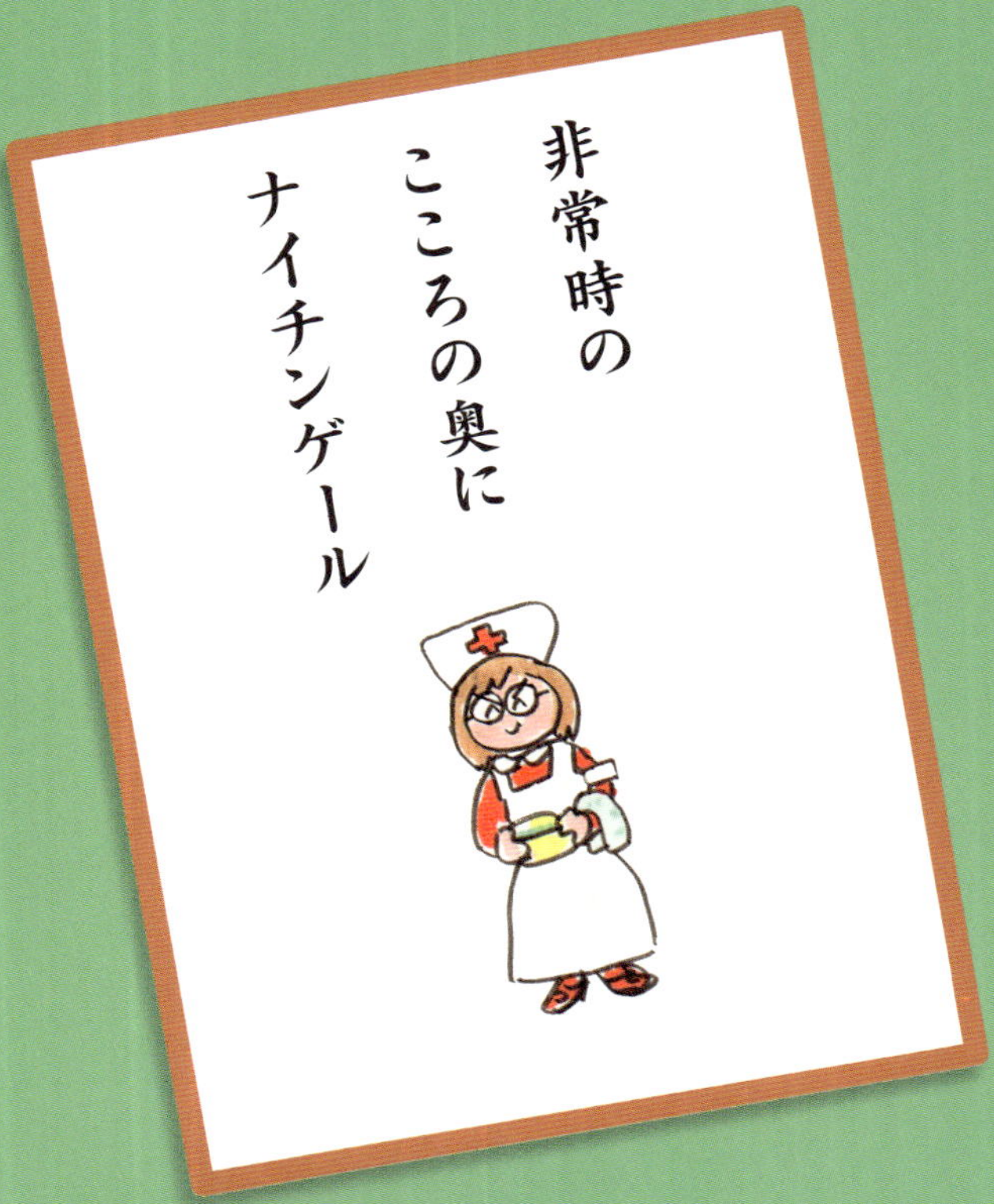
非常時の
こころの奥に
ナイチンゲール

非常時こそ清潔さを保とう！

覚えておきたい骨折の応急処置

無理に戻すと神経や血管を傷つける可能性も

患部《かんぶ》がはれて形や色が変わっていたり、動かしたり触れたりすると激しく痛むときは、骨折している可能性があります。疑わしいときは、骨折していると判断して対処しましょう。添え木になるものを探してあて、骨折部をしっかり固定することが大切です。

包帯がないとき
タオルに切りこみで
伸ばして使う

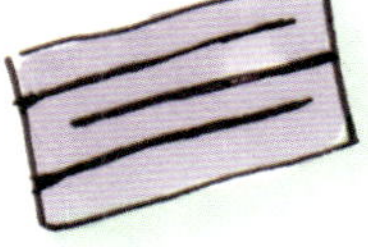

大腿骨《だいたいこつ》の骨折時の処置

腕の骨折時の処置

手首の方を上げる

指の骨折時の処置

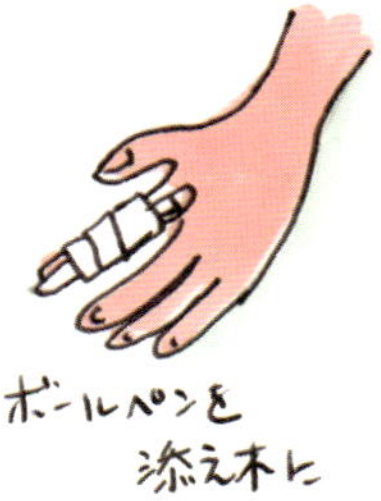
ボールペンを
添え木に

添《そ》え木になるものを探しましょう

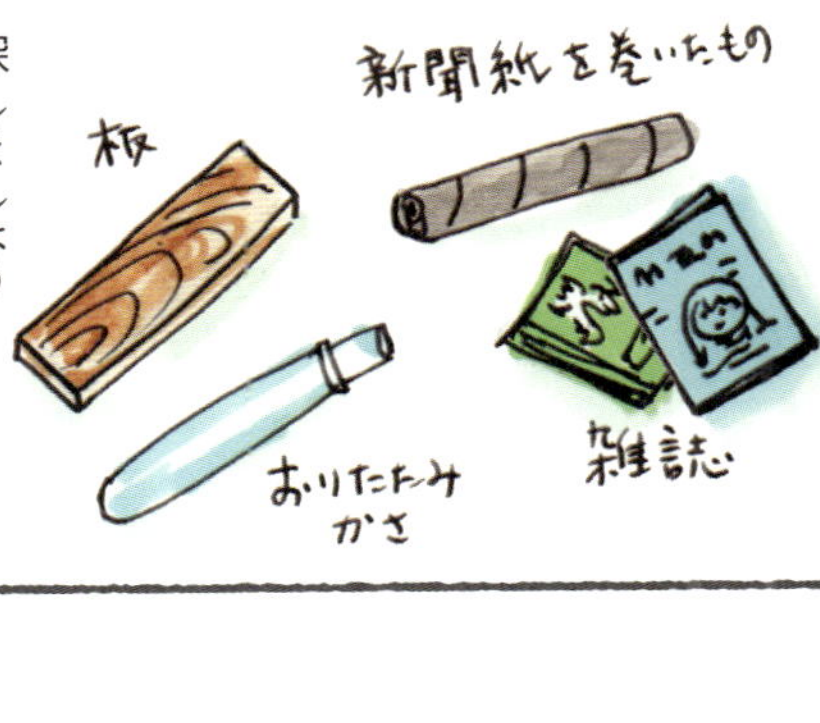
新聞紙を巻いたもの
板
雑誌
おりたたみかさ

意識のある人を運ぶ方法

背負うことができる子どもはおんぶします

これは歩けない大人を2人で運ぶ方法

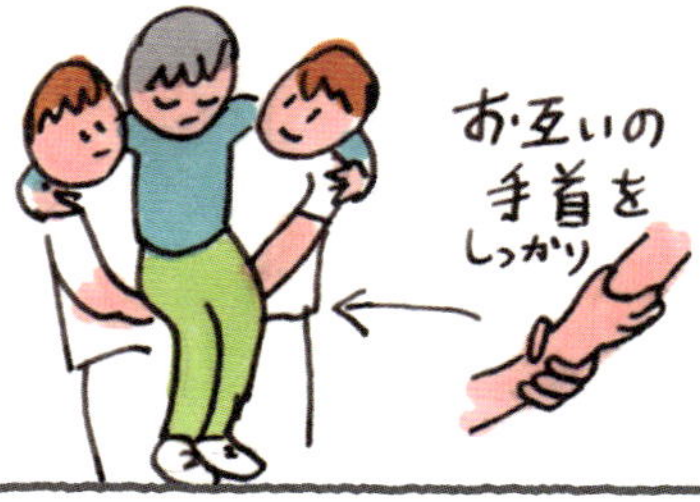
お互いの
手首を
しっかり

脇の下から抱えて腕をつかむ

介護の現場でも使われている方法です

トレーナーと物干し竿で担架《たんか》ができます

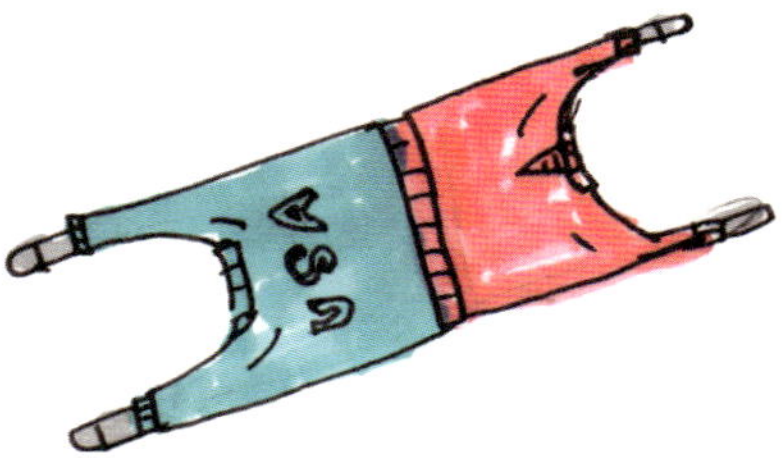

安全に運ぶことが最優先

ひとりの人間を運ぶのはたいへんな作業です。素人《しろうと》では危険なことも多いでしょう。しかし、非常時では、ただちに安全なところに運ぶことが必要な場合もあります。大人を運ぶときは、2人以上で慎重に運びましょう。イスに座らせたまま、2人で運ぶ方法もあります。困ったときは、まわりの人に声をかけて助けを求めましょう。

たんかは
元気な人で試してから
わあっ

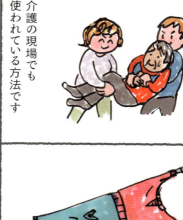

意識のない人を運ぶ方法

危険な場所から引き離す

意識のない傷病者などを、危険な場所から安全な場所へ、とりあえず移すときに役立ちます。傷病者を動かしたり、運んだりすることは、どんなときでもある程度の危険を伴います。現場の状況や環境（協力者や資材《しざい》の有無）、傷病者の状態（意識の有無）、負傷している箇所などを把握《はあく》して正しい方法を選択することが必要です。

負傷者の足を重ねて1本にしておき

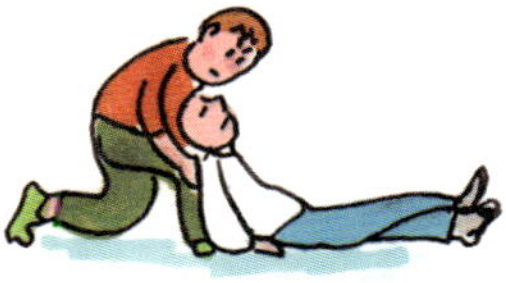

上体を起こします

両脇から手を差し入れ負傷者の片腕をつかみ

腕を引き寄せるように尻を浮かせながら後ろに移動します

負傷者の両ひざを引き寄せて抱えこみ

手首をつかみ安定させます

寝かせるときは気道がふさがらないように横向きにします

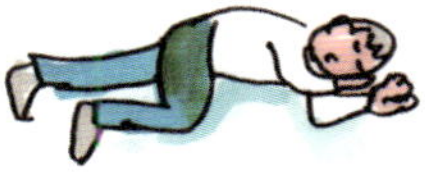

これを「回復体位」といいます

消防士限定
ファイヤーマンズキャリー

三角巾《さんかくきん》の使い方①

底辺から4センチくらい折ります

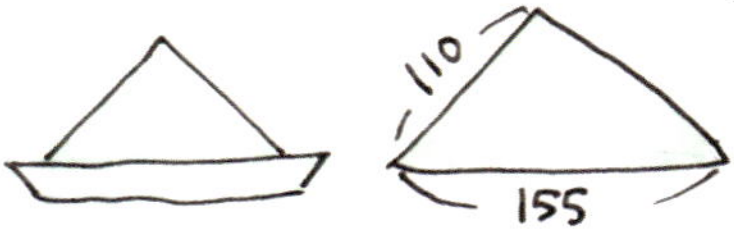
110
155

頭をケガしたときは耳の後ろで絞《しぼ》りこみ

後ろで交差させて

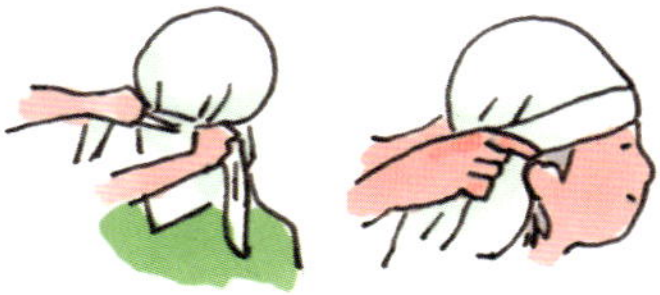

前で結びます

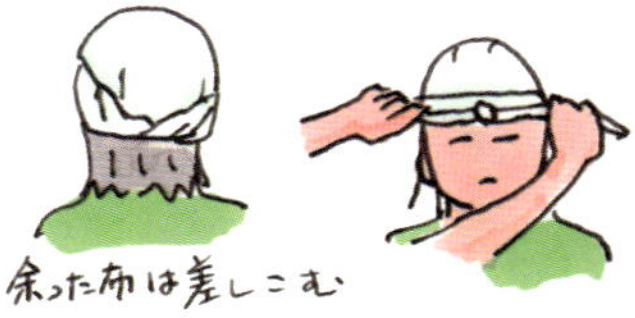
余った布は差しこむ

傷を避けて結ぶこと

傷病者には声をかけながら手当てをする

三角巾は、止血、創傷《そうしょう》部分の保護および感染防止、痛みのやわらげなどのために巻くものです。傷口の大小にかかわらず、身体のどの部分にも使用できて、応急手当てに有効で便利な材料です。出血があるときは、清潔なガーゼ等でおおってから巻きます。また、三角巾が地面や床に触れないようにしましょう。巻くときに強すぎると血行障害《けっこうしょうがい》を起こしますが、ゆるいとほどけるので、相手に具合を聞きながら行います。

大きい布を代わりに使っても

三角巾の使い方②

三角巾をたたんで

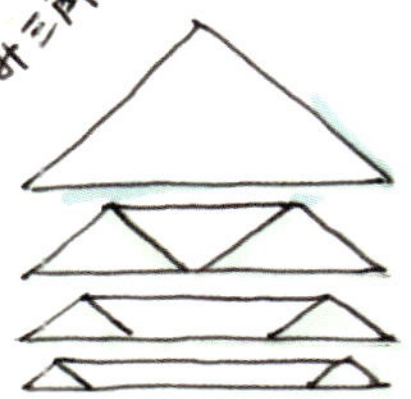

腕をつったり

ねんざのテーピングや

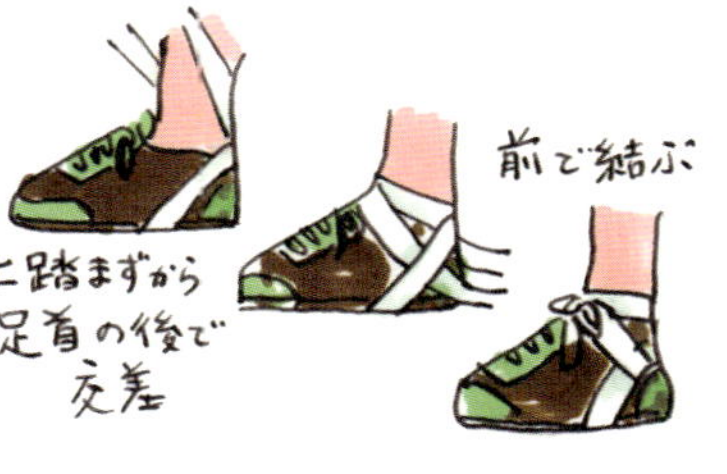

包帯代わりにも
使えます

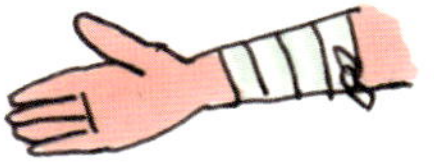

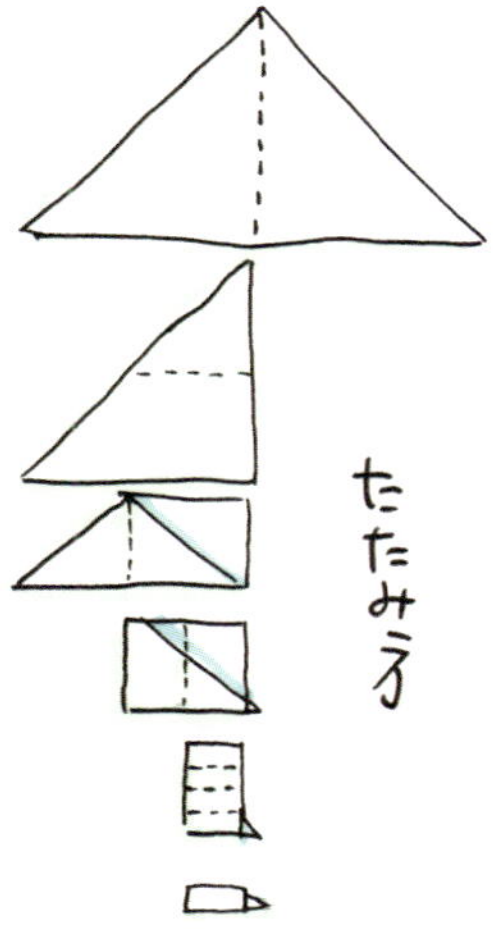

低体温症《ていたいおんしょう》の対処法

寒さや
持病
疲労
栄養不足が
原因で
低体温症になることが
あります
震《ふる》えやつじつまの
合わない会話が
低体温症のしるし
極端《きょくたん》に体温が下がると
昏睡状態《こんすいじょうたい》となり
死亡《しぼう》（凍死《とうし》）します
水分や
カロリー補給《ほきゅう》をして
太い血管のある
部位を温めましょう
首すじ
わきの下
足のつけ根
足首

寒い避難所では対策必須！

身体の中心の温度が35度まで下がると低体温症になります。低体温症の危険がある人がいたら、まず衣服が濡れていたら着替えさせましょう。温かい飲みものを与え（なければ冷たくても）、むせないようであれば、栄養のある食べものを与えてください。**ペットボトルなどに、人肌程度のお湯を入れて湯たんぽを作り、わきの下、股《また》の付け根、首の回り（脈の触れるところ）に当てます。**可能であれば、元気な人がはだかになり、低体温症の人を直接肌で温めてあげる方法が効果的です。

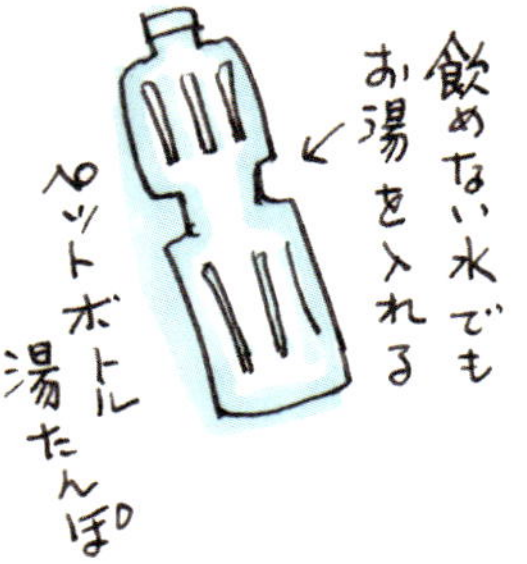
飲めない水でも
お湯を入れる
ペットボトル
湯たんぽ

熱中症《ねっちゅうしょう》は早めに対処しよう

重症になると死亡することも

「のどが渇《かわ》いた」と感じたときは、すでに水分不足になっている証拠《しょうこ》です。とくに発育途中の子どもや高齢者は熱中症になりやすく、注意が必要です。熱中症を疑ったら、早めに涼しいところに移動して、衣類をゆるめて休むこと。熱けいれんしている部分があれば、マッサージします。また、身体の特定の部分が冷えているなら、その部分もマッサージしましょう。熱中症になったあとは、病院で診察《しんさつ》してもらい、大事をとること。反応が鈍い、意識がない場合はすぐに救急車を呼びましょう。

高齢者の場合
家の中で
熱中症になることも
多いです

暑さで大量の汗をかいたとき
ジリジリ
水分、塩分の補給《ほきゅう》が追いつかないと熱中症になります
めまい
頭痛
熱けいれん
涼しいところに移動してイオン飲料などで水分と塩分を補給しましょう
太い血管が通っている部位をタオルや氷で冷やします

食中毒の疑いがあるときの対処法

冷蔵庫が停止すると……
食中毒が発生する危険もあります
下痢《げり》や嘔吐《おうと》は身体に入った毒を排出《はいしゅつ》している証拠
洗面器にビニール袋をかぶせ新聞紙をしく
脱水症状《だっすいしょうじょう》にならないように
スポーツドリンクや手作りイオン飲料で塩分と水分を補給して
塩と砂糖をとかした水
吐きやすい体位で休ませます
症状が重ければ病院へ!

脱水症状や吐瀉物《としゃぶつ》でのどを詰まらせないように注意

脱水症の予防に、水やお茶、スポーツ飲料などで水分の補給をします。吐いたものが気《き》管支《かんし》に詰まると呼吸困難や肺炎を起こすので、吐きやすいように、横向きに寝かせましょう。けっして自分の判断で下痢止めなどの薬を飲ませないようにしましょう。

食中毒は、ときには死に至ることもあります。重症化のきざしを見逃さず、少しでも危険を感じたら保健所に相談したり、救急病院などに行くことが大切です。

下痢止めの薬
解熱鎮痛剤は
飲ませない
下痢止

歯磨きできないときの口内ケア

キャップ1杯の水でカンタンにできる

歯磨きができない場所での食事は、よくかんで、唾液《だえき》を出すようにして食べましょう。食べ終わったら、舌（ベロ）を使って歯をそうじします。指やティッシュを使ってもOK。

そのあと、キャップ一杯の水で口の中をすすぎましょう。**ふだんの食事の最後に、水やお茶を飲んで口をさっぱりさせるだけでも虫歯予防になります。**

ペットボトルのキャップ１杯《ぱい》の水を
口に含みます
歯と歯のあいだに水を通すように
舌の上、口全体にいきわたるようにぐちゅぐちゅ……
使い古しのティッシュやまるめた新聞紙などに吐き出して
処分します
寝る前
朝起きたとき
食事のあとなどに
こまめにやりましょう

ベロを使って歯のそうじ

歯ぐき磨きで肺炎を予防しよう

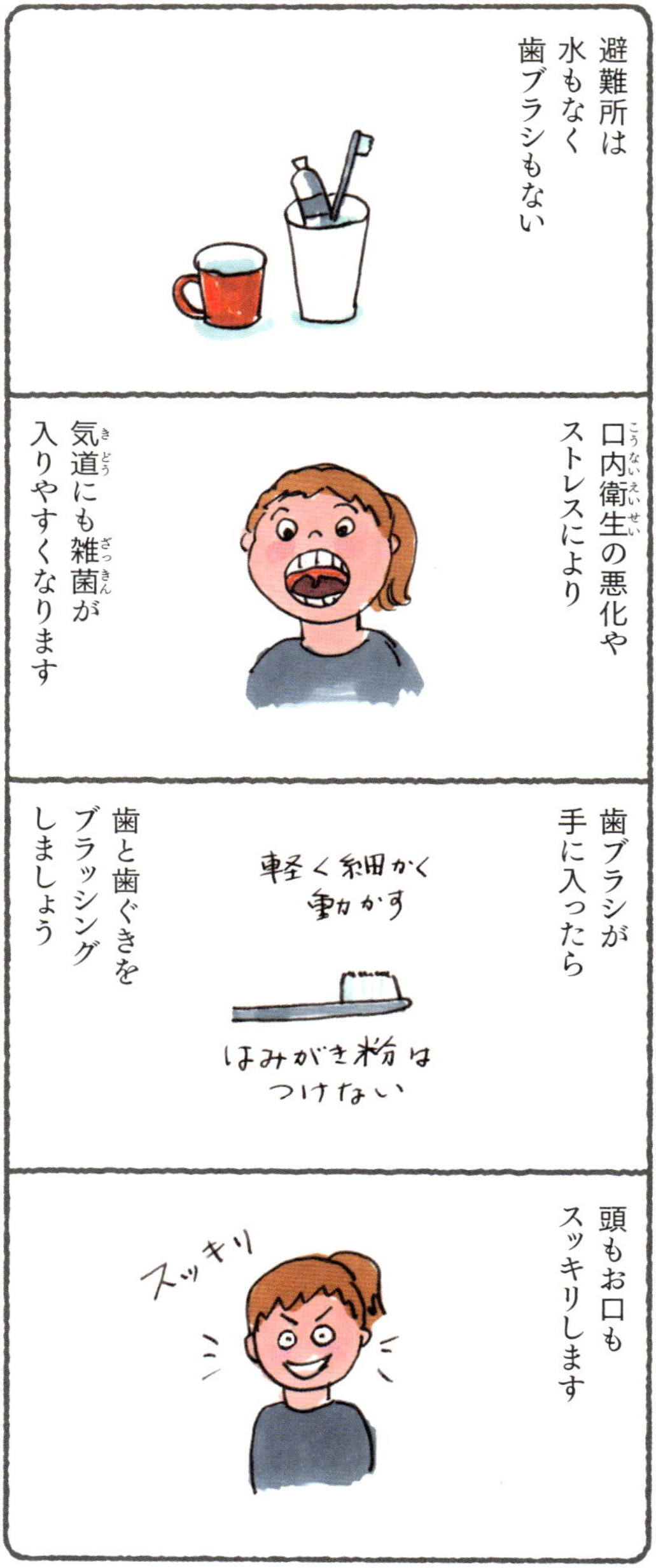
避難所は
水もなく
歯ブラシもない
口内衛生《こうないえいせい》の悪化や
ストレスにより
気道《きどう》にも雑菌《ざっきん》が
入りやすくなります
歯ブラシが
手に入ったら
歯と歯ぐきを
ブラッシング
しましょう
軽く細かく
動かす
はみがき粉は
つけない
頭もお口も
スッキリします
スッキリ

歯ぐきは脳《のう》と直結している

避難所では、高齢者を中心に肺炎が多発します。肺炎のおもな原因は口の中にいる口内細菌です。避難生活で身体を動かさないと脳の血流が悪くなり、口内細菌の肺への侵入を許してしまうのです。

歯ブラシで歯ぐきを磨いて刺激することで脳の血流が増え、口内細菌の肺への侵入を防ぎます。しかも、肺炎の原因となる口内細菌まで減らしてくれるのです。やさしく細かく歯ぐきをマッサージするように、歯ブラシで磨きましょう。

唾液を出すマッサージをしよう

ドライマウス解消のマッサージ

唾液《だえき》は、細菌やウィルスの感染を妨げる効果があります。弱アルカリ性である唾液は、口内の酸性化《さんせいか》を中和《ちゅうわ》し虫歯の進行を防いでくれます。大きな唾液腺がある場所をマッサージすると、唾液の分泌《ぶんぴつ》がうながされます。

食事の前に3分ほど、痛くない程度の力で押してみましょう。唾液が出てくることを実感できるはずです。また水分が不足すると、唾液の分泌も悪くなります。水分はこまめに摂《と》るようにしましょう。

大きな唾液腺《だえきせん》を刺激するために

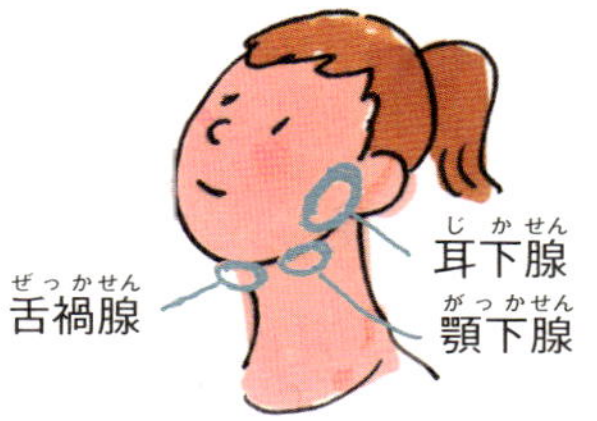
耳下腺《じかせん》
顎下腺《がっかせん》
舌下腺《ぜっかせん》

マッサージをします

耳たぶの下あたりを
後ろから前へ
ぐるぐる回す

あごの内側
耳の下からあごの下
まで順番に
押す

舌体操《したたいそう》もしてみましょう

出したりひっこめたり
舌を回したりする

レモンや梅干を
思い浮かべる
だけでも効果
あり

入れ歯をはずそう

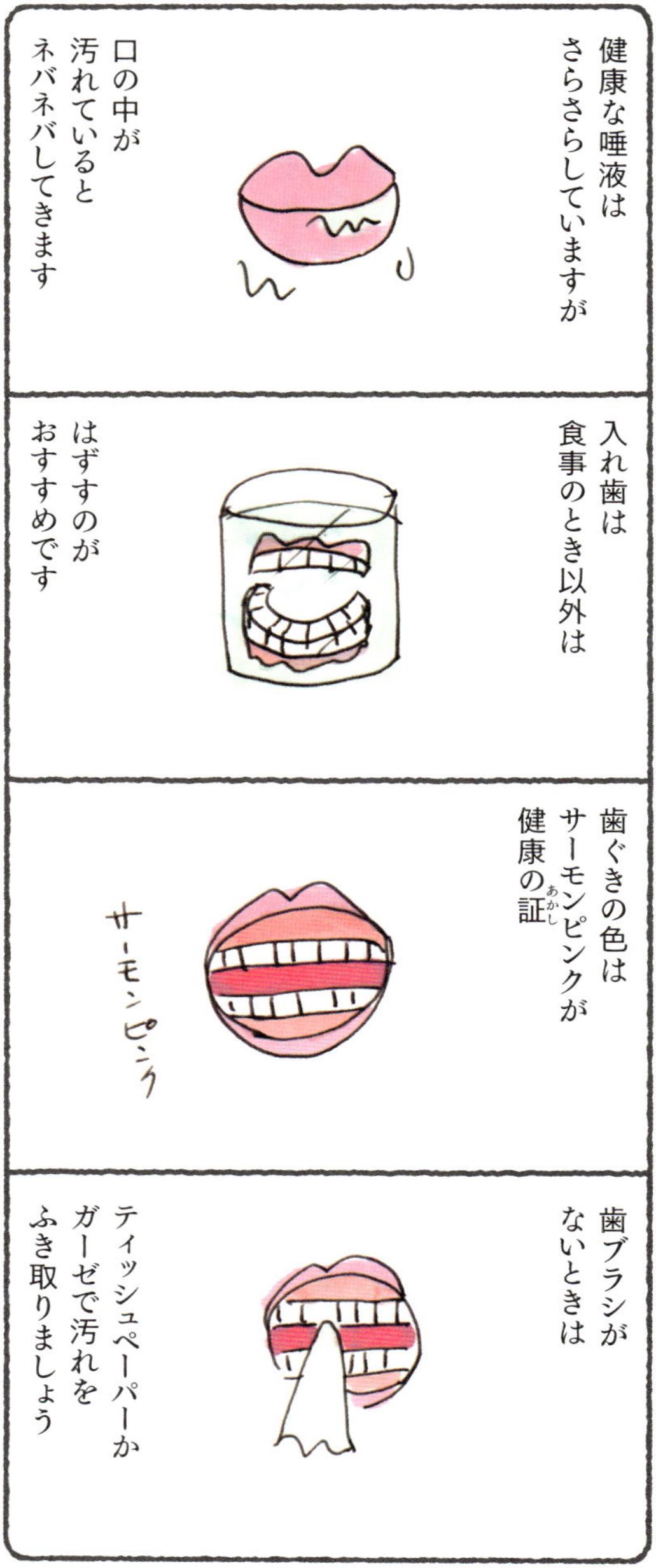
健康な唾液は
さらさらしていますが
口の中が
汚れていると
ネバネバしてきます
入れ歯は
食事のとき以外は
はずすのが
おすすめです
歯ぐきの色は
サーモンピンクが
健康の証《あかし》
サーモンピンク
歯ブラシが
ないときは
ティッシュペーパーか
ガーゼで汚れを
ふき取りましょう

入れ歯の人は とくに気をつけて

避難所で人目を気にして入れ歯をはずせない……。でも、入れ歯をつけたまま寝ると、入れ歯が細菌のたまり場になります。水が十分使えない避難生活では、ティッシュペーパーかガーゼを指に巻きつけて、汚れをふき取りましょう。

また、入れ歯は清潔な水の中で保管しましょう。入れ歯は乾燥すると変形し、痛みの原因になります。

8020運動
80才で20本の歯を
残そう

おふろに入れないときは

お湯を2つに分けます
せっけんを溶かした湯
お湯のまま
タオルも2本使います
せっけん水のおしぼりでふいてから
お湯でしぼったタオルでふきます
陰部をせっけん水でふくと酸性の殺菌作用を弱めてしまうので、お湯だけで流します
マヨネーズボトルで作ったカンタンビデ

タライ1杯のお湯で身体を洗浄できる

長いあいだおふろに入れないのは、つらいですよね。水もお湯も貴重な非常時には、しぼったタオルで体をふいて、さっぱりしましょう。マヨネーズなどの容器のキャップにがびょうで穴を開けて、ビデにしてもよいでしょう。

ほかにも、介護用の身体ふきや、シャンプー用のウェットティッシュを利用するのもよいでしょう。

ふくだけシャンプー
シャンプーナップ
30枚
からだふき
しっとり
ぬれタオル
30
ジャンボサイズ

断水のときに頭を洗う方法

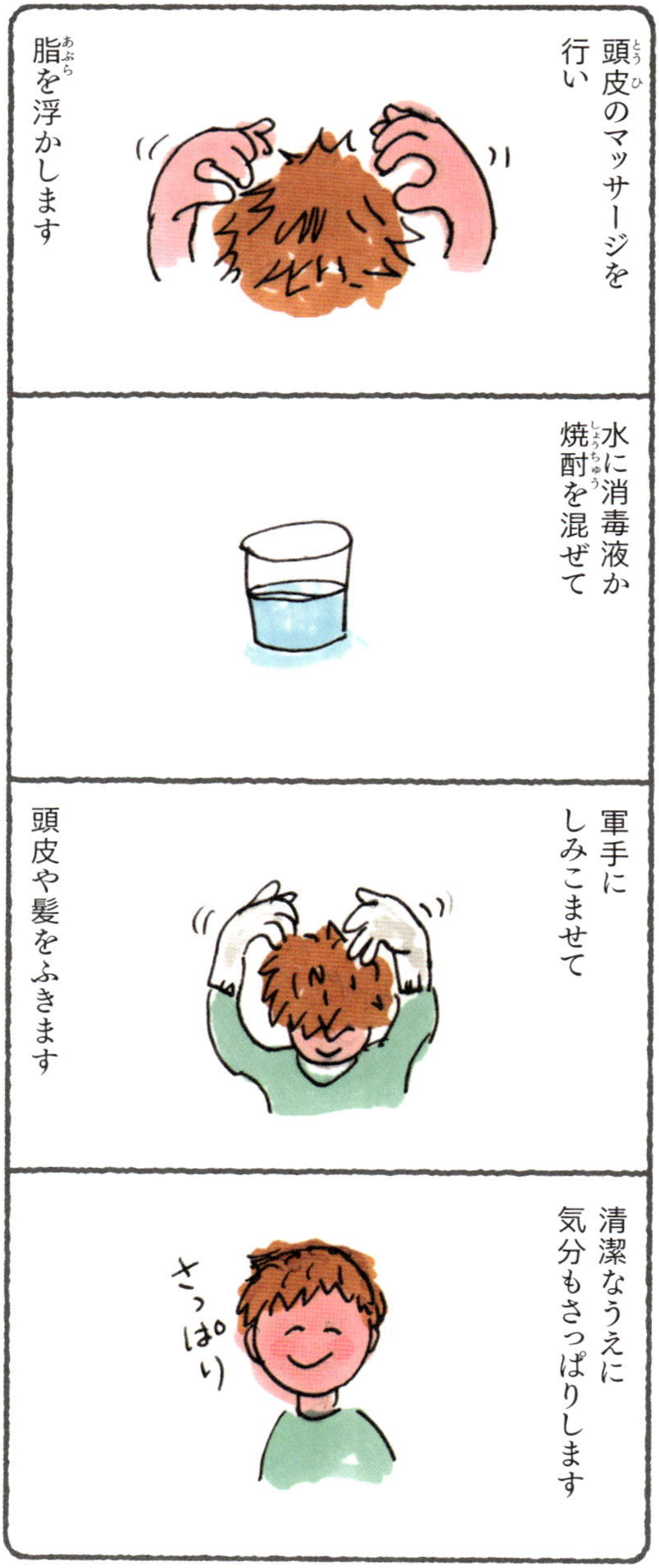
頭皮《とうひ》のマッサージを行い
脂《あぶら》を浮かします
水に消毒液か焼酎《しょうちゅう》を混ぜて
軍手にしみこませて
頭皮や髪をふきます
清潔なうえに気分もさっぱりします
さっぱり

不快感の正体は頭皮の汚れ

頭皮《とうひ》は皮脂《ひし》の分泌により、数日もすればにおいやかゆみ、ムレが出ます。この地肌の汚れを取るだけで、衛生面だけでなく気分もサッパリします！軍手やアルコールが用意できなければ濡れタオル（蒸しタオル）で地肌を重点的にふくだけでもいいでしょう。

水のいらないシャンプーも売られているので、断水に備えて用意しておくのがおすすめです。

ヘアスタイルを気にしなくていいから
ぼうしが便利

エコノミークラス症候群《しょうこうぐん》を予防しよう

カンタンなストレッチでの予防習慣を

エコノミークラス症候群は、長時間ずっと同じ姿勢でいることで、血液の流れが悪くなり、ひも状の静脈《じょうみゃく》血栓《けっせん》という血のかたまりができてしまう症状です。この**静脈血栓が、肺の動脈までいき、動脈をふさいでしまうと死に至ります。**

水分を十分にとり、トイレを我慢せず、ときどき意識してストレッチをするようにしましょう。**足首をまげたり伸ばしたりするだけでもOK**です。ふくらはぎの血管を締《し》めつけて血流をよくすることで、血栓ができにくくする効果がある「弾性《だんせい》ストッキング（医療用靴下）」を利用するのもいいでしょう。

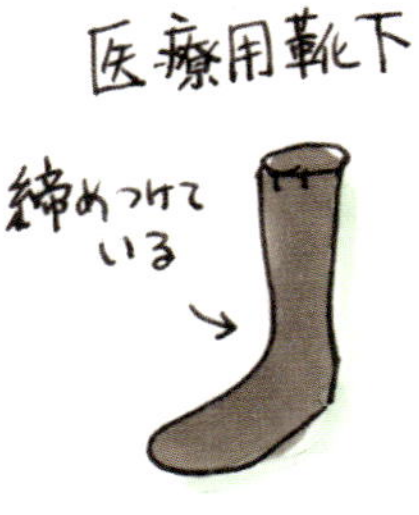
医療用靴下
締めつけている

ほとんど動かない
避難生活
水分をひかえ トイレもがまん
血栓《けっせん》ができている人は
ふつうの生活の人の10倍以上いるといいます
血流の流れをよくするストレッチは
息を吸いながら
イメージはイナバウワー
アキレス腱をのばす
いつもの生活にも活かせます
これなら会社でもできそう
足のむくみもスッキリ…

地震《じしん》酔《よ》いしたときは

大きい地震のあとに
こわっ
続く余震《よしん》……
また余震!
ピーピー
地震じゃなくてもゆれている錯覚《さっかく》が襲《おそ》ってきます
ドキドキ
今、ゆれてる?
ケイタイ鳴ってる?
深呼吸し手足を伸ばします
手をさすり温かい飲み物でリラックスしましょう

身体を動かして地震酔いを解消

繰り返し地震を体感《たいかん》したことにより、船酔いなどの乗り物酔いと同じ症状になることがあります。めまいや吐き気を感じたり、手足が冷たくなったり、冷や汗が出たり。解消法としては、睡眠と水分をしっかり摂り、手足を温め、スクワットなどの軽い運動をすることです。あまりじっとせず、つねに体を動かすのがおすすめ。酔い止め薬を飲む方法もありますが、あまりにも症状が続くようであれば、別の病気の可能性もあるので病院に行きましょう。

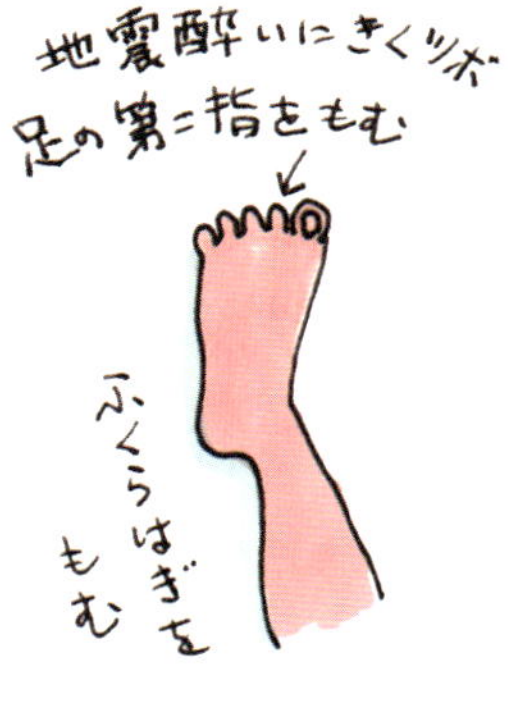
地震酔いにきくツボ
足の第二指をもむ
ふくらはぎをもむ

平衡感覚《へいこうかんかく》の狂《くる》いによるめまいに気をつけよう

地震による液状化《えきじょうか》で
街が……
家が……
傾《かたむ》いてしまいました
ころがるビー玉
傾いたところにいると
気分が悪くなったり
めまいがしたり……
液状化現象は、過去の地形が影響します
沼
海岸
水田

液状化で街全体が波打つことも

人は、まっすぐなものに対しては、「まっすぐに見よう」という意識が働きます。地震でゆがんだ床や柱の近くに長時間いると、平衡感覚がおかしくなり、気分が悪くなったり、めまいがすることもあります。

液状化対策は、地盤内《じばんない》にセメントなどの安定材を混ぜて強度を増加させる方法や、地盤に杭《くい》を造成する方法などいろいろあります。**これから家を建てる人は、液状化マップで確認をし、専門家に相談するとよいでしょう。**

補修工事は
600万～1000万も

溺《おぼ》れている人を助けるとき

テレビで見るような派手な溺れ方はめったにありません
本当に溺れている人は静かに沈んでいきます
溺れている人を見つけたら、助けを呼び、浮くものを投げます
たすけをよべ！
110にでんわ
身の安全を確保して助け合いましょう

救助者が巻きこまれて溺れるケースが多い

溺れている小学生を、近所の主婦が空のペットボトルで救ったという話がありました。5〜6本ペットボトルを投げ、なかなか届かなかったけれど、最後の1本のトマトジュース用ペットボトルが小学生の手に届き、小学生はペットボトルにつかまり、顔とひざだけを水面から出し続け、無事救出されました。一方、溺れている人を助けようと水に飛びこんだ警察官が、溺れて亡くなった事故もありました。ちなみに溺れていた人は別の人に助けられて無事でした。

どうしても助けるために水に入らなければならないときは、はだかになって水に入りましょう。

ライフセーバー
プロです

命を助けるためには即《そく》行動《こうどう》

中学生が
川で溺れている
小学生を
引き上げて
テレビで見た
心臓マッサージの
まねごとをしたら……
息を吹き返しました
できるかできないか
よりも
やらなかったら
確実に死んでしまう
判断するのは
「自分」です

ひとつの命を助けるために勇気と判断力を!

救急車が現場に到着するまでの全国平均時間は5～6分です。人間が生きていくうえで大切な脳は、酸素がなくなってから3～4分しか生きることができません。**ただ救急車を待つのではなく、救急車を待つあいだに、その場で一刻も早く心肺《しんぱい》蘇生法《そせいほう》を行うことを心がけましょう。**これは、その場に居合わせた人しかできません。消防署では定期的に救急講習会を行っています。

病院までの
収容時間は
平均36分

非常時の心の保ち方

被災後3週間たったら注意しよう

気を張っていられるのは……
がんばるよっ
3週間程度
余震やストレスによる
不眠
めまい
うつ
子どもたちも
アトピーが悪化したり
おねしょや
じんましんなどが
発症……
エコノミークラス症候群や
心筋梗塞《しんきんこうそく》にも
注意が必要です

3週間たったら無理をしない

被災すると、長いこと入浴できないなど、不衛生な状態の生活が続きます。感染症《かんせんしょう》も蔓《まん》延《えん》してきます。人が気を張っていられる時間は、3週間が限界といわれているため、そこを境に、急激に体調や精神《せいしん》が悪化する場合があります。3週間を過ぎたら、意識して休息をとりましょう。

なかったことにしたくなる心の病気

阪神淡路《はんしんあわじ》大震災のとき自分の身に起きたことが
家がつぶれた
信じられなくて……
信じたくなくて……
妻はどこに…
突然……
こんなところで何やってるんだ!
さっさと家に帰るぞ!
「地震はなかった」と否定する人が
だから家は…
老若男女《ろうにゃくなんにょ》問わず多かったそうです

過酷《かこく》な現実に心が耐えきれなくなる

東日本大震災による津波で被害を受けた港の漁労長《ぎょろうちょう》の方が、「夢ではないか、夢であってくれと思った、しかしガレキの山を見て夢ではなく、現実なんだと思い知った」と話していました。誰もがそう思う、それほど過酷《かこく》な現実があります。ボランティアの中には心理カウンセラーもいます。自分はもちろん、まわりの人の様子が変だな感じたら、早めに相談してみましょう。

戦争で焼け野原を見ていた おばあちゃんは気丈でした
命さえあれば大丈夫よ

ストレッチで緊張をほぐそう

眠れない夜はカンタンなストレッチ

ストレッチは緊張をほぐす効果があります。息を長く吐きながらストレッチをすると、筋肉がよく伸びます。**反動や弾みをつけてストレッチをすると、筋肉や関節への負担が大きくなってしまいますから、注意しましょう。**逆に息を止めて行うと、筋肉が緊張してしまい、うまく伸びません。

おふとんの上で、ゆっくりとした呼吸で、無理なくストレッチを行い、身体の中からリラックスすることが大切です。

手足がひっぱられるように

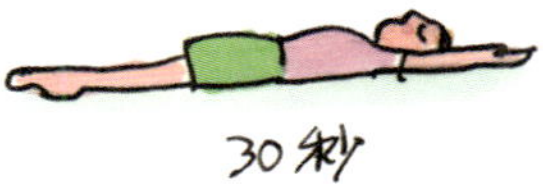

身体全体を伸ばします

片足を引き寄せます

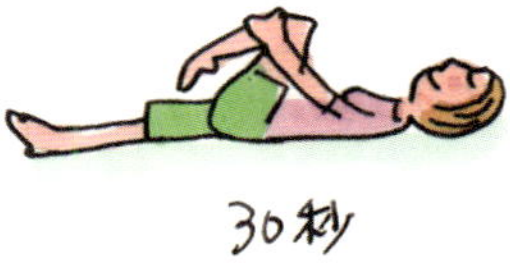

左右ゆっくり

おへそを見るように両手で両足を

抱えこみます

四つん這《ば》いになりお尻を突き出し

背中を伸ばします

心の震災　ひとり残されたとき①

何ものどを
通りません……
無理に食べても
吐いてしまいます……
私は
災害にあったわけでは
ありませんが……
家族は
全員
死んでしまいました
犠牲者《ぎせいしゃ》の数字には
表れない
心の震災を
負った人が
たくさんいます

残された者の悲しみと心の傷

災害にあって命からがら助かった人たちが昼間にすることは、たくさんの避難所で家族を捜《さが》すことです。ガレキの中、家族を捜す。遺体安置所で、家族を捜す。

そして夕方、自分のいる避難所の体育館に帰ってきて、冷たい床で眠る……。そこには、自分の悲劇を泣き叫ぶスペースもないのです。

心の震災 ひとり残されたとき②

心の震災で傷ついているとき
ボランティアの女性が自分に寄り添ってくれました……
避難所で使う表札や
伝言を書くお手伝いをしました
子どもたちにせがまれて花や鳥を描いたり
紙芝居《かみしばい》を読んだりしているうちに……
「心の平静」を取り戻すことができました
ありがとう

人は人で癒やされる

人は、必要とされればうれしいものです。希望があれば、現実がつらくても生きていくことができます。心の平静を取り戻したある被災者の女性は、避難所でなくてはならない存在になったそうです。

ボランティアの中には、話を聞くだけの傾聴《けいちょう》ボランティアもいるそうです。心の震災から立ち直るには、小さな仕事から日常を取り戻すことが第一歩です。

あそんでくれてありがと

タッピングタッチで心を落ちつけよう

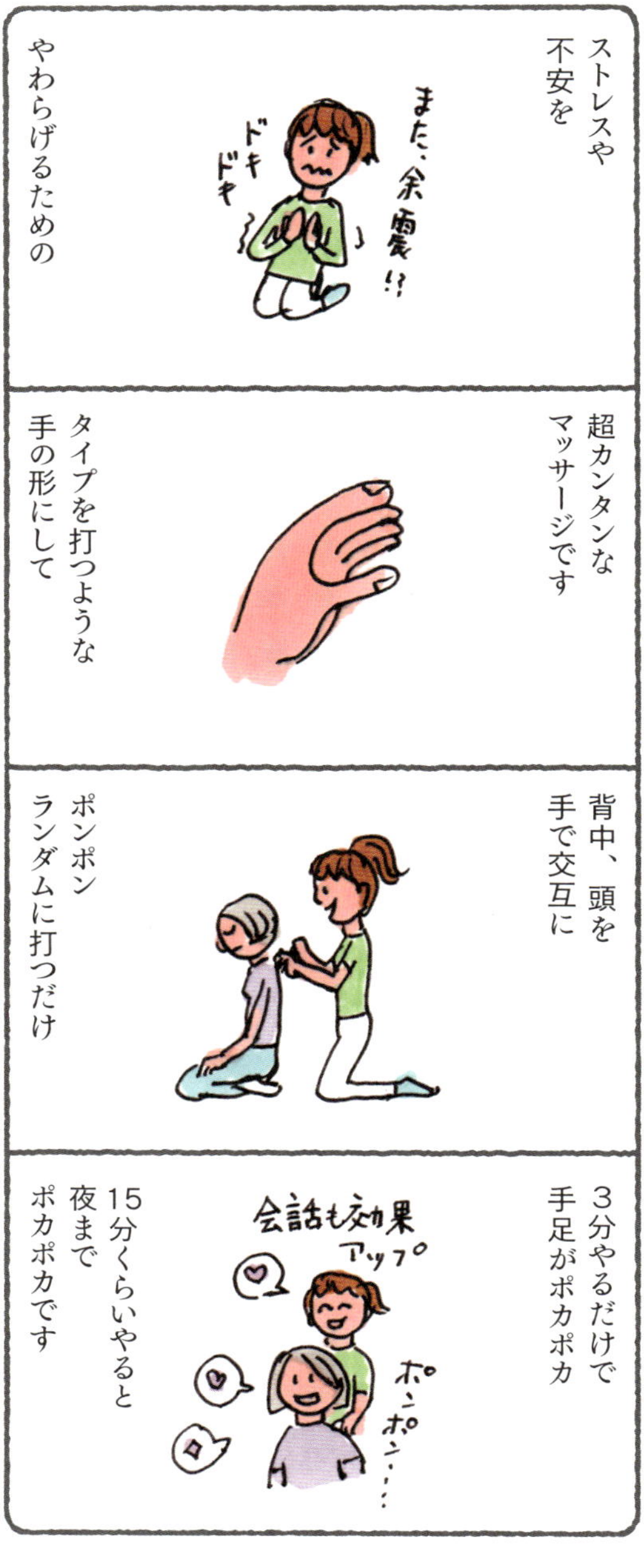
ストレスや不安を
また、余震!?
ドキドキ
やわらげるための
超カンタンなマッサージです
タイプを打つような手の形にして
背中、頭を手で交互に
ポンポンランダムに打つだけ
3分やるだけで手足がポカポカ
会話も効果アップ
ポンポン…
15分くらいやると夜までポカポカです

あせらずゆっくりタッピングでリラックス

指先の腹の部分を使って、軽く弾ませるように、左右交互にやさしくたたく（タッピングする）マッサージをします。15分のタッピングタッチのあとには、心の安定剤である「セロトニン」が増え、体温が上がることが確認されています。1秒に1回のゆったりリズムで、力を抜いて行いましょう。淡々と、少し物足りないくらいの感じでタッピングしましょう。緊張がほぐれ、心が落ちつきます。

これならボクにも
ママにできる

ひとりでできるタッピングタッチ

座ったままでいつでもできる

1秒に1回のゆったりリズムで、力を抜いて行いましょう。淡々とゆっくりのテンポに、かえってイライラすることもあるかもしれません。**このイライラは、心が疲れている証《しょう》拠《こ》だと思ってください。**

不眠、災害などでショックを受けたときや、気がめいっているときなどに、こわばった心身をほぐしてくれるでしょう。

アクセサリーなどのじゃまになるものをはずして……
腕を軽く振って力を抜く
あご、こめかみ、額、頭の上など……
下から上へ
1か所20～30回ずつタッピング
首、肩、胸の上、みぞおち、下腹も……
タッピングは左右交互に
両手のぬくもりを伝えて
3呼吸します

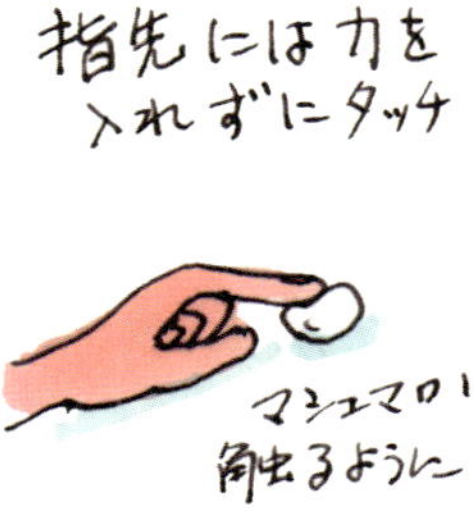

指先には力を入れずにタッチ
マシュマロに触るように

ふたりでできるタッピングタッチ

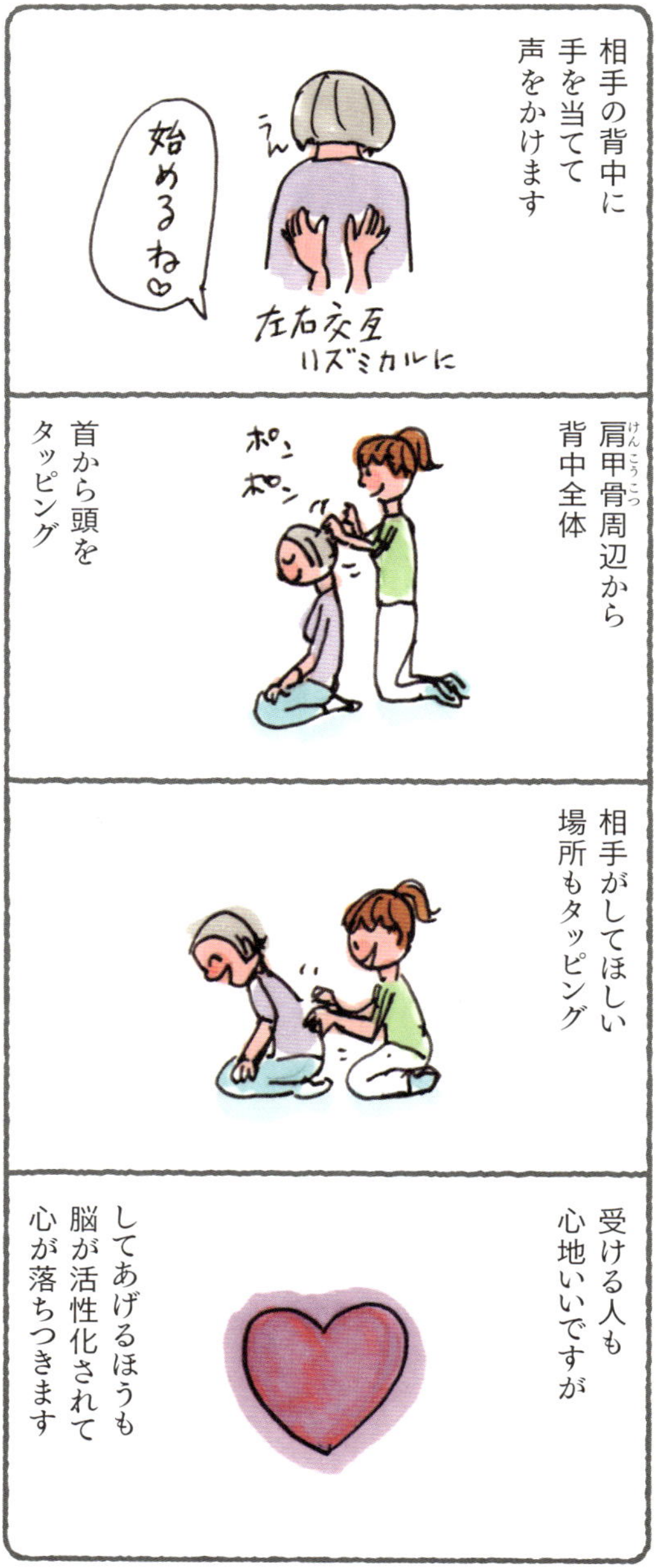
相手の背中に手を当てて声をかけます
うん
始めるね♡
左右交互
リズミカルに
肩甲骨《けんこうこつ》周辺から背中全体
ポン
ポン
首から頭をタッピング
相手がしてほしい場所もタッピング
受ける人も心地いいですが
してあげるほうも脳が活性化されて心が落ちつきます

子守唄のテンポでタッピング

タッピングタッチは、ペアでするとたいへん効果的です。ゆったりしたタッチと会話を楽しんでください。身体の緊張がほぐれますし、とても大切にされている、いたわってもらっていると感じることで、プラス思考になるといわれています。

最後に手のひらを当てて3呼吸おく

「よい睡眠」のための工夫をしよう

安眠のための工夫いろいろ
耳せん
マスク
横むきで
だきまくら
アイマスク
日中は体を動かしたり
日の光を浴びたりするのも効果があります
でも、どうしても眠れないときは
ねれない…！
開き直って起きててもいいでしょう
避難所にいるなら「眠れない人」用の部屋で静かに過ごしましょう

眠れないのは当たり前

睡眠は、身体と心の健康を維《い》持《じ》するためにも重要です。とくに、慣れない避難所で睡眠をとるときは、工夫して睡眠をとるようにしましょう。

「寝なくてはならない」とがんばるよりは災害時には「眠れないのは当たり前」と認識しておくことが、大切です。

昼間でも、眠くなったら休みましょう

「ダンボールのついたて」でプライベート確保

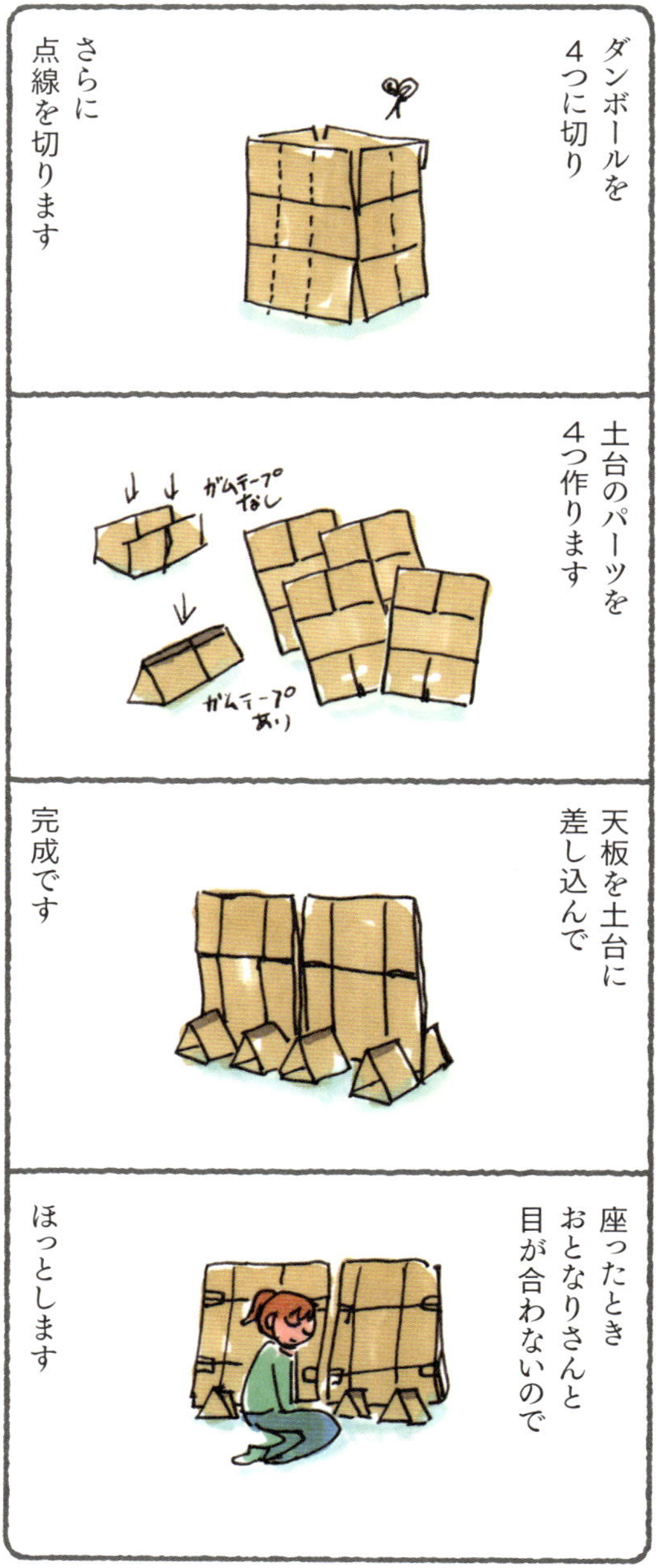
ダンボールを４つに切り
さらに点線を切ります
土台のパーツを４つ作ります
ガムテープなし
ガムテープあり
天板を土台に差し込んで
完成です
座ったときおとなりさんと目が合わないので
ほっとします

ちょっとだけプライバシーを確保

避難所のように24時間プライバシーのない空間は、ストレスの元です。

座ったときに目線が合わないようにするだけでも、気の休まる空間を作ることができます。ダンボールは加工しやすい素材なので、創意工夫しだいでいろいろなことに活用できます。

ただし、ついたてを立てるときは、おとなりさんにひと声かけてからにしましょう。無用なトラブルを避けられます。

ダンボールを重ねて作った座ブトン

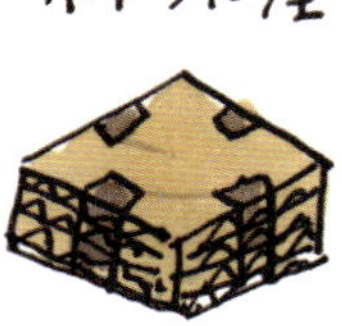

思い切り泣いておこう

避難所には
被災した人たちが集まっています
「つらい」「悲しい」などといった弱音を
自分だけ吐くことができません
どこかで号泣《ごうきゅう》できる
プライベートな空間が欲しい
被災していない人も
ときには思い切り泣きましょう

「泣く」という心のおそうじ

災害は、私たちに「いつもの日常」が永遠ではないことを教えてくれました。そしてまた、日ごろ抱えていた自分の悩みが小さいものだったということも……。また、東日本大震災のときに起きた原子力発電所の事故で「本当の情報は何か」がわからなくなりました。**震災前と震災後に、街の景色が変わったのと同じくらい、私たちの心も意識も変わっています。**不安、悲しみ、復興《ふっこう》、新しい日本への期待と憂慮《ゆうりょ》……複雑な思いがいつもつきまとっているのです。ときには「泣ける映画」を見て、「思い切り泣く」という心のおそうじをするのもいいでしょう。

冷やしタオルで目の腫れをケア

明日に向かってにっこり習慣

朝起きて
新鮮な空気を吸って太陽の光を浴びて

鏡の前で
「にっこり」します

ごはんを時間をかけてかみしめて
「おいしかった」と声に出しましょう

寝る前ににっこり笑って
早く寝ましょう

ストレスに効《き》くハッピー習慣

太陽の光を浴びて身体を動かすと、セロトニンが増えます。セロトニンは神経伝達物質で、不足すると、うつ病などの精神疾患《しっかん》に陥りやすいといわれています。**にっこり笑えば、つくり笑いであっても脳が活性化されます。**「おいしかった」と声に出す音の刺激で、幸せ感が高まります。また、おふろでゆったりすると、副《ふく》交感神経《こうかんしんけい》が働き、心も身体もリラックスさせることができます。テレビやパソコンに熱中しすぎて夜更《よふ》かししないように、早く寝て、脳を休ませてあげましょう。

子どもの不安に気づいてあげよう

不安なのは大人だけじゃない

地震、津波、原発事故、放射能……怖いことがいっぱい！小さな子どもたちも、不安でたまらないのです。「自分が悪い子で、そのために我慢しなければいけない……」と考えてしまう子もいます。

多少なりとも現実を理解させ、大人たちみんながんばっていることを話してあげてください。寝る前には怖いニュースを見せないようにして、絵本の読み聞かせなどをしてあげましょう。

テレビでは悲惨《ひさん》な映像が
たくさん流れています……
親の不安が
子どもに伝わります
その子のわかるレベルで
話をしてあげてください
熱いよ
おなかがいたいよ
最後に、抱きしめて安心させてあげてください
一緒にいるからだいじょうぶだよ

三匹のくま

子どものストレスケアをしよう

「まとわりつき」
「赤ちゃん返り」
いまごろゆびしゃぶり
チュッパチュッパチュッパ
典型的なストレス反応です
できるだけいつもの生活習慣を続けましょう
おはよう
歯磨き
あいさつ
通学……
そして、甘えさせてあげましょう
子どもは甘えながらつらい体験を乗りこえようとしています
会話をしましょう
ささいなことでも関係ない話でも話をすることは大切です

子どもからのサインに応えてあげる

災害を体験すると、誰でも動揺します。それは子どもも同じです。

子どもは、適切なケアをしてあげれば、十分回復します。

ある被災地の幼児のあいだに「地震ごっこ」「津波ごっこ」が流行りました。「ごっこ遊び」を通して、恐怖を乗りこえるために本能的に行う癒やしの行動といわれています。不謹慎と思わず、しからず、見守ってあげましょう。

じしんだ
にげろ!!

エア災害に気をつけよう

災害にあわなかった人々を襲う心の災害

直接被災していなくても、罪悪感や無気力感に襲われ、不眠、不安、情緒不安に苦しんでいることが、多くあります。被災者の方々の悲しみや苦しみを自分のことのように感じているからこそ、起きる症状といえるでしょう。

今自分がやれることを考えましょう。節電や支援物資《しえんぶっし》の提供、募金など、探せば近所でできるような仕分け作業のボランティアもあるはずです。**もしあまりにもつらいようだったら、しばらくテレビを見ないようにしたり、自然の中を散歩したりするのもいいでしょう。**

繰り返しテレビで流れる
悲惨《ひさん》な映像……
困難な状況に立ち向かう被災者の方々……
出口の見えない
原発の事故……
ただ漏れの汚染水
何もできない自分に
罪悪感
無気力感
不安感……
仕事が手につきません

いろんなものが店頭から消えた…
水
トイレットペーパー
ラーメン
カップラーメン

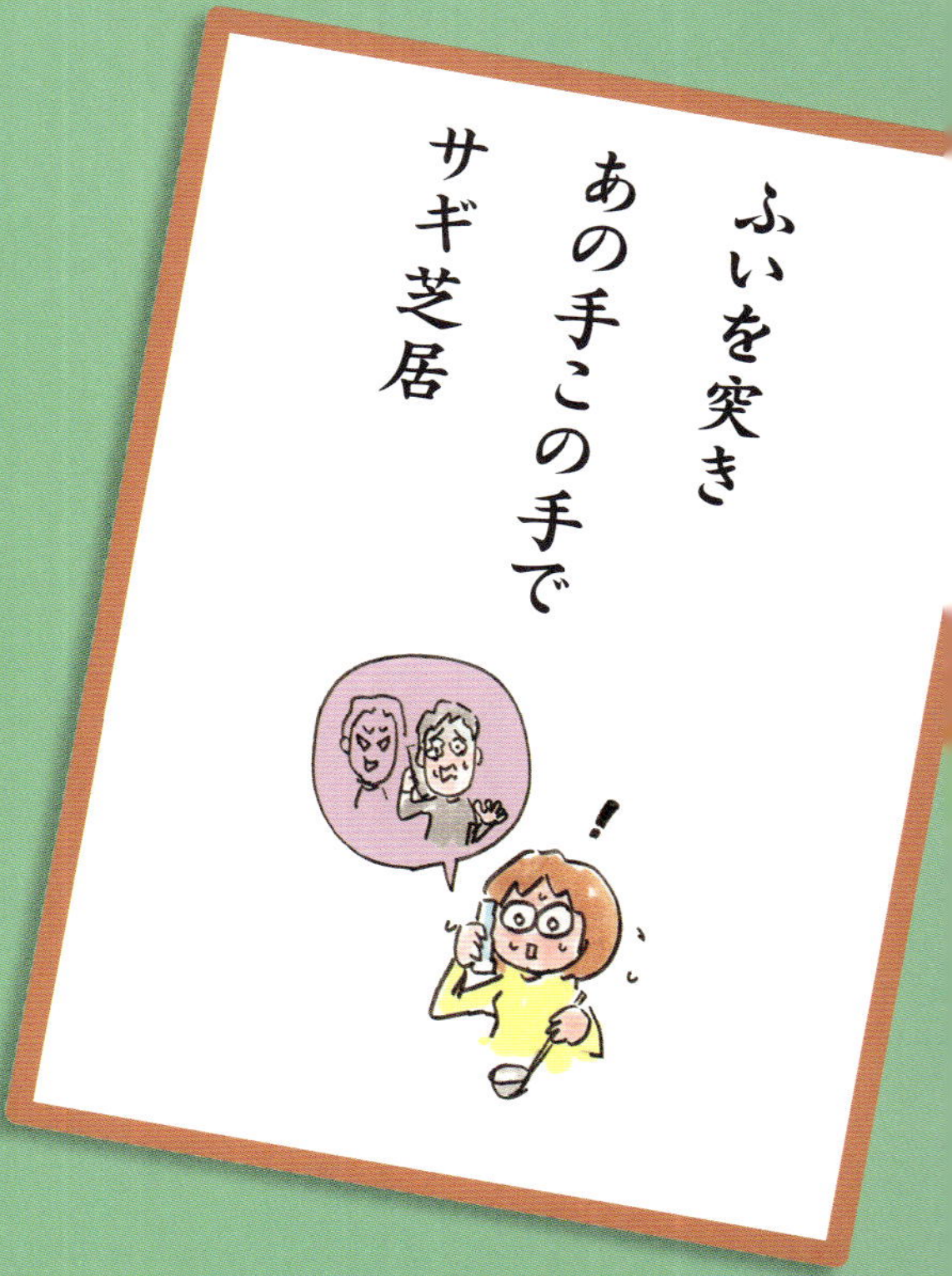
ふいを突き
あの手この手で
サギ芝居

犯罪から身を守る！

ふだん以上に警戒《けいかい》しよう

大災害の混乱に乗じてやってくる悪人もいる

大災害が発生して、大きな被害を受けながらも、日本国民は辛抱《しんぼう》強く、秩序《ちつじょ》正しく対処し、世界中から賞賛《しょうさん》されました。略奪《りゃくだつ》、暴動《ぼうどう》が起きない国……日本人はすばらしいですよね。

でも、**そうではない人も一部にはいます。**混乱に乗じて、コンビニのＡＴＭをこわしたり、民家に押し入り盗みを働いたり、振り込め詐欺《さぎ》をしたり……。このような犯罪が起きるかもしれないことを、忘れないようにしましょう。

あやしげな寄付金あつめも
あったりします…

昔々
天災が村を
襲うと
うわさを
聞きつけて
「人買い」が
やってきたといいます
現代では
さしずめ……
観光客気分の
ボランティア
アマチュアカメラマン
ひやかしなど
でしょうか……
スゲー
いのいちばんに
悪事を目的に
入ってくる人間が
いることも事実です

女性をねらった犯罪に気をつけよう

被災地は
善意《ぜんい》が支配する
聖地ではありません
大丈夫？
ありがとう
無人のビルや家から
盗難が
相次ぎ……
若い女性が
レイプされるという
事件も起きました
街灯が消えた
廃墟《はいきょ》の都市
夜はけっして
ひとり歩きしないこと

夜は出歩かない

これは阪神淡路大震災のときに語られた都市伝説のような話です。本当にそんなことがあるのかと耳を疑っていましたが、先日神戸出身の友人が、震災当時、通りがかりの女性が車の中に無理矢理引きこまれそうになったのを、助けたことがあると話していました。その彼も、被災地で自家用車の盗難にあっています。なお、安全なはずの避難所でも、性暴力や盗撮などの犯罪が起きています。

有志の自警団

災害にかこつけた詐欺が発生！

震災で医療費の還付《かんぷ》があると言ってATMを操作させ振り込ませる詐欺

かんぷ金♡
ATM

ファックスを使って義援金の呼びかけを装った詐欺

おきのどくに…

被災者がホームに入りたいので名義を貸してほしいと頼み、貸したあとで「違法な名義貸し」で解決金の要求詐欺

えっ
違法!?

震災にからんだ点検商法や悪質商法
電気・ガスの点検・修理名目で現金を求める詐欺も

県からお金もでます
そうなので？

心を強く持ち むやみに信用しないこと

公的機関・団体が、個別に電話、ファックス、訪問などで、義援金などの振り込みを求めることは通常ありません。
詐欺師は「親ごころ」「親切心」「同情心」「恐怖心」「焦り」を巧《たく》みに利用してきます。少しでも不審《ふしん》に思ったら、すぐに振り込んだりせず、家族や知人、最寄りの警察署、区役所や消費者センターに相談してください。

うのみにせず
自分で確認を
誰かに相談をです！

あやしい情報に振り回されないようにしよう

放射能に効くとされているうがい薬のどスプレー消毒用せっけんは……
うがい薬
本来飲みものではないので、かえって身体に悪い
海藻《かいそう》がいいとされていますが……
効果が得られるかは不明です
おとなり中国では塩が効くといううわさが流れ
返品したい!!
しお
買い占め騒動《そうどう》がおきました
自分の頭で冷静に考えればわかることです

まことしやかにやってくるデマ

インターネットや携帯電話の発達で、根拠《こんきょ》のない情報やデマが、チェーンメールやツイッターなどから、驚くほどの速さで伝わってきます。かたや被災している人たちは、かんじんな情報がいっさい得られないという現実……。パニックにならないよう、冷静に自分の頭で考えることが大切です。チェーンメールの場合、件名などに「厚生労働省《こうせいろうどうしょう》から」などの記載があることが多く、**善意で転送するケースがあるため、注意が必要です。**受信したメールは内容が正しいかどうか確認し、あわてて転送しないようにしましょう。

効果は別として天然ヨウ素たっぷりのごはんです。
いわしのつみれ汁
わかめごはんとろろこんぶまき

第6章

避難生活と復興

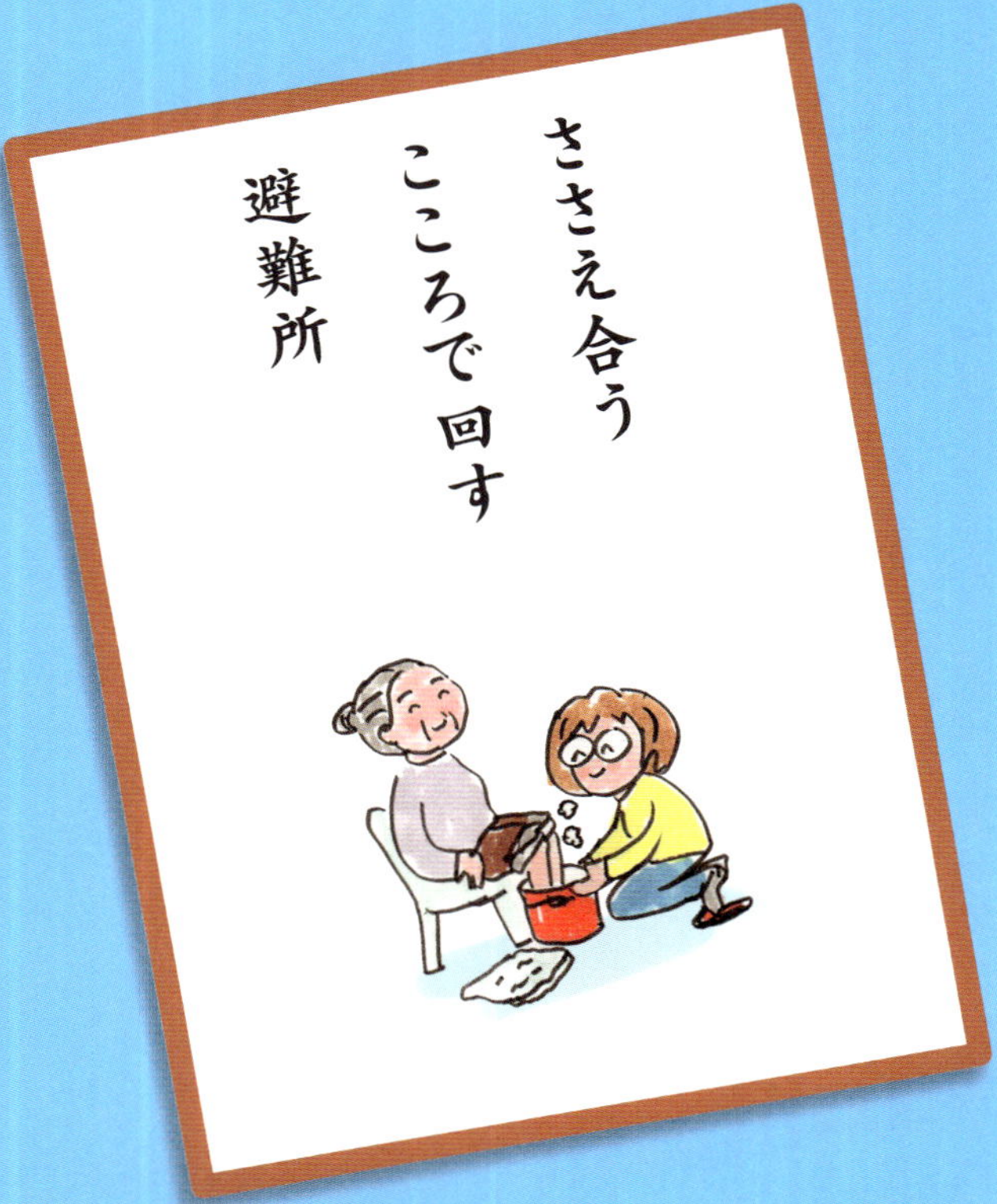
ささえ合う
こころで回す
避難所

避難生活で大切なこと

避難所ではひとり1役

仕事と責任は生きがいになる

ひとり1畳もないスペース、毛布1枚での雑魚寝《ざこね》……。水も食べものも燃料も不足し、身内を亡くし、財産も失い、情報も乏しい。避難所には、さまざまな厳しい状況が待ちかまえています。このようなたくさんの悩みを抱える人たちがいる中で、トラブルが起きないほうが不思議ですよね。

人は仕事があると、なんとかがんばって動きます。動けば気がまぎれます。運動にもなります。小さな日常への一歩が、悲しみや嘆きからの大きな一歩になるようです。

避難所では
ストレスが多いため
当然
トラブルもおきます
非日常の避難所に
小さな日常を
再開しましょう
ボランティアで床屋を始めました。
動ける人は
ひとり1役
担いましょう
朝の体操係
子どもの遊び相手
掲示係
点検係

愚痴聞き係です

リーダーシップがとれる人をリーダーに

リーダーによって チームのカラーが決まる

キャプテン

リーダーシップの大切さ

肝っ玉かあさん

家族でも会社でもそれは同じ

避難所では

町会長さんなどが活躍することが多いでしょう

現場ではリーダー任せではなく

上手にリーダーを支えることが大切です

非常時にはリーダーの存在が大きい

避難所では、まずリーダーを決めることが大切です。リーダーがいないと混乱するからです。リーダーを避難所の住民から互選《ごせん》で選ぶこともありますが、地元の町内会長さんや、避難所を提供する学校長さん、住職さんなどになってもらうことが多いでしょう。

過去の災害時には、リーダー不在の避難所で、いちばん元気のある人がいい場所を占領して、高齢者や弱者が寒く不便な場所に追いやられたということもありました。まずは各個人の意識をしっかり持ち、リーダーに過度の負担がかからないような状況をつくっておきましょう。

80歳の自治会長さん体力が心配

「福祉《ふくし》避難所」を知っていますか？

必要な人が優先的に入れる避難所

「福祉避難所」は一般の避難所や在宅避難が困難な方を受け入れる施設です。福祉避難所は、災害時に必要に応じて開設される二次的な避難所となっているため、最初から避難所として利用することはできません。

過去の災害では、殺到することを恐れ「福祉避難所」の開設を公表しなかったことが、問題になりました。

普段から利用者がいるので全員受け入れがむずかしいんです

避難したものの、一人で避難生活を送るのが困難な人が対象の避難所

高齢者・障害者 妊産婦・乳幼児などの「要配慮者《ようはいぐうしゃ》」を滞在させるための施設です

社会福祉施設 デイサービス 公民館などの施設を利用 必要性の高い人を優先します

災害対策本部が受け入れの調整をするので 直接避難することはできません

「ペットと一緒に避難」が原則

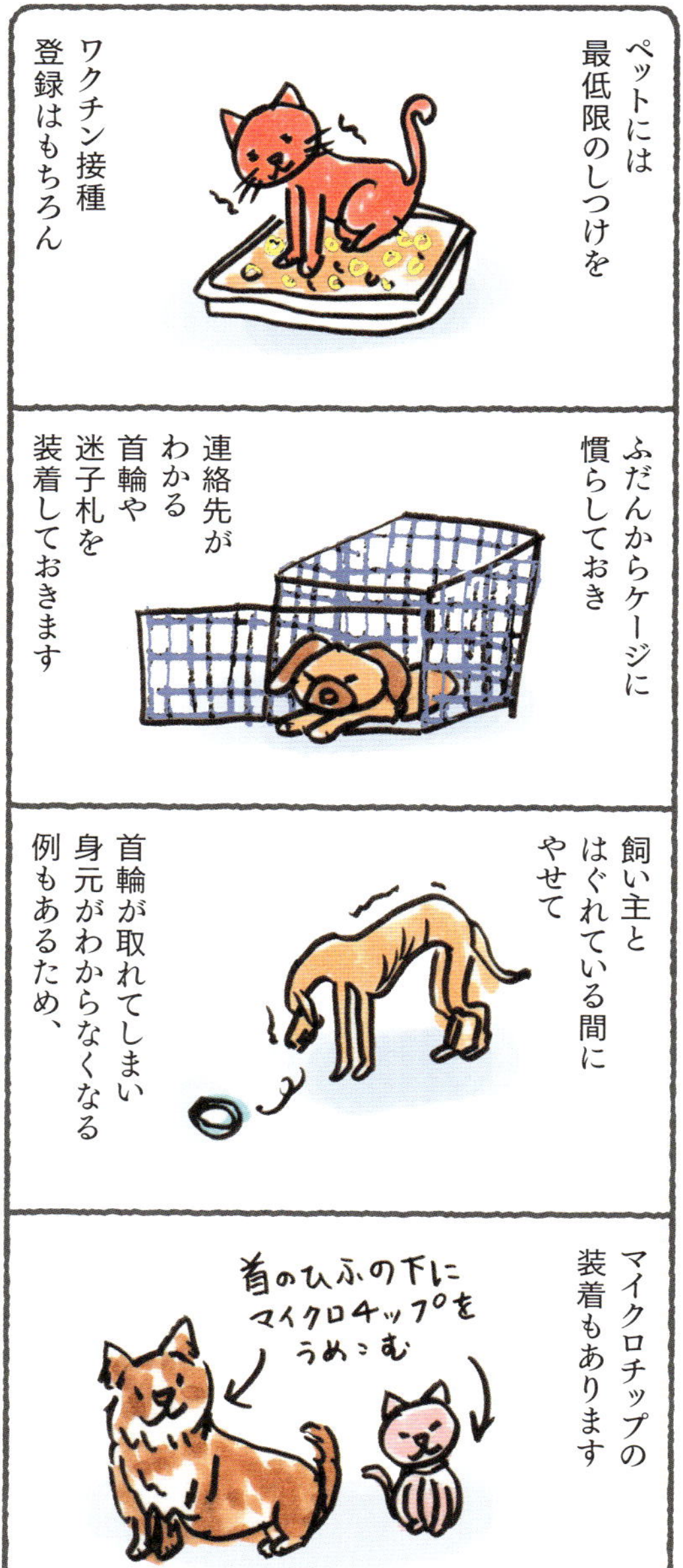
ペットには最低限のしつけを
ワクチン接種登録はもちろん
ふだんからケージに慣らしておき
連絡先がわかる首輪や迷子札を装着しておきます
飼い主とはぐれている間にやせて
首輪が取れてしまい身元がわからなくなる例もあるため、
マイクロチップの装着もあります
首のひふの下にマイクロチップをうめこむ

ペットをおいて避難しないように!

過去の災害では、「避難所はペット禁止」ということもありました。しかし、現在は「ペットと一緒に避難」が原則になっています。とはいえ、避難所ではさまざまな人が集まってきます。ペットと一緒に心から満足のいく避難生活が送れることはまだまれだと言えるでしょう。まずは、もしものときに備えて簡易ケージを始めとしたペットのための防災用品を用意しておきましょう(P218参照)。

気候にもよりますが
洗たくネットに入れてから、
キャリーバッグに入れ、
風呂敷で包んで運ぶと、
猫は落ちつきます
注：夏はやめましょう!

ペットの「同行避難」と「同伴《どうはん》避難」は違う

ペットは置き去りにしてはいけません
一緒に避難が原則
「同行避難」は避難所まで一緒でも
避難所では決められた場所で別々の避難生活に
「同伴避難」は
避難所内でも同じスペースで避難生活を送れます
被災地では「同行避難」と「同伴避難」の違いがわからず
混乱しました
ダメだった
え〜

避難所によって異なるため自分で確認を

ペットと「同伴避難」ができる避難所の数は、少ないのが現状です。それも動物関連の協会や動物保護ボランティア団体などの協力により実現したものが中心。自治体での取り組みはほとんどありませんでした。

避難所という特性から、動物好きな人がすべてではない、アレルギーを持っている人もいるという配慮《はいりょ》から、ペットの「同伴避難」は難しいのです。

被災地では、獣医師会が、被災ペットの健康診断やワクチン接種を無料で行ってくれることもあります。

しっかり、情報のアンテナを伸ばしておきましょう。

ペット用の防災用品も備えよう

ペットフードと水は7日分くらい備蓄

食器
ペットフード

トイレ用品も用意

ペットシート
使いなれたトイレの砂
新聞紙とトイレの砂で簡易トイレ

簡易ケージや修理用のガムテープ

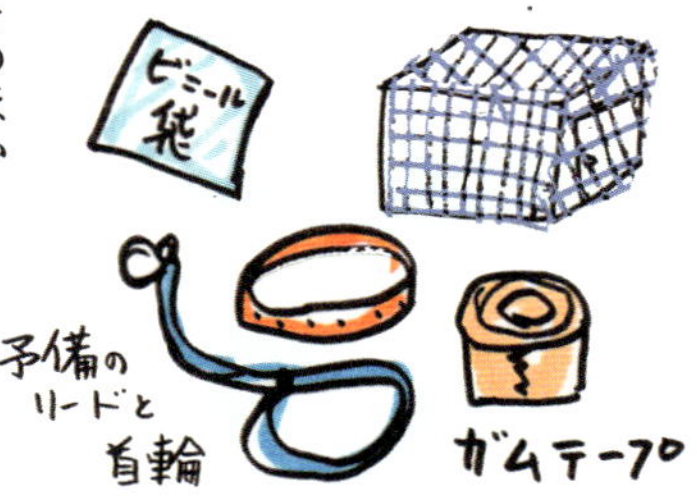
ビニール袋
予備のリードと首輪
ガムテープ

そのほか必要なものは?

ペットの防災袋にはペットの情報札を

オス・クッキー
ポメラニアン
2010年生・3k
ワクチン済

ふだんからペットのためにできること

避難所におけるペットの取り扱いはさまざまです。ペット専用エリアが設けられている避難所もあれば、避難所にスペースがなく、ペットと一緒に車中生活を余儀なくされる避難所も存在しました。

自分で用意できるペットのための防災品を考え、備えましょう。

ペット専用の部屋があるところ

人と同居テント

助けてくれる現場のヒーローに敬意《けいい》と感謝《かんしゃ》を

被災地を支えてくれる方々がたくさんいる

大災害のあと、被災地や避難所で救助活動に奔走《ほんそう》する人たちがいます。家に帰らず、睡眠も十分に取らず、自分の家族を放り出してでも、使命感ひとつで頑張っている人たちがいます。その人たちにも守るべき家族がいることを、忘れないようにしましょう。

大災害のときは、支援する側の人数は圧倒的《あっとうてき》に少なくなっています。自分でできることはできる限り自分でやるという心がまえが重要です。

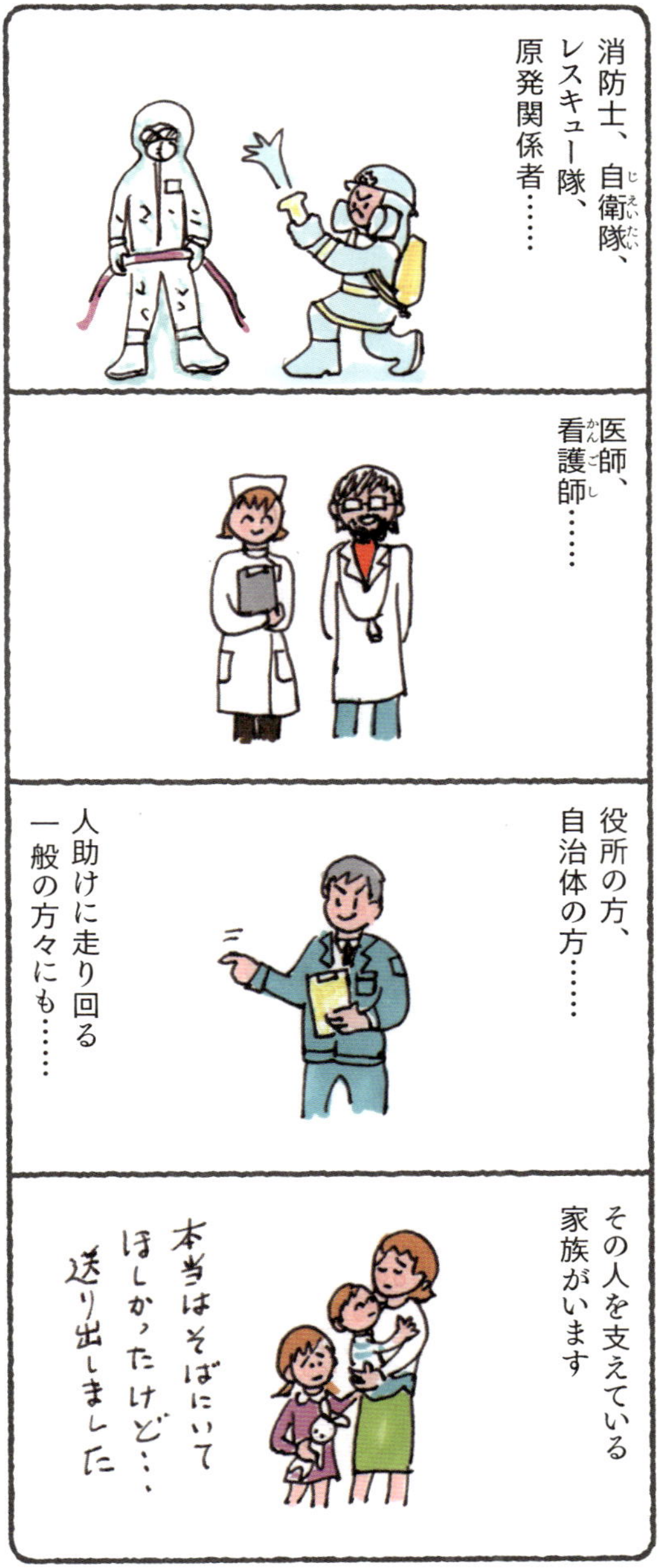
消防士、自衛隊《じえいたい》、レスキュー隊、原発関係者……
医師、看護師《かんごし》……
役所の方、自治体の方……
人助けに走り回る一般の方々にも……
その人を支えている家族がいます
本当はそばにいてほしかったけど…送り出しました

私も被災者です
消防団

避難生活での「二次災害」に気をつけよう

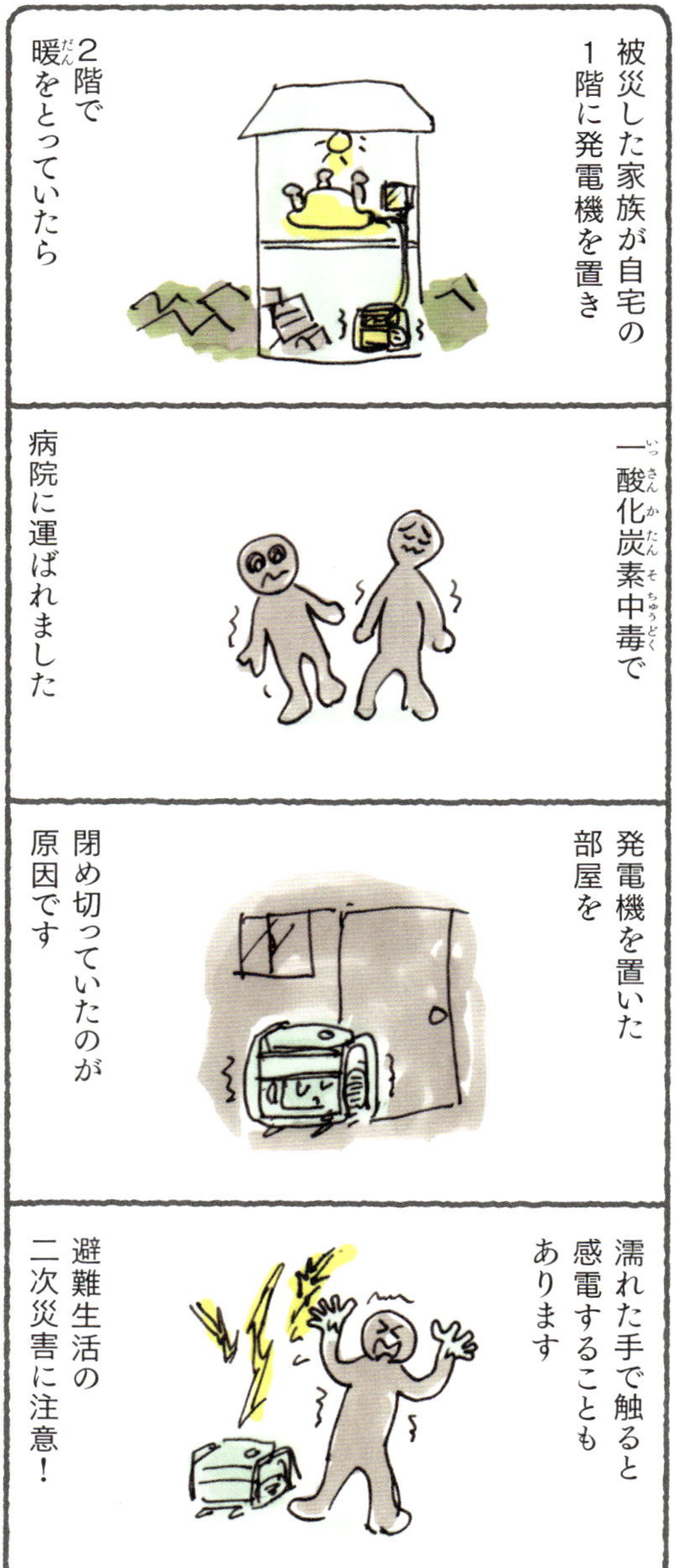
被災した家族が自宅の
1階に発電機を置き
2階で
暖《だん》をとっていたら
一《いっ》酸《さん》化《か》炭《たん》素《そ》中《ちゅう》毒《どく》で
病院に運ばれました
発電機を置いた
部屋を
閉め切っていたのが
原因です
濡れた手で触ると
感電することも
あります
避難生活の
二次災害に注意！

小型発電機など使い慣れないものに気をつける

発電機は使い方を間違えると、火災や一酸化炭素中毒などの事故を引き起こします。出力についても制限《せいげん》があり、万能ではありません。また、発電機は室内での使用は禁止されています。外で使う場合でも、換気《かんき》のよい平らな地面で使用しましょう。また、燃料はガソリンを使うので、給油時には細心の注意が必要です。ふだん使い慣れていない人が、避難生活でいきなり使用するのは、事故の元です。使用マニュアルをよく読んで、練習しておきましょう。

家庭用
カセットガスを
使うタイプが人気
GAS

自分から情報を集めよう

ふるさととのつながりも保つ

被災して命からがら地元を離れた人が、「転居先不明」扱いになっています。避難所のたびたびの移動、仮住まいを続ける中で、「落ちつき先がない」ことが原因です。

また、役所も被災している状況のため、ふだんの業務《ぎょうむ》以上の仕事で混乱しています。家族やまわりの人の助けを借りて、情報を集めておきましょう。

地震、津波、原発事故で住民の多くが

転居先不明

県外の親戚《しんせき》、知人、友人宅に……

たくさんの人があわてて移動しました

義援《ぎえん》金
仮設住宅の案内
災害助成金

国民年金、国保、学校、行政サービスなど……

なるべく自分から連絡して

情報を集めておきましょう

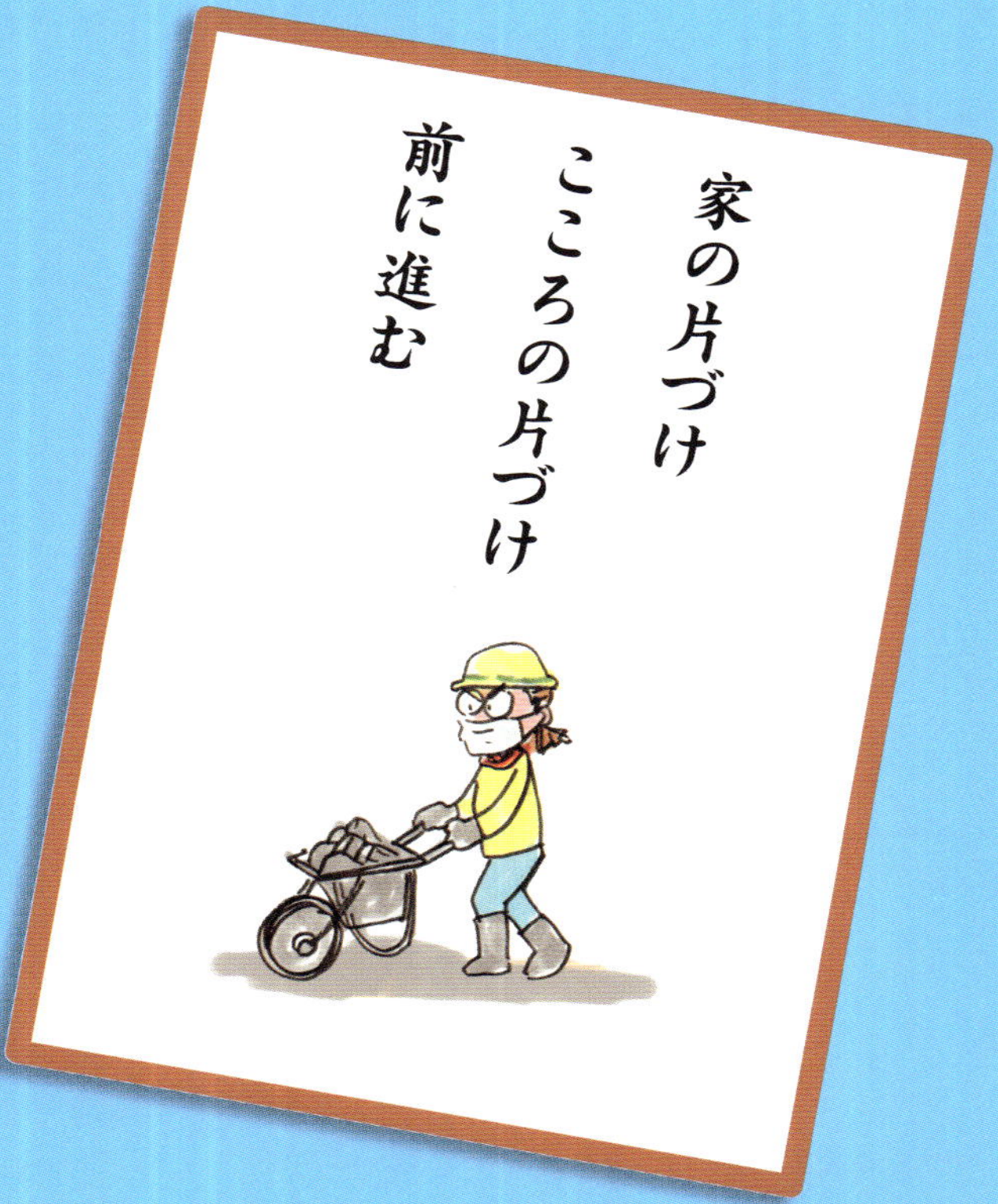
家の片づけ
こころの片づけ
前に進む

被災後の片づけや復興の心得

ガレキの片づけってどうすればいいの？

地震や風水害などの災害により発生する大量の災害廃棄物《はいきぶつ》
市民仮置き場
一時仮置き場が設けられます
指示通りに分別して出すこと
人力で動かせない場合は業者に頼む
ガレキ処理《しょり》には補助金《ほじょきん》が出る場合があるので写真と領収証は取っておく
領収書
¥30000

自分で制度などの情報を調べる

特定災害で被災した住宅のガレキの運搬・処理費用に、補助金が出る制度があります。熊本地震では運搬・処理費用の原則9割を国が肩代わりする補助金制度（環境省）がありました。

しかし、自治体側の混乱から、熊本県内の10市区町村のすべてが、住民に周知させていませんでした。非常時には、自分から情報を取りに行きましょう。

無許可の業者に注意

流れついただれかの家具はどう処分？

よその家の家具が庭に流れつきました
処分したいけどあとで「返せ」と言われないか心配
そんなときは処分する前に写真を撮ってから廃棄してください
タンスの中も確認
貴重品のほかに持ち主にとって大切と思われるものは取っておいて
アルバム
しばらく保管してください
家の中
庭のすみ

証拠写真を撮り行政の指示を待つ

これは、東日本大震災の際、私有地に流れついた「震災ゴミ」を処分するときの方針です。ここでも写真が重要ですね。

ゴミのように見えても、持ち主にとっては「大切な思い出の品」である可能性があります。

ちなみに被災地の片づけボランティアをおこなうときも「このゴミどうします？」と聞くのはNGです。

おちつくまでおまちください

自治体の窓口で指針が示されるその段階までは、保管しておきましょう

水害のあとしまつ（家の中）

壁の中の断熱材が濡れてしまうと交換が必要

断熱材

床は清潔な水で汚れを落としてから完全に乾かし

消毒液で壁、家財等をふく

0.1%の
塩化ベンザルコニウム液

天井は消毒用のエタノールをスプレーしても

エタノール

乾かしても再利用できないものも多い

災害時のゴミ捨てはふだんと異なるので注意が必要です

消毒液の扱いにも注意

浸水した床板は弱くなっているので、踏み抜かないよう注意しましょう。濡れた畳やふとんは、時間がたつと発酵し、熱や悪臭を放ちます。ベニア板のような合板は、乾いたように見えてもあとからカビが生えてきます。

壁や家財をふく消毒液は「塩化ベンザルコニウム液（逆性せっけん）」が使われます。薬局で入手できますが、自治体が配布することもよくあります。使用方法をよく読んで、目や皮膚につかないようにし、換気に注意しましょう。

消毒は
汚れや
石けんが
残っていたり
濡れていると
十分な効果が
できません

水害のあとしまつ（いろいろ）

電気は電力会社、ガスはガス会社に点検してもらってから使用する

LP
ガス

水道は濁っていることがあるので流してから使う

自動車、農機具はエンジンをかけない

修理工場に相談

携帯電話はSIMカード、SDカードを外して保管

携帯電話本体は電源を切って乾燥

携帯ショップに相談

食器は洗って塩素系漂白剤で消毒する

キッチンハイター

適切な方法で対処する

井戸水は、水質検査で確認してから、使用するようにしましょう。

自家栽培の野菜は、汚水《おすい》をかぶっている恐れがあるので生食は避けます。

庭木や家の壁は水で十分にドロを流します。

食事のしたくやトイレのあとなど、その都度しっかり手洗いを徹底《てってい》しましょう。

疲れがたまらないように休みながら作業しましょう

床下浸水でも油断しないで

ドロや汚れを除去、乾燥、消毒！

床下浸水とは、床上浸水に至らない程度に、住宅の基礎部分であるコンクリートの土台にまで、水に浸った状態のことです。

床下には配管や断熱材などがありますから、サビ、カビ、木材が腐る原因にもなります。床下の復旧はドロや汚れを除去、乾燥、消毒が基本です。

ヘッドライトが便利
ゴム手袋の下には軍手

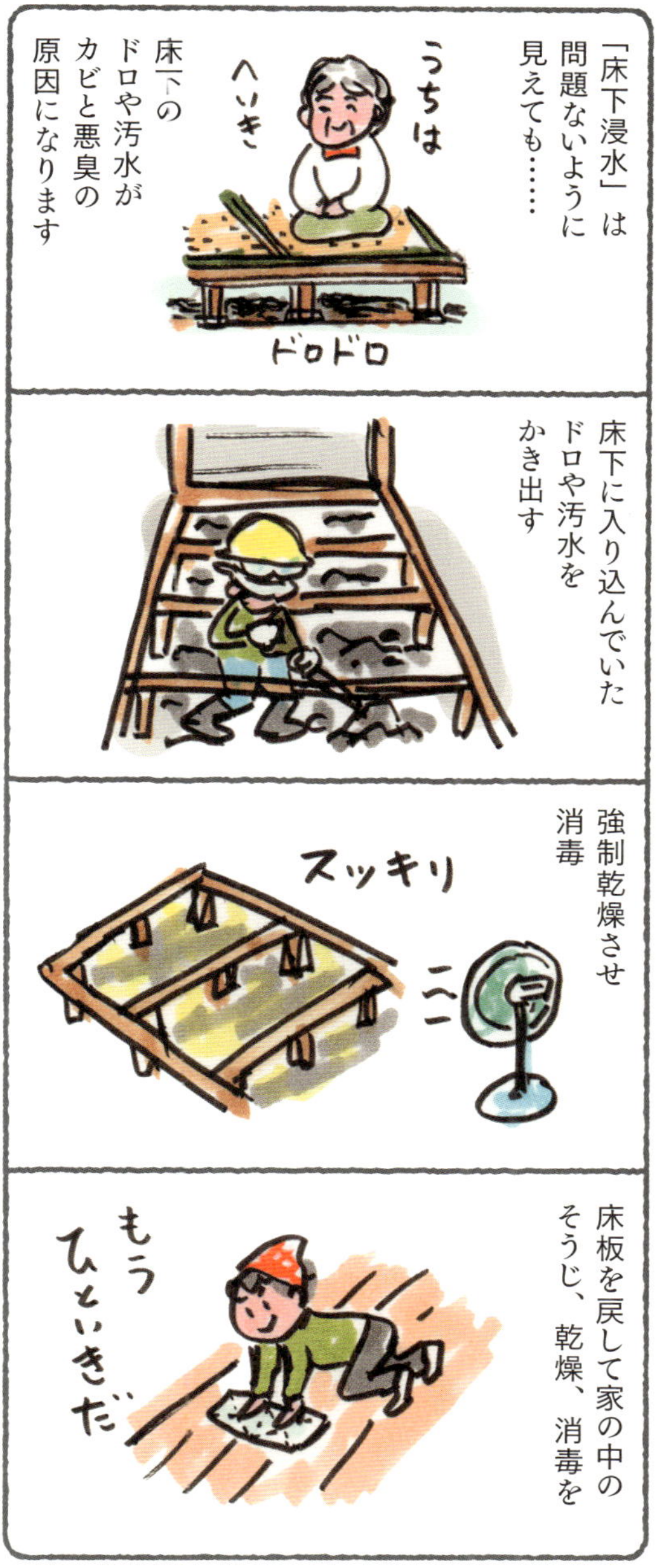
「床下浸水」は問題ないように見えても……
床下のドロや汚水がカビと悪臭の原因になります
うちはへいき
ドロドロ
床下に入り込んでいたドロや汚水をかき出す
強制乾燥させ消毒
スッキリ
床板を戻して家の中のそうじ、乾燥、消毒を
もうひといきだ

車が水没《すいぼつ》してしまったら？

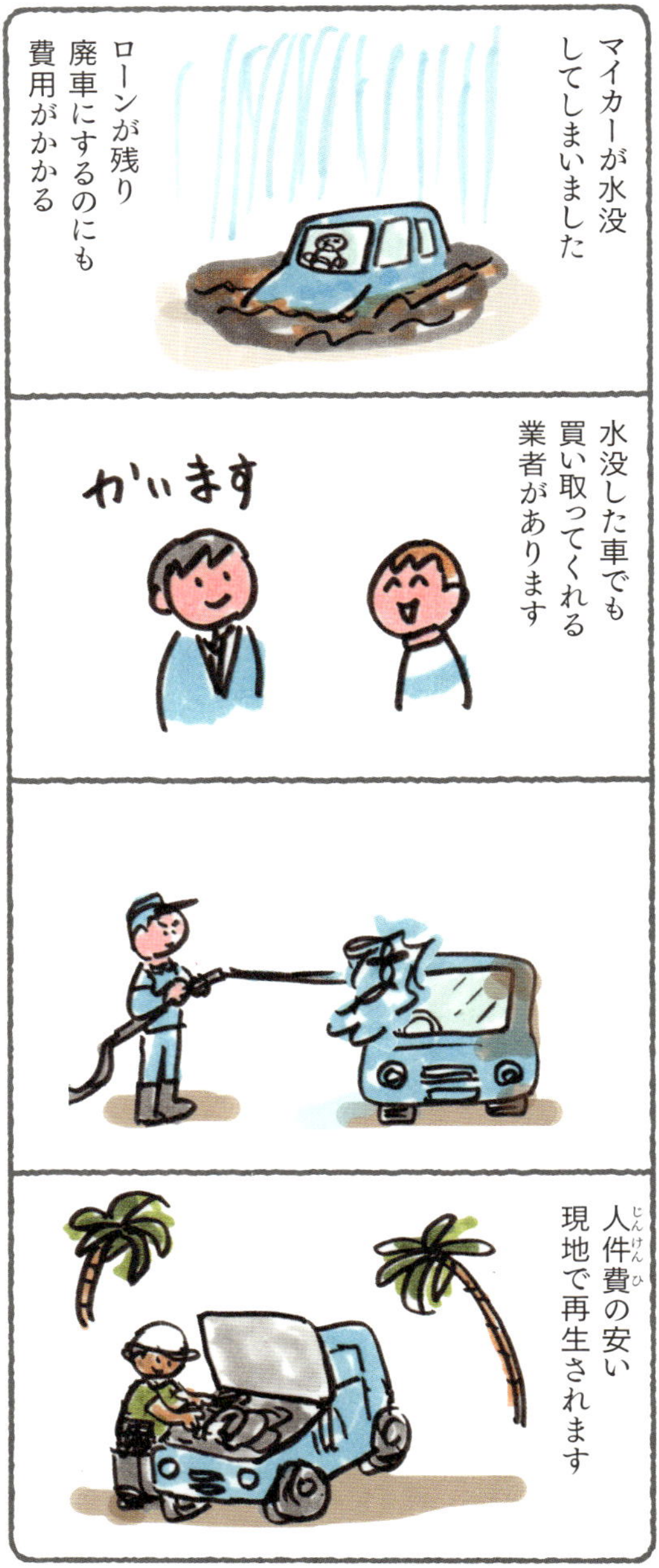
マイカーが水没してしまいました
ローンが残り廃車にするのにも費用がかかる
水没した車でも買い取ってくれる業者があります
かいます
人《じん》件《けん》費《ひ》の安い現地で再生されます

あきらめないで情報を集める

マイカーが水没してしまいました。さあどうしよう!? 修理できる?、修理費用は? マイカー保険に入っていた場合はいくらおりる? 保険屋さんに相談? 廃車にするしかないときはいくらかかる?

水没車を買い取ってくれる業者ってあるの? 実は、あるんです! まずはいろいろ調べてみましょう。場合によっては、高値で買い取ってくれることも。

日本車は人気!

「塩害」のあとしまつ、忘れないで！

塩の影響を甘く見てはいけない

台風に伴う雨が降りやんだあとに強風が続くと、吹きつけられた海水の塩分が洗い流されず「塩害」が起こります。電線から火花が出たり、ジリジリと異常音がしたりするのは、塩が電気を通しやすいために起こる現象。塩害は、電車の運行や停電にも影響を及ぼします。

建物からのサインに気をつけよう

庭にぬかるんでいる場所がある……
地中の給水管が破損しているのかも！
家の外壁にヒビが入ってる……
ひび割れから雨漏りが発生することも
床下がやけに湿っぽいんだけど……
給水管や排水管が破損している恐れも
窓が開けにくくなった
きつっ
建物が変形している可能性あり！

一見なんでもないように見えても確認する

災害のあとは、建物からの「サイン」を見逃がさず、早めに対処することが重要です。ひび割れを放置しておくと、コンクリートの劣化、中の金属の劣化、建物自体の劣化につながります。放置することで、多くの費用がかかることになってしまいます。

マンション住まいなら、「管理組合」に報告をして対処してもらいましょう。

外壁のタイルが落ちたら
大ケガのもと

第7章

お金のことと被災地支援

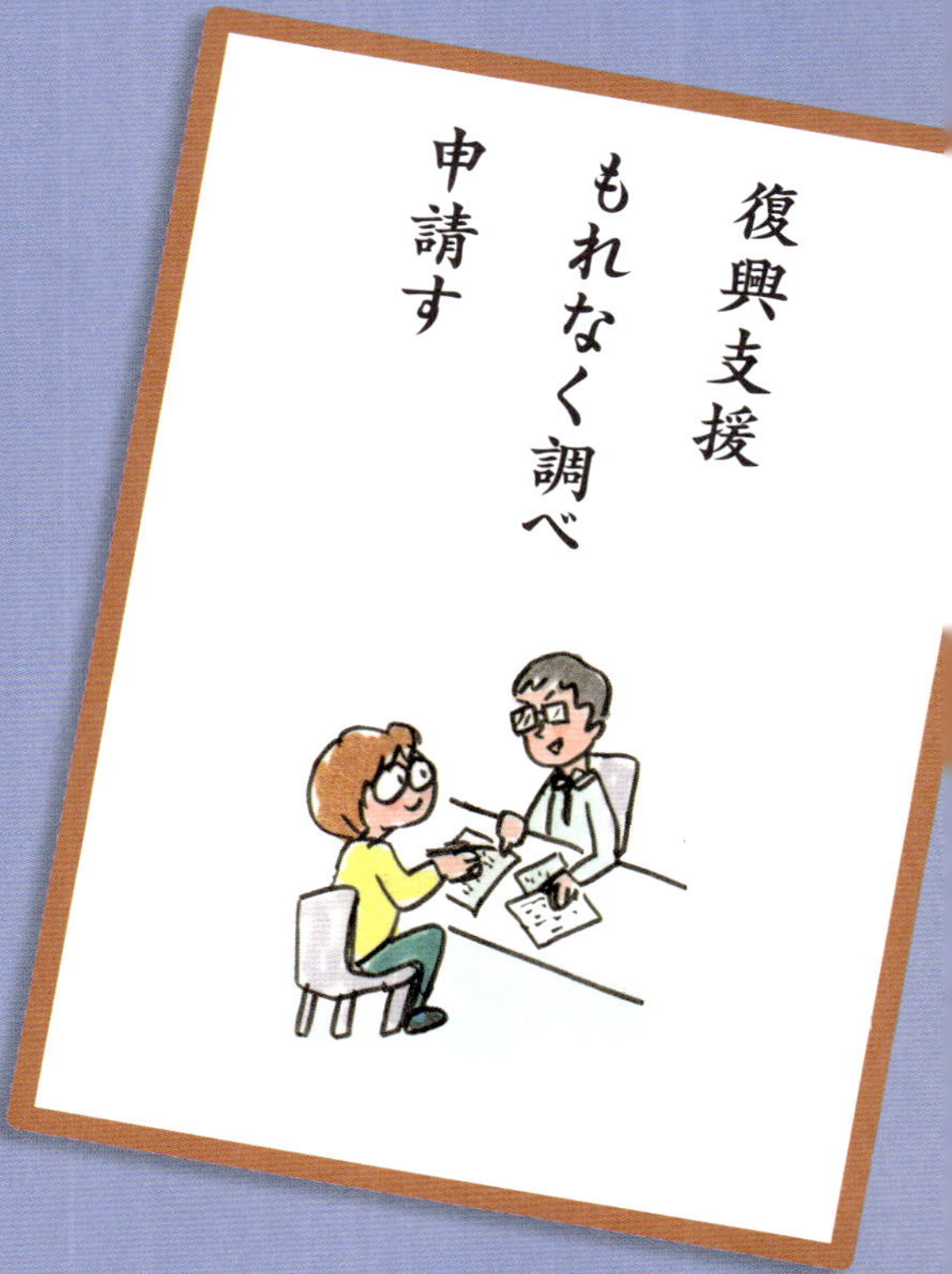
復興支援
もれなく調べ
申請す

お金のことについて知っておこう

同じ被災でも支援金が出る？　出ない？

住むところによって支援額も程度も違う

「災害救助法」に適用されるのは、人口ごとに定められた「住家滅失《めっしつ》世帯数」が基準《きじゅん》となっています。

「災害救助法」が適用されると、避難所や仮設住宅生活再建支援金や見舞金などの支援もあります。

市区町村単位となると、同じ自然災害の被災者でありながら、住んでいる地域で、支援に差が出るという現実が起きています。

適用されない災害でも、自治体によっては「災害見舞金」が出ることもあります。くわしくは、自治体にお問い合わせください。

え〜
不公平じゃん

竜巻が起こり
県境を越え
街を通過して
家が…
私の
家だけが
壊れました
となりの県では
同じ竜巻の被災者に
支援金が
出るようですが
?
支援金って
もらえますか？
私たちの市は
「災害救助法」に
適応されないので
支援金は出ません
おきのどくですが

「り災証明書《さいしょうめいしょ》」って何？

「り災証明書」とは
地震、大雪、大雨などの自然災害で住居が損壊したという証明書
アパートや借家に住んでいる方も対象です
り災証明書は支援を受けるためのパスポートのようなもの
災害見舞金
弔慰金《ちょういきん》、義援金《ぎえんきん》
保険金請求
市民税・保険料・公共料金等の減免《げんめん》・猶予《ゆうよ》等
保育所・学校教育に関する支援……
申請時には被害状況の写真が必要です
カシャ
カシャ
携帯電話で外観《がいかん》と屋内の記録を撮っておきましょう

めんどうに思わず調べて、撮って、申請する

「り災証明書」は申請しなければ、発行してもらえません。申請して、調査を受け、り災証明書の交付となります。住家の被害調査は自治体職員らが実施《じっし》します。そして申請には、被害状況の写真が必要になります。

熊本地震では、スマホの写真を窓口で見せて確認し、約18万件の発行を終えるまでに、4か月半を要しました。東日本大震災のときは、津波の航空写真で確認しました。

申請方法は、各自治体のホームページでご確認ください。

役所

「申請」しなければ「支援」もされない

本当にあった情報弱者の悲劇

地震のあと傾いた家で不便に暮らしていたおばあちゃん
どうしたもんじゃ
役場に行ってないの？お金もらえないよ
そうなの？
役場に行ったら……
市役所
やっとこれた
申請は先月で締《し》め切りましたよ
えっ

期限があるので注意

自治体によっては「り災証明」の申請期限が設けられている場合があります。平均的な期限は、2週間〜1か月。半年というところもありました。

り災証明で受けられる「公的支援」にも期限があります。「り災証明の申請」は委任状があれば家族や友人に頼むことも可能です。

これからの人生を支える災害弔《ちょう》慰《い》金《きん》のこと

大黒柱のお父さんが
災害で亡くなってしまいました
500万
生活を支えるお母さんが
行方不明です
250万
子どもを
おじいちゃんを失いました
250万
250万
兄弟で二人暮らしでした
たったひとりの肉親の兄を失いました
250万

未来を支えるお金です

特定非常災害で死亡された方の遺族には、市区町村から、災害弔慰金が支給されます。支給額は、生計維持者の方が死亡した場合は500万円、そのほかの方が死亡した場合は250万円です。災害による障害を受けた場合は「障害見舞金」が支給されます。

支給された方が亡くなった場合、該当する「弔慰金」から「見舞金」が引かれた額が支給となります。

悲しみの中にあっても、明日のことを、未来のことを考えていかねばなりません。失った大切な人が生きたかった「これからの日常」に、少しずつ目を向けていきましょう。

たいせつに
使わせて
いただきます

災害関連死にも弔慰金が支給される

さまざまな原因で訪れる死がある

「災害関連死」は地震や津波などによる直接死ではなく、避難生活の疲労や環境の悪化などによって病気になったり、持病が悪化したりするなどで、死亡することをいいます。熊本地震では、災害関連死が直接死の4倍もありました。

「災害関連死」の認定には、遺族からの申請が必要です。東日本大震災のときにも、「申請されない関連死」が多数あったのではないかと、いわれています。

身体に無理のかかる避難生活

エコノミークラス症候群による突然死

震災時に受けたケガがもとで亡くなった方

地震のショックで急性《きゅうせい》心筋《しんきん》梗塞《こうそく》をおこしたり

地元を離れて避難生活の末に亡くなる方もいます

弁護士会《べんごしかい》の「無料相談」を利用しよう

大きな災害が起きると
地元の弁護士会が
「災害法律相談無料電話相談ダイヤル」を
開設します
災害ボランティアセンターでも、
無料法律相談を実施している場合もあります
無料法律相談
時間のめやすは10～15分程度
相談したいことを完結にまとめておきましょう
こうなるから
ここを相談しよう

相談できる人から効率的に情報を得る

「弁護士に相談」って、ハードルが高く感じますよね。悩んでいても、素人では答えの出ないこともあります。大規模災害関連の法律は、変わっていきます。条件がゆるくなっているものも多いです。

「友だちに聞いたところ、ダメらしい……」「破産《はさん》しかない」などといった曖昧《あいまい》な情報や素人判断で、有益《ゆうえき》な制度を見逃してしまっては、もったいないですよね。専門家にアドバイスをもらい、スッキリと解決しましょう。

ローンなどの
お金に関する相談は
資産や借金などのメモ持参で

「被災ローン減免《げんめん》制度」を知っていますか？

家が全壊して
住宅ローンだけが残りました
ローン
ローンは返済が先延ばしにされても、
元金も利息も満額を支払う結果になり、
借金に苦しむことに
返済をのばせますよ
BANK
阪神淡路大震災など多くの人びとを苦しめた教訓から生まれたのは
「ローン減免制度」
利息
ローン
ローン
「ローン減免制度」は
「自己《じこ》破産」とは大きく異なります
自己破産すると借金はなくなるけど
カードも作れない…

自己破産以外にも道がある

「自然災害による被災者の債《さい》務《む》整理に関するガイドライン」「個人債務者の私的《してき》整理ガイドライン」通称「被災ローン減免制度」は、住宅ローンなどでお金を借りている個人や、事業に必要な資金を借りている個人事業主が対象。

「特定非常災害（西日本豪雨・熊本地震等）」の影響で、ローンの支払いが困難になった人が二重ローンに陥《おちい》らないための救済制度です。自己破産と違い、債務整理ができ、新たに借り入れもできます。

こんな救済策《きゅうさいさく》があることも、知っておいて損はないですよね。

ローンを減らせる方法がある？

「火災保険」「家財《かざい》保険」を確認しよう

「火災保険」はボヤを含む火事となりからの延焼《えんしょう》、放火消火活動での浸水も補償《ほしょう》対象

消火の放水で
家電が……

特約で落雷《らくらい》、雪害、ひょう害、ガス爆発、水漏れ、竜巻、盗難、

バズバズ
ひょうが!

地震によるもの以外の洪水、高潮、土砂崩れ、台風も対象

火災保険の要項を確認してみて

台風もOKか!
はっ

さまざまな補償がある保険

「火災保険」では、火災だけではなくさまざまな補償が受けられます。地震以外の自然災害にあったときに補償が受けられることも多く、盗難などの被害でも補償してもらえることがあります。賃貸物件であれば「家財保険」に入っている場合もありますから保険会社に確認してみましょう。もし修繕済《しゅうぜんず》みだったとしても、被害時の写真や証明書などで被害が証明できれば、保険金を請求することが可能です。過去3年までさかのぼって申請もできます。

申請しないと
保険金は出ません

生命保険に入っていたかわかりません

津波で
地震で
家が全壊
保険を管理していた
母が亡くなりました
生命保険証？
保険証どころか
……
保険に
入っていたかどうかも
わかりません

困ったときは連絡を

日本損害保険協会が実施する「自然災害等損保契約照会制度」は、家屋等の流失・焼失等により保険契約の手がかりを失った契約者の契約照会に応じるものです。原則は、被災した本人、本人の親族（配偶者《はいぐうしゃ》・親・子・兄弟姉妹）が対象です。災害救助法の適用地域、国から要請がある地域のみと限定されています。

「自然災害等損保契約照会センター」問い合わせ先
0120-501-331
（月曜～金曜　9時15分～17時）

通話料無料の
フリーダイヤル
です

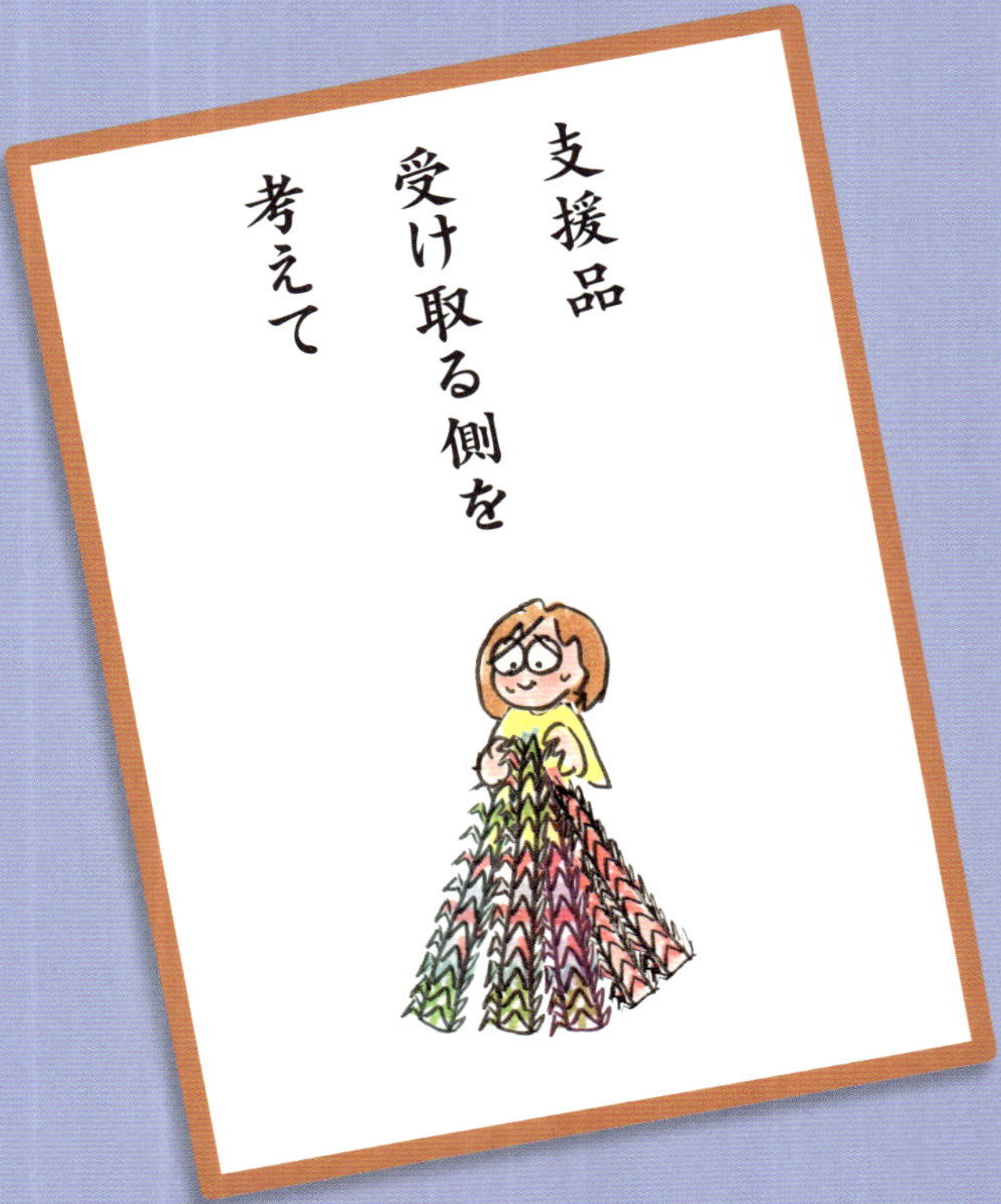
支援品
受け取る側を
考えて

支援のルールについて知っておこう

「ボランティアセンター」の活動を知ろう

ボランティアと困っている人をつなげる

「ボランティアセンター（通称・ボラセン）」は、被災地の社会福祉協議会が立ち上げます。ボラセンは、地元関係者、自治会などを通じて情報の収集を行います。直接、被災者のニーズを聞いてまわる場合もあります。

ボラセンの活動は、非常時だけではありません。平常時でも、困っている人とボランティアしたい人をつなげる活動を行っています。

フムフム

活動後には報告を受け、情報を更新することも

オフロード協力隊
災害が起きると情報を集めます
被災者のニーズとボランティアの受付
ボランティアのマッチング
注意事項を説明したり道具を貸し出したり
作業現場の送迎も

ボランティアの基本の心がまえ

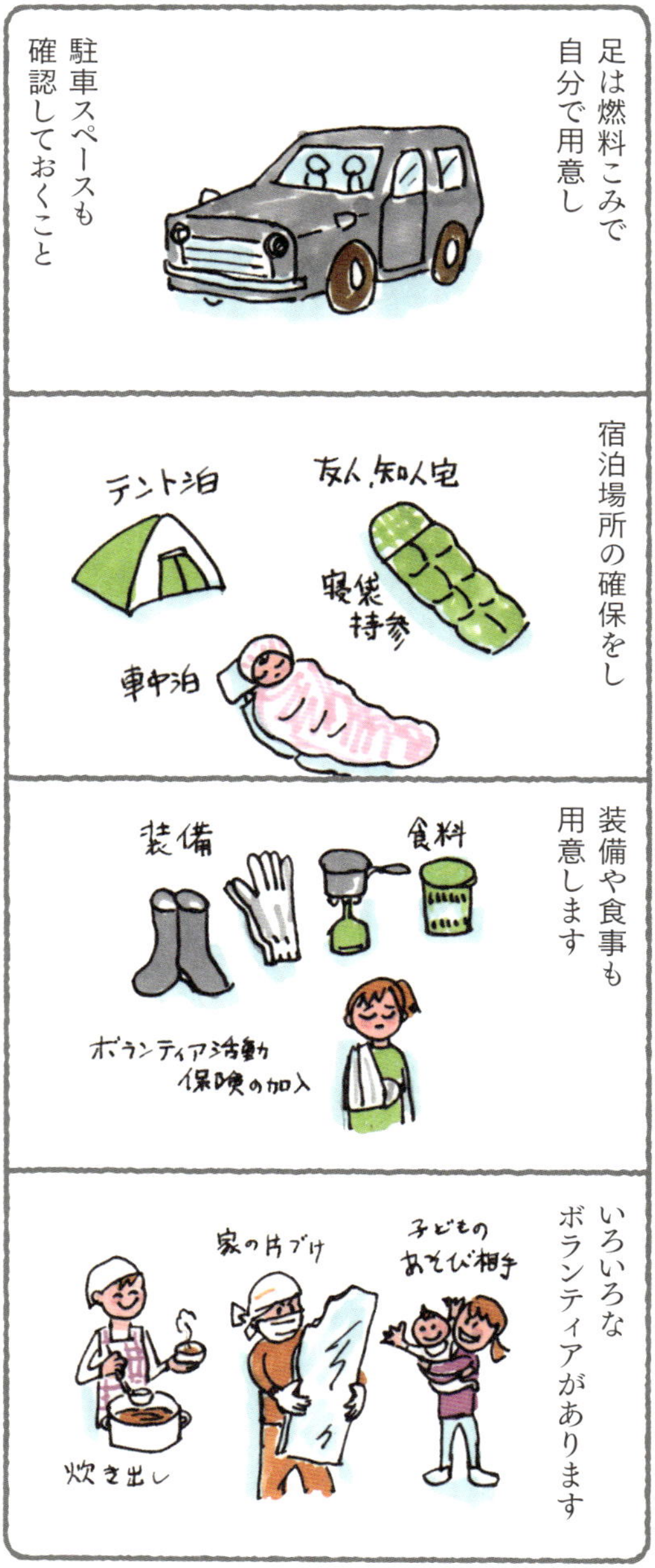
足は燃料こみで自分で用意し
駐車スペースも確認しておくこと
宿泊場所の確保をし
テント泊
友人、知人宅
寝袋持参
車中泊
装備や食事も用意します
装備
食料
ボランティア活動保険の加入
いろいろなボランティアがあります
家の片づけ
子どものあそび相手
炊き出し

ボランティアは自己完結が基本

ボランティアにいきなり行っても、場合によっては難しいことがあります。東日本大震災の直後は、宿泊、食事、駐車場などの確保、道路事情などの理由により、ボランティアは地元限定ということもありました。

また被災地は一般車両の乗り入れ制限などもあります。未経験者が被災地に行くのであれば、被災地の負担《ふたん》にならないようにしなければなりません。市区町村のボランティアセンターが設置されているので、情報を集め、確認してから行動しましょう。被災地での活動は非常にハードです。疲れがたまらないように自己管理することも大切です。

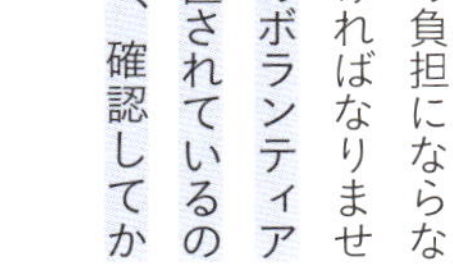

ボランティアの作法・装備はしっかりと

ボランティアで一番多いのが家のドロや土砂の除去
装備はこんな感じで
ヘルメット
ゴーグル
防じんマスク
タオル
長そで
ウエストポーチ
踏み抜き防止のインソール
ゴム手袋
長ぐつ
着替えや食料も忘れずに
カロリーバー
食料
水
保険証

さまざまなことを想定して用意する

力仕事に自信がなくても、避難所の炊き出しやそうじなどのお手伝いができます。買い物や、支援物資の訪問配達、家の片づけなど、被災地ではさまざまなボランティア活動が必要とされていることも事実です。

仕事の内容は別として、被災地に行くときは、しっかり装備を用意しておきましょう。ボランティアは自己完結が基本です。

汚れものを入れるためのポリ袋
ポリぶくろ
ウエットテッシュ
着がえ

ボランティア保険に入っておこう

やみくもに現地に行っても
被災地に負担がかかるだけ
インターネットで正しい情報を入手
必要なボランティアは日々変わっています
十分な準備をし
ホームセンター
装備、宿泊、食料など自己完結が基本
最寄りの社会福祉協議会で
ボランティア保険にも加入しておくこと

自分の居住地で入っておくこと

ボランティアの受付は、「ボランティアセンター」です。

そして、ボランティアは、「ボランティア活動保険」への加入が必須です。活動中のケガのほか、偶然の事故で他人にケガをさせた場合にも保険金が支払われます。また、被災地までの移動中の事故も補償対象となるので安心です。

現地でも入れますが、多忙な被災地に負担をかけないためにも、出発前に加入することが大切。

保険料は補償内容によりますが３５０〜７１０円くらいです。（保証期間・４月１日〜翌年３月31日の１年間有効）

受付
ズラ〜

無料の「ボラバス」で被災地に行こう

ボランティアバスを知っていますか？
通称「ボラバス」
各地の社会福祉協議会が主催している
えっ タダ!?
ボランティアに行く人のための無料のバスです
多くは日帰り
朝出発
昼間は現地活動
夜帰着
準備はネットで仮登録し集合場所に直接行く
ホームページや公式ツイッターで確認を
バスの乗車は先着順！定員になったら締め切りになります

自己負担を軽くして参加できる

被災地への交通手段として「ボランティアバス」がおすすめです。乗車料金が無料で、被災地入りもスムーズ。西日本豪雨のときは「ボランティア船」も航行しました。こちらも、仮登録が必要で、集合時間に集まり、先着の定員分が無料で乗船することができます。

事前研修が必須となっているところもありますから、最寄りの社会福祉協議会のホームページで調べてみましょう。くわしい情報が得られます。

ボラ船もあります

自分のスキルを静かにアピールしよう

ボランティアスタッフの背中にゼッケン
ガムテープで背中につける
ゼッケンで自分のスキルを表示します
マッサージ
よしこ
英語
EMI
子守
マキ
大工
ゆうすけ
阪神淡路大震災のときガレキの中でおにぎりを配るボランティアがいました
おにぎりあります
声かけて
ボランティアということが、ひと目でわかるので便利です
自分で作りました
おてつだいします

背中には「できます」ゼッケン

ボランティアの仕事は多種多様ですが、すべて適材適所《てきざいてきしょ》というわけにはいかないのが現実です。助けを求めている人が声をかけやすいように、自分の名前をゼッケンに書き添えておきましょう。

手話、英語を始めとする外国語、マッサージ、美容師、力仕事、子守り、電気工事、大工、運転……。自分のできることをアピールしつつ、与えられた仕事をきっちりやっていきましょう。

テープにかいただけ
力しごと
します
ヒロシ

ボランティアを頼むにもコツがある？

助けてくれる人のその思いを受けとる

被災地では社会福祉協議会が立ち上げたボランティアセンターで、ボランティアを頼むことができます（P243参照）。「受援力」という新しいことばがあります。これは、ボランティアの援助を受け入れる能力のこと。

ボランティアへの理解、コーディネートする能力、ボランティアが活動できるような環境……。住民個人のレベルから行政レベルまで、災害ボランティアを受け入れる能力は、復興する上でとても大切です。

しんぱい いらないよ！

ボランティアさんたちの食事、宿泊、報酬《ほうしゅう》などは必要ありません

ボランティアは土地勘《とちかん》もなく
夜行バスで来ました
各被災者の細かなニーズなどもわかりません
ボランティアを依頼するときはやってほしいこと依頼者の状況
年よりばっかりで力しごとが…
年齢・性別などといった具体的な情報を伝えましょう
かつては警戒心から
よそもんは
いらん いらん
ボランティアを拒否されたことがあったそうです……
片づけもそうだけどボランティアさんと休憩時間に話をして久しぶりに明るい気分になったの……
「困っているときはお互いさま」ですね

だれにも言えなくて困っている人がいる

ある老人が
寒い避難所に
運ばれてきました
トイレを
我慢する
ために
水分を控え……
出されたおにぎりや
カンパンは
食べられませんでした
なぜなら
「入れ歯」を
なくして
いたからです
衰弱がひどく
病院へ

「入れ歯」ひとつでたくさんの人が救われる

その人にとって身体の一部になっている大切なものでも、非常時に持ち出せないことがあります。あるおばあさんは、いつも使っている「入れ歯」を失って避難所に来ました。人目もあり恥ずかしいので、誰にも相談できずにいました。

そして、おばあさんは支援物資のカンパンを食べることができず、体調をくずしてしまったのです。

避難所でひときわ喜ばれたボランティアは、「入れ歯をすぐ作る」「眼鏡をすぐ作る」でした。

その人にとって
大切なもの

思い出をよみがえらせるお手伝い

海水とドロにつかった
思い出の写真は

ぬるま湯に
30分ほど浸けます

アルバムごと
つける

重なった写真を
そっとはがし
指の腹で
写真の表面の
汚れを取ります

陰干しをして
ゆっくりゆっくり
乾かします

水につかった写真をきれいに洗う

水洗い可能な写真は、お店などでプリントしてもらった「銀写真プリント」です。家庭用プリンターでの「インクジェットプリント」には対応していません。また「ネガフィルム」はプラスチック樹脂《じゅし》なので、「写真プリント」の紙よりもじょうぶです。必ずネガケース（半透明の保護袋）に入っているので、損傷《そんしょう》が少ない可能性があり、再び写真プリントの作成ができます。記録メディアは、真水で洗って乾かすと、使える可能性があります。

記録メディアは真水で
洗って
乾かす
SD

外国人のための支援はありますか？

在日外国人
留学生や観光客も
ジシン
コワイ
被災しています
パスポートの再交付は
その国の領事館に
パスポート
登録書
外国人登録書は
申請した市区町村に
各自治体には
多言語で対応している
専用窓口があり
OK
複雑な
り災証明書の申請の
手伝いをしてくれます
また国際交流会が
多言語での
外国人
相談センターを
立ち上げました

わかりやすく、ゆっくりと話す

当然ですが、日本に住んでいる、あるいは旅行で訪れた外国人も被災しています。

外国人には、難しい単語は避け、やさしい言葉に言いかえて説明しましょう。

たとえば、「余震」は「あとから来る地震」。「避難所」は、「逃げるところ」。「炊き出し」は、「温かい食べ物をくれる場所」。

一つの文には一つの情報のみ、短い文で伝えてあげましょう。

相手が理解しているかどうかも、確認してください。

タカダイ イコール
タカイ オカ
レッツゴー！

喜ばれる支援物資とは？

避難所には思わぬ需要がある

水が使えない避難生活では、アルコールを含んでいるウエットティッシュがよく使われています。そのため、手荒れや肌荒れがひどく、避難所生活の女性が苦しんだそうです。

支援物資ではスキンケア用品がなかったので、ハンドクリームがたいへん喜ばれました。紫外線《しがいせん》の強い時期は、日焼け止めや、ボディパウダーなども喜ばれるでしょう。

ハンドクリーム
リップクリーム

手、唇がカサカサで困っていたので助かりました

stick
cream

歯ブラシ

水がなくても歯を磨きたい！

やっぱり情報が欲しい

新聞
雑誌
ラジオ

洗たくができないのでこんな日用品も助かります

下着
タオル
ウエットティッシュ
ブルーシート

アマゾン物資支援サポート
避難所やNPOが「ほしいものリスト」を
ポチッと支援
amazon

物資を受け取る人の気持ちを考えよう

手の洗えない避難生活を考えて……

ひとつずつビニール袋に入れます

探している人の身になって

ガムテープにサイズと中身を書きましょう

洗面道具はひとまとめにしてもいいですね

積み上げたときにわかるように

ダンボール箱の5面に中身を書いた紙を貼りましょう

想像力を使って気配りの梱包を

たくさんの品目にわたる支援物資が被災地に届きます。受け取る側も、支援物資の仕分けにたいへんな労力と時間をかけています。物資を送る側は、中身に何が入っているかをわかりやすくして物資を手配する心がけが大切です。

衣類／下着／熱冷ましのシート／紙おむつ／生活用品／洗面用具／カイロ／生理用品／紙コップ／ラップ／飲料水／食品／毛布やタオルケット……。支援物資は場所、時期によってかたよりが出ますから、自治体等に確認してから用意するようにしましょう。

めぐりめぐって支援する

仕事があれば生きる誇りと日常を取り戻せる

東日本大震災が起きたわずかひと月後に、初めて被災地の塩釜《しおがま》漁港でマグロが水揚《みずあ》げされました。セリにかけられたマグロは、ふだんの倍近くの値段がついたそうです。この日、久しぶりに威勢《いせい》のいい声が、補修《ほしゅう》された市場に響きました。日本各地で起きる災害。被災したすべての方たちに、仕事を通して、誇りと日常が1日も早く取り戻されることを願いたい。被災していない私たちにできることは、めぐりめぐって支援することではないでしょうか。

週末の過ごし方をちょっと変えてみましょう

家族、友人、恋人同士で家の電気を消して外に食べに行きましょう

被災地の食材を使った料理で……

静かに応援する方法もあります無理のない範囲で考えてみましょう

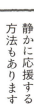

あれから
いろいろ
起きました
2011年3月11日
東日本大震災が発生
テレビや
ラジオから
流れてくるさまざまな情報
利用して…
有益な情報
初めて知る情報
想定外の情報を
どんどん描きとめて
「ほらこうやって
4コマにすると
わかりやすいでしょ」と
娘に見せたら
PTAで出そうかな〜
いいじゃん
ブログを作って
のせたら？
ブログ!?
そのブログがきっかけで
2011年に
本書の元となる
『みんなの防災
ハンドブック』を刊行
著者デビュー
4コマですぐわかる
みんなの防災ハンドブック
つづいて
『防災&非常時ごはん
ブック』も
4コマでわかる!
おかあさんと子どものための
防災&非常時ごはんブック
明日災害が起きたら!? そのとき、自分は? 子どもは? 家は?
中国や韓国、
台湾で翻訳され、
재난에서 살아남기 2
细节决定生死
재난에서 살아남기
大家的防災安心手冊

それがきっかけで
韓国から招待され、
初韓国
韓国の大学で
防災に関する
「講演」も
行いました
キンチョ〜
紙しばい的プレゼン
防災の勉強も続け
防災士
草野かおる
防災士の資格も
取りました
そんなある日
災害復興支援に
くわしい弁護士さんの
話を聞く機会があり
被災者への
「復興支援」が
生かされない事実を
知りました
2重ローン救済のためなのに
私も知らなかったし…
マスコミも
銀行も
役所も
そんな〜
教えてくれてない！
「被災ローン減免制度」が
あるということを
4コママンガにして
久々に
ツイッターに投稿
深夜にツイート

翌朝、携帯が！
なになに
コワッ
ブーブー
故障かと思ったほどツイッターの通知が止まらなくなり……
これが「バズる」ってこと？
アセアセ‥
当時
フォロワー
100人以下
「リツイート」6万超え
「いいね」は5万超え
ヤフーニュースにもなりました
知らなかった
こんな制度があったんだ
ブブー
むずかしい知識もわかりにくいことでも
4コマにするとみんな見てくれる！
そのようなことから、新情報を大幅に追加修正し、本書を出すにいたりました
あれもこれも
著者デビュー以来お世話になっている編集の大山さん
いつも励ましてくれるマネージャーの洋子さん
ご協力いただいたすべての関係者のみなさま
本を手に取っていただいたみなさまありがとうございます
ペコっ
この本が防災用品のひとつとして
お役に立てれば幸いです
非常持出袋

災害は
知恵と備えで
減災に

4コマですぐわかる　新 みんなの防災ハンドブック

発行日　2019年　2月21日　第1刷
2019年　7月18日　第2刷

Author&Illustrator　草野かおる

Book Designer　chichols

Publication　株式会社ディスカヴァー・トゥエンティワン
〒102-0093 東京都千代田区平河町2-16-1 平河町森タワー 11F
TEL 03-3237-8321（代表）　FAX 03-3237-8323　http://www.d21.co.jp

Publisher　干場弓子
Editor　大山聡子

Marketing Group
Staff　清水達也　飯田智樹　佐藤昌幸　谷口奈緒美　蛯原昇　安永智洋　古矢薫　鍋田匠伴
佐竹祐哉　梅本翔太　榊原僚　廣内悠理　橋本莉奈　川島理　庄司知世　小木曽礼丈
越野志絵良　佐々木玲奈　高橋雛乃　佐藤淳基　志摩晃司　井上竜之介　小山怜那
斎藤悠人　三角真穂　宮田有利子

Productive Group
Staff　藤田浩芳　千葉正幸　原典宏　林秀樹　三谷祐一　大竹朝子　堀部直人　林拓馬
松石悠　木下智尋　渡辺基志　安永姫菜　谷中卓

Digital Group Staff　伊東佑真　岡本典子　三輪真也　西川なつか　高良彰子　牧野類　倉田華　伊藤光太郎
阿奈美佳　早水真吾　榎本貴子　中澤泰宏

Global & Public Relations Group
Staff　郭迪　田中亜紀　杉田彰子　奥田千晶　連苑如　施華琴

Operations & Management & Accounting Group
Staff　小関勝則　松原史与志　山中麻吏　小田孝文　福永友紀　井筒浩　小田木もも　池田望
福田章平　石光まゆ子

Assistant Staff　俵敬子　町田加奈子　丸山香織　井澤徳子　藤井多穂子　藤井かおり　葛目美枝子
伊藤香　鈴木洋子　石橋佐知子　伊藤由美　畑野衣見　宮崎陽子　並木楓　倉次みのり

著者プロデュース　株式会社オフィスカンノン
協力　渡辺実
Proofreader　文字工房燦光
DTP　朝日メディアインターナショナル株式会社
Printing　日経印刷株式会社

・定価はカバーに表示してあります。本書の無断転載・複写は、著作権法上での例外を除き禁じられています。
インターネット、モバイル等の電子メディアにおける無断転載ならびに第三者によるスキャンやデジタル化もこれに準じます。
・乱丁・落丁本はお取り替えいたしますので、小社「不良品交換係」まで着払いにてお送りください。

本書へのご意見ご感想は下記からご送信いただけます。
http://www.d21.co.jp/inquiry/

ISBN978-4-7993-2435-6　©Kaoru Kusano, 2019, Printed in Japan.